文成天縱

文津流觞

国家图书馆古籍馆◎编

第三辑

GUANGXI NORMAL UNIVERSITY PRESS
广西师范大学出版社
·桂林·

文津流觞
WENJIN LIUSHANG

图书在版编目（CIP）数据

文津流觞. 第三辑 / 国家图书馆古籍馆编. --桂林 ：广西师范大学出版社，2023.7
ISBN 978-7-5598-6190-0

Ⅰ. ①文… Ⅱ. ①国… Ⅲ. ①图书馆学—文集 Ⅳ. ①G250.1-53

中国国家版本馆 CIP 数据核字（2023）第 124493 号

广西师范大学出版社出版发行
（广西桂林市五里店路 9 号 邮政编码：541004
网址：http://www.bbtpress.com）
出版人：黄轩庄
全国新华书店经销
北京汇瑞嘉合文化发展有限公司印刷
（北京市北京经济技术开发区荣华南路 10 号院 5 号楼 1501
邮政编码：100176）
开本：787 mm ×1 092 mm 1/16
印张：21.5 字数：418 千
2023 年 7 月第 1 版 2023 年 7 月第 1 次印刷
定价：128.00 元

《文津流觞》编委会

文津流觞

第三辑

目　录

◎ 敦煌遗书 ◎

◎ 言文宝藏 ◎

◎ 保护修复 ◎

◎ 整理出版 ◎

◎ 数字化与复制 ◎

纪念陈国琅先生专栏

周总理关心流失香港珍贵文物的回归

□ 李致忠　国家图书馆

二十世纪五六十年代，中国刚从多年的战乱中逐渐恢复，百废待举，经济拮据，外汇紧缺。但为了不使珍贵文物流失境外，在周恩来总理的关心、运筹下，一批批重要法书名画、古钱币、善本古籍等由香港回归内地，铸就了我国文物事业史上的辉煌篇章。

一、“三希堂”与“三希帖”

古人有所谓“士希贤，贤希圣，圣希天”或“圣希天，贤希圣，士希贤”之说，但这里的“三希堂”之“三希”，却是指清内府所藏的3件法书名帖。清官修《国朝宫史》卷十三《宫殿》载：“清内府秘笈王羲之《快雪帖》、王献之《中秋帖》，近又得王珣《伯远帖》，皆希世之珍也。因就养心殿温室易其名曰‘三希堂’以藏之。”故知“三希堂”之命名，乃因晋王氏三帖均庋藏于此。

清宫养心殿西暖阁本称“温室”，曾是清高宗乾隆皇帝的书房，庋藏魏晋以来130多人的300多件法书名画。其中晋王羲之的《快雪时晴帖》、其子王献之的《中秋帖》、其侄王珣的《伯远帖》，乃三希堂庋藏中的名品，为历代文人雅士所追捧。清王朝覆灭之后，小皇帝溥仪并未出宫，只是移居故宫北区，且始终不忘复辟之梦。1925年被迫出宫，时《中秋帖》《伯远帖》藏在敬懿皇贵妃所居的寿康宫，遂由敬懿皇贵妃将之携出宫禁，后由溥仪抵押在一个日本人经营的银行。押期将至，却无力赎回。幸有古玩瓷器商郭葆昌将之赎出，否则很可能落入日人之手，流出海外。另一种说法是敬懿皇贵妃携出宫禁后，由其娘家侄孙卖给了古玩瓷器商郭葆昌。1932年的一天，郭葆昌在家宴请故宫博物院院长马衡，酒过三巡，郭葆昌拿出两帖请马衡鉴赏，马衡爱不释手，但又无力收回，只好望而兴叹。其后，郭葆昌还曾多次与故宫博物院院长马衡、古物馆馆长徐森玉交涉，希望“三希帖”能在故宫重聚，使故宫“三希堂”实至名归。然终因财力不支而未能实现。1940 年郭葆昌去世，其子郭昭俊继承了二帖，也曾携赴台湾省打算售出，因估价不协而未果。北平解放前夕，郭氏辗转各地，最终定居香港，又将之抵押在一个印度人经营的银行，待价而沽。

2019 年下半年，中国嘉德国际拍卖有限公司于香港收购了一批郑振铎与刘哲民、徐伯郊、徐森玉等人的往还信札，然后将之捐赠给国家文物局，国家文物局又将之拨藏中国国家图书馆，并于年底在国家典籍博物馆举办“郑振铎等抢救流散香港文物往来信札入藏纪念展”。梳理这些信札并结合其他材料，既能进一步了解周总理是如何关心、指导这些珍贵文物的抢救，也能粗略梳理出这些文物流散的大体脉络。

二、始购郭昭俊的“二希帖”

1949 年北平解放前夕，郭昭俊带着这“二希”墨宝逃往台湾。在台湾，他曾向原北平故宫博物院工作人员，也是 1948 年押运古物赴台后升任台北故宫博物院副院长的庄严表示，愿意出售这“二希帖”。庄严亦四处筹措资金，但终未在约定的时限内达成交易。后郭昭俊赴香港做生意，遂将《中秋帖》和《伯远帖》抵押给一个印度人经营的银行，那位印度人又以 10 多万港币的价格将其抵押在香港的汇丰银行，抵押期限至 1951 年 11 月底。故宫博物院院长马衡在 1951 年 10 月 25 日的日记中记载：“十时半赴文物局开学委会，修正学习毛泽东思想提纲。（王）冶秋询《中秋》《伯远》两帖历史，谓郭昭俊押在香港外人处，本年十一月底即将押绝，郭无力赎取，拟请公家取赎。嘱致函郭沫若，请其设法。”这就是 1951 年回购王献之《中秋帖》和王珣《伯远帖》的起因。

王冶秋、马衡等得知此事后很快向周恩来总理做了汇报，总理于 1951 年 11 月 5 日向马副主任并王冶秋副局长、马衡院长并薄副主任、南行长下达指示：“同意购回王献之《中秋帖》及王珣《伯远帖》。惟须派负责人员及识者前往鉴别真伪，并须经过我方现在香港的可靠银行，查明物主郭昭俊有无讹骗或高抬押价之事，以保证两帖顺利购回。所需价款确数，可由我方在香港银行与中南胡惠春及物主郭昭俊当面商定，并电京得批准后垫付。”总理特别指示要待《中秋》及《伯远》运入内地后再拨还价款，“以上处理手续，请与薄、南两同志接洽”。[①] 短短 140 字的指示中，饱含着总理的种种心愿、嘱托和睿智。

---

① 《周恩来书信选集》，中央文献出版社，1988年，第460页。

总理的意愿十分明确，那就是同意回购两帖。其时，中华人民共和国刚成立不久，百废待兴，经济困难，外汇拮据；朝鲜战争尚未完全结束，军需也是大笔的开支。在这种情况下，周总理"同意购回王献之《中秋帖》及王珣《伯远帖》"，显然是他对政治、经济、文化权衡之后做出的郑重决定，是对流失香港珍贵文物回归的高度重视。

但回购流失香港的珍贵文物，要区分文物本身的真伪，如果不慎将赝当真买回，那就不仅仅是资金的浪费，也使鉴定者有失资望，而公帑被滥用也失国格。总理深知这一点的重要性，所以要求"惟须派负责人员及识者前往鉴别真伪"。考虑到光负责人未必能鉴定，故要求"派负责人及识者"一同前往，责成行政管理人员与专家一同前往鉴别，确保所购之物为真。这是何等细致入微的至嘱！

郭昭俊毕竟是商人，他的两帖押价到底是多少，不能只凭他一词就信以为真，其中是否有诈骗或抬高的情况，须进行核实，所以指示中还要求找我方在香港的可靠银行"查明物主郭昭俊有无讹骗或抬高押价之事"，目的是不能受骗。而所需价款，须由我方在港银行与郭昭俊共同商定，电请北京有关部门批准后垫付。而我方拨款，则要在两帖运入内地以后才行拨付。可谓滴水不漏，万无一失。知道了这些情节，才知道周总理是怎么在日理万机的情况下妥善安排这些具体事务的。

郑振铎于 1951 年 12 月 13 日致信刘哲民，报告"'二希'已由政府收购，这是一个好消息。伯郊兄已有信来，详告此事"。是年 12 月底，"二希"运抵北京，重归故宫博物院。为此，总理批拨了 50 万元港币，实际用了 488376 元。这是在周恩来总理直接关心、指导下，以重金收购流失香港珍贵文物的实例。

三、再购陈仁涛所藏古钱币

陈仁涛（1906—1968），又名长庚，号金匮室主，浙江镇海（今属浙江宁波市）人。他的祖辈曾是上海杨庆和银楼的四大股东之一，自己亦曾任该银楼的经理。杨庆和银楼始建于清乾隆三十八年（1773），地点在上海县小东门。此后不断发展，屡经迁徙，营业不断拓展，实力雄厚。陈仁涛出身如此豪富的家庭，有条件广搜博采，专嗜收藏。著名的宋拓唐柳公权《神策军碑》、宋巨然《溪山图》、元方从义《武夷放棹图》等，都曾是他的插架之物。20 世纪 30 年代初，得同乡张䌹伯指点，又喜好上了古钱币，遂广事搜罗，多位古泉旧藏之家的藏品皆先后入其室。经过 20 余年的努力，古币收藏可谓称甲一方。他在《金匮论古初集》自序中尝言："余嗜古成癖，从事弥勤，孜孜矻矻二十余年。无论金石、瓷玉、泉币、书画，凡见闻所及确信为至精至稀之品而可以货财相市者，辄不惜重价，多方访求，务期致之而后快。日积月累，所聚益夥。"其中，

“藏货币最富，自周逮明、清，以至现代，凡金属之铸，钞券之行，莫不灿然大备”。特别是古泉币，多逾万种，很多为故宫博物院所未备。如今中国国家博物馆所藏“国宝金匮直万”，相传为王莽第一次币制改革时所铸，时在西汉孺子婴居摄二年（7）前后。汉代的黄金每斤值万钱，此钱可值黄金一斤。1920 年前后首次发现于西安杨家城，仅两三枚，传世极罕。此件即陈仁涛旧藏古泉之一。1949 年上海解放前夕，陈氏由沪赴港，其金匮室的珍藏亦编号装箱，运至港埠。20 世纪 50 年代初，陈氏有意出售所藏钱币，遂请张絅伯牵线，提出以半捐半卖的形式，整批出让给国家，索价港币 70 万元。

郑振铎得知此事后，于 1951 年多次致信徐伯郊，告知拟在港成立小组，以徐伯郊负责接洽、鉴定并议价事，由中国银行沈经理及温康兰二位负责付款等事宜。并言陈（仁涛）托张（絅伯）代为出售钱币时，只索价 70 万元，如今我们出了 90 万元，可见陈之狡猾异常。“君赴港时只好推翻前议，以他从前索取之价为准。”“古货币如能在七十万元上下收下最好，最多不能超过八十万。”为此，徐伯郊又找到陈君葆，请他出面帮助办理。1952 年 9 月 19 日的《陈君葆日记》有如下记载：“与伯郊到东亚银行九楼一位姓胡的（指胡惠春。——撰者注）去谈了一会，目的是要替国家购买陈仁涛的一批古钱，他们商量了一过，结果仍要找一位姓金的来才能决定去看陈仁涛。这件事当中，也有多少技术上的困难。因此伯郊想到找我。第一、人民政府要买这一批东西，却又不让物主知道是政府买，这样来抬高价钱，如果让我露面来作买家的代表人，陈仁涛便只得来暗中摸索了。这个方法可能有效。第二、里边购买外汇，一时款还未能汇到这里来，而这方面谈到交易也不得不先给陈以一笔款以坚定他的信心，同时他这批东西也是押了在银行里的，拿出来也要费手续，所以这事的结果是胡金才几个人先凑了五万元给仁涛，逐后又添了若干千，这样开始弄好了，然后五点多，胡金才陪同我到浅水湾去访陈仁涛。陈仁涛的一批东西大概是集南北方药雨、张叔纯两藏在一人手上，而又增了他自己所搜罗的若干部分所成，计八箱，洋洋乎巨观哉！”

陈君葆（1898—1982），字厚基，广东香山县（今属广东中山市）人。香港知名学者、爱国教育家、文学家、宗教哲学家、社会活动家。幼时就读乡间私塾。11 岁随父前往香港，肄业于皇仁书院，后考入香港大学文学院，攻读政治经济。1921 年毕业，应聘到新加坡华侨中学任教。两年后到吉隆坡任七洲府视学官。“九一八”事变以后，曾赴厦门、上海、南京考察国情。1934 年受聘于香港大学，任冯平山图书馆主任并先后任中文学院讲师、高级讲师、教授。与宋庆龄、蔡元培、柳亚子等发起“新文字运动”，推广汉字拼音和平民教育。1941 年初，参加宋庆龄、何香凝在香港成立的保卫中国同盟。徐伯郊找他帮忙回购陈仁涛藏币，算是知人善任，结果以 80 万港币商妥办成。1953 年 8 月 29 日，郑振铎致函徐伯郊，称“古币款，已汇上。请即与沈君办理手续”。这 80 万元港币也是周总理批准的。这批珍贵的古币包括历代发行的金、银、铜币及纸钞，凡17000多件。1953年回归，入藏中国历史博物馆（今中国国家博物馆）。

四、继购陈清华旧藏古籍善本

陈清华（1894—1978），字澄中，祖籍湖南祁阳（今属湖南永州市）。1894年8月5日出生在扬州。1915年上海复旦大学本科毕业后，获资助赴美国伯克利大学攻读经济学硕士学位。1919年学成归国，先后供职于多家银行。20世纪30年代开始涉足中国古籍善本的收藏，并以万金购得宋版《荀子》。后不久，陈清华北上拜见著名藏书家、版本目录学家傅增湘先生于京华。甫见面，傅先生便笑问："君非以万金得熙宁《荀子》者乎？是可以'荀'名其斋矣。"自此，陈氏藏书室便以"荀斋"（"郇斋"）颜之。荀斋财力雄厚，又慧眼识珠，收藏宋元本珍贵古籍、金石善拓、明清抄校稿本等，与日俱增。一时江南无出其右者，与北方天津周叔弢自庄严堪藏书并驾齐驱，故时有"南陈北周"之誉。1949年，陈澄中移居香港，其珍贵藏书亦随之庋藏港埠。

两年后，即1951年，陈氏用钱，遂欲出让部分珍贵藏书，消息不胫而走，美国人、日本人知晓后都想染指收购，使这批珍贵善本流失海外的风险继续加大。时任中华人民共和国文化部文物事业管理局局长的郑振铎闻讯后，连续致信徐伯郊。1952年12月15日函称："陈澄中的善本是否可购？"1953年1月10日徐伯郊回函郑振铎，称："《中国印本书籍展览目录》已收到，谢了。洋洋大观，无所不有。其中每一本书全是想看的，尤其周、刘二家的书。因为这本目录，更鼓励我尽力争取陈澄中的书。陈的书争取到后，可以说全国藏书家的书全集中于中央了。希望今年国庆日再来一个更大的展览。"信中所言《中国印本书籍展览目录》，指的是北京图书馆（中国国家图书馆前身）为庆祝中华人民共和国成立3周年，于1952年9月29日开办"中国印本书籍展览"，为配合展览而编制的展品目录。其中不少是藏书家新捐赠的善本秘籍，十分抢眼。郑振铎给他写信时寄送了一部这个展览的目录，所以他信中才说"《中国印本书籍展览目录》已收到"云云。也正是因为这本目录中所著录的某些珍本秘籍，鼓舞着徐伯郊先生尽力去争取陈澄中的藏书，才有陈氏藏书分批购回的盛举。

陈澄中的藏书中，宋版《荀子》颇负盛名（图1、2）。当年傅增湘与陈澄中见面就笑问："君非以万金得熙宁《荀子》者乎？"傅增湘先生之所以会开这类玩笑，因为它有历史根据。史载北宋仁宗皇祐二年（1050），司马光尝疏请由崇文院校定《荀子》《扬子》《文中子》，送国子监下杭州镂板。至神宗熙宁元年（1068）刻成，是为监本《荀子》之祖。金人破汴，书籍及书籍板片被金人捆载北还，故宋室南渡后，已无板片可重刷，只得到民间搜讨旧本翻雕。南宋淳熙八年（1181），钱佃在江西，

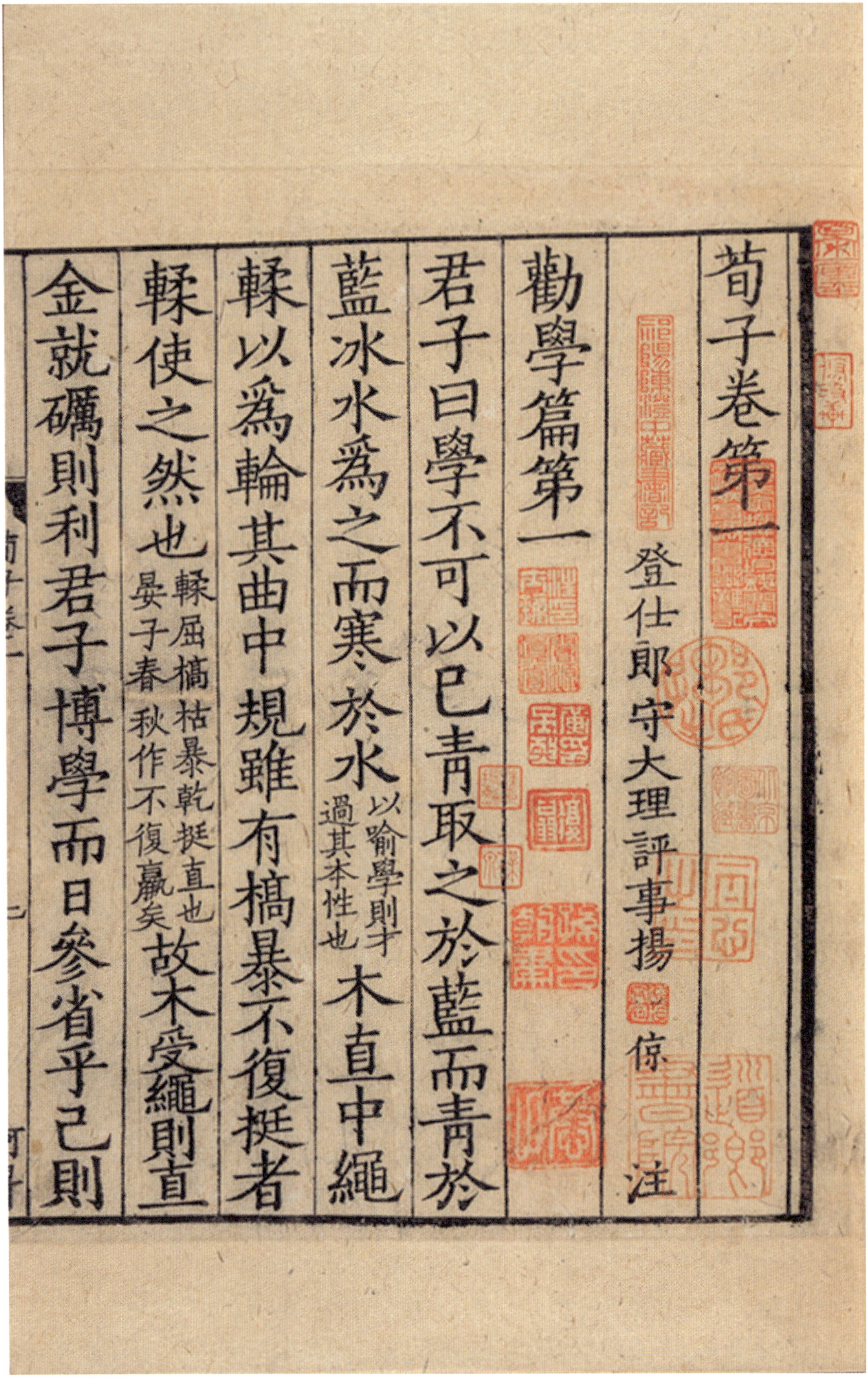
荀子卷第一
登仕郎守大理評事楊倞注
勸學篇第一
君子曰學不可以已青取之於藍而青於藍冰水爲之而寒於水以喻學則才過其本性也 木直中繩輮以爲輪其曲中規雖有槁暴不復挺者輮使之然也輮屈槁枯暴乾挺直也晏子春秋作不復嬴矣 故木受繩則直金就礪則利君子博學而日參省乎己則

图1　宋版《荀子》卷端

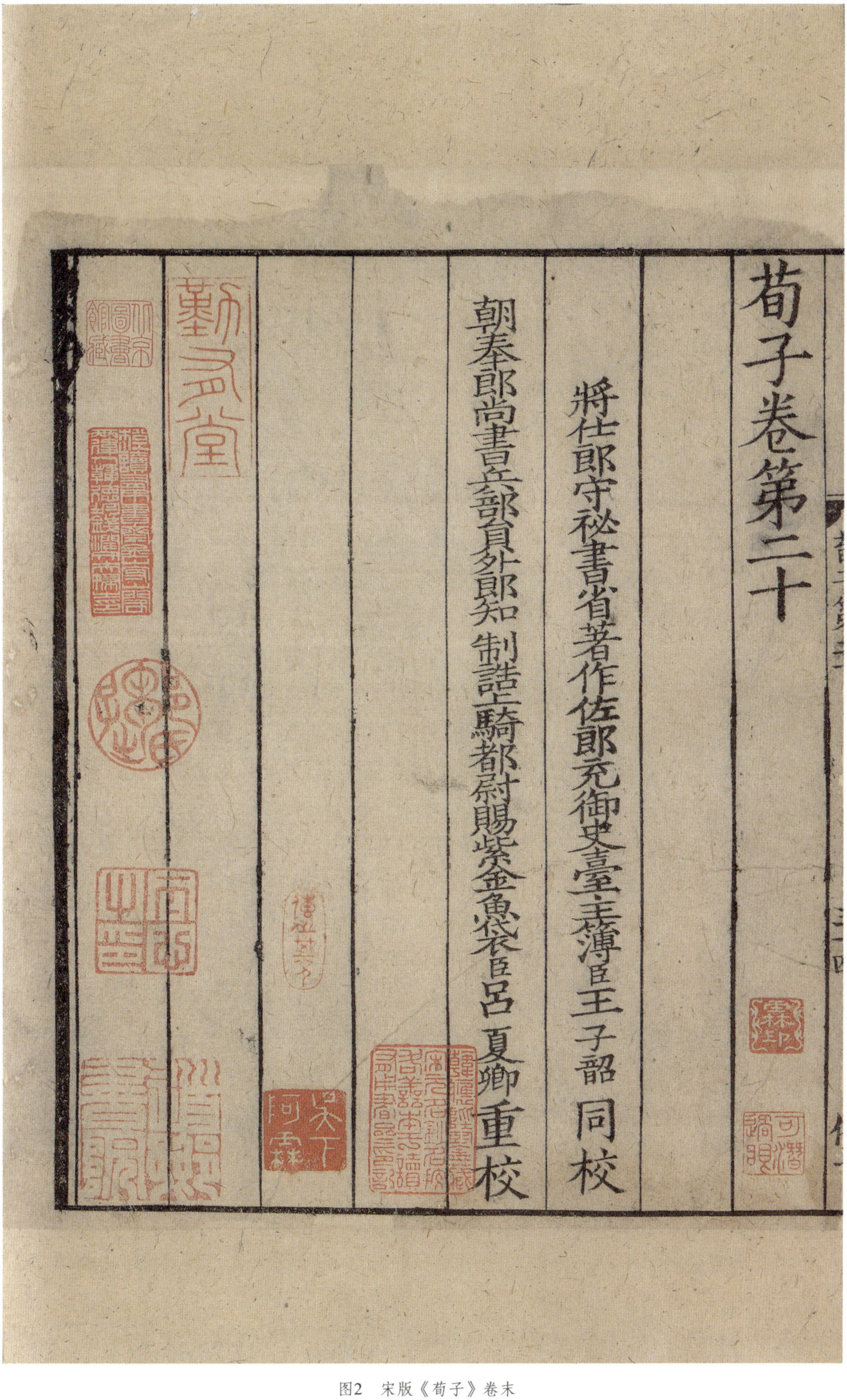

荀子卷第二十

將仕郎守祕書省著作佐郎充御史臺主簿臣王子韶同校

朝奉郎尚書兵部員外郎知制誥上騎都尉賜紫金魚袋臣呂夏卿重校

图2　宋版《荀子》卷末

唐仲友在浙江台州，同时据熙宁监本翻刻《荀子》。傅增湘以为陈澄中重金所购即熙宁监本，故有上述笑谈。然唐仲友翻刻时"悉视熙宁之故"，即行款、字体、版式等，皆保持熙宁本旧制，故台州本《荀子》亦向为藏书家所珍重。国家图书馆所藏此本来自陈澄中荀斋，故一般多认为它即是唐仲友台州本，实则连台州本也不是。检此本讳字，"敦""廓"二字皆已缺笔，显避南宋光宗赵惇、宁宗赵扩嫌名之讳。且此本刻工亦异于唐本和钱本，因知此本绝非唐本或唐本重修之本，更非钱氏江西漕台之本，而是南宋宁宗时重刻之本。但版式格局，仍不失监本规制，当属监本系统，且海内仅存，至为罕觏。清顾广圻曾跋称："今年又从艺芸书舍借此印本对勘，订正景钞之误。细验避讳，不特在熙宁、元丰后，且在淳熙之后多年，或板有修改致然耶？"

1953年3月27日，郑振铎再致函徐伯郊，谓："最重要的是陈澄中的书，务请能设法购到国内收藏，重要者已仅此一家矣。"是年8月29日，郑振铎又致函徐伯郊，追问："陈君的宋元善本事已进行否？究竟要多少钱？恳即办为荷。"直到1955年此事才得以解决。1955年5月28日，郑振铎曾致函张元济，言及"得森玉先生函，知先生时以陈澄中的善本书能否收归国家所有为念。这件事已进行了两年多，最近方才解决，已在港点收完毕。从此世彩堂的韩、柳文，蜀刻的唐人数集，以及许多宋元善本，明抄黄跋，均得庋藏于北京图书馆了！"1955年7月30日，北京图书馆善本部主任赵万里致函徐森玉，报告"陈氏荀斋藏书，已于日前移到馆。琳琅满目，美不胜收"。前后延宕了3年，第一批陈澄中荀斋古籍善本藏书76种，入藏于今国家图书馆。其所用外汇，还是周总理批准的。被誉为"无上神品"的南宋贾似道门人廖莹中世彩堂校刻的《昌黎先生集》《河东先生集》、北宋刻递修本《汉书》、南宋乾道七年（1171）建安蔡梦弼东塾校刻的二家注《史记》、蒙古宪宗六年（1256）碣石赵衍在北京校刻的唐李贺《歌诗编》、蒙古乃马真后元年（1242）孔元措编刻的《孔氏祖庭广记》等，都是这批书中的白眉。"为了收藏保管好这批空前集中出现的国宝珍籍，位于文津街的北京图书馆（今国家图书馆）在1956年调整了善本书库的藏书，将原来善本书库布置得恰如宛委洞府，琅函满架，书香拂面，卷帙盈目。"（丁瑜《郇斋携港藏书回归知见杂记》）

1963年，陈澄中为移居美国而筹措资金，荀斋主人再次转让部分珍贵藏书的消息又传到了北京。这时，郑振铎副部长已于1958年在出国途中飞机失事，因公殉职。而继他之后出任文物事业管理局局长的王冶秋，也是新中国文物事业的奠基人之一，他对文物古籍亦具真知灼见，深悉荀斋藏书的品位质量，因而对其流向十分关注。他率由老局长郑振铎之旧章，一方面，将情况及时报告给国务院总理周恩来，争取外汇，获得支持；另一方面，请版本目录学专家赵万里会同行政管理人员南下广州，与陈澄中代表接洽收购事宜。赵在1955年洽购荀斋第一批藏书时，已知陈氏在内地尚有大量清刻本和抄校稿本，因而提出全部收购的建议。但由于种种原因，全部收购之议未果，而以 20 万元港币购回珍贵古籍善本 18 种，碑帖善拓 7 种，凡 25 种 102 册。以书名斋的宋版《荀子》，宋拓柳公权书丹的《神策军碑》，始刻于五代后蜀广政元年（938）的《蜀石经》宋拓本，宋蜀刻唐人文集，开本宏朗、版心小巧的元大德九年（1305）湖南茶陵东山书院陈仁子校刻的《梦溪笔谈》等精品，就都是这次购回的。

1965 年 11 月 13 日，这批珍本善拓运抵北京。不久，在北京图书馆 3 号楼会议室，为这批书举办了一次小型陈列，邀请杨秀峰、徐平宇、吴仲超、郑裘珍、谢国桢、王冶秋、唐弢、丁秀等社会名贤前来鉴赏，而最终目的是要请周总理莅临，过目赏鉴。然总理日理万机，因事未到，康生却以行家姿态前来一一翻阅。时隔不久的一个星期六下午，总理办公室电告王冶秋局长，谓总理要看宋拓《蜀石经》。当天晚上，王冶秋、丁瑜二人携书进中南海北门，经紫光阁、游泳池到西华厅，由王冶秋交给了值班秘书。又过不久的一天晚上，赵万里等又奉命将这批书送至中南海紫光阁，陈列在几案上，请总理鉴赏这批瑰宝。总理在看书过程中，边看边议论，当看到宋拓《蜀石经》时，他指着签题问，此书题签为谁所写，是不是从宫里流出来的？赵万里先生圆满地做了回答。今国家图书馆所藏宋拓《蜀石经》篆字题签犹存，秀气灵动，雅致不俗。右上钤朱文“即此是学”，左下钤朱文“宣”、白文“统”连珠印鉴（图 3）。表明签题确为溥仪手笔。

（a）　　（b）

图3　宋拓《蜀石经》篆字题签

从20世纪50年代初至60年代中，前后延时15年，四批重要文物陆续回归，不仅丰富了故宫博物院、中国国家博物馆、中国国家图书馆的馆藏，也让我们这些后来人有机会研究这些文物的历史价值，更让我们感激周总理的丰功伟绩和他对流失香港珍贵文物回归的关心。

20年之后的1985年12月12至22日，“中国书展”在香港展览中心隆重举办。我策划的“中国古代书籍史展”同时协助展出。这个小型展览，摆在“中国书展”右侧前端，展室不算很大，但将展品展陈之后，还显得很精致。展览内容涉及的历史知识含量较大，有文字说明、实物陈列、图像描述，加之简明扼要的讲解，所以收效很好。参观者有香港各界人士，尤其是中小学生，整班整班由老师带领而来。也有学界名人，乃至行家里手特意前来观展。一天上午，我正出恭小解，厅中来了一位西装革履的儒雅之士，看完展览后在厅中说，这是行家搞的展览，其人是否来港，若也来港，很愿见上一面。正说着，我已回厅，赶紧上前握手施礼，自道姓名，对方也自报：“我是徐伯郊。”徐伯郊！我久闻其名，故再次握手，自叹晤面甚晚，今日始见。

徐伯郊（1913—2002），字文桥，祖籍浙江吴兴（今属浙江湖州市）。著名文物鉴定泰斗徐森玉之子。自幼受家学影响，文物素养极为深厚，尤精于古代书画和古籍版本鉴定。1932 年留学日本，先在东京帝国大学学日语，后考入东京庆应义塾大学，攻读经济学硕士。1937 年回国度假，正遇“七七事变”，遂愤然留在国内。先后在浙江兴业银行、上海市银行供职。1946 年，任上海市银行经理。1948 年起，任广东银行香港分行经理。他则酷爱文物和珍贵典籍，是香港十大收藏家之一。1951 年受有关方面委派，成为香港秘密收购小组负责人。经他手，将已流落在香港的《伯远帖》《中秋帖》及《韩熙载夜宴图》抢救回内地，使北京故宫养心殿“三希堂”重有“二希”。陈仁涛所藏古钱币以及陈清华荀斋两批藏书于 1955 和 1965 年从香港回归，也是徐先生斡旋经办的结果。这些事我不全然知道，但梗概以及用事之人多少还知道一些。故当先生道出自己姓名时，实在高兴有缘在此相晤，遂就势与之谈起陈清华藏书的回归。先生也越听越高兴，遂邀我一道共进午餐。

餐中边吃边谈，说到了陈清华第二批书中最有名的宋刻《荀子》绝非唐本或唐本重修之本，更非钱氏江西漕台之本，而是宁宗时重刻之本。但版式格局，仍不失监本规制，当属监本系统，且海内仅存，至为罕见。另外，《友林乙稿》也绝非宋版，而是清代翻刻。先生连连点头，表示我们研究得很深很细，应该如此。好在同行漫谈，相聚甚欢。先生也旧事重提，讲他们当年秘密收购的情节，表现出极大的爱国热忱，使我深受感动，也验证了上述信札中涉及的事实。

由于陈氏两批藏书都先后归藏中国国家图书馆，且保管精善，给陈氏后人留下了很好的印象。时隔 40 年后的 2004 年 3 月，嘉德国际拍卖有限公司的拓晓堂同志如约前往美国加州旧金山，与荀斋后人陈国琅先生相见，面谈陈先生从父亲陈清华手里继承的部分藏书的回拍问题，结果洽谈成功。拓君原来乃国家图书馆善本特藏部工作人员，后虽供职嘉德国际拍卖有限公司，但对国家图书馆的古籍收藏建设始终有割不断的情怀，故这批书从大洋彼岸运回北京以后，拓君便与公司协商，力主不经拍卖而整体转让给国家图书馆。国家图书馆亦闻风而动，先请部分专家对这批书进行初步鉴定，确认价值，紧接着便向财政部提出专项报告，最终以国家文物局所掌管的回购流失海外珍贵文物专项管理资金采购之，入藏于国家图书馆（图 4）。

图4 笔者与嘉德拍卖公司一行合影

这批书一共24种，其中宋嘉定六年（1213）淮东仓司刻本《施顾注东坡先生诗》残册、宋景定二年（1261）安吉州归安陆道源刻本《妙法莲华经》、宋宝祐明月堂刻本《大慧禅师年谱》、宋刻巾箱本《山堂考索》《古文苑》、元刻本《杨仲弘诗集》《范德机诗集》《说苑》、明活字印本《欧阳文忠公归田录》《曹子建集》等，都是一级古籍，版本上乘。

陈清华的哲嗣陈国琅先生，不但于2004年整体转让了他手里的藏书，还将其父当年的藏书印鉴悉数捐给了国家图书馆，并在致国家图书馆的亲笔信中云："中国国家图书馆将我保存先父陈清华在海外部分的善本书全部购藏，我深为欣慰……保护民族文化典籍，是父亲藏书的终身至高意愿。家境窘困之时，父亲无奈出让部分藏书，也是尽可能以国家为先为重……如今陈清华在海外的部分藏书，能回归中国国家图书馆，我深信父亲在天之灵会很骄傲，认为这是'荀斋'藏书的最理想的妥善归宿。"

从 1955 年至 2004 年，半个世纪之内，陈清华荀斋珍贵善本藏书 125 种分三批先后入藏国家图书馆。这当中饱含着收藏者陈氏父子两代人的殷殷爱国之情，饱含着许多志士仁人的热心帮助，更饱含着敬爱的周总理的远见卓识和主管领导者的责任心，反映了历届政府的保护珍贵文化遗产的强烈意识。最近，中共中央办公厅、国务院办公厅又专门发文，要求进一步加强古籍保护工作。我深信，无论是流失境外古籍的回购，还是现有古籍的维修维护，都会因此出现令人鼓舞的新局面。

永远的荀斋

□ 陈红彦　国家图书馆古籍馆

2022年年底，疫情仍在肆虐，我收到馆办转来中央新闻纪录电影制片厂的函，函中称《国家记忆》拟制作“香港国宝回归记”系列节目，希望拍摄从20世纪50年代起郑振铎等前辈历尽艰辛，促使国宝回归祖国的故事。因为我亲历了2004年陈清华旧藏回归祖国的事，所以栏目组希望就陈清华三批旧藏回归并入藏国家图书馆的事情进行采访。窃思陈清华旧藏在郑振铎、徐伯郊等前辈的努力下，在中央人民政府，特别是周总理亲切关怀下入藏国家图书馆的往事至今在古籍人心中依然是神话，是传奇，是值得永远纪念的，所以就毫不犹豫地答应下来。

2023年2月，栏目组开始采访录制。采访前的几日，我忙里偷闲，翻阅2004年6月份以后的工作日记，第三批陈清华藏书入馆以及陈清华哲嗣国琅先生到馆看书的种种经历如在眼前。在镜头前深情回忆接待国琅先生来馆参观展览时，忽闻先生去年底竟已在美国辞世，不禁一阵难过。当时便用电话联系相关人员，组织撰写纪念文章，在古籍馆主办的《文津流觞》上设立纪念专栏。

采访结束后，我在采访提纲的框架下做了一个回忆整理，聊作对国琅先生的纪念，更是对60余年来国家重视海外流散文物的寻访，支持前辈文物人、古籍人促成海外古籍回归的感念。

一、什么样的书籍才能算作是“古籍善本”？陈清华所藏的古籍善本有多重要？为什么国家要收购这些藏书？

古籍，是中国古代书籍的简称，主要指书写或印制于1912年以前又具有中国古典装帧形式的书籍。这是《汉文古籍特藏藏品定级》（GB/T 31076.1—2014）中的表述，少数民族文字古籍下限则划在1949年。

善本，最早指缮写精良、校勘无误的书本。汉朝人已经提及，《汉书·河间献王传》有云：“从民得善书，必为好写与之，留其真。”

宋叶梦得《石林燕语》说：“唐以前，凡书籍皆写本，未有模印之法，人以藏书为贵。人不多有，而藏者精于雠对，故往往皆有善本。”

清张之洞《书目答问》称：“善本非纸白、板新之谓，谓其为前辈通人用古刻数本精校细勘付刊、不讹不缺之本也。……善本之义有三：一足本（无阙卷，无删削）。二精本（一精校，一精注）。三旧本（一旧刻，一旧抄）。”

黄永年先生则言，应该把善本的概念分为两类：一类称为校勘性善本，主要指张之洞所谓足本、精本；一类称为文物性善本，凡成为文物者都是善本。

在20世纪，遵照周恩来总理遗愿，当时的版本目录学者编纂了《中国古籍善本书目》（简称“《善本书目》”）。该书明确善本时间划线为乾隆六十年（1795），1795年以后有特殊意义的可上调至善本，并用“三性九条”描述善本的标准。“三性”为历史文物性、学术资料性、艺术代表性，具备其一即可定为善本。

陈清华的部分旧藏于1955年、1965年、2004年分批入藏国家图书馆，三批共125部（件），均为善本、善拓，绝大部分旧藏“三性”均备，这在过去的藏书家中实属难得。这与陈清华的背景、实力密不可分。

陈清华（1894—1978），字澄中，湖南祁阳人。美国伯克利大学经济学硕士毕业，1919年回国后就职于多家银行。其妻叶氏爱锦的家族亦为财阀。雄厚的经济实力成为其收得诸多善本的保障。

陈清华在20世纪30年代才开始收藏古籍善本。在以万金购得宋版《荀子》后，拜访著名藏书家傅增湘先生，傅先生笑称：“君非以万金得熙宁《荀子》者乎？是可以‘荀’名其斋矣。”陈清华于是便以“荀斋”（又作“郇斋”）作为室名。

陈清华陆续收得韩应陛、袁克文、傅增湘、瞿氏铁琴铜剑楼等知名藏书家、藏书楼的旧藏，藏书数量迅速增长，宋元善本、明清钞校稿本、珍稀善拓，逾500部，普通善本古籍不计其数。无论是藏书数量还是质量，在江南一带都是首屈一指的，时人将他与天津周叔弢并称“南陈北周”，为民国两大藏书家。

抗战爆发后，陈清华辞去银行职务，转入学校教授经济思想史。1949年移居香港，并将他藏书中最珍贵的一部分随身带到香港。

大约在1951年，有传言说陈清华将出售藏书且有海外藏家意欲收购。面对中华古籍流失海外的境况，郑振铎先生曾慨叹“史在他邦，文归海外，奇耻大辱，百世莫涤”。当陈氏卖书的消息传到北京，时任文化部文物局局长的郑振铎听说后，便力争将这批珍贵古籍购回。这与中华人民共和国成立后，国家对文物保护工作的重视态度相一致。其中又蕴含深刻的历史意义。

郑振铎在1952年年底至1953年致徐伯郊的信中，多次催促其与陈清华洽商购书一事。如郑振铎1952年12月23日的信里说道：“陈澄中的善本……是极重要的东西，必须收得。”1953年3月27日的信里又重申：“最重要的是陈澄中的书，务请能设法购到。国内收藏，重要者已仅此一家矣。”（图1）在众人携手努力下，76部（件）善本成为陈清华旧藏中第一批回家的国宝。

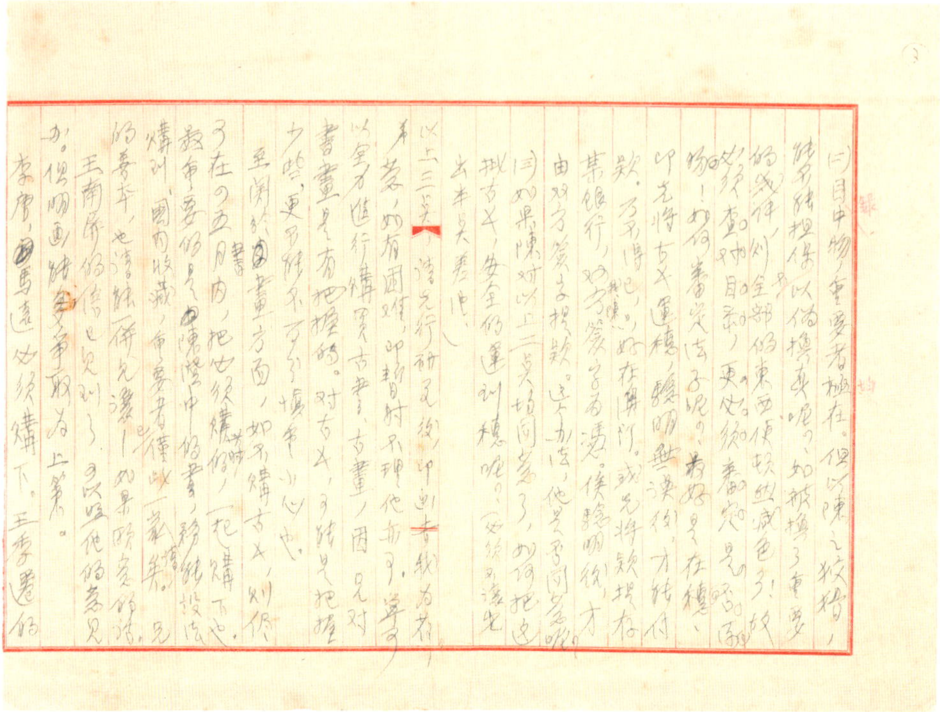

图1 1953年3月27日郑振铎致徐伯郊函

2004年，亲历1965年第二批陈氏藏书回归的丁瑜先生回忆道：“十年之后，陈氏郇斋再次售书的消息又传到北京。这时已是1963年，郑振铎局长在文化部副部长任职期间因公殉职。王冶秋继任文物局局长。王对古籍版本也是一位具有真知灼见的专家，深知郇斋藏书的品级质量。因此对这批珍籍的流向十分关注。他及时报告国务院周恩来总理，在周总理亲自过问下，依然请版本目录学家赵万里先生南下接洽收购。赵在50年代洽购郇斋藏书时，已知陈氏在大陆尚有大量的清刊本及抄校本，因此提出全部收购的建议。由于种种原因，经过两年之久，最后只购到香港的旧拓碑帖七种、善本古籍十八种。”

1965年11月13日下午，这批珍籍运送到北京。这批书籍、碑帖虽仅有25种，但多为天壤间之至宝。

幸运的是，在我的职业生涯中，经历了2004年陈清华海外遗珍在国家文物征集款的支持下入藏国家图书馆的盛事，再续周恩来总理1955年、1965年拨库币从香港购回陈清华藏书的佳话。

陈清华旧藏中，前后三批入藏国家图书馆者总计125部（件）。这些都是堪称国宝的古籍，在中华文脉的传承中具有重要意义。

中国作为历史悠久的文明古国，文化典籍是承载中华民族五千年灿烂文明的最主要载体，是传播知识、介绍经验、阐述思想、宣扬主张的重要工具，是具象化了的科学思维，凝聚了的人文意识。中国历朝历代都有一批有识之士加工阐释、条编整理古籍，并使之广泛传播承继，正所谓“为往圣继绝学，为万世开太平”。中华文明一脉相承，未曾中断，最重要的原因就是中国人以文字记载历史，用典籍传承文明。典籍不仅承载历史信息，也承载造纸、印刷技术等中国创造。

这次采访我特别做了统计，自“中华古籍保护计划”启动以来评定的六批《国家珍贵古籍名录》中，陈氏藏书有55部；在2002年启动的《中华再造善本》中，遴选复制影印的陈氏藏书有39部。其藏书中很多为孤本仅存。如国家图书馆有3部北宋刻书，1部来自荀斋旧藏；11095册鸿篇巨制的《永乐大典》，目前全世界范围仅有400多册，国家图书馆藏224册，其中便包括荀斋第一批回归书中的4册；蜀刻《唐六十家集》十二行本，现存世有19家，郇斋旧藏中有6家；还有被誉为无上神品的宋浙刻《昌黎先生集》《河东先生集》、宋台州本《荀子》、蒙古时期刻的《孔氏祖庭广记》《歌诗编》、元书院刻本《梦溪笔谈》；另有10余部为各书最早刻本，校勘价值高。此外，北宋初拓《神策军碑》不仅是柳公权书法的绝品，还记载着嗢没斯与唐政府的互相支持的历史，是中华民族共同体的证据。

二、当时第二批荀斋藏书收购工作，王冶秋局长为什么会向周恩来总理报告？周恩来总理亲自听取汇报有何含义？

据丁瑜先生《郇斋携港藏书回归知见杂记》，这次收陈氏藏书时，文化部副部长郑振铎已经因公殉职。继任文物局局长的王冶秋也是一位具有真知灼见的古籍版本专家，他深知郇斋藏书的品级质量。这批文献虽仅有25种，但多为天壤间之至宝，因此对这批珍籍的流向十分关注。那个时间段，正是国家甫历困难时期，经济刚刚起步恢复，经济状况还不好，政治局势也不稳定。周总理一向重视文物工作，在王局长及时报告后，周恩来总理亲自过问，并请版本目录学专家赵万里先生南下接洽收购。

这一批荀斋旧藏有旧拓碑帖7种、善本古籍18种。碑帖有宋拓《蜀石经》《二体石经》《东海庙残碑》《佛遗教经》、宋拓残帙《大观帖》和《绛帖》，以及海内外闻名的北宋初拓本《神策军碑》等。

三、第二批荀斋藏书回归后，还特意办了一个内部展览是吗？据说当时这场展览没有开幕词，也没有座谈会，就连展览室的门都一直是关着的，那为什么还要办这样一个展览呢？

据亲历此事的丁瑜先生回忆，在周恩来总理亲自过问指示下，这批珍贵书帖从香港运回来后不久即安排了一次内部展览，邀请有关中央领导和极少数的专业人员参观。地点在北京图书馆3号楼的会议室，会议室中西侧和中央摆放几张三屉桌，桌面铺上白布，新购到的碑帖、书籍平放在桌上，加上一张说明卡，标出书名、版本。由善本组和金石组指定三个人值班，展室门一直是关着的。由赵万里主任和左恭副馆长亲自接待来宾。既没有开幕词，也没有座谈会。徐平羽、杨秀峰、吴仲超、郑裘珍、谢国桢、王冶秋、唐弢、丁秀等知名人士都曾光临。下午中央领导也来了，对陈列的碑帖看得尤为仔细，特别是宋拓《蜀石经》（《广政石经》），领导浏览的时间是最久的。

举办这样一个展览应具有汇报验收的性质。其后不久周总理调阅了这部宋拓《蜀石经》，当时已经是晚上11时，王冶秋局长、丁瑜先生将《蜀石经》送到总理处，留阅一段时间后，书又被完整地归还回来。

四、国家为了收购第二批荀斋藏书花费了多少钱？重金收购的意义是什么？

据赵万里先生之子赵深先生回忆，1965 年陈清华藏书购回馆之后的某一天，时任北京图书馆善本部主任的赵万里先生去馆里上班，下班后很晚没有回来，家人很着急。夜里 12 点后，赵先生坐图书馆的小车回来，显得很兴奋，说今天在中南海紫光阁向周总理介绍了新买的陈清华藏书。赵先生说，当天总理一一看过，边看边议论。赵先生曾对总理谈到书的价格，说花了国家 20 万元港币，是不是太贵了。总理说，不要紧的！我们去香港演两天戏，这钱就回来了。[①] 赵先生平时不对家人谈图书馆的事，这天实在是太激动了。也有另一种说法，是说这批书的花费相当于当年全国大学生一年的伙食费。

在这两批书出现的时候，都有境外的藏家关注，希望收购，国家重金收购避免了国之重器外流，意义不言而喻。

五、关于第三批荀斋藏书的回归，国家图书馆付出了哪些努力？回购过程可以详细介绍一下吗？

2004 年 3 月，中国嘉德国际拍卖有限公司（以下简称“嘉德”）开始联系陈国琅先生。6 月 3 日，国家图书馆善本部的几位同事一起去嘉德看这批书，去的人除了我，还有张

① 刘波：《赵万里传》，国家图书馆出版社，2021年，第267页。

志清、赵前、程有庆等。看到这些书，大家都很激动，期待其能与前两批荀斋旧藏聚合。9月9日，这一天是国家图书馆九十五岁华诞，这天，馆里邀请傅熹年、丁瑜、李致忠、杨成凯、白化文、安平秋等先生对这批书进行专家鉴定。专家们一致认为：这批书宋元本较多，质量很高；其中的一些具有较高的学术研究价值；名家收藏，流传有绪；名家批校题跋较多；鉴于目前珍本古籍日益难得，建议国家图书馆考虑予以收藏。

根据专家意见和陈家藏书渊源，国家图书馆随即在召开的馆长办公会上决定，向财政部申请专款，争取陈氏书的入藏。为了争取时间，当时是以任继愈馆长的名义致信财政部申请机动款购置，任馆长饱含深情地在信中回忆从香港购回前两批陈清华旧藏的背景，并写道："这是一批珍贵稀见的善本古籍，经过明清和近代多位著名藏书家递藏，流传有绪，建议国家斥资收购，以与国家图书馆所藏陈氏前两批书合为完璧。避免珍贵图书的再次流散，并为中国文化史再续佳话。"

财政部决定用国家文物局的文物征集款，由中国文物信息咨询中心（以下简称"咨询中心"）操作。10月16日起，根据咨询中心的要求，国家图书馆再次征求相关专家的意见。10月19日，国家图书馆将相关文件送达咨询中心。10月21日，咨询中心根据相关程序召集专家鉴定，史树青、白化文、李致忠、宿白等先生出具书面意见，认为目前古籍善本日益稀少，此批流失海外的古籍不宜再散失，应予征集。10月25日，咨询中心将其制成相关文件并交至文物局秘书处。

征集的过程惊心动魄，任馆长倾尽心力，各位古籍专家、相关机构积极配合，终于在上拍前的最后时间节点，办完了全部手续。

11月2日，陈国琅先生用传真致函国家图书馆，他饱含深情地写道："陈清华在海外的部分藏书，能回归中国国家图书馆，我深信父亲的在天之灵会很骄傲，认为这是荀斋藏书的最理想的妥善归宿。"为避免市场上有可能造成的混乱，陈国琅先生将陈清华的18枚收藏印也捐赠给国家图书馆，与书一同入藏。

11月8日，我和善本特藏部的几位同事从嘉德古籍部总经理拓晓堂手中取回这24种56册善本并数十名藏书家题跋的《江山无尽图》1轴，大家都非常激动。

不久，国家图书馆举行简短的交接仪式，在嘉德董事总裁王雁南以及寇勤、拓晓堂一行到馆后，任继愈先生把他们请到自己的办公室，表达对王总团队续写前辈传奇，将陈清华旧藏转与国家图书馆的赞赏和感谢，并与相关人员在书前合影留念。这张珍贵的照片，被当时参加仪式的同事们珍藏着，时时瞻仰，作为对今天古籍采访保护工作的激励（图2）。

图2 任继愈先生、张志清、陈红彦与嘉德拍卖公司一行合影

2005年4月18日起，在国家图书馆文津厅举办“百川归海 泽被万代”展览，展出三批入藏的陈氏藏书，其间陈国琅先生特地回国来观看，当时国琅先生满面红光、激动不已的表情，犹在眼前（图3）。

图3 张志清、陈红彦、程有庆接待陈国琅先生参观

六、国家三次努力回购荀斋藏书的意义是什么？

历史上传世之物变卖易主、流失损坏的情况时有发生。清末的政府官员更是腐败无能，不仅无法保护文物，更以各种手段将文物散出，谋取私利。而海外各种势力又对中华文物虎视眈眈。抗战时期，八路军抢救保护《赵城金藏》，以文献保存同志会为代表的爱国人士则与海外势力进行斗智斗勇的文献保卫战，他们对文献、文物的保护不只是保护了国家财产，更是守护了国家文化命脉。

荀斋藏书由海外回归，一方面，是逐渐强盛的国家以国家力量保护文化遗产的表现，避免了国宝再次外流的命运，让其免受散乱、破坏之祸，得到更好的保护、利用和传承。另一方面，这些文献、文物收归国有，放在国家图书馆，通过提供阅览服务、展览、复制、整理等方式让民众得以观览、利用。正如国家图书馆的定位——传承文明，服务社会。

荀斋藏书的回归只是缩影。20 世纪 50 年代，在国家的鼓励和争取之下，出现了通过捐赠、转让等方式，让私人收藏转入公共收藏单位的热潮，“百川入海，蔚为大观”。

七、荀斋藏书回归后，国家图书馆如何保护、运作，最大程度地发挥书籍的作用？

首先是保护好。丁瑜先生曾介绍：“为了收藏保管好这批空前集中出现的国宝珍籍，位于文津街的北京图书馆（今国家图书馆）在 1956 年调整了善本书库的藏书，将原来善本书库布置得恰如宛委洞府，琅函满架，书香拂面，卷帙盈目。书阁橱柜鳞次栉比，曲折回旋，穿行其中，如入迷宫。1955 年新购的郇斋藏书编目后，按序排入善本库中心的小书库中。……小书库中南侧排放玻璃书柜七个，内存蔡氏捐献善本和新购郇斋藏书。北侧排放玻璃书柜八个，内存周叔弢先生捐赠的部分善本，及潘氏宝礼堂捐赠珍籍。”这是尽力为善本典籍提供好的典藏环境。而善本书库搬迁至白石桥新馆后，存藏环境又得到进一步完善，有了更科学的设备设施（比如能做到恒温恒湿、防虫防霉）和管理。此外，还有专门的科组负责文献的修复和保护，通过传统修复技艺和科学保护技术，延长古籍寿命，甚至焕发青春。

其次是利用好。这里存在一个显而易见的矛盾，即书是有寿命的，曝光于不合适的环境，或经人手翻检，都会加速其老化，也就是说阅览和保护原书在一定程度上互相冲突。国图藏品入馆之后，通过编目，登记入册，建立目录供读者阅览；之后拍摄成缩微胶卷，供到馆读者使用，减少原件提阅次数以保护原件。同时，通过展览的方式，让这些珍本走出地库，出现在寻常百姓的眼前，让大家了解古籍，共同保护古籍。国家图书馆还有计划地揭示馆藏，采取影印出版、高仿等多种复制手段，将书化身千百，既满足读者对古籍的需要，又尽量少动原书，延长其寿命。

以陈清华藏书为例，国家图书馆和上海图书馆、嘉德合作编纂了《祁阳陈澄中旧藏善本古籍图录》，也编辑了《文津流觞》的专刊，介绍荀斋藏书脉络与其中珍品的情况。近年来，国家图书馆古籍馆还在编写陈清华藏书书志，对其旧藏做更深入的研究和介绍。最近发布的《永乐大典》高清影像数据库，发布了40册《永乐大典》的影像，其中有2册是陈清华的旧藏。而“百部经典”“国学基本典籍丛书”“宋蜀刻本唐人集丛刊”的出版也多次使用荀斋旧藏。在“西域回响”展览上还复原了《神策军碑》，之后几家出版机构又出版《神策军碑》，方便了大众使用。

作为古籍工作者、古籍保护的从业人员，我经历了数次重要珍贵古籍海外收购的大事，可以说是一生的荣耀。宋本《思溪藏》从国外回流，陈国琅古籍的收购，2008年国家文物征集款又购回加拿大华人手中的 1 册《永乐大典》。还有 2014 年 10 月，3 件早期印刷品入藏国家图书馆。2019 年 10 月，接回法国总统马克龙赠送给习近平主席的《论语导读》。有时整个过程不分昼夜，心情忐忑。但是党和政府的不遗余力，国家图书馆前辈们的前赴后继，我们的国图精神——不遗余力收藏以及保护古籍的职业信仰时时激励我们，为古籍续命、让优秀传统文化传播成为职业自豪。

我近年撰写的几篇文章，题目都冠以“永远”，写冀淑英先生的《永远的女先生》，写丁瑜先生的《永远的怀念》，纪念傅增湘先生的《永远的藏园》……用科学和爱让古籍延寿，用我们的努力，使古籍蕴含的中国精神、中国故事在充满挑战、充斥诱惑的生活中“活起来”，这也是为千年古籍续命的古籍人的光荣与梦想、使命与担当。

让承载着中国人精神的古籍走向永远！

追思国琅先生

□ 拓晓堂 中国嘉德国际拍卖有限公司

陈国琅先生走了。

日前，忽接到大洋彼岸陈国琅先生往生之信，心中一愣。前段时间疫情肆虐，晓堂山居，甚少外出，不闻他事久矣。到了这个时候，没有消息就是最好的消息，事实果然如此。当大洋彼岸的噩耗传来时，晓堂心中自然不免生出许多悲伤。国琅先生是晓堂交往几近廿载的前辈和老友，有一些事情和交情，外人鲜知，总觉得有必要留下一些文字，算作交代，或许对中国古籍善本研究和收藏的后生有所帮助。

20年前，晓堂初见国琅先生之时，先生年近七旬，大病初愈，行动迟缓，心境寡欢。晓堂但见先生依然保存和守护着20余部父辈遗留下来的中国古籍善本，其中不乏国宝级的珍本，俗称“神物”，于是随口说道：“您是有使命的人，有神物护持，使命未完结，天不收您。”不承想此言成真，国琅先生一晃又度过了愉快轻松的20年。

国人常言先生是荀斋陈澄中之子。这话说得没有错，但是我觉得有失公允。陈澄中是20世纪中国最有成就的古籍收藏家之一，藏书楼名“荀斋”。荀斋藏书数量之大，品类之全，质量之精，世所罕见。陈澄中与同时的天津藏书名家周叔弢并称“南陈北周”，称雄民国一世。先生的确是陈澄中之子，但是先生之功，先生之德，惠及国家，惠及民族，理应得到铭记。

国琅先生的工作，晓堂不甚了解，也完全不懂。先生是毕业于伯克利大学的大气物理学博士，就职于美国航天局。可是先生的事业并不遂心。先生曾说过一段故事，令人心寒。先生工作虽多有成绩，也撰写了许多专业论文，可是升职就是没有份儿。先生找到上司理论，结果上司的一句话，让人犹坠冰窟。上司回复称，别无他因，只因国琅先生是中国人，是黑头发。

吾等不能评价国琅先生的事业，可是先生对于守护祖国和民族的文化典籍的贡献当有定论，其功可称大焉。

陈澄中先生于20世纪40年代末，携部分藏书移居香港。二十世纪五六十年代，曾两次售书予国家。在中央人民政府，尤其是周恩来总理的领导、支持和关心下，国家文物局两任局长郑振铎、王冶秋直接负责，动用库帑，斥巨资收回陈清华藏书，成就新中国保护国家典籍文化财产的善举和佳话。两次售书予国家之后，荀斋家中仍余留中国古籍善本多种。20世纪60年代后期，陈澄中先生又移居美国，后病逝于美国旧金山。

陈澄中先生去世后，家中所存中国古籍善本分由妻子叶爱锦，子女陈国琅、陈国瑾继承。国琅先生在西方受高等教育，同时深受父辈文化传统影响，虽对于中国古籍善本无研究，但对其珍贵和重要性，可称深知。陈澄中先生原在上海留存的古籍善本在“文革”中被抄家，到20世纪80年代，斯时按照国家政策应予退还。上海图书馆馆长顾廷龙先生以为，退还的荀斋所藏200余种古籍，其中一级、二级文物者，有50余种，最好与荀斋联络，捐赠国家为好。于是经陈澄中先生之妻叶爱锦女士签字同意，悉数捐赠给上海图书馆。因叶爱锦女士疾障，这一切事务，全由国琅先生一手经办。国家对于古籍善本的重视，国琅先生此时已经深知。

晓堂结识国琅先生，说起来真是一件非常偶然的事。早在1995年，晓堂于香港征集到宋宫旧藏周必大刻本《文苑英华》1册、黄丕烈题跋旧藏元刻本《铁崖先生集》，这两部古籍均为一级文物，且是荀斋收藏。此后10余年间，晓堂在香港一直追寻荀斋后人，毫无音讯，可谓苦矣。2003年晓堂赴沪公干，与上海图书馆历史文献中心主任陈先行先生议事，被告知美国加州伯克利大学图书馆接到一批中国古籍善本书的消息。偶然间得到这个信息之后，晓堂通过公司王雁南总经理，在加州打听捐献人，不意此间得到了荀斋后人国琅先生的信息。于是，晓堂即刻与国琅先生取得联系，随即赴美相见。

当晓堂如约到先生府上之时，一进门，但见大厅桌上放着20余部大大小小开本的中国古籍善本，心中大喜。随手取出开本最大的一本，一看封面就惊呼国宝。这就是有清一代的名本，翁方纲旧藏宋刻本《施顾注苏诗》。晓堂心中已经隐约感到有大事要干了。于是向先生讲述了晓堂曾经写过宋蜀刻本《丁卯集》（《许用晦文集》）、《新刊权载之文集》二书的跋，由上海古籍出版社出版；经手宋刻本《文苑英华》1册、黄丕烈题跋旧藏元刻本《铁崖先生集》的经历。这些古籍书均为荀斋旧藏之物，并讲述了荀斋两次售书给国家的故事。先生笑道，我比他还要了解他家！

与先生交谈时，我讲到在来先生府上之前，到伯克利东方图书馆看书，以及所看的那批书的捐赠轶事。说的是伯克利大学接到一位华人老太太的电话，告知有一些中国书要捐赠。校方不甚在意。隔了一段时间，老太太又打电话说捐赠书籍，如伯克利大学没有兴趣，就将其当作垃圾倒了。于是校方派了一位华人老师到老太太家里，一看果然是线装的中国古籍，于是就装了一大纸箱，带回了伯克利东方图书馆。馆里无人能鉴定，于是请曾在伯克利东方图书馆撰写馆藏古籍善本书志的陈先行帮忙。可是此时陈先行先生不便赴美，传真过来的图像失真严重，无法判断，便希望晓堂有机会赴美，到伯克利代为看书、鉴定。于是才有了晓堂到上海得知此事的故事。晓堂在伯克利看的这批书，有宋板，有钱谦益手稿本，有鲍廷博钞本，均有极高学术和文物价值。且这批书的捐赠者，如判断无失误，当是沪上著名收藏家蒋汝藻的后人，因为这批书里均有蒋氏密韵楼收藏印记。

国琅先生听得出晓堂讲故事的用意，中国古籍在异域里，命运有时会很悲惨。先生告诉晓堂，他结婚时间短，离婚时间长，膝下也无子女。给父辈留下来的这批中国古籍善本找一个最好的归宿，这是他的心愿。经过商议，先生慨然应允晓堂，将所守藏的这些古籍善本全部带回中国。

20余种荀斋藏书回归中国，引起了国家图书馆、国家文物局等有关方面的关注和重视。国家图书馆副馆长张志清、国家图书馆古籍馆馆长陈红彦闻讯，立刻表示国家图书馆就是砸锅卖铁也要购藏这批荀斋旧藏古籍，以续写前辈两次购藏荀斋藏书的故事。晓堂随后与国琅先生商议，力陈推向市场与转让国家的利弊，国琅先生心有大义，同意转让国家。最终在国家财政部的鼎力支持下，这批荀斋藏书最终为中国文物信息咨询中心收购，由国家图书馆永久保存。国家图书馆第三次购藏荀斋藏书，这是继2000年上海图书馆购藏常熟翁氏藏书之后的又一件国家文化事业中的大事。对此，国琅先生在回复晓堂的传真中写道：

> 父亲辞世之后，留在海外的部分藏书由我继承，我知道父亲的遗物是极珍贵的，二十年来不敢懈怠，尽心尽力保护而已。可是我本人研究专业的限制和长期海外生活经历的局限，我真不知这些藏书的未来结局。今承中国嘉德国际拍卖有限公司多次往返美中之间联络，中国国家图书馆承上世纪六十、八十年代之举，将我保存的陈清华部分藏书全部购藏，如此妥善的归宿，我现在可以告慰父亲的在天之灵了。

拓晓堂与陈红彦、程有庆接待陈国琅先生参观展览

之后，在国琅先生的资助下，晓堂经傅熹年先生指点，会同国家图书馆、上海图书馆联合编纂了《祁阳陈澄中旧藏善本古籍图录》，由上海古籍出版社出版，完成了国琅先生的最后一点心愿。

先生对国家图书馆再次出手购藏荀斋旧藏古籍善本的结果，感到非常满意和高兴，也完成了父辈一世收藏善本的书目出版事宜，了结了长久的心愿。常言道“人逢喜事精神爽”，自此之后，先生精气神一改往日的颓势，时常往来于美国与中国之间，拜访国家图书馆，瞻仰天津“北周”故居，不亦乐乎。或许这就是佛说的“心无挂碍，究竟涅槃”（《心经》）吧。

晓堂尝言：藏书家有兴致，有知识，收藏易；而后辈无兴致，无知识，能守护者难。而能尽心尽力守护，并让藏书能够得到一个完美的归宿，那将更难。而国琅先生数十年守护，最终转让国家，可称是善守善终的了。

国琅先生对于民族文化的守护，所有现在、未来从事中国古籍文献研究的学者和爱好者，都将因此受益。

先生功德，若涓涓细流，绵绵长长！

谈谈陈国琅先生旧藏传世孤品明活字本《刘子》

□ 赵 前 国家图书馆古籍馆

今日惊悉陈国琅先生仙逝，深表哀思！十几年前，我曾与先生有一面之缘。记得那天我正在办公室伏案工作，同事陪一位戴着眼镜的男士进门参观，经介绍得知是陈国琅先生。陈先生非常和蔼，面带微笑，一直在认真听同事介绍组里情况，临行前还在办公室拍照留念。记得拓晓堂先生和我讲过，陈国琅先生曾服务于美国航天局，但他并没有将其父陈清华先生（字澄中）留给他的珍贵善本古籍留在海外，而是毫不犹豫地送回祖国。经文化部、财政部、国家文物局、中国嘉德国际拍卖有限公司共同努力，此批书与其父旧藏珍本在国家图书馆合璧，堪称一段书林佳话。虽然陈国琅先生驾鹤西行，但是他当年毅然决然地将自己珍藏的家传善本送回祖国的义举，至今让人感佩！我有幸与陈红彦女史、陈先行先生、拓晓堂先生一起参加国家图书馆、上海图书馆联合编纂《祁阳陈澄中旧藏善本古籍图录》的工作，该书后来由上海古籍出版社出版，受到好评，泽被学界，也算是为陈清华先生旧藏善本做了一点事情。

国家图书馆古籍馆馆长陈红彦女史邀我撰文，因为我曾经关注过陈国琅先生收藏的这批古籍善本。陈国琅先生的这批古籍善本中有一部《刘子》（图1）引起我的兴趣，原著录为明刻本，经鉴定为明代金属活字摆印本，传世孤罕。故命笔撰此小文，以飨广大同好，并以此纪念陈国琅先生。

《四库全书》收录了《刘子》，四库馆臣在《四库全书总目·子部·杂家类一》中对该书作者进行考证，称：

> 《刘子》十卷（内府藏本）
>
> 案《刘子》十卷，《隋志》不著录。《唐志》作梁刘勰撰。陈振孙《书录解题》、晁公武《读书志》俱据唐播州录事参军袁孝政序，作北齐刘昼撰。《宋史·艺文志》亦作刘昼。自明以来，刊本不载孝政注，亦不载其序。惟陈氏载其序，略曰，昼伤己不遇，天下陵迟，播迁江表，故作此书。时人莫知，谓为刘勰、刘歆、刘孝标作云云。不知所据何书，故陈氏以为终不知昼为何代人。案梁通事舍人刘勰，史惟称其撰《文心雕龙》五十篇，不云更有别书。且《文心雕龙·乐府篇》称，涂山歌于候人，始为南音。有娀谣乎飞燕，始为北声。夏甲叹于东阳，东音以发。殷整思于西河，西音以兴。此书《辨乐篇》称，夏甲作破斧之歌，始为东音，与勰说合。其称殷辛作靡靡之乐，始为北音，则与勰说迥异，必不出于一人。又史称勰长于佛理，尝定定林寺经藏。后出家，改名

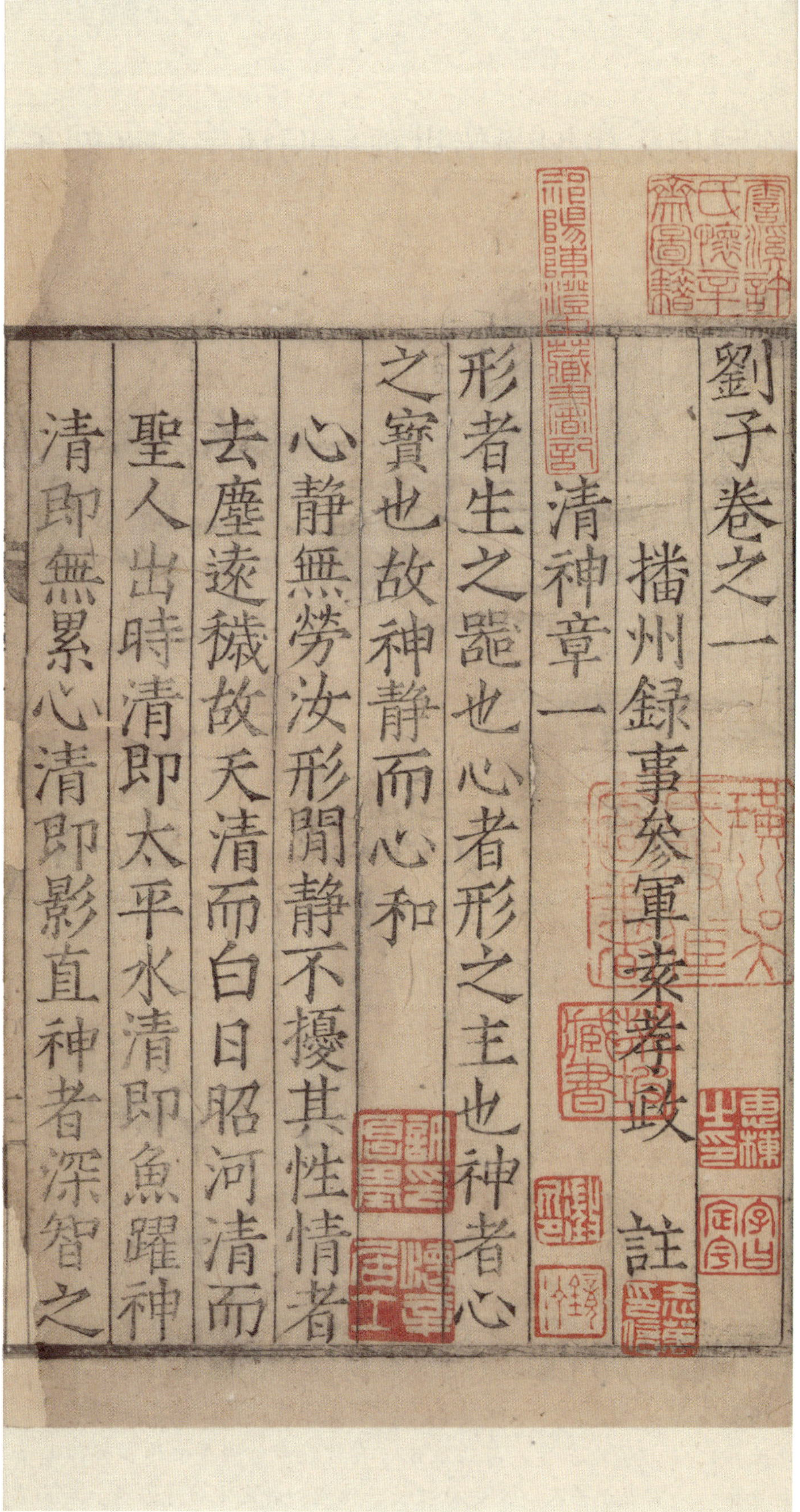
劉子卷之一
播州録事參軍袁孝政　註
清神章一
形者生之器也心者形之主也神者心
之寶也故神靜而心和
心靜無勞汝形閑靜不擾其性情者
去塵逺穢故天清而白日昭河清而
聖人出時清即太平水清即魚躍神
清即無累心清即影直神者深智之

图1 《刘子》卷端

慧地。此书末篇乃归心道教，与勰志趣迥殊。白云霁《道藏目录》亦收之《太元部·无字号》中，其非奉佛者明甚。近本仍刻刘勰，殊为失考。刘孝标之说，《南史》《梁书》俱无明文，未足为据。刘歆之说，则《激通篇》称“班超愤而习武，卒建西域之绩”。其说可不攻而破矣。惟北齐刘昼字孔昭，渤海阜城人，名见《北史·儒林传》。然未尝播迁江表，与孝政之序不符。《传》称昼孤贫受学，恣意披览，昼夜不息。举秀才不第，乃恨不学属文，方复缀辑词藻，言甚古拙，与此书之缛丽轻蒨亦不合。又称求秀才十年不得，乃发愤撰《高才不遇传》。孝昭时出诣晋阳上书，言亦切直，而多非世要，终不见收，乃编录所上之书为《帝道》。河清中又著《金箱壁言》，以指机政之不良，亦不云有此书。岂孝政所指，又别一刘昼欤？观其书末《九流》一篇，所指得失，皆与《隋书·经籍志·子部》所论相同。使《隋志》袭用其说，不应反不录其书。使其剽袭《隋志》，则贞观以后人作矣。或袁孝政采掇诸子之言，自为此书而自注之？又恍惚其著书之人，使后世莫可究诘，亦未可知也。然刘勰之名，今既确知其非，自当刊正。刘昼之名则介在疑似之间，难以确断。姑仍晁氏、陈氏二家之目，题昼之名，而附着其牴牾如右。

陈国琅先生的这部《刘子》共十卷，作者为北齐刘昼，唐袁孝政注。版框高16.4厘米，宽12.8厘米，每半叶9行，行15字，左右双边，黑口。卷末有黄丕烈跋文一道（图2）。

此书钤有“柯氏敬仲”（此印伪）、“臣陆封声”、“璜川吴氏收藏图书”、“惠栋之印”、“字曰定宇”、“汪士钟印”、“阆原甫”、“潘叔坡图书印”、“叔坡藏书”、“汪澂别号镜汀图章”、“镜汀”、“澂印”、“许厚基印”、“怀辛居士”、“吴兴许厚基博明甫收藏宋元善本之章”、“雪溪许氏怀辛斋图籍”、“怀辛斋珍藏印”、“许氏秘籍”、“志万印信”、“海宁陈琰友先氏曾观”等印。

黄丕烈跋文称：

《刘子》有宋刊本，系小字，向为五柳居物，后以赠阳湖孙伯渊者。又有旧钞本，向为五砚楼物，后以归余者。有旧刻专本，向为香严书屋物，今以售余者。三本各不同。余曾借伯渊藏本校五砚本，又曾借香严本参校于五砚本上，故知之详如此。此皆昔年事也。春初香严主人殁，遗书分贮各房，有目录传观于外，余遂检向所见过者，稍留一二种。惜年来力绌，宋元旧刻散失殆尽，而此区区旧刻，又复思置之。且卖书买书，牵补殊艰，自笑兼自愧也。己卯季冬望后一日，复翁。

众所周知，黄丕烈是清代著名藏书家、版本目录学家。通过这道黄跋可知：这部《刘子》原为苏州著名藏书家周锡瓒香严书屋插架之物，周氏殁，其书散出，黄丕烈购

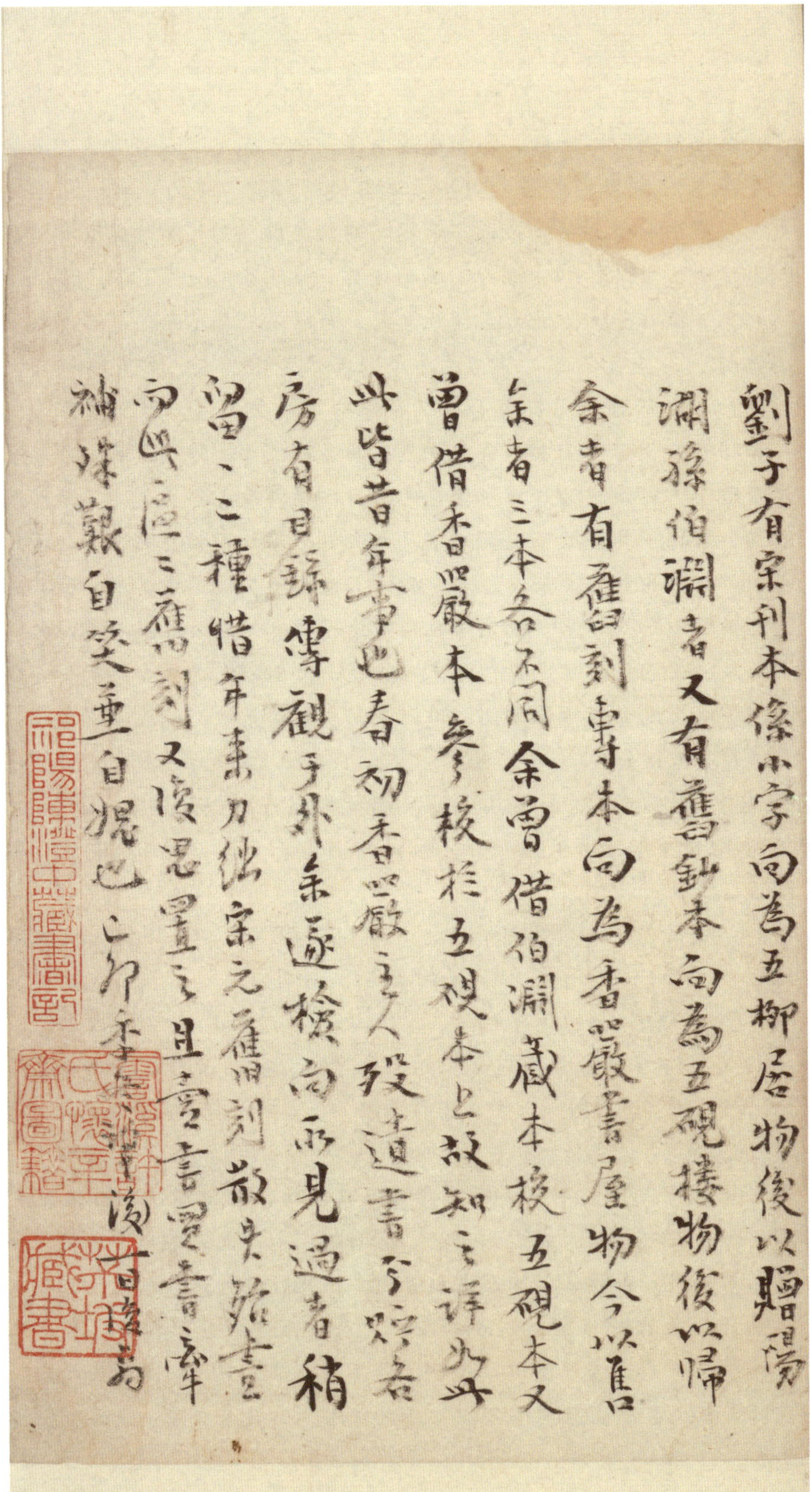
劉子有宋刊本係小字向為五柳居物後以贈陽
湖孫伯淵者又有舊鈔本向為五硯樓物後以歸
余者有舊刻專本向為香嚴書屋物今以歸
余者三本各不同余曾借伯淵藏本校五硯本又
曾借香嚴本參校於五硯本上故知之詳如此
此皆昔年事也春初香嚴主人歿遺書分貯各
房有目錄傳觀予外余遍檢向所見過者稍
留一二種惜年來力絀宋之舊刻散失殆盡
而與區區舊刻又復思置之且意言置書牽
補綴聊自笑並自娛也 乙卯季春望前二日蕘翁
祁陽陳澄中藏書記

图2　黄丕烈跋

藏。黄氏曾将此书与另一位苏州著名藏书家袁廷梼五砚楼旧藏钞本《刘子》进行参校，发现异同。黄丕烈题此跋时，是嘉庆二十四年（1819），此时黄氏已经财力不支，故有“惜年来力绌，宋元旧刻散失殆尽，而此区区旧刻，又复思置之。且卖书买书，牵补殊艰，自笑兼自愧也”之叹。虽然如此，黄丕烈仍“又复思置之”，可见其对古籍的痴迷。该跋文两次提到这部《刘子》的版本，称“旧刻专本”或“旧刻”。但是，以我对古籍版本的认知，我认为这部《刘子》绝非刊刻之书，而是摆印而成的金属活字本。

为什么说这部《刘子》是金属活字印本？我是通过以下几个方面进行鉴定的：

一、根据每版字体受墨状况进行辨别。打开这部《刘子》后就会发现，每版的字迹有深有浅，墨色浓淡不匀。我们以卷一首叶的上半叶为例，此页面中第二行的“注”、第五行的“而”、第七行的“白”、第八行的“即”等字，墨色浓重；而第八行的“水清”、第九行“深智”等字，墨色浅淡。这是因为活字版是由单枚活字摆印而成，不论是什么材质的活字，尽管制字者尽力把每一枚活字修得高矮一致，但是在摆印时，出于种种原因，仍然会有高低不平的情况出现，致使同一版面刷印出来的字迹有深有浅，墨色浓淡不匀。而雕版则不同，无论是独块版材还是拼接而成的版材，在雕版之前，都会采用刮、刨等多种工艺，使版面平整，便于刊刻。因此，雕版印出来的书籍，其字迹墨色浓淡基本一致。

二、根据版面是否有断版状况进行辨别。雕版的木材，一般会选用梨木、杜木和枣木。这是由于其材质具有不同的硬度和吸水性。另外，梨树、杜树、枣树在我国北方地区也比较常见，便于就地取材。即便如此，用一定硬度的木材雕成的书版，经过多次刷印，也会有字体变形、破损，版面、边框断裂等情况出现。而木活字版在印刷过程中，如果个别活字出现损坏，可以随时更换，因此不会有字体变形、破损，版面、边框断裂等情况出现。但是，多数更换上的新字是临时雕刻而成，所以字体与原来字体不同，这也是辨别木活字摆印本与雕版印刷本的方法之一。另外，木活字版是靠四周边框和界行固定活字的，而四周边框则是由四个与活字同高的边条拼合而成。虽然在印刷之前，边框的拼接处非常严密，但是由于刷印时使用了墨汁，木活字版在多次刷印后，活字、边框、界行都会出现膨胀现象，造成活字版边框拼接处有一定的缝隙。这也是和雕版不同的地方。因为雕版的边框是刊刻出来的，而不是拼接而成，即使多次刷印后，也不会有木活字版边框在拼接时出现的缝隙。当然，木活字版刷印多次后，其边框、界行有时也会出现缺损，这就需要鉴定者根据具体情况进行仔细甄别。金属活字版，即使刷印多次，其边框的拼接处仍然非常严密，不会像木活字版那样出现膨胀现象。这也是区别木活字版和金属活字版的方法之一。雕版的界行由于是刊刻而成，所以都是非常直的；木活字版的界行多数是用竹片或木片制成（极少数用金属制成），所以由于各种因素，会出现弯曲现象；而金属活字版的界行都是用金属片制成，因此可以根据摆字需求弯折，这种情况是竹、木片制成的界行无法做到的。本书卷三首叶第六个界行的形状根据摆字需求弯折，由此初步推断，这部《刘子》界行都是用金属片制成。

三、根据每行字体排列状况进行辨别。雕版之前，都会采用刮、刨等方法使版面平整，因此，雕版印出的书籍，每行字体都非常工整。而用活字摆印的书籍，在同一行中，会出现字体歪斜不齐的现象。例如，本书卷三第十九叶的下半叶第二行“晋”，第三行“日”“渡”“其”，卷三最后一叶的下半叶第四行“审其”等字，明显向右偏。此外，不知何种原因，在明代其他活字版书籍中，还有活字被横置的现象。

四、根据书中是否有字形完全相同的单字进行辨别。用活字摆印的书籍中，如果有两枚或更多的活字字形完全相同时，那么可以肯定此书不是用木活字摆印而成。道理很简单，因为这些活字不是雕刻而成，而是出于同一字模。这种现象，只有在金属活字版或泥活字版摆印的书中才会出现。在这部《刘子》中，卷首目录的“录”字与卷三首叶下题“播州录事参军袁孝政注”的“录”字相同，因此可以判断这部《刘子》不是木活字摆印而成的。

五、根据书中是否有字体异样的单字进行辨别。这部《刘子》卷一第一叶的下半叶第七行第一个字是“清”，该字右半部分“青”的第三横左侧多出一个黑点；卷二第二十二叶的下半叶第四行第十个字是“知”，在该字“口”的左上方多出一个黑点；根据艾俊川先生判断，这种现象是流铜的痕迹。另外，卷二的第十七叶的上半叶第二行第六个字是“鞅”，放大后能够看到此字笔画中有白点黑心的现象，这种现象在此书中还有很多，艾俊川先生认为是铸字时出现的气孔。以上出现的现象，只有铸造金属活字时才会有。

综上所述，这部《刘子》应是明代金属活字摆印本。

谨以此文悼念陈国琅先生！

纪念沈燮元先生专栏

人间故人去　天堂仙客来

□　陈红彦　国家图书馆古籍馆

2023 年 3 月 29 日，在去文化和旅游部开会的路上，我不经意地看了一眼手机，赫然发现朋友圈里沈燮元先生于早晨 8 ： 22 故去的消息，不由潸然泪下。本来 3 月中旬听闻先生肺部感染，经住院治疗后已在恢复。16—18 日在南京出差，想去看望沈先生，又担心万一带菌影响先生恢复，便未贸然拜谒，谁想等来的却是永无再见机会的噩耗。这一天，回忆、纪念沈先生的文章刷屏，从青年学者到学界前辈都在纪念这位“南图扫地僧”。我是 32 年前初见沈先生的，和沈先生的交集主要集中在两个阶段，一是沈先生参加《中国古籍善本书目》（以下简称《书目》）编纂，在北京工作的时候；一是他做《士礼居题跋》，让我帮他核对。如今一段段往事仍浮现在眼前，而沈先生已去了有书的远方。

我是 1987 年大学毕业后到的国家图书馆（时称北京图书馆），进入善本特藏部（2008 年起与分馆合并，改称古籍馆）善本组工作。那年冀淑英先生从英国访问回来，在善本组第一次见面，才知道冀淑英先生在组织编纂《书目》，完成周总理的遗愿。没想到之后不久，我就被善本组委派协助冀先生的工作，有幸给编纂《书目》的前辈们打下手。我在《书目》办公室的日子尽管不长，却经历了《书目》办公室从文津街馆区到白石桥馆区行政楼，再到白石桥馆区业务楼的三个阶段。

《书目》编纂的条件很简陋，核对信息主要靠前期发函，必要时到现场去核对版本。一般情况下都是在办公室核对卡片，排好条目顺序。一直在《书目》办公室的有冀淑英先生、丁瑜先生、陈杏珍老师，后来因集部体量最大，南京图书馆的沈燮元先生在完成子部后又来北京加入集部的编纂。在一个办公室，我得以看到先生们每天严谨认真地工作，彼此尊重地和谐相处，沈先生、丁先生对于副主编冀淑英先生总是恭敬有加，遇到问题都会说："冀大姐，您看这个是这么个情况，这么处理怎么样？"

和沈先生接触，老人家留给我的印象，除了工作中的严谨认真，更多的是有趣。他离开家，只身在北京工作，住在国图招待所。于是，工作之外喜欢和年轻人聊聊天，甚至"调侃"，有时喝点小酒，还时常聊起影视明星，甚至一些八卦新闻，惹得大家哈哈大笑。请年轻人陪同买衣服，买完后又调换，也会有年轻人打趣他。有一件事让我印象最深刻，就是沈先生买书的时候要把那个书架上所有的余货全部过一遍，挑选出最干净的一册，不允许书上有一点瑕疵，这显现出他对书的真爱。沈先生身上有很令人难忘的孩子气，记得有一次周一上班，沈先生眉飞色舞地对大家说，丁公（指当时一起在《书目》办公室的丁瑜先生）请他去荷花市场吃东西了！印象中吃的东西里有茶汤等北京小吃。现在回想，常年离开家独自生活、工作，是书和朋友让他的生活显得不那么孤寂。或许他对书也如当年的尤袤一样，抱着"饥读之以当肉，寒读之以当裘，孤寂而读之以当友朋，幽忧而读之以当金石琴瑟"的痴爱心态吧。

完成《书目》的辅助工作后，从1991年起，我回善本组开始做宋元机读目录，详细著录宋元古籍的信息，有版式、藏印、避讳、刻工、序跋等。宋元古籍珍贵，经手的藏家也多，第一次做这样的著录，书上藏印累累，很多印章认不出来，更不用说去厘清其递藏关系了。幸好身边有沈先生，他直接说出是谁的印，或者印主是什么时候什么地方的藏家，或者告诉我去查哪本工具书。他口音很重，有时听几遍才能听懂，他也很耐心地重复说。有一次他说这个你去查一下"chou 文"，我猜了半天也没明白，后来才反应过来是"籀文"。他的大脑简直就是有超大存储量的古籍知识库。两年多的时间里，我在库房一叶叶翻阅宋元本，逐一完成著录，在冀先生、沈先生、陈杏珍、王玉良等老师的指导下，奠定了一辈子的专业兴趣和学术基础。

和沈先生的第二个交集，是他的"黄跋"。其实，清代以来就已有前辈做过《士礼居题跋》，但都不够全，也有不少错漏。沈先生发愿编纂一个更加全面、完善的版本。2011年，我从国家古籍保护中心办公室回到古籍馆担任主任，从这年起，沈先生经常会来信让我帮助查核黄丕烈的跋文。开始是用信函的方式，2011年5月25日的信中这样写道（图1、2、3）：

红彦同志：

久未联系，时切遐思。

兹有琐事奉恳。日来整理黄（丕烈）跋，已趋冲刺阶段，问题较多，亟需同行大力相助，始克有济。

如黄跋有后发现者，每为缪荃孙、王大隆等人辑本所不收，今均在贵馆，如不"保密"，可否将下列五书题跋书影赐示（目录见另纸），以便补入。专此奉托，希予支持为感。

顺颂

文安！

沈燮元敬上

2011.5.25

题跋，黄与其他人的，都要

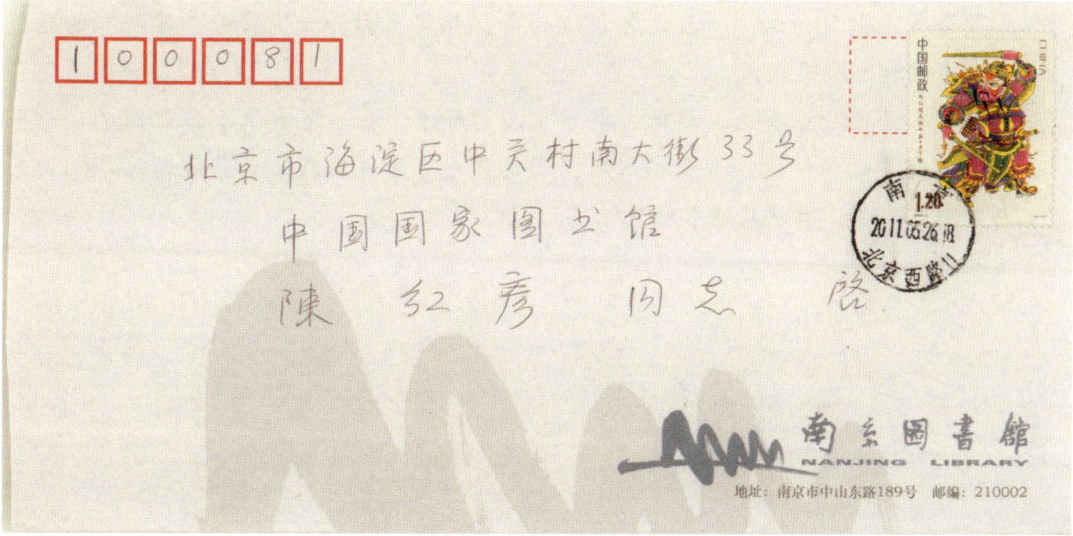

图1 2011年5月25日沈燮元先生致笔者函（信封）

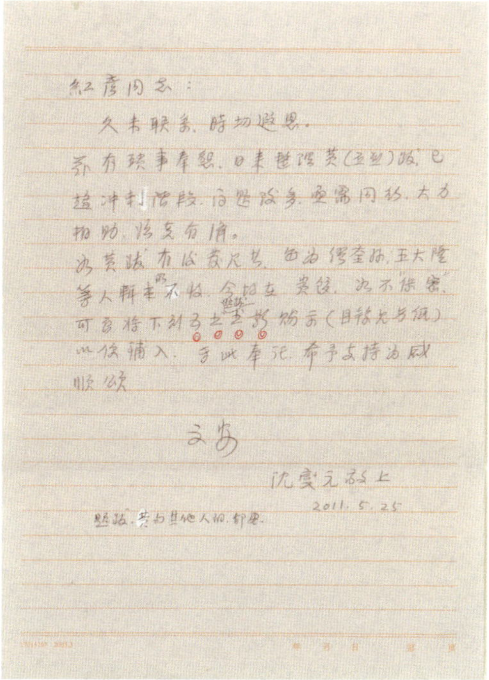

紅彦同志：

久未联系，时切遐思。

[illegible]

顺颂

文安

沈燮元敬上

2011.5.25

题跋，黄与其他人的，都要。

图2 2011年5月25日沈燮元先生致笔者函（一）

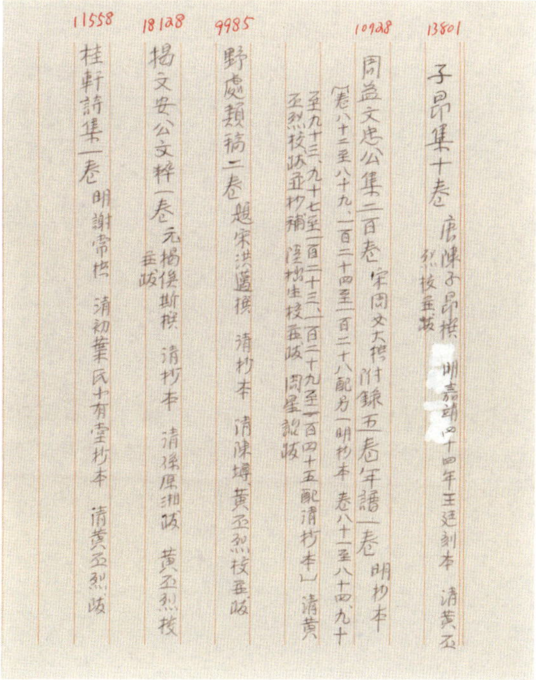

13801 子昂集十卷 唐陳子昂撰 明嘉靖四十四年王廷刻本 清黃丕烈校並跋

10928 周益文忠公集二百卷 宋周必大撰 附錄五卷年譜一卷 明抄本（卷八十二至八十九、一百二十四至一百二十八配另一明抄本 卷八十一至八十四、九十至九十三、九十七至一百二十三、一百二十九至一百四十五配清抄本） 清黃丕烈校跋並抄補 汪士鐘校並跋 周星詒跋

9985 野處類稿二卷 題宋洪邁撰 清抄本 清陳焯、黃丕烈校並跋

18128 揭文安公文粹一卷 元揭傒斯撰 清抄本 清孫原湘跋 黃丕烈校並跋

11558 桂軒詩集一卷 明謝常撰 清初葉氏十有堂抄本 清黃丕烈跋

图3 2011年5月25日沈燮元先生致笔者函（二）

沈先生的语气令我后背冒汗。于是我便以最快的速度完成沈先生所托，呈送先生。2012年5月6日的信中写道（图4、5、6、7）：

红彦同志：

此次来京，都很顺利，但因时间关系，留下了二大遗憾。一是没有见到丁公，二是没有看到一本书，真是无可奈何的事。

今寄上书目一纸，一共九部黄跋的书，都要书影，除荛翁外，其他人的题跋都要，因和书都有联系。

是否请您分给有庆、赵前、济宁（应为际宁。——笔者注）三位同志，一人三部，这样比较快捷，书影拍好后，由您集中，再寄给我。黄荛翁题跋，国内的都集中在北图，所以只好求助贵馆了。

专此奉托，顺请

文安！

沈燮元敬上

2012.5.6

附黄跋书目2纸

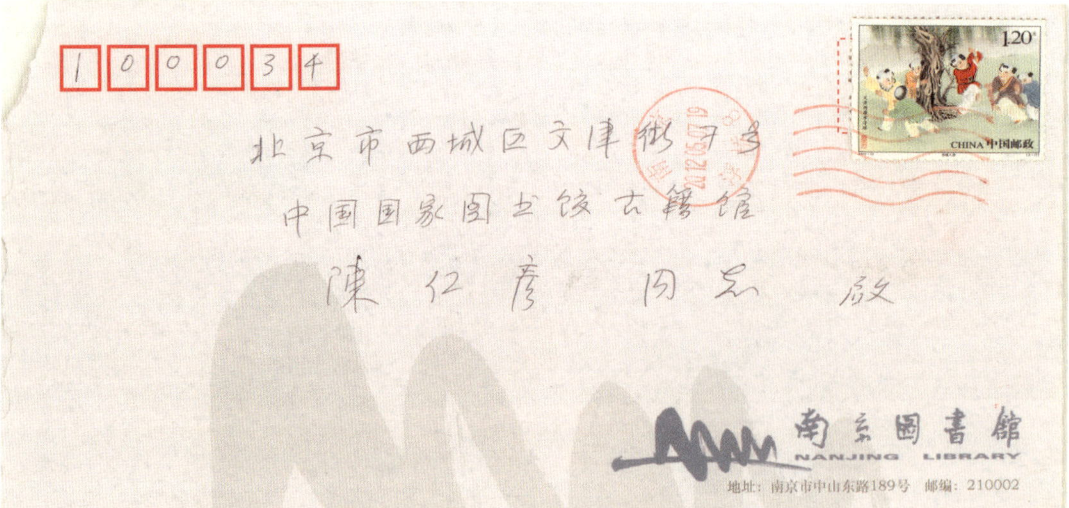

图4 2012年5月6日沈燮元先生致笔者函（信封）

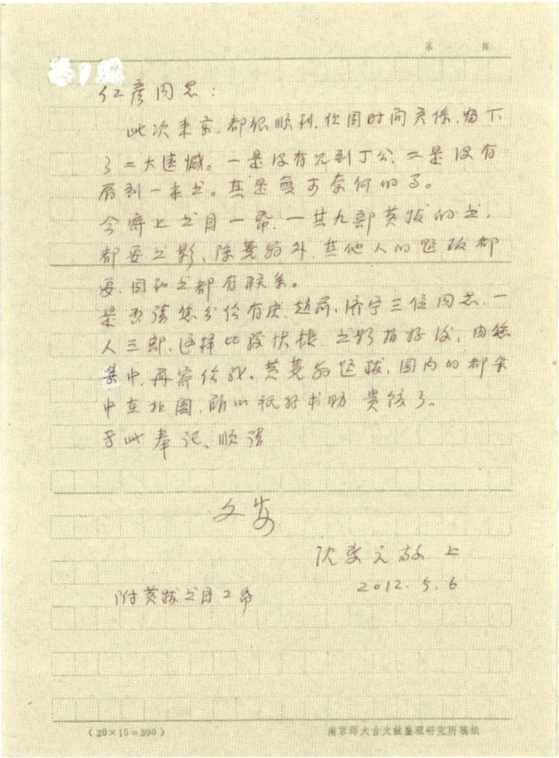

仁彦同志：

此次来京，都很顺利，但因时间关系，留下了二大遗憾。一是没有见到丁公，二是没有看到一本书。真是无可奈何的了。

今寄上书目一份，一共九部黄跋的书，都要书影，除荛翁外，其他人的题跋都要，因和书都有联系。

是否请您分给有庆、赵前、济宁三位同志，一人三部，选择比较快捷，书影拍好后，由您集中，再寄给我。黄荛翁题跋，国内的都集中在北图，所以只好求助，费你了。

专此奉达，顺请

文安

沈燮元敬上

2012.5.6

附黄跋书目2份

（20×15=300）　南京师大古文献整理研究所稿纸

图5　2012年5月6日沈燮元先生致笔者函（一）

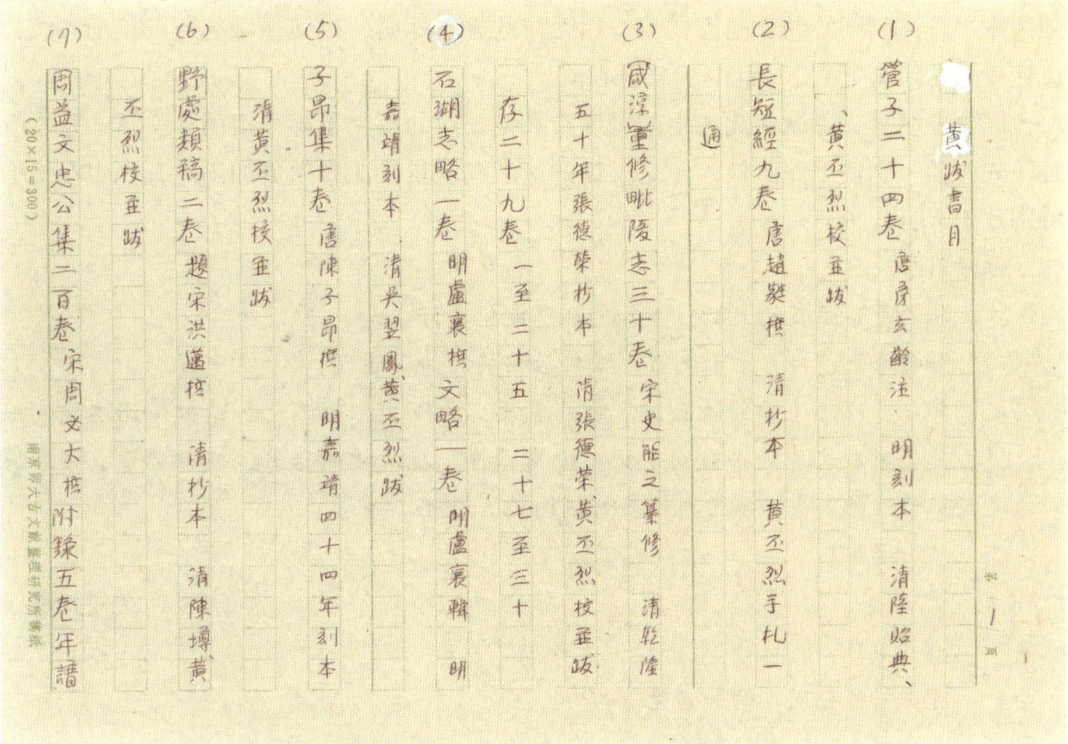

黃跋書目

(1) 管子二十四卷 唐房玄齡注 明刻本 清陸貽典、黃丕烈校並跋

(2) 長短經九卷 唐趙蕤撰 清抄本 黃丕烈手札一通

(3) 咸淳重修毗陵志三十卷 宋史能之纂修 清乾隆五十年張德榮抄本 清張德榮、黃丕烈校並跋 存二十九卷 一至二十五 二十七至三十

(4) 石湖志略一卷 明盧襄撰 文略一卷 明盧襄輯 明嘉靖刻本 清吳翌鳳、黃丕烈跋

(5) 子昂集十卷 唐陳子昂撰 明嘉靖四十四年刻本 清黃丕烈校並跋

(6) 野處類稿二卷 題宋洪邁撰 清抄本 清陳鱣、黃丕烈校並跋

(7) 周益文忠公集二百卷 宋周必大撰 附錄五卷年譜

第 1 頁

（20×15=300）　南京師大古文獻整理研究所稿紙

图6　2012年5月6日沈燮元先生致笔者函（二）

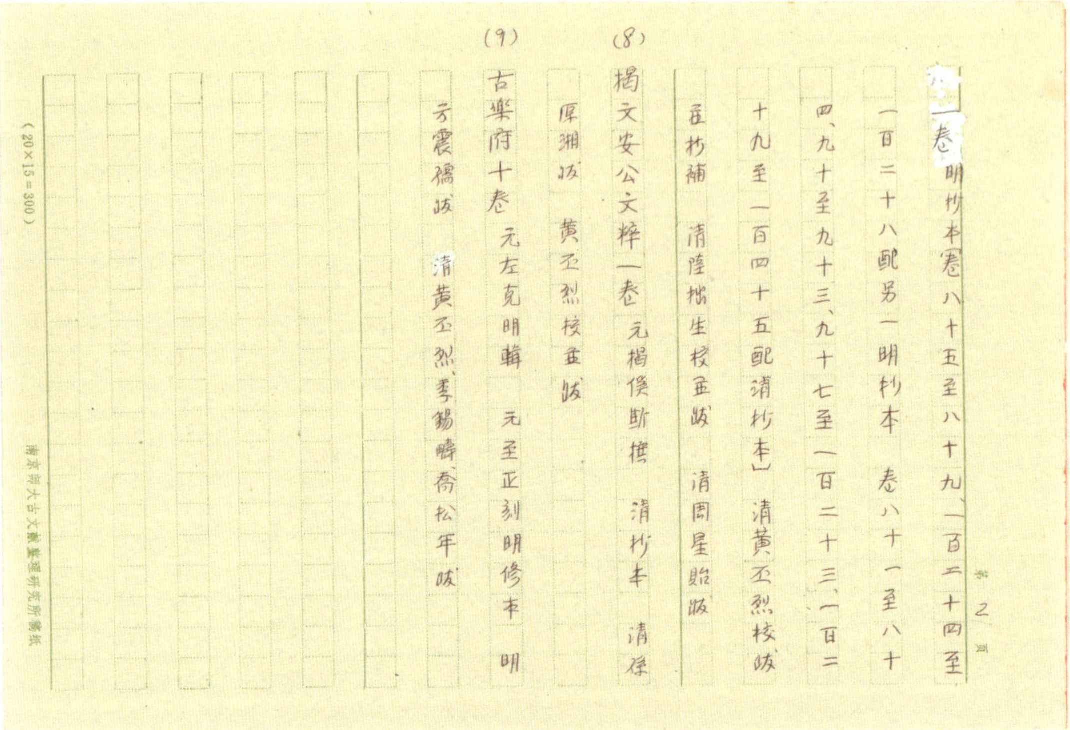

（20×15=300）

一卷 明抄本〔卷八十五至八十九、一百二十四至一百二十八配另一明抄本 卷八十一至八十四、九十至九十三、九十七至一百二十三、一百二十九至一百四十五配清抄本〕 清黄丕烈校跋 并抄補 清陸拙生校并跋 清周星貽跋

（8）揭文安公文粹一卷 元揭傒斯撰 清抄本 清孫原湘跋 黄丕烈校并跋

（9）古樂府十卷 元左克明輯 元至正刻明修本 明方震孺跋 清黄丕烈、季錫疇、喬松年跋

第 2 页

南京师大古文献整理研究所稿纸

图7 2012年5月6日沈燮元先生致笔者函（三）

其后沈先生的信便更加频繁，2012年7月2日至5日，四天间便两次致信，并特别希望请水平较高又细心的女同志代校，用死校的方法标明，以便他做判断。信的频次，也让我感受到沈先生完成此书的急迫心情。

因公务缠身，恐耽误沈先生的进度，我把校对的事交予善本组的李文洁。基本上是沈先生信一到便下库查核，于是反馈的速度和质量让沈先生更加满意，先生在信中特别致谢（图8、9）：

红彦同志：

您真是帮了我的大忙，不知怎样感谢您才好。

今又寄上待校目录十七页，请校后仍将原件寄还我。

其《〔咸淳〕重修毗陵志》书影贰页，上下文似接不上，请校字同志核实一下，是否有脱文，还是我对原文，没有读懂。上次校的很好，我很满意，最后还是请那位继续下去，以便将来我好酬谢她。专此。顺请

夏安！

沈燮元敬上

2012.7.28

可否将校勘同志的芳名见告

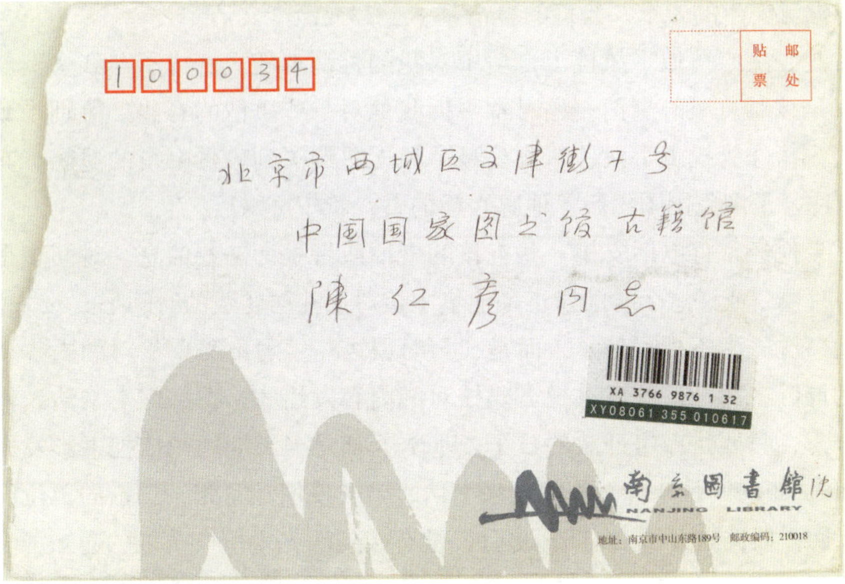

100034

贴邮票处

北京市西城区文津街7号

中国国家图书馆古籍馆

陈红彦同志

XA 3766 9876 1 32

XY08061 355 010617

南京圖書館 沈

NANJING LIBRARY

地址：南京市中山东路189号 邮政编码：210018

图8 2012年7月28日沈燮元先生致笔者函（信封）

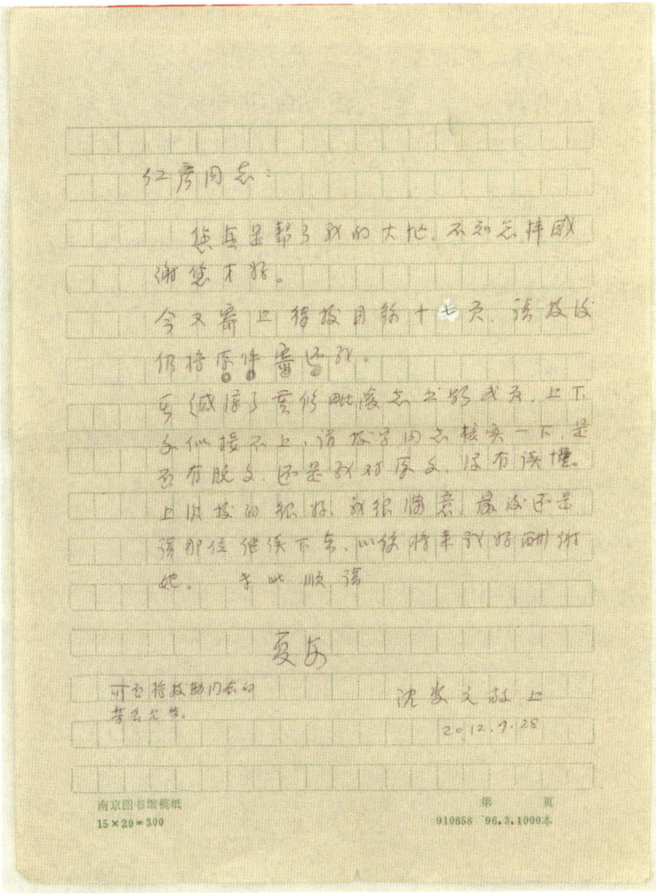

红彦同志：

您真是帮了我的大忙，不知怎样感谢您才好。

今又寄上待校目录十七页，请校后仍将原件寄还我。

另《[illegible]》[illegible]，上下文似接不上，请校字同志核实一下，是否有脱文，还是我对原文没读懂。

上次校的很好，我很满意，最好还是请那位继续下去，以便将来我好酬谢她。专此顺颂

夏安

可否将校的同志的姓名告知。

沈燮元敬上

2012.7.28

南京图书馆稿纸

15×20=300

第 页

910858 '96.3.1000本

图9 2012年7月28日沈燮元先生致笔者函

其后根据沈先生的要求，校稿的事情基本上都交给李文洁。

这之后沈先生心情似乎放松了，信中对我的称谓也随之变成了“红彦契友”，内容也不仅仅是核对黄跋的事情，还时常告诉我他对一些事情的看法，特别是慨叹有钱人多，把买古籍作为投资手段，造成公藏单位无法购买到珍贵书籍的遗憾。有时则是说通过什么途径了解到国图出版了他感兴趣的书，希望寄赠。

再往后，他经常打电话安排一些查核的事情或者垂询一些信息。时间多是周末下午两三点的时候，或许这个时间段正是他集中核对士礼居题跋的时间吧。

再之后，沈先生不再写信了，而是“与时俱进”，写出需要核对的内容，通过南京图书馆的周蓉，用微信的方式把需要核对的内容发给我，在部门李文洁、郭静两位女史的配合下，只要是库房开放的日子，基本上都是当天即用微信把书影发去。最后一次是在 2022 年的 5 月 9 日，周蓉发来微信，当时疫情正紧张，扫描的单位没有正常入馆，所以回复时间迁延了 20 日。之后就没有接到沈先生核校黄跋的通知了。中间我曾经在电话里询问：“您的书什么时候出版呀？”老人家说：“不要着急，还没核对完呢。出版的时候肯定有你的一本嘛。”我便一直期待着带着温度的、有他签名的样书。听说书已经快出来了，得到老人家的签名本却成了奢望。

2022 年，《但是还有书籍》第二季上线哔哩哔哩网站（b 站），一辈子都在默默耕耘的沈先生成了“网红”，沈先生却对大家说：“人家讲你要活到 100 岁，我说对不起，我不想活到 100 岁，我告诉他 5 个字，过好每一天。”说得轻松却振聋发聩。这个片子和这些话让沈先生在年轻人口中有了“南图扫地僧”的雅号。这位“扫地僧”却不管大家如何议论、崇拜，依然日复一日上车、下车、看书、校书，与书为伴。宠辱不惊，去留无意。

过去我们常用博尔赫斯《关于天赐的诗》中“如果有天堂，天堂应该是图书馆的模样”来描述图书馆和读书的美好。从这个意义而言，沈先生不过是换了一个读书的地方，他去了有诗和书的远方，那里有曾经和他一起做《书目》的老朋友，那正是他最喜欢的地方。

2023年4月3日

缅怀沈燮元先生

□ 拓晓堂 中国嘉德国际拍卖有限公司

30多年前，沈先生在北京图书馆（今中国国家图书馆）参与《中国古籍善本书目》子部、集部的编纂工作，住在图书馆的招待所，晓堂时在善本组工作。犬子在图书馆的幼儿园上学，位置就在招待所的旁边。某次刚刚接上孩子，就碰到了沈先生，我随口打招呼称“沈老”，孩子不懂人事，也学称“沈老”。沈先生用他的苏州口音，幽默地对犬子说：“不老，叫我小沈就可以了。”犬子也不知趣，笑称“小沈”。我只能嗔斥小子无礼。时间真是不饶人呐，转眼间沈先生已是以百岁高龄，独上道山了。

回想与沈先生30多年的交往，先生在学术研究、商海经营，以及为人处世等方面，都曾给我以诸多指导和帮助，留下许多深刻的记忆。其中的一些事情，外人也许不知。在此追忆，聊记一二，以表达对先生的深切缅怀。

一是沈先生的文集中，有一篇《合众图书馆董事会议事录题跋》，事关顾廷龙先生。这个题跋的时间背景是1995年前后，我的一位收藏界朋友，偶然在上海的一个拍卖会上竞得一册《合众图书馆会议记录》，而后经上海图书馆顾廷龙先生的弟子陈先行先生确认，确为顾老的笔迹。陈先生疑惑的是，此乃顾先生常置床头的东西，是顾老极为珍视之物，如何出现在了拍卖市场？我略微翻阅过该书，里面有合众图书馆股东会议关于将图书馆捐赠给国家的全部详细表决记录、捐赠书文件底稿等，知道陈先生这些话语的分量。于是我与朋友想寻找原合众图书馆的老人，为此本议事录册撰写一些文字。陈先生首推就是沈燮元先生。于是我找机会到了南京，在沈老居住的小屋里，先生笑对我说，这小楼小屋，可不一般呢，这里就是大汉奸陈群的泽存书库旧址。当我将这册会议记录交与沈先生时，沈先生一望即知，惊呼“这是顾老的东西”。于是我说明了大致情形，并请他撰写一些文字。沈先生打开了话匣子，对我说了许多，其中最重要的是顾老于他有活命之恩。沈先生原本是学美术的，毕业后生计难保，于是顾老将沈先生引进了合众图书馆。沈先生从此进入图书馆古籍善本领域，并将其作为一辈子专注的事业。先生同时也是合众图书馆捐赠国家之时的见证人。对于我的邀约，沈先生非常爽快地答应了。同时沈先生还推荐了一个人，即顾颉刚先生的助手王煦华先生。沈先生说道，合众图书馆捐赠国家之时，他那时也在合众图书馆工作。关于王煦华先生曾在合众图书馆工作之事，外界很少有人知道了。正是在沈先生的指引下，后来我在北京干面胡同顾颉刚先生的旧居见到了王煦华先生，王先生在那里整理顾颉刚先生遗留的手稿。我与沈先生的交谈，是在先生居所附近的酒家里进行的，先生有酒，话就畅快无忌。数月后，沈先生的大作完成，我让到南京公干的助手顺便取了这册《议事录》，可惜回到北京之时，这本小册子竟然不翼而飞了！因此，留在这册子内的沈先生手迹也不翼而飞。此事成为留存在公安部门的一个遗案。再后来先生将他出版的《沈燮元文集》寄给我，我才看到先生的这篇题跋的全部内容。

二是关于顾氏过云楼的宋刻本《锦绣万花谷》的版本问题。就这部名著我先后与沈先生谈论过数次，第一次是在我征集得到此书后不久，知道沈先生是看过此书的人。“文革”初期，苏州顾氏被抄家，藏书亦在其中。顾氏后人告诉我，当时负责鉴定登记抄家古籍目录的正是沈先生，故此书必经过先生的法眼。说到此书之时，先生只是微妙地笑称，这是顾老审定的宋刻本。我当时还不太明白先生的话中含义，可能是那时非常兴奋，头脑不甚清晰。回到北京后，傅熹年先生闻讯也来看书。傅先生看罢，说了一句“杂拌凑”，令我顿时汗下。因为我明白傅先生在古籍版本方面的说话分量，也明白所谓的“杂拌凑”在行里的含义，说明这部宋刻的版本血统有问题。这引起了我的警觉，于是安排联系，专程赴日本东京的静嘉堂文库，与藏于文库的原皕宋楼旧藏的宋刻本《锦绣万花谷》进行校勘，结果令我大吃一惊。顾氏所藏版本的确有问题，尤其是《后集》四十卷、《续集》四十卷，我怀疑是明刻本。因此，在撰写有关拍卖图录文字之时，我刻意地选取了一叶拍照刊登，并在著录文字中表述了此叶与静嘉堂文库本的校勘结果。明白版本和校勘的人应该知晓，顾氏藏本刊刻粗劣，漏字、错字、讹字尽出，断非好版本。只是这些没有明说而已。之后我又见沈先生，谈到此书之时，沈先生没有直接回答我的问题，只是对我的朋友说道：“小拓是懂版本的。”听者不知是否明白其中含义，但是我明白先生是赞同我对顾氏过云楼藏本《锦绣万花谷》的意见。先生一生话多，但又非常谨慎，大都以闲话、笑话表述，能听懂的就懂，听不明白的一笑作罢。这种处世态度极大地影响了我。

三是先生爱书成癖，不论走到哪里，都在寻书买书。十几年前，沈先生忽然给我打电话，让我到苏州一趟，说有事相求。我说先生不必客气。如约到苏州后，与先生吃饭，把酒言欢，可先生支支吾吾就是不入正题。最后转了半天，才告诉我家中有事，想将藏书卖出，以解燃眉之急。我当时见先生所需并不太多，便说可以筹资借给先生。先生虽然会吃好喝，可是从不会欠他人之情，断然拒绝。我略知先生的为人，所以遵照先生之意，到先生府上，选取出售的藏书。按照先生的意思，新出版的书太多，放放以后再说，专挑古旧版本，于是就有了后来先生在嘉德的古籍专题藏书拍卖。消息传出后，不论是学界还是行里，都很吃惊，因知道先生嗜书如命，怎么会拍卖藏书？我只能告知人各有难处，先生的性格难违，唯有珍重、敬重才是。在这些古籍里，有几部是先生校勘批注过的，小楷如豆，工工整整，一丝不苟，可见先生的治学态度。

沈先生在生活上万事不求人，唯独在治学方面例外。先生集撰《士礼居题跋》，四下寻找原件，以便校勘核对文字，近些年我过手的不下10余种，每有所得，先生必要影印复制件。我曾笑对先生说："差不多就可以了，留给后人一些补充和校对的工作机会吧。"先生不以为然，沉下脸来不理我了。直到现在，这部耗尽先生心血的著作仍未出版。现在先生已经羽化登仙，唯望此书能够付梓，以慰先生在天之灵。

2023年3月30日于旅途匆匆草稿

黄跋之交：忆与版本目录学家沈燮元先生的交往

□ 李开升 天一阁博物院

沈老今晨以百岁高龄归道山，朋友圈瞬间刷屏。我不由回顾与先生的交往，查检手头资料和信函，沈老的3通来函均有关黄丕烈题跋（业界通称“黄跋”），数通电话大多也不离黄跋与黄丕烈研究，故曰“黄跋之交”，应是实录。

我何时知道沈老大名已不可追溯，只记得不止一位学者（如冀淑英、徐雁）在文章中写过沈老在搜集整理黄跋。2008 年 1 月 14 日，我正在撰写硕士论文《黄丕烈藏书及其流传研究》，致电南京图书馆咨询其馆藏目录之事，得知我做的题目，热心的馆员告诉我沈老为黄跋专家，每天都来南图，电话打到南图古籍阅览室，沈老果然在。请教后，沈老对我的思路不太赞同（也可能我在电话里没说清楚），说做目录没多大意思，主张研究黄丕烈的藏书思想。此后直到当年毕业参加工作，我们都没有再联系。2009 年 5 月 16 日，我在常熟参加铁琴铜剑楼纪念馆举办的藏书文化研讨会，沈老也与会了，惜乎未能交流。

2009 年 12 月 3 日，同事转给我一条消息，沈老看了我在《天一阁文丛》第 6 辑发的《黄丕烈研究百年》，注意到我手头有黄丕烈遗跋，想问我什么时候发表。我具体怎么回复的也不记得了。

2011 年 6 月 12 日，西泠印社拍卖有限公司举办“黄跋、顾校、鲍刻与中国古旧书文化研讨会”，沈老与会，我和他当面交流了黄跋的搜集工作，他与同样年近九旬的江澄波先生同游西泠印社，并在山顶合影留念。交流中沈老让我把搜集的黄跋补遗目录寄给他，他要跟自己搜集的核对一下，看哪些是他没有的。他随后于 7 月 5 日来函提出有 7 种黄跋（含序）是他所需要的，即清张位青芝山堂抄本《靖康孤臣泣血录》、稿本《佳趣堂书目》、影元抄本《伤寒百证歌》、旧抄本《格斋先生三松集》、士礼居抄本《杏庭摘稿》、明刻本《韩山人诗集续集》和《梅花谱》等 7 种（图 1、2）。我于 7 月 13 日将 7 种黄跋寄给他。

2012 年 3 月 21 日，我接到沈老电话，大概仍是谈黄跋问题。4 月 8 日，打印沈老所需黄跋，9 日寄出，具体目录无记录。5 月 20 日，沈老到杭州有活动，浙江图书馆陈谊先生特意致电问我是否有时间过去，因我正在复旦读书，有课要上，未得参与。6 月 30 日，接沈老电话，原来我之前收到的《柳定生集》是他送的。他说前一段都在忙过云楼书的事，书还在北京，没运回南图，要我帮他配齐《天一阁文丛》。他对我选修的西方校勘学课，不太赞同，说我们还是要以刘向以来的为正宗。11 月 10 日，我参加中山大学图书馆举办的版本目录学研讨会，见到了沈老，大概提到送他《天一阁文丛》等书，14 日便寄书给他。

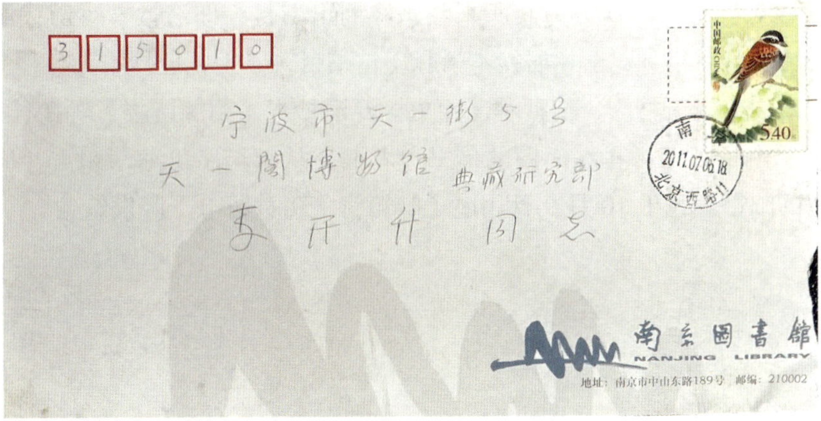

图 1　沈老来函信封（2011 年 7 月 5 日）

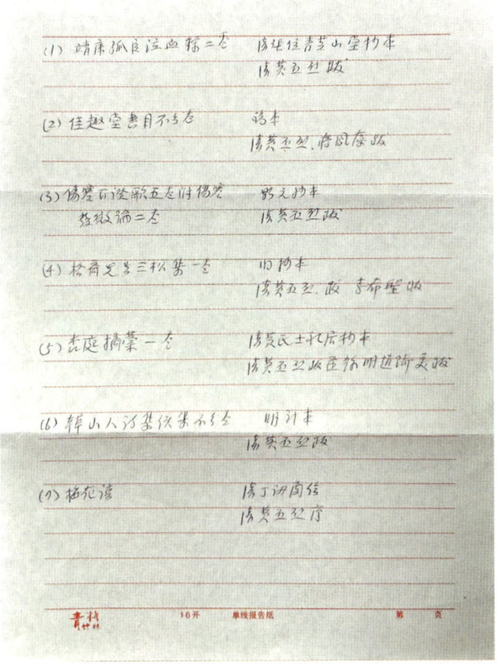
(1) 靖康孤臣泣血录二卷　清张位青芝山堂抄本
清黄丕烈跋
(2) 佳趣堂书目不分卷　稿本
清黄丕烈、蒋凤藻跋
(3) 伤寒百证歌五卷附伤寒发微论二卷　影元抄本
清黄丕烈跋
(4) 松斋先生三松集一卷　旧抄本
清黄丕烈、跋 李希圣跋
(5) 杏庭摘稿一卷　清黄氏士礼居抄本
清黄丕烈跋并抄明道衍[illegible]跋
(6) 韩山人诗集续集不分卷　明刻本
清黄丕烈跋
(7) 梅花谱　清丁[illegible]稿
清黄丕烈序

青林　16开　单线报告纸　第　页

图 2　沈老手书 7 种黄跋本书目（2011 年 7 月 5 日来函）

2013 年，我应《文津学志》“黄丕烈专辑”之约，发表《黄丕烈题跋补遗》一文，将历年来搜集的黄丕烈遗跋 39 篇整理刊发。沈老大概看了此文，于 2014 年 8 月 23 日来函，要我将潘祖荫、缪荃孙、王大隆及我国台湾（主要是昌彼得）未收的黄跋打个目录，供他核对是否有遗漏；并说他手头的《天一阁文丛》只有第 8、9、10 辑，希望能补齐（图 3）。9 月 13 日，我将整理的所有黄跋及《天一阁文丛》第 6、7、11 辑寄给他。

2014 年 10 月 8 日，沈老来函说，将他所辑《士礼居集》题跋部分与我的《黄丕烈题跋补遗》核对，有 7 篇题跋为其所未收，并列出书目，即清抄本《历代纪年》、清抄本《续资治通鉴后集》、士礼居抄本《脉望馆书目》、士礼居抄本《存寸堂书目》、明初刻本《寿亲养老新书》、清抄本《麈史》及清抄本《剡源诗集》等 7 种（图 4）。又提供了一个电子邮箱，写在南图的借书单背面，从邮箱字母缩写来看，应该是南图古籍阅览室的邮箱。我于 10 月 9 日用电子邮箱将 7 篇黄跋电子版发给他。

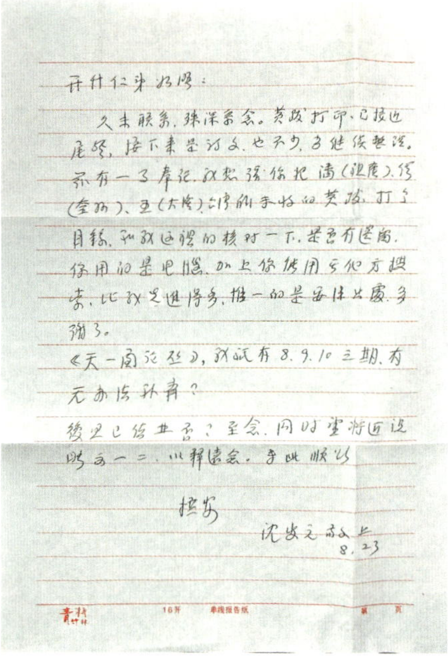
开升仁弟好：
久未联系，殊深系念。黄跋打印，已接近尾声，接下来要讨论也不少，会继续整理。谨有一事奉托，我想请你把清（乾嘉）、缪（荃孙）、王（大隆）以后所辑的黄跋打个目录，和我这里的核对一下，是否有遗漏。你用的是电脑，加上你能用多种方式搜索，比我要进得多，唯一的是要注出处。多谢了。
《天一阁论丛》，我只有 8.9.10 三期，有无办法补齐？
缪卿已给开函？至念。同时望将近况赐告一二，以释远念。专此顺颂
撰安
沈燮元敬上
8.23

图3　沈老来函（2014年8月23日）

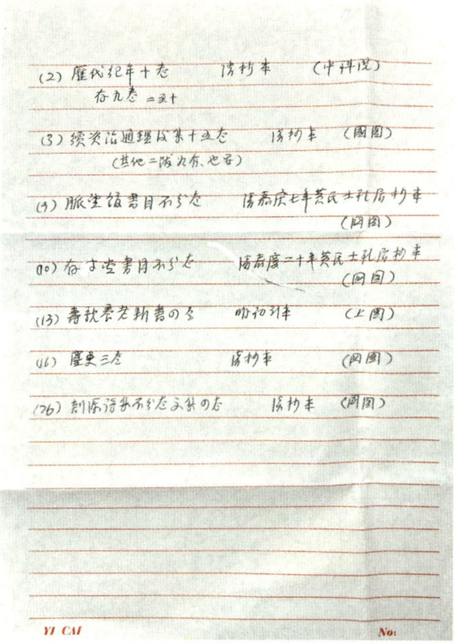
(2) 历代纪年十卷　清抄本　（中科院）
存九卷 二至十
(3) 续资治通鉴后集十五卷　清抄本　（国图）
（其他二跋已有、也要）
(9) 脉望馆书目不分卷　清嘉庆七年黄氏士礼居抄本　（国图）
(10) 存寸堂书目不分卷　清嘉庆二十年黄氏士礼居抄本　（国图）
(13) 寿亲养老新书四卷　明初刻本　（上图）
(16) 麈史三卷　清抄本　（国图）
(26) 剡源诗集不分卷文集四卷　清抄本　（国图）

图4　沈老手书7种黄跋本书目（2014年10月8日来函）

2014 年 10 月 9 日的这封电子邮件大概是我和沈老的最后一次交往。此后我基本上没有再在黄丕烈研究上投入精力，因此也没再与沈老联系。

回顾与沈老几年的交往，尤其是 2011 年当面结识之后，3 通信件和 1 通电邮，都是关于黄跋的搜集。记得每次会议相逢，沈老都会很兴奋地讲自己又搜集到了几篇新的黄跋。一位八九十岁的老人，心心念念于黄跋搜集这个纯粹的学术问题，实在是令人感动。

前几年沈老的文集出版，只有不厚的一册，按现在的学术考核制度，这是完全无法生存、必然要被淘汰的。当然，沈老在图书馆工作，不在现行学术体制之内（或者说在边缘），也很少与现代主流学术接触。近年来，由于纪录片的采访，沈老似乎成了网红，时常带一波流量。但沈老做的到底是什么、做得怎么样，仍然很少有人关注。吸引大众的不过是“98岁”、高深莫测的“扫地僧”、充满情怀的图书馆诸如此类的元素。

真正的学术是纯粹的、冷清的，沈先生也是纯粹的、冷清的，热闹其实与他并不契合。

文献天地

耿氏藏书今何在？

□ 范月珍　山西省图书馆

耿文光是清末的一位藏书家和目录学家，山西灵石苏溪村人，生于道光十年（1830），卒于光绪三十四年（1908）。在60岁前，他以经营书肆和开设私塾为业，60岁时，被选为平遥县训导，79岁时终于任上。民国《灵石县志》记载："苏溪耿氏多藏书，兼设书肆、学馆……以藏书论，全省望族推为巨擘。"

一、家藏万卷　西山精华

耿文光出生于一个经营古旧书籍的家庭，自言"余家先世藏书，兼设书肆，故余得以书为师，凡宋元精椠及影抄佳本，旧藏为多"。耿文光的父亲在他16岁时去世。父亲去世后，他便开始独自经营书肆，在继承家传的基础上，于同治五年（1866）收购了同乡王靖廷的600余种古书，同治七年（1868），又收购了杨尚文的500余种善本。王、杨二人都是山西著名的藏书家，这两次收购，极大丰富了他的藏书数量和质量，加上数十年的积累，最终藏书达到6383种84800卷。他在《苏溪渔隐读书谱》中写道："丙寅得吾邑王丈书六百余种，靖廷所藏虽乏古本，然多近人考证之作，传本已少。戊辰又得杨氏书五百余种，墨林藏书多善本，当时皆重价所购。兼以游历所收、书林所贩，总八万余卷。"

耿氏家道素丰，向无温饱之虑，但科举之路坎坷，多次应试皆不售。43岁考场再次失利后，他便在自家筑建了一座书楼，名为"万卷精华藏书楼"，在楼内安放10个书架以收纳图书，专心藏书事业。又自号"苏溪渔隐"，闭门教书、编著书目，以示淡泊名利之志。

耿文光一生痴迷藏书、读书和著书，其购书的目的在读书，不在鉴赏和收藏，他对版本没有过多的热情和追求，自言“因肆力于目录，随读随编，虽宋板元钞，不如汲古、述古、天一、平津之美备，而以之读书，差为有益，与炫耀板本者自不同也”。所以，与耳熟能详的著名藏书家相比，他的名气并不算大。但是，他多年苦读，对中国学术史和书史了如指掌，是一位积学之士，收藏的图书也不乏珍稀善本，他撰写的《万卷精华楼藏书记》收录了其藏书的三分之一，就有宋元版书50余种、明版书近200种，其中还有不少是孤本和稀见本。

二、呕心沥血　目录治学

除了喜藏书，耿文光在目录学领域也颇有建树，他在24岁读《天禄琳琅书目》和《四库全书总目提要》后，便确立了目录治学的思想，把藏书、治目录学与读书结合起来，认为：“目录学者，学读书也。……欲治群书，先编目录，目录成而学未有不进者。”同时，他认为世上虽无久藏之书，但是可以通过编写目录以记录，自言“尚得如千卷，子孙之能读、能守未可预知，而采访之劳不可竟泯”。所以，从40岁开始，他利用自藏图书，先后编纂了《仁静堂书目》、《目录学》、《万卷精华楼藏书记》（以下简称“《藏书记》”）和《紫玉函书目》4部目录学专著，晚年又以年谱形式撰写了《苏溪渔隐读书谱》（以下简称“《读书谱》”）。

关于他的4部目录学著作，耿文光解释为：“一目一行者为《仁静堂书目》，先明次第、加以辨证者为《目录学》，杂辑诸说者为《藏书丛记》（即《藏书记》。——撰者注），多收古书者为《紫玉函书目》，凡四种，为《耿氏藏书》。”以此来看，他原计划将这4部书以《耿氏藏书》为名，以丛书的形式刊出，后来他在刻书的时候把《耿氏藏书》更名为《耿氏丛书》，又把之后撰写的《读书谱》纳入《耿氏丛书》，计划刊出5部书。但是，最终因财力等原因，《耿氏丛书》仅刻印了《目录学》和《读书谱》2部。他在这2部书的卷端分别刻了“耿氏丛书之二”和“耿氏丛书之五”的字样，为其余3部书预留了“一”“三”“四”3个丛书编号。后来，因为《耿氏丛书》刻成无望，已经刻成的2部书在重新刷印时，便铲去了“耿氏丛书之几”的字样。

在4部目录学著作中，《藏书记》是耿文光目录学思想的集大成之作和一生读书的结晶，也是《四库全书总目提要》之后的又一部综合性解题书目，全书分四部四十五类一百四十六卷，收录他藏书中的精华2284种。他在每类之后，各撰小序，共写成40多篇小序，分别叙述该类目的学术发展。2000多部书，每部都有解题，或考作者生平，或详版本之精粗，或辨书之讹谬，或指明何书可读、何书不可读，或述成书之经过，或品评一书之价值，或摘录一书之逸文、精语，或以按语道其心得所见，充分体现了撰者的学识和素养。《藏书记》体量大、校对难度大、刊印费用高，他在《读书谱》中记载了刊刻此书未竟之事："五十九岁寓津门，复校《精华书目》（即《藏书记》。——撰者注），意欲往上海刻之，而力有不足，时有未暇，自夏徂秋，废然而返。"耿氏在世时，虽经努力，也没能刻成。直到民国二十三年（1934），山西文献委员会在编纂《山右丛书初编》时，将此书收入，此书才得以流传。

三、人去书散　寻觅其踪

如今，耿家院落早已易主，"万卷精华楼"也不复存在，8 万余卷藏书在他去世后散失殆尽，没有资料记载这些书的流散经过。查找这些书籍的散佚情况，能够依据的只有钤印、题跋和耿氏著作中所记载的珍稀古籍特征等线索。

耿文光的字有"星垣""斗垣""酉山"，号"苏溪渔隐"，他经常使用"耿文光印"和"星垣"两方印章，题记末尾多署"万卷精华楼藏书""苏溪渔隐识""星垣文光题"等，这些信息都是查找耿氏藏书的重要依据。据此，在不少公藏单位中都能找到耿氏藏书。比如：山西省图书馆收藏的乾隆二十一年（1756）雅雨堂刻《战国策》、光绪二年（1876）刻《金石摘》、康熙三十八年（1699）宋荦刻《施注苏诗》，祁县图书馆收藏的清杨尚文刻《永乐大典目录》、康熙三十六年（1697）徐氏冠山堂刻《憺园文集》和明代文氏刻《甫田集》等，都有耿文光的藏印或题跋，属耿氏旧藏。其中，山西省图书馆所藏均来自郭象升，郭是民国时期山西著名的藏书家和学界名流，耿文光的《藏书记》正是经他之手入选《山右丛书初编》并得以传世的。祁县图书馆所藏则来自清末祁县富商何遵先，1955 年，何家后人将何遵先所藏古籍悉数赠予祁县人民文化馆，后归祁县图书馆。

耿文光是藏书家，也是书商，所以他的藏书中，本人的钤印和题记并不多，要想查证更多散佚书籍，还需要借鉴关联线索。同治五年（1866）时，耿文光曾收购过王靖廷的 600 余种书。王靖廷是个喜欢钤印的人，藏书中皆有"靖廷""臣恭""寿椿堂王氏家藏""靖廷读过"等印记，所以，根据王靖廷的钤印也可以追踪耿氏藏书的流散方向。从目录调查来看，祁县图书馆是收藏王靖廷图书最多的一家，这些书多数来自何遵先，少量来自同是晋商的渠仁甫和孙阜昌。山西大学、山西博物院和山西档案局也有少量王靖廷藏书，前两家均来自民国时期山西藏书家张籁，山西档案局的则来自渠仁甫。此外，中国国家图书馆、北京大学图书馆、天津图书馆也发现有王靖廷钤印的书，分别来源于傅增湘、李盛铎、叶昌炽、德国汉学家福克司等人。近年，拍卖行也时有钤王靖廷印章的古籍拍出，说明民间尚有流传。

调查稀见本是查找散佚古籍的重要途径。经过对《藏书记》和《读书谱》中稀见本的核查，发现其中有不少收藏在祁县图书馆。比如：《藏书记》卷一百零六收录的南宋张洽所刻《昌黎先生集考异》，书的“第七卷脱去四叶，不知何人抄补”；《藏书记》卷一百二十三收录的明抄蓝格本《琼台会稿》，是耿文光47岁时所购，“蓝丝栏本，前有万历庚辰赵志序、嘉靖壬子黄佐序，凡文十二卷、诗二卷，末有嘉靖癸丑郑廷鹄跋”；《藏书记》卷一百二十四收录的明文氏刻《甫田集》，“传布甚罕”；《读书谱》记载的明抄本《涑水纪闻》；《藏书记》卷一百二十三收录的明嘉靖刻《王氏家藏集》；等等。这一批稀见本，都在祁县图书馆中找到了原书，这些书也同样来自何遵先。

《藏书记》卷十九收录了一部元陈宲刻《古今韵会举要》，据耿文光所记：“卷尾有墨题二行，云：‘此书为先侍御鹤皋公所传，侍御又得之石田山人，流传已久，宜加珍惜。丙辰元旦□瑚识。’”元刻本《古今韵会举要》流传并不多，经调查发现，上海图书馆的清人王兆瑚题跋本，与耿文光收藏的陈宲刻本版本特征相同，便请郭立暄老师帮助核实了原书，得知上图本的王兆瑚题跋内容与耿文光所记一致，只是耿文光未识别题跋者的全名，将“王兆瑚”作“□瑚”，证实了上图王兆瑚题跋本正是《藏书记》收录的陈宲刻本。同时得知，上图此本是在中华人民共和国成立后，购于忠厚书庄。

《藏书记》收录的50多部宋元珍本是耿氏藏书的精华，经过逐一核实，仅祁县图书馆的南宋《昌黎先生集考异》、上海图书馆的元刻《古今韵会举要》和国家图书馆的元刻《雍虞先生道园类稿》3部书有明确下落，其余或在国家图书馆、上海图书馆、北大图书馆以及国外日本静嘉堂文库等处收藏，也多是孤本，是否与耿文光相关，还需进一步确定；或已不见于各家目录记载，恐已佚失，比如宋余志安勤有堂刻《仪礼图》、宋刻《韵镜》、宋刻《唐朝名画录》《宋朝名画评》、元刻《难经解》等。

傅增湘、李盛铎等著名藏书家的藏书题记中也记录了来自耿文光的藏书。傅先生的《藏园群书经眼录》中有2部，一部是旧写本《司空表圣文集》，傅先生题曰：“前有灵石耿文光手跋一则，言得此书于沁水，窦氏多藏书，此集抄写尚工，以二金购之，藏之苏溪书库。末署万卷精华楼藏书跋尾。钤印列后：‘王靖廷钞书之印’（朱）、‘太原仲子’（白）、‘寿椿堂王氏家藏’（白）、‘靖廷读过’（白）、‘张位之印’（白）。乙亥。”另一部是元刻本《雍虞先生道园类稿》，傅先生题曰：“钤有‘濮阳李廷相书屋记’（长方朱）、‘梁清远印’（方朱）、‘耿文光印’（白）、‘星垣’（朱）各印。此书自文德堂取来，连翠岩精舍刻《陆宣公集》共索千元。（辛酉十月廿四日收。六百。）”这两部书后由傅先生赠予北京图书馆（今中国国家图书馆）。李盛铎先生《木犀轩藏书题记及书录》中收入明初刻本《司马太师温国文正公传家集》，书中有耿文光手跋8则，其一曰：“《传家集》宋板久佚，元本无闻，此刻为最古，依仿宋样，雅致可爱，希世之宝也，有识者自知之。星垣文光题。”又其一曰：“《传家集》

为公所手订，异于《文正集》，而传本甚罕，南方藏书家多未著录，汲古老人求之数十年竟未之得，仅有《集略》三十余卷，诗十五卷，可知为希世之珍矣。庚午秋七月苏溪渔隐识。”庚午即同治九年（1870）。此书现藏北京大学图书馆。

由此来看，耿氏藏书在清末民国间散出后，多数被本省商人或藏书家收入，后又陆续捐出，祁县图书馆接收了其中的珍善本。另一部分则散至北京、上海等地的书肆，经藏书家之手后，也大多归国有机构，得以妥善保管。

云南藏书家由云龙旧藏古籍题识校理及其藏书价值研究
——以云南师范大学图书馆藏为例

□ 陆会琼 云南师范大学图书馆

由云龙（1876—1961），字夔举，号定庵，云南姚安县人。由云龙是云南近现代历史上一位重要的政治和文化人物，他担任过永昌知府、云南省教育司司长、护国军总司令部秘书长、云南省代省长，中华人民共和国成立后任第一、第二届云南省政协副主席。此外，由云龙在 1914 年至 1918 年兼任云南图书博物馆馆长，于 1915 年主持编制了《云南图书馆书目初编》六卷。他一生为云南的发展做出过重大贡献。由云龙不仅有卓越的政治才能，为文治学也成绩斐然。他的著述非常丰富，有 40 余种，包括诗文、诗话、笔记、戏曲、地方志等。

由云龙藏书丰富，但学术界甚少有人关注其藏书活动，本文将以云南师范大学图书馆所藏由云龙旧藏古籍为主，以期考察由云龙的藏书活动，揭示其藏书的价值。

一、由云龙的藏书活动及其辑录体藏书目录《涵翠楼藏书题记》

关于由云龙的藏书活动，详见其《涵翠楼藏书志序》一文：“余幼嗜典籍，苦所居僻陋，不获博取旁搜，以供研讨。而立以后，始勤加购求，二十年来，所得约三万余卷。大要史部掌故丛刻为多，史部外，以集部诗文为备。科学新本亦间收采。顾嗜好与人少异，盖辨版本、溯源流，夙非予之所长。每得一异书，必详探其旨趣，细绎其义理，其版刻新旧不过泛览粗涉，略知其来历而已。”

从此序文可以看出由氏藏书的特点，其家藏书 3 万余卷，为由云龙 20 年来购求。由氏藏书主要以史部中记录历史人物、典章制度的典籍为主，在史部外，多收藏集部的诗文集，间或收录新近出版的科学之书。由云龙对收藏的书籍进行了深入阅读，在探索书籍的内容方面用力颇多。1923 年，由云龙移居翠湖边，将自己的藏书楼命名为“涵翠楼”。由云龙作为藏书家，他对自己的藏书并非藏而不读，而是对所藏诸书进行整理和编目，《涵翠楼藏书志序》云：“收蓄既多，虑其散乱无序，爰类次其目，并仿马氏《经籍考》例，钞其序跋，借以诠次卷帙、董理旧闻。”可见，由云龙将藏书分门别类、排列次序，且仿照马端临《文献通考·经籍考》的体例，抄录藏书序跋，最终编成辑录体藏书目录。

关于由云龙的藏书目录，据《姚安县志·学术志》卷三十九所载："《涵翠楼藏书题记》四卷，由云龙撰。"[①] 从此记载来看，《涵翠楼藏书题记》即为由云龙所编撰的藏书目录。由于条件所限，此书的存佚状况暂时不明，故未能见其历史原貌。不过，由云龙在《涵翠楼藏书志序》中提到该书目的编撰体例。从分类上来说，《涵翠楼藏书题记》参照《四库全书》的分类法，以经、史、子、集为主要的分类方式，但由于时代发展，科学之书和丛刻逐渐增多，四部分类法已经不能容纳当时的书籍，故在四部之外又别列科学类和丛书类。所以，《涵翠楼藏书题记》的分类为6类，每类之下又分列子目。书目的具体内容为：

1.《四库全书总目提要》已经著录之书，则照录原提要。

2.《四库全书总目提要》未著录及在《四库全书》之后初印、重印之书，仿马端临《文献通考·经籍考》的体例，录其序跋。

3. 对常见的通行本，只列书目及其版本。

4. 原书无序跋，或有序跋而不能详其原委者，则加以考证，以"案"字区分。

由上可见《涵翠楼藏书题记》的分类及内容特点，该书目的内容既有抄录的成分，也有由云龙对书籍的版本、流传等细节进行评述的部分。他采录了诸多典籍中的相关内容来评价书籍，这点可从由云龙传世藏书上的题记略窥其大概。更重要的是，比对传世的由云龙题记，由云龙在抄录与书籍相关的内容时，会根据自己的需要对原材料进行改写。

二、云南师范大学图书馆藏由云龙旧藏古籍题识校理

由氏藏书大多分藏于云南各大图书馆，但传世的书目不得而知，对其书目的整理将是一项必要且有意义的工作。今对藏于云南师范大学图书馆古籍室的由氏古籍进行梳理如下。

1.《十六国春秋》一百卷，清乾隆刻本。每半叶九行，行十八字。白口，单黑鱼尾，左右双边。藏印有"夔举""由宗龙印""由氏伯号珍藏""一号梼生""元文"，书末有"收购由氏涵翠楼藏书"朱印。

书首有由云龙墨笔所书《本书识要》（图1）：

---

① 由云龙等纂：《民国姚安县志》，《中国地方志集成》编委会编《中国地方志集成·云南府县志辑》（第66册），凤凰出版社，2009年，第83页。

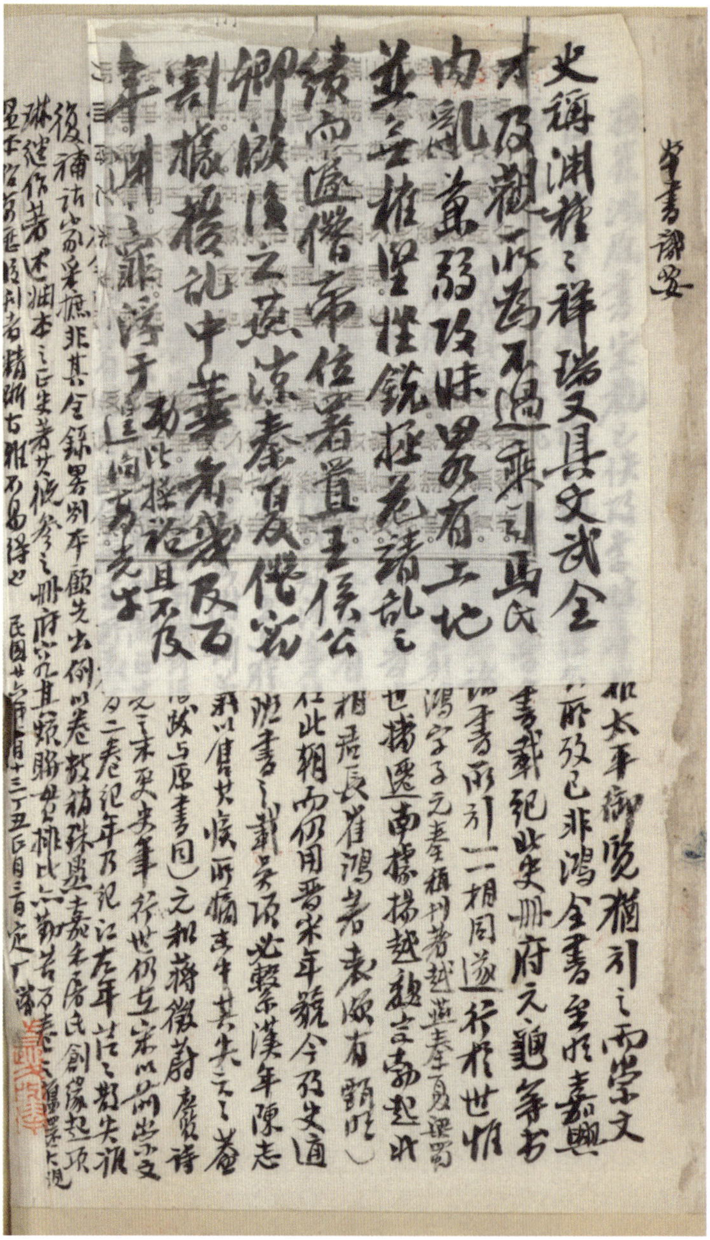

图1 《十六国春秋》书首由云龙题识
（图片来源：云南师范大学图书馆）

按：崔鸿原书，宋初已佚，故李昉等作《太平御览》犹引之，而《崇文总目》则佚其名。晁说之称司马温公所考，已非鸿全书。至明嘉兴屠乔孙（迁之）、项琳、姚士粦等取《晋书·载记》《北史》《册府元龟》等书，联贯排比，乃成此本，证以《艺文类聚》诸书所引一一相同，遂行于世。惟鸿书有序例、年表、赞词。（《魏书》载鸿字子元，奏称“刊著越、燕、秦、夏、梁、蜀遗载，为之赞序”。又《史通·表历篇》称：“晋世播迁，南据扬越；魏宗勃起，北雄燕代。其间诸伪，十有六家，不附正朔，自相君长。崔鸿著表，颇有甄明。”）而此本皆无之。《四库提要》谓或疑鸿身仕北朝，而仍用晋宋年号，今考《史通·探赜篇》云：“鸿书之纪纲皆以晋为主，亦犹班《书》之载吴、项，必系汉年；陈《志》之述孙、刘，皆宗魏世。”乔孙等正巧附斯义，以售其疾，所摘未中其失云云。盖今本纪年正用伪国年号耳（始刘渊终冯跋，与原书同）。元和蒋徵蔚（应质）诗云：“序例既分立年表，终于冯跋始刘渊。正光之末更史笔，行世仍在宋以前。《崇文总目》不著录，此书自是无流传。唐志所表百二卷，纪年乃纪江左年。茫茫散失谁复补，诸家采摭非其全。录略别本顾先出，例以卷数稍殊悬。嘉禾屠氏创缘起，项琳继作著述娴。本之正史著其概，参之《册府》究其烦。联贯排比亦勤苦，百卷之旧还大观。”是本殆万历后刊者，精晰古雅，不易得也。民国廿六年二月十三丁丑正月三日定庵识。

又有由云龙夹页题签云：

史称渊种种祥瑞，又具文武全才。及观所为，不过乘司马氏内乱，兼弱攻昧，略有土地，并无摧坚挫锐、拯危靖乱之绩，而遽僭帝位，署置王侯公卿，启后之燕、凉、秦、夏僭窃割据，扰乱中华者几及百年。渊之罪浮于功，比操、裕且不及，遑问高、光乎！

2.《汉书抄》九十三卷，二十四册，明万历十七年（1589）刻本。每半叶十行，行二十一字。白口，单黑、单白鱼尾兼有，左右双边。藏印有“仙衡氏珍藏”“由宗龙印”“乐天知命”“由氏伯号珍藏”“怀古多情”。

3.《合刻忠武靖节二编》十九卷，二册，明万历四十七年（1619）刻本。每半叶九行，行十八字。白口，四周单边。该书有《诸葛忠武书》十卷、《陶靖节集》八卷附录一卷。藏印有“定庵真赏”“定庵”“由云龙印”“绣佛斋”等。纳兰性德之书斋名为“绣佛斋”，可见此本或被纳兰性德收藏过。

《诸葛忠武书》卷末有由云龙手录钱泰吉《曝书杂记》一则并题诗（图2）：

明神宗四十七年，茂苑杨时伟去奢合刻《诸葛忠武》《陶靖节》二编。《忠武年谱》，杨氏所编次，《靖节年谱》则取吴氏仁杰本，《四库》收《忠武书》十卷于传记类，谓其考证详审。己丑夏日，海昌故家有以书出售者。余先得《靖节集》八卷，卢君大年得《忠武书》乃赠余，合为一。岁癸巳，家梦庐丈从沪上李氏钞得吴氏《年谱》，亟录其副以畀余，则与杨氏所刻同。梦庐丈少好旧籍，博收数十年而未之见，则此册为不易得矣。《靖节集》所引张演辨证，今不传，赖此得见大略。汤东涧注则拜经楼得宋本重刊行。右嘉兴钱泰吉辅宜《曝书杂记》一则。民国十九年九月廿二日庚午八月初一日由云龙录。

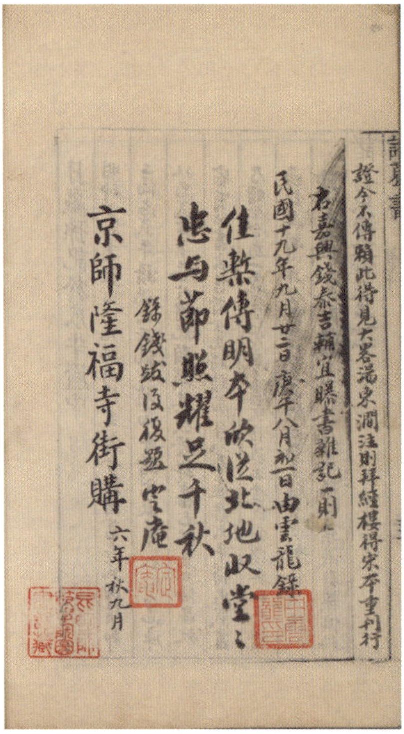

民國十九年九月廿日庚午八月初日由雲龍錄

佳槧傳明本欣從北地收堂堂忠與節照耀足千秋

錄錢跋後復題 定庵

京師隆福寺街購 六年秋九月

图2 《合刻忠武靖节二编》由云龙题识
（图片来源：云南师范大学图书馆）

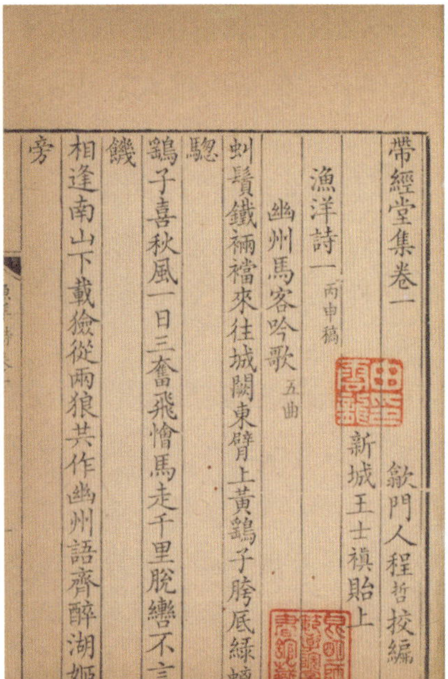

帶經堂集卷一

歙門人程哲校編

新城王士禛貽上

漁洋詩一 丙申稿

幽州馬客吟歌 五曲

虯鬚鐵裲襠來往城闕東臂上黃鷂子胯底綠螭驄

鷂子喜秋風一日三奮飛憎馬走千里朧轡不言饑

相逢南山下載㩀從兩狼共作幽州語齊醉湖姬旁

图3 由云龙旧藏《带经堂集》
（图片来源：云南师范大学图书馆）

“佳槧传明本，欣从北地收。堂堂忠与节，照耀足千秋。”录钱跋后复题，定庵。

《诸葛忠武书》卷末由云龙题诗后有墨笔题字“京师隆福寺街购，六年秋九月”；《陶靖节集》小引后有墨笔题字“民国六年秋九月京师隆福寺街镜古堂书坊”。据由云龙题诗和题字来看，此本为民国六年（1917）由云龙从北京镜古堂书坊所购。

4.《元白长庆集》一百三十七卷，十六册，明万历娄坚元白合刻本。每半叶十行，行二十一字。白口，单黑鱼尾，左右双边。藏印有“由云龙印”。

5.《陆放翁全集》一百五十八卷，四十八册，明末毛氏汲古阁刻本。每半叶八行，行十八字。白口，无鱼尾，左右双边。藏印有“夔举”“由氏伯号珍藏”“乐天知命”“由宗龙印”。又有“收购由氏涵翠楼藏书”印。

6.《带经堂集七编》九十二卷，三十二册，清康熙五十年（1711）程哲七略书堂刻本。每半叶十行，行十九字。白口，单黑鱼尾，左右双边。藏印有“理经堂藏书记”“纶常”“古绵山人”“由云龙印”“由云龙”“夔举”（图3）。其中，“纶常”“古绵山人”两印为清代藏书家茹纶常之印。茹纶常，清代诗人，字文静，号容斋，重视搜求古籍善本，家中藏书甚多。

7.《唐陆宣公集》二十二卷，八册，清乾隆五年（1740）怀德堂刻本。每半叶十行，行二十字。白口，单黑鱼尾，四周单边。书后有“收购由氏涵翠楼藏书”朱印。

8.《沈归愚诗文全集》十五种，三十二册，清乾隆十六年至三十二年（1751—1767）教忠堂刻本。每半叶十行，行十九字。白口，单黑鱼尾，左右双边。藏印有“夔举鉴藏书籍金石字画之章”“秦相由余之后”。有“由云龙同志捐献”朱印。

9.《明诗别裁集》十二卷，四册，清乾隆刻本。每半叶十行，行十九字，小字双行二十九字。白口，单黑鱼尾，左右双边。书内有“由云龙同志捐献”朱印。此书经清代顾莼收藏，有“平江顾莼”“希翰氏”藏印。顾莼（1765—1832），字希翰，号南雅，江苏吴县（今属江苏苏州市）人。嘉庆十七年（1812），督云南学政。顾莼是清代著名藏书家，藏书楼名为“思无邪堂”。

10.《昌黎先生诗集注》十一卷《年谱》一卷，四册，清康熙三十八年（1699）顾氏秀野草堂刻本。每半叶十一行，行二十字，小字双行三十字。白口，单黑鱼尾，左右双边。藏印有“定庵”“夔举珍藏”“由宗龙印”“怀古多情”“由氏伯号珍藏”“樗樗道人”“乐天知命”。有“由云龙同志捐献”印。

此书凡例后有由云龙题识：“旧藏朱套湘版韩诗，精美悦目。复得秀野草堂，此本则古雅可爱，可称璧合。署签行书，字犹完好，知为仁和徐花农侍郎所藏，尤生平之墨缘也。民国卅三年一月廿五日甲申元旦定庵识，时年六十又八云。”

据此题字，由云龙曾收藏过两个版本的韩诗。由云龙所藏顾氏秀野草堂刻本《昌黎先生诗集注》曾被清代徐琪收藏。徐琪（1849—1918），字玉可、花农，浙江仁和（今属浙江杭州市）人，号俞楼，室名玉可盦、九芝仙馆、香海盦、瑞芝轩、青琅玕馆。

以上10种是云南师范大学图书馆所藏由云龙旧藏中的善本古籍，据此可见由氏藏书的概貌。

三、由云龙藏书的价值

由云龙的藏书活动呈现了其在政治、文化名人之外，作为藏书家的另一面相，这为我们研究由云龙的生平与思想提供了多元的材料。由云龙的藏书蕴含着丰富的文化内涵。

（一）由氏藏书打破了云南藏书少的固有印象，丰富了云南的藏书文化

由云龙在《涵翠楼藏书志序》中说：“滇中向少藏书，当逊清中叶，鄂尔泰督滇，犹谓询二十四史名目，士人多瞠目不知所对者。此或过甚之辞。然道远费多，刻工难致，亦固然也。余家所藏稍丰，亦得力于舟车大通以后，非好学有过于前人也。”云南地处偏远，影响书籍的流通，因此藏书较少，而由云龙的藏书与同时期的其他私人藏书一起丰富了云南的藏书文化。与由云龙同时的云南藏书家主要有陈荣昌、周钟岳、吴良桐、华世尧、李文汉、梁之相、赵藩、赵宗瀚、钱嘉谷、方树梅、秦光玉、李根源等人，他们进行的文献搜集和整理活动，对云南地方文献资源的整理与建设起到了积极的促进作用。

（二）由氏藏书保存了大量的善本古籍

除了上文所录，由氏藏书中的善本还有许多，下面以云南省图书馆所藏为例介绍。《鸡足山志》十三卷首一卷，清稿本，钤印有“夔举”“由云龙印”等，此书入选《国家珍贵古籍名录》。《二十一史文选》一百卷，明崇祯刻本，钤印有“由云龙印”“夔举鉴藏书籍金石字画之章”。《重刊许氏说文解字五音韵谱》十二卷，明钞本，有民国二十四年（1935）由云龙题识一篇，云：“此为明末人钞本，尚存巽岩（即李焘）之旧，殊难得也。”序文前十三叶为由云龙补钞，有“由氏涵翠楼藏书”“夔举珍藏”印。《文选》六十卷，明末汲古阁刻本，钤印有“由氏涵翠楼藏书”“夔举”“由云龙印”等。《明诗别裁集》十二卷，清乾隆四年（1739）刻本，封面题“乾隆本，购自汴，涵翠楼藏，嘉谷赠”。这些古籍刊刻精良，集史料价值、版本价值和艺术价值于一身，在传承古代文化方面起到了重要作用，足见由氏藏书的价值。

（三）由氏藏书上的由氏印章赋予了古籍丰富的文化韵味

从上文所录来看，由氏藏印主要有“夔举”“由宗龙印”“由氏伯号珍藏”“定庵真赏”“定庵”“由云龙印”“夔举鉴藏书籍金石字画之章”“秦相由余之后”等。这些印章体现了由云龙家族藏书的历史，有利于后人了解这些书籍的收藏和流传情况；同时也显现了由云龙作为名人，其丰富的古籍收藏与赏鉴的文化生活。这对于研究由云龙的个人生平具有重要意义。此外，与由云龙有关的钤印还有“由云龙同志捐献”“收购由氏涵翠楼藏书”两印，虽然这两个印章为他人所加，但清晰地反映了由氏藏书的流向和处置方式。由氏藏书的流散既有藏书者的主动行为，也存在不为人知的隐秘因素。无论是主动捐献还是被收购，这两枚钤印意味着由氏藏书的整体性被割裂了，它从涵翠楼藏书变成了众多宗藏书，分藏在公共图书馆、高校图书馆或者私人藏家手中，书籍的生命得到新的延续。

（四）由氏藏书对研究古籍版本、个人藏书史和阅读史颇有助益

这主要表现为由氏藏书上有不少由云龙亲笔书写的藏书题识。从内容方面来说，这些题识既有对古籍版本源流、内容等方面的考证，如上文所录《昌黎先生诗集注》的题识对版本的赏鉴和对此书收藏史的梳理，也有对购书时间、地点的记载，如《合刻忠武靖节二编》一书上的题识，这丰富了由云龙藏书活动的细节，对研究其藏书史具有不可忽视的价值。在由云龙的题识中还有详细的阅读时间和题名，这些阅读痕迹是研究由云龙藏书阅读活动和思想观念的重要史料。同时，由氏藏书上的题识还反映了由云龙与其藏书之间的紧密关系，透露了由云龙作为精英阶层藏书而读的特点，诚如其在《涵翠楼藏书志序》中所言：“退食之余，休沐之暇，则手一编以印证身心，评骘今古，觉其味醰醰，淡而弥永。惜脑枯健忘，目力不济，不能久对书史，灯下稍

久，尤苦昏眊。每不胜时，过后学之，叹特性之所嗜，乐此不疲也。”对由云龙而言，藏书的乐趣不仅仅在于收藏过程中得到藏品的快乐，更在于藏品塑造和影响了个人生活，阅读增强了自身的智力，从阅读中所获得的意义超越了书籍的物质属性。由云龙对古籍的阅读，不仅关心古籍的文字内容，还关注古籍的物质形态，实现了藏书与阅读的紧密结合。从物质形态来说，由云龙本人极善书法，又是政治和文化名人，他亲笔题写藏书题识的古籍实物具有唯一性，它们变成了珍贵的文化遗产，其收藏价值得以提升。

四、结　语

由云龙的藏书活动涉及书籍的购买、整理、存放、编目、阅读等一系列行为，藏书活动塑造了由云龙的个人生活。藏书是一种有意识的行为，其中蕴含着物质的、精神的、社会的、个人的因素，对收藏细节的勾勒可以让藏书史更加生动。对由云龙的藏书活动进行考察，不仅可以深化由云龙的个人生平思想研究，还能促进云南藏书文化的研究。

国家图书馆藏3部清康熙间刻本《瀛奎律髓》述略

□ 周余姣 天津师范大学古籍保护研究院

《瀛奎律髓》，元方回辑，是一部律诗选本，在中国文学史上影响极为深远。该书共收入376家唐宋时期诗人所撰写的2992首五言、七言律诗，分四十九类，一类为一卷，共四十九卷，每类冠以小序。该书先以抄本流传，明成化间龙遵叙得抄本后予以雕印出版，始得广泛流布。后又有明嘉靖间建阳书林刘洪慎独斋刻本，俗称“建阳本”。清康熙四十九年（1710）长洲陈士泰（字虞尊）再加以校订刊刻，又有清康熙五十二年（1713）黄叶村庄刻本。今人李庆甲整理有《瀛奎律髓汇评》。四川大学李光生曾撰《方回〈瀛奎律髓〉版本考》，对其版本做了考证。笔者查“全国古籍普查登记基本数据库”，知国家图书馆藏有多种版本的《瀛奎律髓》。现根据国家图书馆“中华古籍资源库”所公布的3部清康熙间刻本的书影，对这3部善本的版刻与存藏信息进行进一步的考察，以供学界参考。

一、吴骞拜经楼递藏的清康熙四十九年刻本

（一）基本信息

“中华古籍资源库”原编目信息著录：元方回辑，陈士泰清康熙四十九年刻本；善本书号14905；8行18字，白口，四周单边；失名录，明冯舒、清冯班评点题识。

笔者浏览该书书影后，发现还可对该善本进一步加以揭示。

前有至元癸未紫阳虚谷居士方回（1227—1307）《瀛奎律髓原叙》，至元癸未即至元二十年（1283）。钤印：“聚书藏书良匪易事善观书者澄神端虑净几焚香勿卷脑勿折角勿以爪侵字勿以唾揭幅勿把秽手勿展食案勿以作枕勿以夹刺随损随修随开随掩后有得吾书者并奉赠此法”（朱文长印）、“北京图书馆藏”（朱文方印）。

次有《瀛奎律髓总目》，钤印：“拜经楼吴氏藏书”（朱文方印）、“小桐溪上人家”（朱文圆印）；次康熙庚寅（1710）陈士泰序。

该书共十二册。第一册（卷一至卷三）卷一卷端上题“紫阳方先生瀛奎律髓卷之一”，下题“吴郡陈士泰虞尊甫校”。钤印：“兔床经眼”（朱文方印）。

第二册（卷四至卷六）、第三册（卷七至卷十一）、第四册（卷十二至卷十五）、第五册（卷十六至卷十九）、第六册（卷二十）、第七册（卷二十一至二十三）、第八册（卷二十四至二十六）、第九册（卷二十七至卷三十一）、第十册

（卷三十二至卷四十一）、第十一册（卷四十二至卷四十六）、第十二册（卷四十七至卷四十九）前空白页处均有钤印："聚书藏书良匪易事善观书者澄神端虑净几焚香勿卷脑勿折角勿以爪侵字勿以唾揭幅勿把秽手勿展食案勿以作枕勿以夹刺随损随修随开随掩后有得吾书者并奉赠此法"（朱文长印）。

第十二册卷四十九之末有冯舒、冯班、陆贻典跋，后有钤印："北京图书馆藏"（朱文方印）。

（二）考证

1.此书为冯班原批、陆贻典过录冯舒批校之本

此书为清康熙四十九年陈士泰所刻，因变动卷次，删去原本圈点，被视为"劣本"。但该书为冯班原批、陆贻典过录冯舒批校之本，有特殊的学术价值。

冯舒（1593—1649），字己苍（己仓），号默庵，别号癸巳老人，江苏常熟人。明末清初学者，著名藏书家、刻书家。著有《虞山妖乱志》《默庵遗稿》等。

冯班（1602—1671），字定远，晚号钝吟老人，江苏常熟人。明末清初诗人。冯班诗名与兄冯舒齐名，人称"海虞二冯"。著有《钝吟集》《钝吟杂录》等。

陆贻典（1617—1686），一名陆典，早年名陆行、陆贻芬，又名陆芳原，字敕先，自号觌庵，江苏常熟人。明末藏书家、虞山诗派遗民诗人。藏书处名"颐志堂""山泾老屋"，藏书印有"陆贻典名贻芬"等。著有《觌庵诗抄》等。

冯班跋文如下：

> 方公叙宋末事甚详，多可据。
>
> 家兄读此书毕，谓余曰："吾是非与弟正同耳。"余意未信。今窦伯任以此见示，取余所评校之，真符节之合矣。今日求可与言诗者，定何人哉？八月廿七日书于小楼之西窗。家兄没二年矣。定远班识。

陆贻典录冯舒跋文如下：

> 己丑（1649）再读一过，亦阅月而毕，生平所得诗法尽在是矣。四月廿八日灯下，己仓冯舒。

陆贻典跋文内容如下：

> 己仓、定远兄弟称诗为冯氏一家学。定远评驳此书凡有三四本，斧季此本其一也。复取他本评语，一一载入，前后心目，庶可考见。余又从友人处见己仓阅本，用墨笔录于卷内，以征两冯手眼之同异云。甲辰（1664）闰六月三日常熟陆贻典识。

叶昌炽《藏书纪事诗》卷三的"陆贻典敕先"条，称陆贻典为"新城令君之才子，汲古季子之妇翁。东涧老人之高足，其友则大冯小冯"。陆贻典为钱谦益弟子，毛晋之子毛扆的岳父，与冯舒、冯班交好，互相抄校书籍。冯班逝世后，陆贻典为其

刻诗集，可见交谊匪浅。从陆贻典跋文可以看出，陆贻典所校“斧季此本”①，即毛扆之本，为冯班所批三四本中的一本，原用的是朱笔。其题跋的时间在冯舒去世后两年，当为1651年。陆贻典还复取冯班其余之阅本，将评语一一载入，又从他处见冯舒阅本，用墨笔录于其书卷内。冯舒跋该本时为己丑（1649），当年即去世。可见此书为冯班原批、陆贻典过录冯舒批语的一个批校本。但此书未见毛扆、陆贻典的相关印章，此为存疑之处。冯舒、冯班评诗颇负声誉，民国时期金鹤翀将二冯之批语辑为《冯氏瀛奎律髓诗评》，在《学术世界》杂志上连载，可供参考。

2.此书经吴骞递藏

从该书所钤印章“拜经楼吴氏藏书”（朱文方印）、“小桐溪上人家”（朱文圆印）、“兔床经眼”（朱文方印）看，该书曾经吴骞拜经楼收藏。

吴骞（1733—1813），字槎客，号兔床、愚谷，晚年别署“齐云采药翁”，浙江海宁人，诸生，著名藏书家。家有拜经楼，先后得藏书家马思赞“道古楼”、查慎行“得树楼”部分图书，积有名刻善本四五万卷。吴骞多宋元珍本，仿黄丕烈的“百宋一廛”，自题其居曰“千元十驾”。著有《愚谷文序》《拜经楼诗集》《小桐溪吴氏家乘》等，辑有《拜经楼丛书》。其子吴寿照、吴寿旸亦藏书。吴骞所藏善本书，多由名家如杭世骏、卢文弨、钱大昕、周春、鲍廷博、陈鳣等人题跋，并请好友黄丕烈、丁杰、张燕昌写题记。藏书印有“千元十驾人家”“兔床真赏之家”“小桐溪上人家”“知不足斋主人所贻吴骞子子孙孙永宝”“临安志百卷人家”“兔床经眼”等。

吴骞之子吴寿旸所辑的《拜经楼藏书题跋记》著录此本为“冯己仓、定远二氏评本，一用墨，一用朱”，并录冯舒、冯班、陆贻典之跋文。《拜经楼藏书题跋记》谓此书副叶钤有朱文木印，云：“聚书藏书，良匪易事。善观书者，澄神端虑，净几焚香，勿卷脑，勿折角，勿以爪侵字，勿以唾揭幅，勿把秽手，勿展食案，勿以作枕，勿以夹刺，随损随修，随开随掩。后有得吾书者，并奉赠此法。”吴骞还在此题跋中提及自己曾仿此刻一印，易末二语为“后人宝遗书者，必当谨守此法”。这些均可以与本书基本对应，但未透露冯舒之批语为过录的信息。

该书后入藏北京图书馆（今国家图书馆）。

二、翁心存父子递藏的清康熙四十九年刻本

（一）基本信息

“中华古籍资源库”原编目信息有：陈士泰清康熙四十九年刻本；善本书号

① 陆贻典、毛扆翁婿时常共同校书，参见陆贻典《明成化刊本管子校记》。

03969；8行18字，白口，四周单边；失名录，冯舒、冯班评点，翁心存跋。

这些信息著录同样简单，笔者继续揭示如下。

第一册上书衣墨笔题写“登览　朝省　怀古/瀛奎律髓一　共十二册　临二冯先生阅本/叔平珍藏”，钤印：“叔平珍藏”（朱文方印）。

内封题“紫阳方先生原本/瀛奎律髓/唐宋应制诗类选”。钤印：“藕香书屋”（白文方印）。

前有翁心存跋，旁叶空白处钤印：“笙龤室图书印”（朱文方印）、“南沙翁季子同龢章”（朱文长印）。

《瀛奎律髓原叙》前空白叶题写“庚辰夏临冯默庵先生阅本，并临钝吟先生本”字样。

卷首有至元癸未紫阳虚谷居士方回《瀛奎律髓原叙》，下钤“北京图书馆藏”朱文方印。

次有《瀛奎律髓总目》。《总目》后有康熙庚寅长洲陈士泰序。陈士泰序后过录“上党冯班”批校。

该书共十二册。第一册（卷一至卷三）卷一卷端上题“紫阳方先生瀛奎律髓卷之一”，下题“吴郡陈士泰虞尊甫校”。

第二册（卷四至卷六）书衣上墨笔题“风土　升平　宦情/瀛奎律髓二”。

第三册（卷七至卷十一）书衣上墨笔题“风怀　宴集　老寿　春日　夏日/瀛奎律髓三”。

第四册（卷十二至卷十五）书衣上墨笔题“秋日　冬日　晨朝　暮夜/瀛奎律髓四”。

第五册（卷十六至卷十九）书衣上墨笔题“节序　茶　酒　著题/瀛奎律髓五”。

第六册（卷二十）书衣上墨笔题“梅花/瀛奎律髓六”。

第七册（卷二十一至卷二十三）书衣上墨笔题“赋雪　月　晴雨/瀛奎律髓七”。

第八册（卷二十四至卷二十六）书衣上墨笔题“变体　拗字　闲适/瀛奎律髓八”。

第九册（卷二十七至卷二十九）书衣上墨笔题“送别　陵庙　旅况/瀛奎律髓九”。

第十册（卷三十至卷四十）书衣上墨笔题“边塞　宫阃　忠愤　山岩　川泉　庭宇　论诗　技艺　远外　消遣　兄弟/瀛奎律髓十”。

第十一册（卷四十一至卷四十六）书衣上墨笔题“子息　寄赠　迁谪　疾病　感旧　侠少/瀛奎律髓十一”。

第十二册（卷四十七至卷四十九）书衣上墨笔题“释梵　仙逸　伤悼/瀛奎律髓十二”。

（二）考证

1.此书过录二冯之批校与跋文

书中过录二冯之批校，如卷一之前录有冯班批语一条，现摘录如下：

杜子美上承汉魏六朝，下开唐宋诸大家，固所云集大成者也。元、白、温、李自能上推杜之所学，故学杜而得其神似，即宋之苏公亦然，陆放翁、范石湖又其亚也。若陈简斋、曾茶山岂无神似之作？但专守杜诗，不欲推原见本，上下前后有所不究，粗硬之病未免，曲折之致全无，生吞活剥，见诮来者，虽有相肖，亦无异叔敖之衣冠、中郎之虎贲矣。至于方公议论，全以己见绳缚古人，以古人无碍之才、圆变之学，曲合于拘方板腐之辈，吾见其愈议论而愈多疵耳。上党冯班。

笔者亦曾见学者多将冯班此批最后一句录文为“吾见其愈议论而愈多戾耳”，此处写为“多疵耳”，是一不同。在卷一卷端天头处，过录冯班批语“方公叙宋末事甚详，多可据”，诸如此类，书中过录此类批点甚多。第四十九卷卷末亦过录冯舒（朱笔）、冯班（墨笔）之跋，跋文同前述拜经楼旧藏本。

2.此书或经张廷玉次子张若霭递藏

据“藕香书屋”钤印，似可判定此书或经张廷玉次子张若霭递藏。张若霭（1713—1746），字晴岚，号景采，别号梅花衲、炼雪道人，室名藕香书屋。但只有这一方印，不能十分确信。

3.此书经翁氏父子递藏

书中有翁心存跋，录文如下：

朱笔临默庵阅本，墨笔临钝吟阅本，默庵持论太峻，钝吟则稍和平矣。黄笔不知何人评阅，亦具手眼，第一首标蒋西谷云，或是临西谷先生阅本耶？蓝笔考据事实甚精核，庚辰当是乾隆二十五年（1760），惜无图章，亦不自署姓字，然可想见前辈用力之勤也。道光戊申（1848）夏儿子同龢得此书于湖州书估，甚可爱玩，翻阅一过，偶识数语于简端，遂盦翁心存。

翁心存（1791—1862），字二铭，号邃庵（遂盦），江苏常熟人。父翁咸封。翁心存曾购陈揆“稽瑞楼”藏书，藏书4万余册，藏书楼有“知止斋”“陔华吟馆”。有三子，即翁同书、翁同爵、翁同龢。藏书多传给了长子翁同书，翁同书去世后又将全部藏书传给了翁同龢。其部分藏书由后辈翁之熹在1949年后捐献给北京图书馆。著作有《知止斋遗集》《知止斋日记》《知止斋文集》等。

翁心存在此跋中述该书道光戊申（1848）由翁同龢购自湖州书估。此本与前述拜经楼旧藏本不同，拜经楼旧藏本的朱笔为冯班批语，而以墨笔录冯舒批语；此本相反，过录的人用朱笔临冯舒阅本，墨笔临冯班阅本，还用黄笔、蓝笔临另外两位佚名之人所做的批校。翁心存推测黄笔临的或是蒋廷锡（1669—1732，号西谷）之批，蓝笔所临批语的主人不详，但所批“考据事实甚精核”。过录的人只留下时间“庚辰”，翁心存推测是乾隆二十五年（1760）。但因原书主未留下姓字和图章，亦无从考证。此书批校共有朱、墨、黄、蓝四色，分外夺目。

此书为翁同龢购买，亦经其递藏。第一册书衣题“临二冯先生阅本，叔平珍藏”，书中钤“叔平珍藏”（朱文方印）、“笙龤室图书印”（朱文方印）、“南沙翁季子同龢章”（朱文长印）等印。翁同龢（1830—1904），字叔平，初字声甫，一作笙甫，号松禅，晚号瓶庐居士、并眉老人。常熟人，室名笙龤室。著有《瓶庐丛稿》《翁文恭公遗集》《笙龤室杂记》等。翁同龢喜在藏书上作跋，北京图书馆善本组曾辑其题跋撰成《翁同龢书跋》一文。

三、马思赞道古楼等递藏的清康熙五十二年刻本

（一）基本信息

“中华古籍资源库”之编目信息如下：元方回辑，清吴宝芝撰，吴宝芝黄叶村庄清康熙五十一年（1712）刻本；[①]善本书号06029；10行19字，小字双行25字，白口，左右双边；失名录，查慎行评点，马思赞、沈廷芳跋。

现对该书进行进一步揭示。

第一册前有马思赞题识，且有钤印：“华山仲子之印”（朱文长印）、“寒中”（朱文长印）、“夜存居”（朱文方印）、“种药华溪”（白文方印）、“老以事物助以山川”（朱文方印）、“潇洒送日月”（朱文方印）、“群居杜口独坐防心”（朱文方印）、“胡尔荣印”（白文方印）、“豫波”（朱文方印）、“阮嗣宗口不论人过吾每师之而未能及”（朱文方印）。

另一页有沈廷芳题识，钤印：“茉园”（朱文方印）、“沈廷芳印”（白文方印）。

内封题“黄叶村庄重校/方虚谷瀛奎律髓/评注圈点悉依原本”，钤印：“赐书堂记”（朱文椭印）、“翻刻必究”（朱文方印）。

卷首有康熙五十二年癸巳宋至序，为此将此书版本定为清康熙五十二年刻本。该序首页钤印累累，有“碧梧红药山房”（朱文长印）、“古盐官州马氏”（朱文长印）、“思赞”（朱文长印）、“道虚楼藏书记”（朱文方印）、“夜存”（朱文方印）、“阮嗣宗口不论人过吾每师之而未能及”（朱文方印）、“豫波”（朱文方印）、“胡尔荣印”（白文方印）、“北京图书馆藏”（朱文方印）等印。次为成化三年（1467）皆春居士（龙遵叙）序。序首有“习忘以养生”（朱文长印）。明龙遵

---

① 今据书中康熙五十二年癸巳（1713）宋至序，当定为清康熙五十二年刻本。

叙刻印过《瀛奎律髓》四十卷，为紫阳书院本，半叶10行，行21字。

次至元癸未紫阳虚谷居士方回《瀛奎律髓原叙》。《原叙》谓："瀛者何？十八学士登瀛洲也；奎者何？五星聚奎也；律者何？五七言之近体也；髓者何？非得皮得骨之谓也。"吴宝芝题识曰此原叙难辨真假，"录存以俟识者辨之"。

次康熙五十一年壬辰黄叶老人吴之振序，其子即吴宝芝。

次康熙壬辰语水后学吴宝芝《重刻律髓记言八则》，钤"隐侯四十世孙"（白文方印）、"习忘主人"（朱文长印）。

《瀛奎律髓目录》前有多方钤印，为："习忘斋"（白文方印）、"沈廷机印"（白文方印）、"渊斋"（椭圆朱文）、"研林"（朱文方印）、"瘦到东阳骨是仙"（白文方印）、"凤凰池上客"（白文方印）、"沈廷芳印"（朱文方印）。

此书为八册。第一册（卷一至卷五）卷一卷端上题"瀛奎律髓卷之一"，下题"宋紫阳方虚谷先生选，州泉吴孟举重阅"。钤印累累，有"玉孚山房"（朱文圆印）、"慎旃"（朱文方印）、"廷机"（白文方印）、"夜存居士"（白文方印）、"道虚楼藏书记"（朱文方印）、"阮嗣宗口不论人过吾每师之而未能及"（朱文方印）、"豫波"（朱文方印）、"胡尔荣印"（白文方印）、"群居杜口独坐防心"（白文方印）、"习忘斋"（白文方印）等印。版框右下有沈廷芳壬戌题识，钤"沈氏隐拙斋藏书记"（白文方印）。沈廷芳经历的壬戌年为1742年，时年41岁。

第二册（卷六至卷十二）卷六卷端、第三册（卷十三至卷十七）卷十三卷端、第六册（卷二十八至卷三十五）卷二十八卷端、第七册（卷三十六至四十五）卷三十六卷端钤印相同，有"慎旃"（朱文方印）、"廷机"（白文方印）、"道虚楼藏书记"（朱文方印）、"阮嗣宗口不论人过吾每师之而未能及"（朱文方印）、"豫波"（朱文方印）、"胡尔荣印"（白文方印）。

第四册（卷十八至卷二十二）卷十八卷端、第五册（卷二十三至卷二十七）卷二十三卷端、第八册（卷四十六至卷四十九）钤印相同，有"夜存"（朱文方印）、"机印"（白文方印）、"道虚楼藏书记"（朱文方印）、"阮嗣宗口不论人过吾每师之而未能及"（朱文方印）、"豫波"（朱文方印）、"胡尔荣印"（白文方印）。

第八册（卷四十六至卷四十九）护页又有马思赞题识。钤印："天和居士"（朱文方印）、"寒中子"（白文方印）、"胡尔荣印"（白文方印）、"豫波"（朱文方印）、"阮嗣宗口不论人过吾每师之而未能及"（朱文方印）。

（二）考证

1.此书版刻较精

此书由吴宝芝刻印，版刻较精。2012年出版的《山西大学藏珍贵古籍图录》亦收入此本。吴宝芝，字瑞草，著有《花木鸟兽集类》。《四库全书》总纂官纪昀曾亲自评阅此书。嘉庆五年（1800），李光垣以吴宝芝刻本为底本，校勘付梓，名《瀛奎律髓刊误》。后又被收入纪昀《镜烟堂十种》，镜烟堂本内封题为“删正方虚谷瀛奎律髓/河间纪晓岚编/镜烟堂藏板”。

文中多批校，由沈廷芳跋可知为徐朝栋所录的查慎行评点。

2.此书经马思赞道古楼递藏

该书马思赞题：

语溪吴氏重刻《瀛奎律髓》善本计八册，夜存居藏阅，插花老樵题。

另一页马思赞题：

《瀛奎律髓》第七□□感旧一类缺五言诗。考之成化刻本亦然。吴氏一仍其旧也。山樵又记。

马思赞（1669—1722），世居海宁黄湾插花山，自称插花老樵。本姓朱，字寒中，又字仲安，号衎斋，又号南楼、渔村、马仲子、寒中子、天和居士、山村居士，晚号迂铁老人。浙江海宁人。性敏慧，监生，工诗及书，贯及诸子百家。有藏书楼“皆山堂”“道古楼”“红药山房”，所藏多宋元善本。藏书印有“马思赞印”“仲安一号渔村”“古盐官州马思赞之印”“马寒中印”“华山马寒中家藏善本”“衎斋”“道古楼抄藏”“朱仲安子”“古盐官州马氏南楼书籍印”“古盐官州马素村书画印”“衎斋师友传遗之物”“永以为好”“前身是罗浮头陀”“衎斋马仲子印”“马仲安”“华山仲氏”“华山仲子私印”“马朱”“衎斋保藏神物”“红药山房考藏私印”“古盐官州灵泉乡花山马氏衎斋图书印”“朱马思赞印”“扶风书隐生”“华山马仲安”等。著有《道古楼书目》《衎斋印谱》等。

马思赞在这两段题记中，第一段提及“夜存居藏阅”，第二段提到“感旧”这一类缺五言诗，并比较了明成化龙遵叙本，知其原来亦缺，体现出其读书善于思考的一面。

3.此书经沈廷机、廷芳兄弟递藏

沈心（1697—？），初名廷机，字房仲，号松阜，一作松皋，自号孤石翁，浙江仁和（今属浙江杭州市）人，沈廷芳兄，早年从查慎行游。著有《孤石山房诗集》《房仲诗选》。其藏书印有“吴兴沈廷机印”等。2003年出版的吴希贤《历代珍稀版本经眼图录》著录一部明嘉靖二十一年（1542）活字印本“栾城集五十卷目录二卷后集二十四卷三集十卷”，该书亦钤有“玉孚山房”“吴兴沈廷机印”等印。笔者据此书钤印看，“廷机”“研林”均为沈廷机之印，另有“研林精舍”印。

该书有沈廷芳题识四处：一、“《瀛奎律髓》四十九卷共八册”，钤“沈氏隐拙斋经籍书画”（朱文方印）；二、“康熙庚子（1720）重九柯亭为予依他山翁评本阅出，至嘉平望乃竟。辛丑（1721）清河道初”，钤“夜存居士”（白文方印）、“道初”（白文方印）；三、卷一版框外又有沈廷芳题识，“黑点者选。壬戌（1742）九月廷芳志于宣北坊南隐拙斋，时方咯血，病中阅此拨闷”；四、“此余少时洛诵本也，阅今已五十五载矣，凡出门每置行笈中。今年因柯亭兄游粤，行至兰溪，而兄以七十老病返棹。余独赴粤，偶阅此本，为之慨然。乾隆丙戌（1766）荻林志于端溪春浣之挹山楼。‘道初’，余旧号云”，钤“茮园”（朱文方印）、“沈廷芳印”（白文方印）。

按：沈廷芳（1702—1772），字畹叔，一字荻林，号椒（茮）园，又号晚芝，仁和人。乾隆元年（1736）举博学鸿词，官山东按察使，曾掌教粤秀书院。有藏书楼“隐拙斋”，他以“古柱下史”自称。藏书印有“沈廷芳印”“茮园”“仁和沈廷芳字畹叔一字椒园”“古柱下史”“古杭忠清里沈氏”“隐拙斋藏书印”“红椒庭院”“购此书甚不易，遗子孙勿轻弃”“沈廷芳盥蒙室”“隐拙斋学人”“盥蒙居士印”“古杭忠清里沈氏隐拙斋藏书印”“遗稿天留”等。著有《隐拙斋集》。

他山翁，即查慎行（1650—1727），初名嗣琏，字夏重，后改名慎行，字悔余，号初白、他山、查田，海宁人，有藏书楼“得树楼”，与马思赞“道古楼”齐名。沈廷芳为查慎行之弥孙，曾请全祖望作《翰林院编修初白查先生墓表》。查慎行曾将自己所评的《瀛奎律髓》作为家塾课本，教习晚辈。张载华所辑的《初白庵诗评》下卷即专辑查慎行《瀛奎律髓》评语。柯亭，或指徐朝栋，字涧松，号柯亭，江苏兴化人，即为沈廷芳录查慎行批语者。

4.此书经胡尔荣递藏

胡尔荣（生卒年不详），字豫波，号蕉窗，又号廉石。海宁路仲人。监生，家富饶，聚书10万卷。其祖父胡启龙筑“爱莲书屋”，胡尔荣改为“爱莲西堂”，与同邑马思赞之“道古楼”相埒。著有《破铁网》《蕉窗剩稿》等。其藏书印有“胡尔荣印”“豫波”“胡氏廉石”“胡氏豫波家藏图书”“阮嗣宗口不论人过吾每师之而未能及”等。

四、结　语

伴随着我国古籍保护事业的飞速发展，古籍的再生性保护成果日渐增多，古籍数字化为学术研究带来了极大的便利。国家图书馆“中华古籍资源库”所公布的大量书影，无疑会极大地推动学术研究的发展。本文仅对“中华古籍资源库”所公布的国家图书馆藏3部清康熙间刻本《瀛奎律髓》予以揭示，做了一些粗浅的考释工作。研究过程中所见为灰度书影，在辨别不同颜色的批校时存在一定的困难，明刻本《瀛奎律髓》的数字化影像亦暂未见公布，或可俟诸他日继续深入研究。

《片玉集前编》《后编》编纂考*

□ 刘水清　湖北省图书馆古籍与地方文献部

《片玉集前编》及《后编》是鄂东王氏家族诗文作品选集，清乾隆、道光至咸丰年间由王氏族人王如璠、王家璧先后辑录整理而成。

王氏家族是鄂东黄州望族，明清两朝人才辈出，著述宏富。家族有进士17人、举人30余人、祀黄州府学乡贤祠者9人。清代张廷玉为其族谱作序，云："黄州王氏为三楚望族，自明初尧卿公从江右徙居黄冈，凡十七世于前，瓜瓞椒衍，孝友敦睦，世守家规，远过浦江之郑、吴兴之严、平和之李。其文章政绩麟麟炳炳，足以照耀史册者，自泰州公以下绵延不绝。"①清吴云芝《片玉集序》云："求其一家之中，数世之远，祖孙、父子、兄弟皆能以才自见……王氏自南墩公以吏部起家，一传而梦泽先生以文章显，云泽先生以名位显，再传而纯甫、行甫两先生亦以气节才猷显，降而子声先生之政绩，子云先生之遗逸，推后劲焉。"②

王氏一族祖孙数世虽有大量著述，但绝大多数仅在家族内部流传，未曾刊刻。其后人有整理先人作品之传统，他们或对某一著作进行校订、补遗，或将散见作品辑录成总集、别集。正因有王氏后人的整理，诸多散佚资料才得以传世。《片玉集前编》及《后编》即属此类。

《片玉集前编》的编纂始于王如璠，数十年后由王家璧接续完成。其后，王家璧继续网罗散佚，沿用《前编》体例，成书《片玉集后编》。两书编纂持续时间长，搜集作品不易，稿成后，王如璠、王家璧皆欲付刻，却不知何原因未果，惜无广泛流布。现二书仅有稿本存世，由湖北省图书馆庋藏。今从揭示馆藏出发，对二书内容及编纂情况考察如次。

一、《片玉集前编》之编纂

《片玉集前编》不分卷，清王如璠辑注，稿本，清王家璧校补，清洪良品批，清余承桂题诗。二册，毛装。无格，半叶11行，行28字，小字双行，行字不等。

---

* 项目基金：2022—2023年度湖北省图书馆科研项目“王家璧与其家族文献整理研究”（立项号：鄂图科2022-06）。

① 〔清〕张廷玉：《黄冈王氏族谱序》，〔清〕王世萃等纂：《〔光绪〕王氏宗谱》，清光绪九年（1883）孝友堂刻本。

② 〔清〕吴云芝：《片玉集序》，〔清〕王如璠辑注：《片玉集前编》，稿本。

首册书衣有王如璠墨题“片玉集卷壹”，下钤“不履不衫裼裘而来”“味古”印；书衣另粘有题签，王家璧墨题“片玉集前编上卷”。第二册书衣脱落，内封有王家璧墨题“片玉集前编”。按，“片玉集”本为王如璠所拟题名，因王家璧整理“后编”，遂加“前编”二字于“片玉集”名后，今从之。

该稿卷端前白叶粘有签条，王家璧墨题“来孙如璠瑶圃辑，十世孙家璧孝凤校”（图1）。王廷陈诗文前白叶粘有签条，王家璧墨题“从元孙如璠瑶圃辑，九世孙家璧孝凤校”。各题材首叶上有大题“片玉集”，下有小题“七言律”“五言古”“叙”“记”等，再题作者籍贯、姓名、字号，右下钤“如璠”“瑶圃”印。全稿有朱墨笔圈点句读。

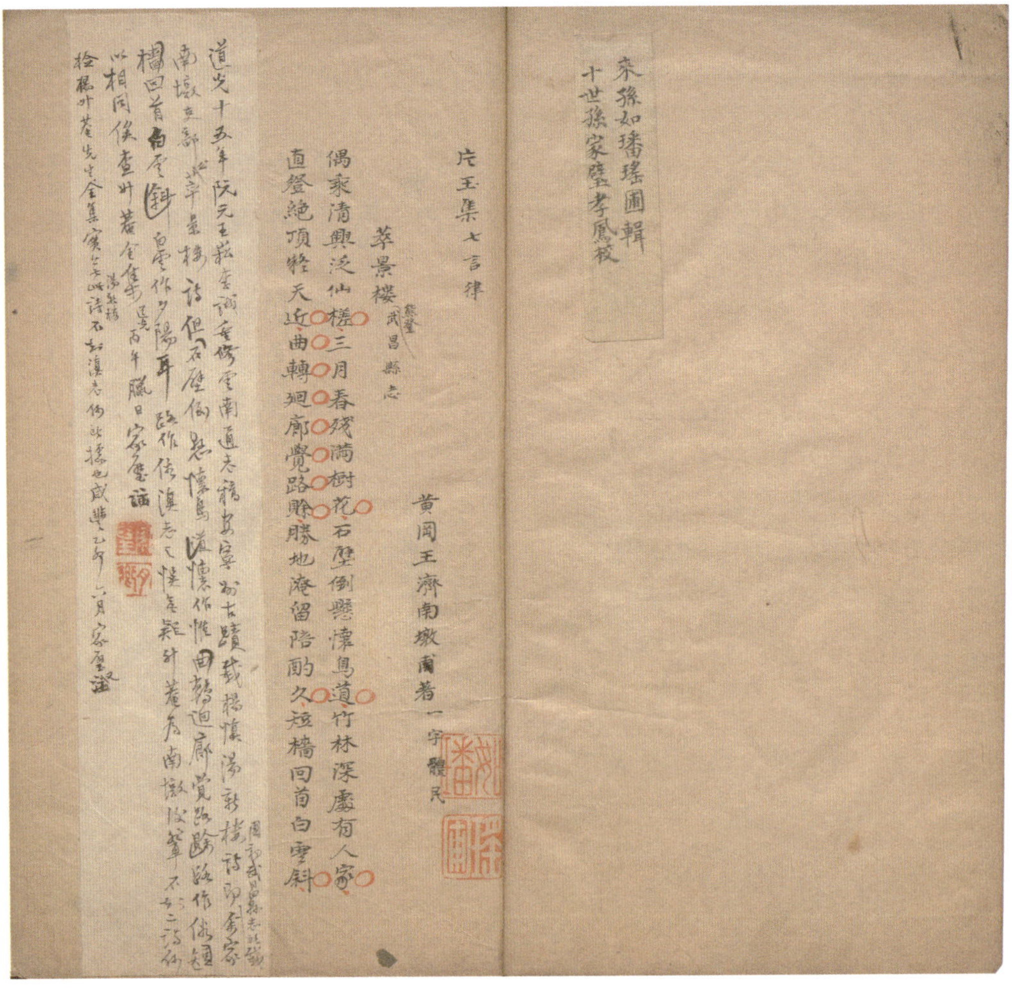

图1 《片玉集前编》卷端

王如璠，字鲁玉，又字瑶圃、元纯，号怡园、钝斋、熙皋。王氏家族第十三世孙。清乾隆间人，庠生，著有《钝斋诗集》《钝斋文集》等。

王家璧（1814—1883），字孝凤，号连城，一号月卿。王氏家族第十六世孙。清道光二十四年（1844）进士，授兵部主事、武库司行走、实录馆校对官等职。历升太常、大理、鸿胪、光禄寺少卿及顺天府丞、奉天府丞兼学政。咸丰年间，在家乡办团练，对抗太平军；创建武昌、黄冈、大冶、蕲州厘局，为清军筹办军需，颇得曾国藩、胡林翼赏识。同治年间，在曾国藩大营办理营务，继又在左宗棠军营参与“剿捻”，并赴关中讲学。著有《洪范通易说》《清宣宗成皇帝实录校勘日记》《王氏家谈》《老子融解》《玉柄麈尾》《狄云山馆诗草初编》《狄云山馆诗草续钞》等。

《片玉集前编》收明代王济、王廷陈、王廷瞻、王同道、王同轨、王一鸣、王一翥（卒于清初）7人诗、词、曲、文等612首（篇）。内容如下：

王济七言律1首、传1篇；王廷陈叙1篇、记4篇、文2篇、书1篇、五言古45首、七言古15首、五言排律4首、五言律41首、七言绝1首，附诗3首；王廷瞻序2篇、疏1篇、诗1首，附诗4首；王同道五言古6首、七言古6首、五言排律4首、五言律39首、七言律17首、五言绝5首、七言绝33首；王同轨叙1篇、五言古1首、七言古1首、五言律2首、七言律2首、五言绝3首，附诗5首；王一鸣论1篇、记1篇、引1篇、跋1篇、七言古3首、五言律45首、七言律8首、五言绝2首、七言绝3首、词曲3首，附传1篇、记1篇、诸名公赠答哀章11首、序2篇、跋3篇；王一翥四言2首、乐府10首、五言古28首、七言古5首、五言排律3首、五言律33首、七言律79首、五言绝21首、七言绝74首、六言3首、词14首，附诗2首。

从所收作品来看，《片玉集前编》并不是收罗完备的全集，而是有所筛选的选集。王如璠作为编辑者，不仅对作品进行搜辑和编排，还对诗文内容进行校注和品评，他所做的工作有着清晰的编辑思想与整理体例。归纳有以下几点：

（一）搜辑众书，按一定体例将所选作品汇录成编

王氏族人部分作品有别集行世，另有部分散见于当地县志等文献。王如璠搜访甚勤，从多处记载中辑出作品。所编采自明茅瑞征《〔万历〕黄冈县志》、清熊登《〔康熙〕武昌县志》、清钱鋆《〔乾隆〕黄冈县志》、清王养翀《王氏诗统略》，以及王氏诗文别集等。各篇出处皆有标注，令其有迹可循。

在编排上，全书以人为纲，按辈排序，下系不同题材之作品。由王济以下，按“廷”“同”“一”字排辈，统编序、跋、论、疏、记、五言、七言等十数种诗（文）体。

除家族作品，王如璠还收录了他人所作有关王氏族人之诗文。如明王世贞《梦泽集序略》、清钱谦益《选梦泽诗引》、清喻文鳌《黄冈吊王公稚钦》等，既集中保存了相关文章，也充实了该书内容。

（二）调整已编之稿，对作品进行校注、品评

书稿大致编排后，王如璠对部分篇目进行了调整，需调换位置或需删掉的作品皆一一标注。如：王廷陈《闾阖行》下朱笔题“此首不宜载七古内”；王一鸣《归故园作》下朱笔题“此首应入七律”；王一翥《送死心禅师》下朱笔题“此二首应序于《兴国寺忆怨》之前”。部分篇目上题“删”。有些条目旁记有刊刻注意事项，提示在刻版时如何处理。如王一翥《自天池寺下至锦涧桥》“回溪乍透二”，王如璠注曰：“‘透’下一字定误，刻时作方圈，空一字。”

不仅选辑与编排，王如璠还对所收内容进行了校勘、注释和品评。

1.校勘

如王廷陈《与郭桐冈》“虽无典学之续”，“续”字旁注“绩”，书眉处注曰：“茅瑞征《志》作‘续’；钱鋆《志》作‘绩’。”王一翥《徐伯羽别诗》“嵇康饮水瓢”，注曰：“‘嵇康’疑当作‘许由’。”

2.注音释义

如王廷陈《游西山记》“故阡新术”，注曰：“术，音逐。里中道也。《武昌县志》作‘街’，误。”王一鸣《当无室记》“及储轑釜罂罍康瓠之属”，注曰：“轑，连条切，音聊。轹也，辘也，转也。又郎刀切，音劳。挠也。”

3.品评

如王一翥《己未杭州竹阁》，评曰：“后四句佳甚，惜用二冬韵，与前四句一东不叶。”王一翥《蕲州送仲霖先生赴闽五首》，评曰：“五首俱佳，第二首失韵，难割去也。”

从书稿中的圈点勾乙和内容增添可以看出，王如璠对《片玉集前编》的整理花费了许多心力，或有刊刻之意。然而，该稿成后并未付梓，一直在家族内保存。传至族曾孙王家璧，家璧将其送呈名儒吴云芝处审阅。吴氏作序于书前，曰：“甲午岁，余忝主樊山讲席。王生连城家璧来谒，询之知为故人子也……问其先代著作，王生以《梦泽集》残帙视余，余读之惊喜欲狂。嗣复见《片玉集》，则萃其数世之诗文而都为一集者也。读既卒业，不禁喟然兴叹曰，美哉！王氏之世德远矣。”

对于此事，王家璧也有描述，他在《重校〈梦泽集〉识后》中云：“甲午璧既冠，始于雪洲给谏公逸休亭，获先世遗集六七种，《梦泽集》断编在焉。时江夏吴春岩师主讲寿昌，见而奇之，欲授梓未果也。”[①]按，甲午岁即道光十四年（1834），王家璧20岁，所得家传六七种先人著作，其中便有《梦泽集》和《片玉集》。

---

① 〔清〕王家璧：《重校〈梦泽集〉识后》，〔明〕王廷陈：《梦泽集摘刊》，清道光十六年（1836）江汉书院刻王崇文堂印本。

得此稿后，王家璧开始在王如璠整理的基础上对《片玉集前编》进行校注和增补。如开篇第一首，王济《萃景楼》诗后粘签条一纸，王家璧校曰："道光十五年，阮元、王崧、李诚重修《云南通志稿》，'安宁州古迹'载杨慎《汤新楼》诗，即国初《武昌县志》所载余家南墩吏部公《萃景楼》诗……滇志之误无疑。升庵为南墩后辈，不知二诗何以相同。俟查《升庵全集》。道光丙午腊日家璧注。""检《杨升庵先生全集》，实无此《汤新楼》诗，不知滇志何所据也。咸丰乙卯六月家璧又注。"王济《萃景楼》诗载于《〔康熙〕武昌县志》中，杨慎《汤新楼》诗收于《〔道光〕云南通志稿》中，二诗相同。两者皆是明代人，杨慎是王济后辈。王家璧查阅《杨升庵先生全集》，未见《汤新楼》诗，质疑滇志以何为据。观两条校语的落款时间，从道光二十六年（1846）到咸丰五年（1855），可知王家璧整理《前编》的工作至少间隔9年。

王家璧还对所引作者介绍之讹误进行校正。如钱谦益《诗引》："王同轨，字行父，黄冈人，稚钦之从孙也。"校曰："行父为稚钦从子，钱云从孙，误也。"钱谦益《选王子声先生诗引》："王一鸣，字子声，一字伯固……伯固为稚钦之从孙。"校曰："伯固为稚钦曾孙，行父从孙。钱云稚钦从孙，误也。"

除作校注，王家璧又对诗作进行了增补，如王廷陈"五言律"第三叶夹王家璧手书签条一纸，内容是补王廷陈诗二首（《赠张子三峰》《自团江赴黄倏忽望见城郭》）；"七言律"第二叶夹签条一张，为补王廷陈诗三首（《夜钓龙蟠矶头》《秋夜宿龙蟠矶寺中》《赠桐冈郭侯》）。

对于原稿中较为简略之内容，王家璧常增补于旁。"附诸名公赠答哀章"丘坦《访临漳令王子声》："丘坦，字长孺，官度辽将军，麻城人。"补曰："邱坦，字坦之，号长孺。麻城人。会举官参将。《麻城志》云：'坦，太守齐云子，少驰声艺苑，极为袁玉蟠伯仲所赏，董思白、陶石篑、黄平倩、顾开雍，皆乐与之友。游踪遍南北，翰墨效赵文敏、米南宫。后就武得隽，官海州参将，告病归。有南、北游稿，楚邱、度辽诸诗集。'"

补辑王氏作品之外，王家璧还辑有若干他人所作有关王氏族人作品。如汤显祖《黄冈西望寄王子声》、吴国伦《王稚钦吉士》、崔相《留别王梦泽》等等。部分内容后留有白叶若干张，应是有意为之，留待后补内容。

稿中有洪良品批注数条，皆赞赏之语。如评王廷陈诗曰："明以前黄冈以诗称者绝少。梦泽先生囊括众妙，提唱宗风，开白雪之先声，启青箱之盛业，当允为吾邑骚坛中百世不祧之祖。"另有余承桂题诗："杜老哀时托兴微（用渔洋句。——撰者注），几回吟望对斜晖。长沙痛哭东皋啸，莫认浮烟浪墨挥。五岳崚嶒方寸起，连篇于邑性情真。披来触我牢愁最，挑尽残灯夜向晨。"（图2）

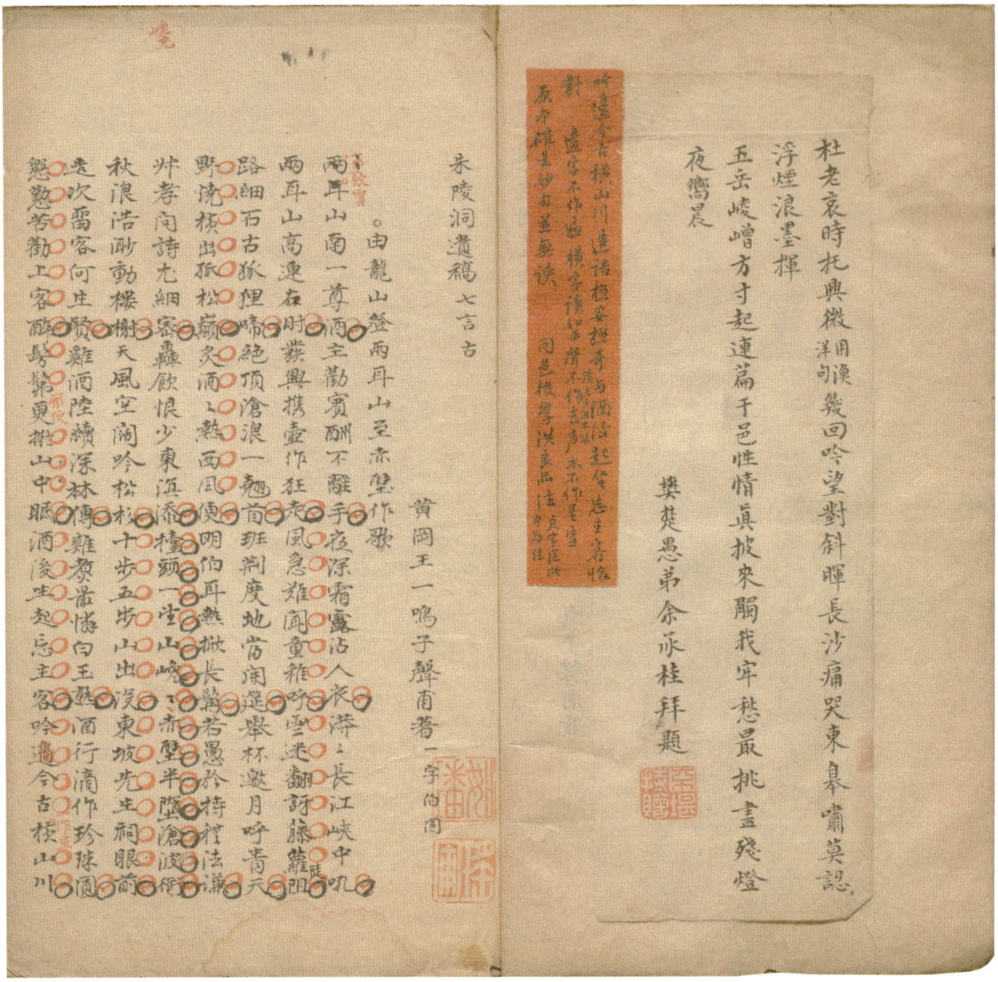

图2 余承桂题诗，洪良品批注

二、《片玉集后编》之编纂

《片玉集后编》不分卷，清王家璧辑注，稿本。二册，毛装。无格，半叶10行，行16字，小字双行，行字不等（图3）。

首册书衣题签脱落，次叶有王家璧墨题“片玉集后编”；第二册书衣有墨笔题签“片玉集后编　下本”，次叶有王家璧墨题“片玉集后编”。

该编收清王追骐、王一煌、王封溁等23人作品204首（篇），内容如下：

王追骐五言诗9首、七言诗6首、文8篇；王一煌七言诗2首；王封溁五言诗16首、七言诗6首；王封溆七言诗1首；王封权五言诗3首；王封渭五言诗3首、七言诗3首；王封屺五言诗1首；王如莅五言诗2首、七言诗1首；王如佶（未录诗作）；王如璠五言诗11首、七言诗19首；王如琮五言诗2首、七言诗5首；王如琰（未录诗作）；王如鏊七言诗5首；王如焕五言诗4首、七言诗4首；王如策五言诗2首、七言诗1首；王养福五言诗1首、七言诗3首；王芝异五言诗2首、七言诗5首、识语2则；王家寅五言诗12首、七言诗7首、词3首；王养翀五言诗5首、七言诗35首；王养翔五言诗26首、七言诗1首、歌1首、曲1首、词3首；王养翿五言诗1首、七言诗9首；王养谦七言诗1首；王子中五言诗1首。

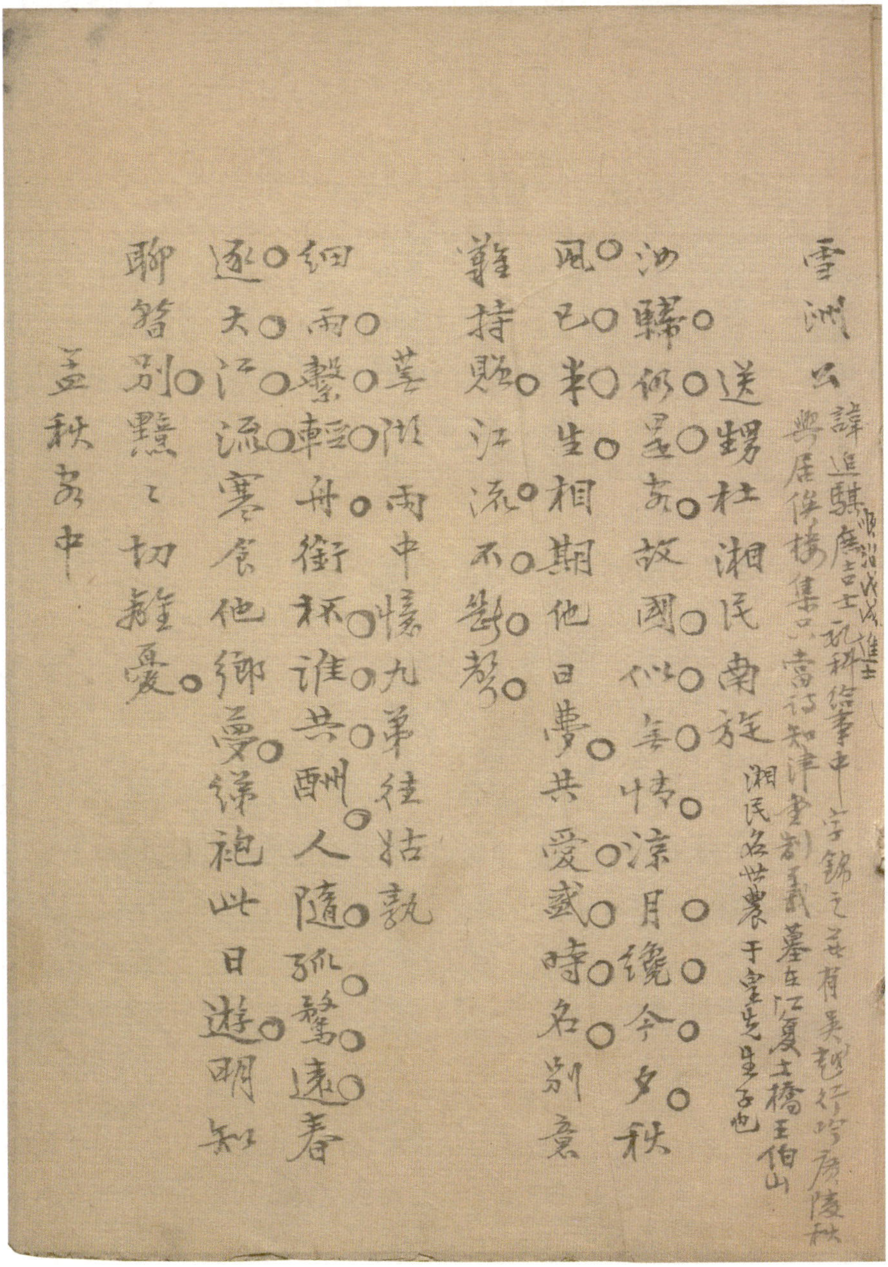

图3 《片玉集后编》卷端

《后编》在编纂体例与校注方式上承袭了《前编》，此不赘述。在作者收录、作者小传、作品选择等方面，《后编》则具有不同的编纂特点。归纳如下：

（一）补《前编》未收之作者

《前编》辑者王如璠是乾隆年间人，所选基本是明代族人作品。《后编》补《前编》之未备，所收全部为清人，一部分为补充王如璠之前人作品，如王追骐、王一煌、王封滐、王封溆、王封权、王封渭等；另一部分为补王如璠本人及其后人之作品，如王养福、王养翀、王养翔、王芝异、王家寅等。在作者收录上，二编基本包括大部分有著述的王氏族人。

（二）附载作者小传

与《前编》不同，《后编》中的作者皆有小传，介绍其字号、生平、履历、著作等。文字详略不一，长则数十字，短则数字。如“雪洲公”下注曰：“讳追骐，顺治戊戌进士，庶吉士，礼科给事中，字锦之。著有《吴越行吟》《广陵秋兴》《居俟楼集》《只当诗》《知津堂制义》。墓在江夏土桥王伯山。”“子清公”下注曰：“讳一煌，号蘧亭，岁贡生，著有《草古堂焚余集》。宁乡教谕，解隐公追驹子。《黄冈续文苑志》：‘贡生王一煌，诸生王封溆皆重文名，惜其著述无传世。’”这些记载有的出自已有文献，更多的则是本书稿首次记录，对王氏族人资料的流传起到十分重要的作用。

（三）作品选择有所侧重

虽都是选集，但在作品选择上，《后编》明显有所侧重。对于有别集行世者，选择数首（篇）；无别集者，则将所辑作品悉数收录。其重点在于更为全面地保存有零篇的作者，起到以文存人的作用。如在《后编》所收的23人中，有13人（其中王如佶、王如琰仅有小传，未收作品）的诗文作品未有别集流传，王家璧从《王氏诗统略》《〔道光〕黄冈县志稿》《〔乾隆〕黄冈县志》等文献中广加搜集，网罗散佚。正因如此，这些零篇残什才得以传世。诚如吴云芝在序中所说：“余窃就其残帙及前所编录者谝之，南墩仅载一诗，云泽仅载一文，吉光片羽，已足珍已。”

三、结　语

王如璠、王家璧二人热心于家族文献整理，他们不遗余力地进行搜集、编选、校注、增补等工作，使散佚之诗文、族人之传记、家族之史料统纪于一处，可视为文献保存之功臣。《片玉集前编》及《后编》的编纂是二人共同的心血，不仅令王氏家族作品传布于世，也给后人研究留下了可贵的资料。

河南偃师颜真卿古墓碑研究 *

□ 陈 虹 国家图书馆古籍馆

颜真卿（709—785），字清臣，小名羡门子，别号应方，祖籍琅琊临沂（今属山东临沂市）[①]。五代祖颜之推。开元二十二年（734）举进士第，登甲科。历任监察御史、殿中侍御史等职，后因得罪权臣杨国忠，被贬为平原太守。时安禄山叛乱，颜真卿率勇士良将镇守平原城。唐代宗嗣位，颜真卿封鲁郡公，世称“颜鲁公”。唐德宗建中四年（783），叛军李希烈陷汝州，皇帝从卢杞所奏，遣颜真卿赴许州宣慰李希烈。面对叛军的威逼利诱，鲁公宁为玉碎，最终被缢杀，谥号“文忠”。颜真卿擅长行、楷，其正楷端庄雄伟，行书气势遒劲。与欧阳询、柳公权、赵孟頫合称“楷书四大家”，又与柳公权并称“颜筋柳骨”。其传世作品以碑刻居多，楷书有《多宝塔感应碑》《颜氏家庙碑》《颜勤礼碑》等，行书有《争座位帖》等。

鲁公逝后，关于其墓葬所在，史书有不同记载，主要有以下几种[②]：一种观点认为墓地位于万年县凤栖原，即今天的陕西省西安市东南三兆村，如令狐峘言：“归葬于万年县之旧原。”[③]殷亮记：“乃葬焉，以其年十一月三日袝葬于万年县凤栖原之先茔。”[④]此处原有颜氏7座坟墓，可惜今均不见坟地墓碑。一种观点认为此墓地位于今山东省费县县城东北25公里颜林村，《宋史》载：“沂州费县颜真卿墓并载祀典。”[⑤]但原碑刻古迹今均已不存。另一观点认为墓地位于今天江苏省句容市内的虎耳山，乾隆年间《句容县志》载：“有诏子頵、硕护丧归葬后颜，即虎耳山。”[⑥]颜氏后人即以原鲁公祠旁土丘为颜真卿墓。还有观点认为墓地位于荆溪乡，即今天的浙江省湖州市安吉县荆湾乡，据清同治年间《安吉县志》称：“刺史颜真卿墓在荆溪乡……其子孙有葬其衣冠于此者。”[⑦]可知此墓为衣冠冢，今其墓亦已不存。以上几种史书中记载

---

* 本文为中国人民大学重大规划项目“西域多语种文献整理与研究”（22XNLG02）阶段性成果。

① 朱关田编：《颜真卿年谱》，西泠印社出版社，2008年。

② 《颜真卿志》编纂委员会编：《颜真卿志》，山东人民出版社，1998年，第246—248页。

③ 〔唐〕令狐峘：《光禄大夫太子太师上柱国鲁郡开国公颜真卿墓志铭》，〔清〕董诰等编《全唐文》卷三百九十四，中华书局，1983年，第4010页。

④ 〔唐〕殷亮：《颜鲁公行状》，《全唐文》卷五百一十四，第5231页。

⑤ 〔元〕脱脱等：《宋史》卷一百五《礼志》，中华书局，1977年，第2560页。

⑥ 《〔乾隆〕句容县志》卷十《唐颜鲁公祠记》，《中国地方志集成·江苏府县志辑》第34册，江苏古籍出版社，1991年，第739页。

⑦ 《〔同治〕安吉县志》卷六，《中国地方志集成·浙江府县志辑》第29册，上海书店，1993年，第133页。

的颜真卿墓或已不见踪迹，或古迹墓碑不存，着实令后人惋惜。但关于鲁公墓地所在还有另一种观点，据《大明一统志》载："颜真卿墓，在偃师县北邙山。"[①]乾隆年间《偃师县志》亦载："颜真卿墓在县北邙山……今在县东北山下。"[②]此地位于今河南省偃师市区东北6公里山化乡汤泉村。今墓前保存有两通石碑，据碑文内容可知，一为明万历年间偃师知县吕纯如撰文立石，一为清乾隆年间偃师县令汤毓倬立石，并由太守张松孙书。同其他鲁公墓相比，河南偃师墓的现实存在与史料中的记载相互印证，增加了遗迹的可靠性与真实性；其次，相比于其他坟冢、墓碑以及石刻遭到损毁的情况，河南偃师墓保存完整，且碑文清晰可见，为碑文识读以及相关研究利用提供了便利；此外，河南偃师墓保存有明清两代撰刻的石碑，结合相关史料，有助于我们了解不同时期纪念颜真卿的历史背景以及各朝代对颜真卿认识的不同。

本文即以河南偃师颜真卿墓为中心，介绍碑刻相关情况，抄录并注释其碑文内容，在此基础上进一步探讨明清两代不同时期撰立石刻的历史背景。

一、河南偃师颜真卿墓碑情况介绍及内容抄录与注释

河南偃师颜真卿墓具体修建时间不详，墓前有两通古石碑：一为明万历三十三年（1605）偃师知县吕纯如撰写碑记并刻石，碑高1.57米，宽0.6米，厚0.15米；一为清乾隆五十五年（1790）偃师县令汤毓倬所立，河南知府张松孙题写，碑高1.45米，宽0.6米，厚0.17米。1993年，山化乡政府和汤泉村委会重修鲁公墓，并立碑纪念，碑高6米，由书法家张兴斌、李建业撰书文字，本文主要探讨古墓碑相关情况，故此现代墓碑不再赘述。[③]下文即对明清两通石碑内容进行抄录及注释。

（一）明代石碑内容及注释

明代碑记内容为万历年间偃师知县吕纯如所作，原文收录于乾隆《偃师县志》[④]，今与原碑文内容核对后抄录如下，并就其中内容做相关注释说明。

唐太师颜鲁公真卿墓碑记

不佞尝读唐史，至颜鲁公死节事（1），辄唏嘘呜咽泣数下，未始不嘉其烈而悲其遇，惜其工于国而疏于身云。呜呼！此固鲁公之不幸也，而非鲁公之心也。非鲁公之心，此鲁公之所以为。鲁公而工、而疏、而烈、而遇，鲁公不计也。胡氏苛于公者也（2），何也？名节，大物也；死生，常事也；去就，细闲也；辞

---

① 〔明〕李贤等撰，方志远等点校：《大明一统志》卷二十九，巴蜀书社，2017年，第1396页。

② 《〔乾隆〕偃师县志》卷四，《中国方志丛书·河南省偃师县志》第442册，成文出版社，1976年，第221页。

③ 《新编陋巷志》编纂委员会编：《新编陋巷志》，齐鲁书社，2002年，第285页。

④ 《〔乾隆〕偃师县志》卷二十五，《中国方志丛书·河南省偃师县志》第442册，第1174—1179页。

让，曲懿也。“有蓬者掷之，无爊者全之。”鲁公全此者也，胡子不知也。鲁公生而不死者也。当开元之初，非不号称治平，自杨、李用而霓裳制，仗马空，藩镇陆梁，边役骚屑，居天下于积薪之上。而禄山一羯羯胡奴，乃乘中国钝眊不振之后，敢肆其急怵之毒，控弦南来，突然猋发，自鞞鼓动于渔阳，而大河以北皆望风降虏北面恐后（3）。而鲁公以平原太守，长安天子素不识面知名之人，乃独能缮甲实廪，集乌合之众，撄封豕之锋，倡大义，以为二十四郡望卒之（4），大物不改，钟簴不移，宁非鲁公一倡之力乎？迨夫希烈之焰不减于安史，而朱滔等又更吮齿虓阚以为之翼，其视李氏犹几上肉耳，而鲁公被奸邪之谮，汝州一行，身无片胄，徒仗区区忠义，以收笼其跋扈之心，至于死生已定，一剑相与之言，秋霜喷空，长虹贯日，而群逆亦为之稍詟。即事虽不济，而慨慷就死，略无所挠，抑何烈也！或者曰：谗人高张，贤士无名。卢杞甘心于公久矣，是不可为鸿冥俭德计乎？公独不鉴于□寔乎（5）？是不然。泚烈构逆，宗社杌陧，三朝恩宠，人望所归，弁髦之谓何？狥之而已。彼且不难于一剑，又奚暇计去就以为身谋，而况嗛嗛之是狃乎？又曰：堂邑之让，不亦过乎？进明何为者？又不然。公惟蕲国事之济而已，固不知有进明也，常山之辙亦非所计也（6），余故曰鲁公全此者也，胡氏不知也。即其挺挺大节，始终一致，生死不移，爵禄不能縻，鼎镬不能屈，虽与日月争光可也。或曰：何如睢阳（7）？当燕寇之横，公之不为睢阳者，幸矣。死令狐，死希烈，何以异乎？然独恨其始焉见摈于林甫，终焉中谗于卢杞，七十孤忠卒殒于逆贼之手，天何祚忠良之薄如此耶！《易》曰：“王臣蹇蹇，终无尤也。”其鲁公之谓乎？考之《博物志》云，当希烈既败，返葬公于偃，启视之，爪甲须发皆长尺余，遍体金色，状貌如生，人咸惊异之（8）。岂真得碧霞异丹饵之，翩翩仙去，盖亦天不欲使忠烈泯泯，故显赫如此也。

余不佞承乏西亳，搜求往代故迹，而公墓在城北一里许，乃为愚民所蹂躏，第见荒烟白草，孤冢岿然而已。因为剪其蓁芜，树之贞珉，而因制不腆，以识九京于不忘云，仍系之铭。铭曰：

唐室不纪，五大苦寙，腥风震骇，羠羯如兕，倡义为谁？平原孤垒，杲谦无生，公归阙廷，贞瓒睊睊，籧篨者庸，蓝面窃美，落落晨星，希烈逆孽，张吻鼓鬣，卢也挤公，请公往说，公也间关，仗节沥血，豨突无良，公胡褰裳，杀之伊河，非赵非房，烈烈千秋，幽兆永昌。

（万历）三十三年二月

赐进士第文林郎知偃师县事吴江吕纯如撰并立石（9）

（1）颜鲁公死节事：据《旧唐书》记载，唐代宗时，颜真卿“累进封鲁郡公”[①]，故又世称“颜鲁公”。德宗年间，淮宁节度使李希烈叛唐，上从时任宰相卢杞所奏，遣鲁公入叛军中宣诏，后因不屈于贼，被缢杀而亡。

（2）胡氏苛于公者也：胡氏者，即胡寅（1098—1156），宋建宁崇安（今属福建南平市）人，字明仲，号致堂。[②]胡氏于其作《致堂读史管见》中对颜真卿直言卢杞、拒绝离京、让堂邑战功等事颇具微词，即吕纯如所言“苛于公者”，此碑文内容多对这些争议予以回应，意在为鲁公正名。

（3）当开元之初……北面恐后：唐玄宗在位后期，专宠杨贵妃，怠慢朝政，奸臣杨国忠、李林甫当道，另有藩镇将领拥兵自重，形成割据势力，唐朝军力外重内轻。天宝十四载（755）安禄山起兵叛唐，唐朝军队接连失守，统治陷入巨大危机。白居易《长恨歌》诗云：“渔阳鼙鼓动地来，惊破霓裳羽衣曲。”

（4）而鲁公以平原……二十四郡望卒之：安禄山初现反意，鲁公时任平原太守，“以霖雨为托，修城浚池，阴料丁壮，储廪实”，后禄山反叛，河朔尽陷，唯平原城守具备，唐玄宗感叹：“朕不识颜真卿形状何如，所为得如此！”[③]

（5）谗人高张……公独不鉴于□窦乎：“鸿冥”出自汉代扬雄《法言·问明》中“鸿飞冥冥，弋人何篡焉”一句，借指人远走避祸。《周易·否卦·象传》言“君子以俭德避难”，“俭德”一词在此亦指避祸。据《旧唐书·颜真卿传》载，时卢杞欲排挤鲁公任职地方，鲁公回绝以“真卿以褊性为小人所憎，窜逐非一，今已羸老，幸相公庇之”，并提及卢父首级被安禄山示众一事，致使卢杞不悦。颜真卿后被卢杞设计赴李希烈叛军中宣诏，却被缢杀而死。对此，胡寅认为鲁公因言直取祸，且年逾古稀，本应明哲保身，致仕而归，却仍选择与卢杞同朝，以致身亡，此举十分不明智。[④]洪迈在《容斋随笔》中也认为，鲁公应欣然前往地方任职或挂冠东去，而不该眷恋京都，以致命丧贼手。[⑤]

（6）堂邑之让……亦非所计也：安史之乱时，颜真卿以堂邑之战功让与北海太守贺兰进明。[⑥]对此让功之举，后世多有微词，胡寅评价“军权稍移不足为贤，以进明非制将之才也；让以众功不足为恩，以进明非所当得而与之也。真卿忠义奋发而功烈不

① 〔后晋〕刘昫等：《旧唐书》卷一百二十八《颜真卿传》，中华书局，1975年，第3589—3598页。

② 中国历史大辞典·史学史卷编纂委员会编：《中国历史大辞典·史学史卷》，上海辞书出版社，1983年，第319页。

③ 〔后晋〕刘昫等：《旧唐书》卷一百二十八《颜真卿传》，第3589—3598页。

④ 〔宋〕胡寅撰，刘依平校点：《读史管见》卷二十二，岳麓书社，2011年，第817页。

⑤ 〔宋〕洪迈著，孔凡礼整理：《容斋续笔》，上海师范大学古籍整理研究所编《全宋笔记》第五编，第5册，大象出版社，2012年，第223页。

⑥ 〔宋〕司马光编著，〔元〕胡三省音注：《资治通鉴》卷二百一十七肃宗至德元载三月壬午条，中华书局，1956年，第6957—6959页。

就者，盖始乎此矣”。胡氏又提及鲁公从兄常山太守颜杲卿被王承业冒领军功一事，言“真卿为是，得非惩常山败乎？愚谓二公过犹不及”[①]。

（7）何如睢阳：安史之乱时，张巡等忠臣义士死守睢阳城，最后以身殉国。[②]与此同时，在叛军的猛攻之下，河北诸郡相继沦陷，平原、博平、清河三郡虽仍坚守，但“人心危荡，不可复振”，鲁公遂决定“弃郡渡河”“朝于凤翔”[③]，然而这一行为却被后人怪责有弃城之嫌，遂此处有“何如睢阳”之语。

（8）考之《博物志》云……人咸惊异之：《续博物志》卷三云：“颜真卿遇道人陶八八，授以碧霞丹，饵之，曰：‘七十上有厄，如有即吉。’后为卢杞所陷，缢死。希烈败，返葬。状貌如生，遍身金色，爪甲出手背，须发皆长数尺，人咸异之。后有商人遇之于罗浮山，寄书至偃师。颜氏守茔者曰：‘此先太师亲翰，书法蚕头马尾，真得仙也。’”[④]考吕纯如所记内容与《续博物志》所载相符。

（9）吕纯如：吕纯如（1580—？），字孟谐，一字益轩，吴江（今属江苏苏州市）人，明万历二十九年（1601）辛丑进士，官至兵部侍郎。[⑤]其任职偃师知县期间，遍访境内古迹，建祠立碑，撰写了《唐太师颜鲁公真卿墓碑记》《新建二程夫子祠记》等。据《偃师县志》载，吕纯如“知政体要，以条教化民，躬劝农桑”。[⑥]撰有《学古适用篇》九十一卷。明朝末年党争此起彼伏，官员之间互相倾轧，党同伐异。受魏忠贤逆案影响，吕纯如被弹劾罢官。后因明朝与后金战势紧张，吕纯如又以“边才”之名被举荐，时户科给事中瞿式耜疏荐其人“谙练边事，猷胆过人，皆可当中枢戎政之任者”[⑦]。吕氏亦上疏讼冤，称“未尝归美厂臣，不当列于逆案之内”，且援引圣谕“须有凭据，不许借题”[⑧]。

吕纯如此文驳斥了胡寅等人对颜真卿的质疑与苛责。安史之乱爆发以来，大河以北望风而降，独鲁公缮甲实廪，镇守平原郡。后又逢李希烈、朱滔等人叛乱，鲁公被卢杞构陷，然仍以忠义之心孤身入敌营，最终宁死不屈，英勇就义，何其烈也。胡寅等人认为面对卢杞的排挤与陷害，颜真卿本应远走避祸，不应选择继续与卢杞同朝。吕纯如对此反驳说，时朝局不稳，鲁公乃三朝老臣，遣其赴叛军中宣诏乃众望所归，鲁公仅是遵循圣谕而已，根本无暇顾及身后之名。又言颜真卿让堂邑战功于贺兰进明

---

① 〔宋〕胡寅撰，刘依平校点：《读史管见》卷二十一，第758页。

② 〔后晋〕刘昫等：《旧唐书》卷一百八十七《张巡传》，第4899—4902页。

③ 〔后晋〕刘昫等：《旧唐书》卷一百二十八《颜真卿传》，第3589—3598页。

④ 〔宋〕李石：《续博物志》卷三，商务印书馆，1936年，第37页。

⑤ 陆青松：《明清吴江进士仕宦稽考》，《苏州文博论丛》2019年第6期，第126—131页。

⑥ 《〔乾隆〕偃师县志》卷十一，《中国方志丛书·河南省偃师县志》第442册，第472页。

⑦ 〔明〕瞿式耜：《任人宜责实效疏》，《瞿忠宣公集》卷一《掖垣疏草》，清道光刻本。

⑧ 中国历史研究社编：《烈皇小识》，上海书店出版社，1982年，第52页。

一事，吕纯如认为鲁公此举乃是顾全国事大局，而不是针对进明一人而已。又有责颜真卿弃城而走，未能死守，不如守睢阳城之张巡，吕纯如则质问张巡死于令狐潮，鲁公亡于李希烈，这两者又有什么区别呢？吕纯如在此碑记中称赞颜真卿忠烈之举，反驳了胡寅等人对鲁公的指责，并在文末叙述说明了发现鲁公墓的情形。

（二）清代石碑内容及注释

清代石碑正面正中书：

福唐赠司徒谥文忠颜鲁公之墓

石碑正面右侧题：

乾隆五十五年（1790）三月太守张松孙书（1）

石碑正面左侧书：

邑令汤毓倬上石（2）

（1）张松孙：张松孙（1730—1795），字鹤坪，江苏长洲（今属江苏苏州市）人，乾隆年间监生，官至河南府知府。乾隆四十八年（1783）张松孙擢升潼川府知府，任上创修府志，潼川州有志始于康熙二十六年（1687），后改州为府，直至张松孙任知府，始有府志。乾隆五十四年（1789）迁河南府知府，大力支持偃师知县汤毓倬对境内山川古迹的遍访与考证，其中《田横墓碑》《颜鲁公墓碑》《杜甫墓碑》等均由太守张松孙书，邑令汤毓倬立石。

（2）汤毓倬：汤毓倬（生卒年不详），字吉人，直隶南皮（今属河北沧州市）人。乾隆二十七年（1762）乡荐举人，乾隆五十年（1785）官偃师知县，任上广搜邑中金石，“凡沦陷沙土者，尽拂拭而出”，后主修《偃师县志》，“尽拓诸碑，跋以入志”[①]。此县志由经学家孙星衍、金石学家武亿主纂，保障了其高水平的完成质量，被梁启超列为清代名志。

二、明清两代修建颜真卿墓碑的背景、过程

（一）明代修建颜真卿墓碑情况

明代的颜真卿墓碑为万历三十三年时任偃师知县吕纯如撰文并立石。从其碑记内容可知，吕纯如任职偃师知县期间，广泛搜访各代古迹，在距城北约1里的地方发现了鲁公墓，但因早先未受到重视，其墓早已破败不堪，周围杂草丛生。吕纯如遂修剪其草木并撰刻碑铭，以为后世拜谒祭祀。

吕纯如在碑记中不仅叙述了发现鲁公墓的过程、驳斥了质疑鲁公行为的几种观

① 〔清〕王昶：《金石萃编》卷一百五《窦叔向碑》，上海古籍出版社，2020年，第1747页。

点，还提及了《续博物志》有关鲁公得道升仙的记载，这明显具有道教色彩。查阅史料记载不难发现，颜真卿与道教渊源颇深。宋李昉等辑《太平广记》、宋米芾《鲁公仙真记》、明陈仁锡《书鲁公逸事》、清《费县志·佚事》等书均记有鲁公修道成仙之事。鲁公所作《茅山玄靖先生广陵李君碑铭》《浪迹先生玄真子张志和碑》《华盖山王郭二真坛碑铭》《晋紫虚元君领上真司命南岳夫人魏夫人仙坛碑铭》等均与道教人物有关。甚至是鲁公之名“真卿”也颇有道教意味，《太平御览·道部》转引《登真隐诀》曰：“三清九宫，并有僚属，例左胜于右，其高总称曰道君，次真人、真公、真卿。”[①]其小名“羡门子”中的“羡门”即传说中的仙人，据《史记·秦始皇本纪》载：“三十二年，始皇之碣石，使燕人卢生求羡门、高誓。”[②]可见颜真卿与道教思想关系密切，有关鲁公的书法、散文及思想受道教文化影响的研究已有学者撰文，此处不再赘述。[③]

有明一代，统治者均对道教采取尊崇的态度。据《明史》等史料记载，朱元璋在生活、行军、建国等诸多重要时刻，均有道士相助。即位后，明太祖十分尊崇道士，敕封道士，给予其大量赏赐。此外，朱元璋还特设神乐观，并令道士主事，以祭祀神明。他认为，通过祭祀能与神通，所以必须怀有敬慎之心，“祀神之道，能者养之以福，不能者败以取祸”[④]。值得注意的是，明代所祭祀的神明不仅仅是道教人物，据《明史》记载：

> 洪武元年，命中书省下郡县，访求应祀神祇。名山大川、圣帝明王、忠臣烈士，凡有功于国家及惠爱在民者，著于祀典，令有司岁时致祭。[⑤]

可知，山川、帝王、忠臣、义士，凡有功于社稷和百姓者，均可被封神祭祀。太祖以后，这种令各郡县访求应祀神祇的政策在各代均有所延续，至嘉靖最盛，如“凡神祇坛庙。嘉靖九年，令各处应祀神祇帝王、忠臣孝子、功利一方者，其坛场庙宇，有司修葺，依期斋祀，勿亵勿怠”[⑥]。但随着封神祭祀现象愈演愈烈，出现了一些鱼龙混杂的乱象，所以也开始谕令各地官员核查本地祭祀神祇情况，“凡各处乡贤名宦祠。万历二年，令各抚按官查勘厘正。有不应入祀者，即行革黜”[⑦]，有不应被列入祭祀行列的人物等，当立即革除。由此可以推测，吕纯如访得颜真卿陵墓或受明朝广泛搜寻应

---

① 〔宋〕李昉等编：《太平御览》卷六百六十二道部四《天仙》，中华书局，1960年，第2955页。

② 〔汉〕司马迁撰，〔刘宋〕裴骃集解，〔唐〕司马贞索隐，〔唐〕张守节正义：《史记》卷六《秦始皇本纪》，中华书局，1959年，第251页。

③ 刘成群：《颜真卿道教思想考辨》，《宗教学研究》2012年第2期，第22—27页。

④ 〔明〕朱元璋：《明太祖御制文集》卷八《谕神乐观敕》，台湾学生书局，1965年，第261页。

⑤ 〔清〕张廷玉等：《明史》卷五十《礼志》，中华书局，1974年，第1306页。

⑥ 〔明〕申时行等修：《万历朝重修本明会典》卷九十三《有司祀典上》，中华书局，1989年，第532页。

⑦ 〔明〕申时行等修：《万历朝重修本明会典》卷九十三《有司祀典上》，第532页。

祀神祇、确定各庙宇陵寝的风气影响。

在明代，诸如颜真卿等忠臣烈士、乡贤名宦不仅是备受推崇的历史楷模，更具有超越自然的“神迹”。据《大明会典》记载，“古今圣贤、忠臣烈士，能御大灾，能捍大患，以劳定国，以死勤事”[①]，这些忠臣烈士生前效忠国家、惠及百姓，其逝后更是以神力替国家和百姓抵挡灾难，即以死勤事。在时人看来，通过给这些圣贤忠臣建祠立碑，便可以在他们的庇佑下抵御灾患，保一方安宁。吕纯如在鲁公墓碑记中提及鲁公食仙丹、貌若新生之事，即是受到道教思想的影响，一是通过神迹现象颂扬鲁公忠烈之举，二是通过对忠臣烈士立碑祭祀从而起到教化的作用，再者也是通过祭祀祈求神灵的保佑。

据《偃师县志》所录，吕纯如任职偃师知县期间，除了万历三十三年二月撰立《唐太师颜鲁公真卿墓碑记》，同年四月又作《新建二程夫子祠记》，次年五月作《金龙四大王香亭碑记》。从碑文所记对象来看，本文提到的颜鲁公为唐朝忠臣烈士；“二程”即程颢、程颐，二人是宋明理学的奠基者；“金龙四大王”为黄河和大运河流域保佑水运平安的区域信仰，据《古今图书集成》等记载，金龙四大王原型为南宋谢绪，曾显圣助明太祖作战，并于隆庆年间被敕封金龙四大王。[②]短短两年任职期间，吕纯如已作三篇碑记、祠记，可见吕氏对访寻、祭祀神祇的重视。同时，这三篇记文也展现了明代地方官员对于广泛搜寻应祀神祇诏令的积极响应。

结合吕纯如任职偃师期间所作几篇记文来看，颜真卿墓的发现及其墓碑记的撰写更倾向于一种祭祀行为。在道教文化的影响下，自上而下形成了一种神化利国惠民之人的社会风俗，人们希望通过虔诚祭祀以得到神明的庇护，能够抵御灾难、安邦定国。

（二）清代修建颜真卿墓碑情况

清代所立的颜真卿墓碑为乾隆五十五年河南府知府张松孙手书、偃师县令汤毓倬勒石，所以探究这通墓碑的情况，首先要从这二人的关系入手。按《偃师县志》汤毓倬序文所述，“毓倬乙巳岁杪，承管斯土，惴惴然惧文献之将湮也，请之郡伯都梁刘公谋重修，公急为怂恿”[③]，乾隆五十年（1785），汤毓倬任河南府偃师知县，有感于当地典籍文献破损散佚，同时任河南知府刘文徽商议重修县志，得到其鼎力支持。乾

① 〔明〕申时行等修：《万历朝重修本明会典》卷九十三《有司祀典上》，第532页。

② 〔清〕陈梦雷编纂，〔清〕蒋廷锡校订：《古今图书集成》卷二十四《博物汇编·神异典》，中华书局，1934年，第50页。

③ 《〔乾隆〕偃师县志》汤毓倬序，《中国方志丛书·河南省偃师县志》第442册，第5页。

隆五十四年（1789）县志完稿付梓，同年刘文徽升迁，由张松孙接任河南知府。张松孙在潼川府知府任上积极主修《潼川府志》，填补了潼川自雍正十二年（1734）改州为府以来无府志的空白。张、汤二人同有主修地方志的经历，自是兴趣相投，墓葬、金石、古迹等均属方志中的条目，也自然受到他们的关注，所以不难理解偃师境内出现多处由太守张松孙书、邑令汤毓倬勒石的墓碑。

《偃师县志》的修纂过程可从书前汤毓倬所作序文中了解大概。汤有感于偃师县“明嘉靖间魏志以前无可考”，顺治十五年（1658）、康熙三十七年（1698）所修县志均佚，乾隆十年（1745）邑令朱续志又修县志，曰《朱志》，然而乾隆二十六年（1761）“洛水暴涨，冲城坏署，板片飘失无存”。之后40余年间，“每大官莅任，例呈送无以应”。汤毓倬上任偃师知县，有感于典籍散佚，同知府刘文徽谋重修县志，得其支持。至五十一年（1786），已从河南巡抚升任湖广总督的毕沅“阅兵东都，便道至景山原，谒其先祖唐忠义公墓，谕亟当补修邑志，表扬孝义、节烈，为人心风俗劝，并斥朱志任意增减、弇鄙疏漏之失”。毕沅是清代著名的经学家、史学家，更是一位杰出的金石学家。任职陕西期间，他曾大规模整葺西安碑林，保存大量金石碑刻，撰有《关中金石记》《中州金石记》等著作，主张金石和历史互证。此外，毕沅还曾主修《西安府志》，并将金石单独立志于方志之中，这一思想及做法对其幕宾孙星衍、武亿等人均产生影响，而孙、武二人正是《偃师县志》的主纂。[①]孙星衍（1753—1818），字渊如、伯渊，号季逑、薇隐，江苏阳湖（今属江苏常州市）人，乾隆五十二年（1787）进士，治学经史考据、音韵训诂，曾纂醴泉、咸宁、长安三地地方志。乾隆五十一年五月，毕沅倡导重修《偃师县志》，汤毓倬主事，延请孙星衍秉笔修志，孙星衍又推荐金石学家武亿加入县志的编纂工作。武亿，字虚谷，一字小石，自号半石山人，偃师本邑人。武亿对“其金石文字载旧志艺文中者，加以考证，新者补载立论”，将金石从艺文志中独立出来，列在第二十七卷和第二十八卷，这明显是受到毕沅“金石立志”思想的影响。

“金石立志”并不是偶然出现的现象。乾嘉时期，考据之风盛行，学者更重视客观资料，讲求实证与考据。乾嘉学派的代表人物钱大昕曾言：“竹帛之文，久而易坏；手钞板刻，展转失真。独金石铭勒出于千百载以前，犹见古人真面目。其文其事，信而有征，故可宝也。”[②]金石文字材料以金石为载体，不似竹简、丝帛那样经久易坏，又多未经过传抄以至更改失真，具有重要的史料价值，金石材料自然受到大多数考据学者的重视，这一时期的方志也体现了考据学风影响之下时人对金石的态度，

① 刁美林：《毕沅的金石学成就考述》，《宁夏师范学院学报》（社会科学版）2013年第1期，第82—86页。

② 〔清〕钱大昕撰，吕友仁标校：《潜研堂集》卷二十五《关中金石记序》，上海古籍出版社，1989年，第414—415页。

“残碑断碣，足以订经、补史、探奇、集古，学者宝之”①。金石学研究的第一步便是搜访工作，随着这一研究的不断深入，访碑行动进入了一个空前繁荣的时期，孙星衍就曾跟随钱大昕赴茅山访求古碑，发现了许多未载于书籍的宋元石刻。②同受考据、访碑之风影响，汤毓倬即言为纂修《偃师县志》，“复于深谷荒茔野磷土绣中，遣人搜剔金石文字，来者麇至，几倍于前”，所以颜鲁公墓及墓碑的发现与考证应受此学风影响。

对于清代尤其是乾嘉时期的学者来讲，他们受考据之风影响，将金石作为考证经史的载体，追求金石之学与经史互为表里，应更侧重于对鲁公墓及碑文的搜访与考证。当然，访碑与考证仅是考据学风影响下对颜真卿进行研究的一种学术观点与风格，更为重要的是，鲁公凛然殉国的正义之气受后人景仰，立碑纪念有助于使人思敬、教化民众、弘扬正气。

三、结　语

河南洛阳为历史文化名城，遗址、遗迹众多，国家图书馆工作人员曾采访洛阳市内各区、县明朝至民国500余年间的石刻拓片并编目，人物涉及褚遂良、颜真卿、杜甫、范仲淹、二程、赵孟頫等诸多名家。本文仅就颜真卿古墓碑拓片内容进行抄录注释。

鲁公墓前立有明清两通石碑。明代受道教影响，各地广泛搜寻应祀神祇，建祠立碑，历史上的名臣义士被赋予超越自然的神力，人们希冀通过虔诚的祭祀，祈求在神明的庇佑下国泰民安。清代盛修方志，促进了访碑运动的开展普及，而受考据之风影响，学者更多关注墓碑金石与文献记载的相互考证。在不同的历史时期，为颜真卿墓撰文立碑的背景会有不同，无论朝代如何变换，鲁公忠烈之精神始终不泯，依然教化、影响着后世之人。

---

① 《〔乾隆〕河南府志·凡例》，清同治六年（1867）刻本。

② 〔清〕钱大昕撰，吕友仁标校：《潜研堂集》卷二十《游茅山记》，第335—338页。

北师大图书馆近年采进清末中小学美术教材13种叙录

□ 胡沈秋 杨 健 北京师范大学图书馆

基础教育教材为北京师范大学图书馆最为重要的特色收藏，20世纪30年代，图书馆即确定“对三十年来所出之各种教科书为整个之采访”[①]。近年来，图书馆又通过各种渠道对此部分馆藏进行补充，所获甚夥，其中美术教材占比尤重，且多为《中国近代中小学教科书总目》未著录之稀见品种。兹选取南洋官书局、文明书局、商务印书馆、昌明公司等机构出版之清末美术教材共计13种予以介绍。

一、初等小学图画教授书

清学部编译图书局编纂，清宣统三年（1911）两江南洋官书局石印本。线装3册。有图。外封面题“初等小学堂图画教科书”，扉页题“学部编纂初等小学图画教科书”。版权页贴有“学部图书局允许印行”的红色印花票，并钤“南洋官书局发行”环形章（图1）。

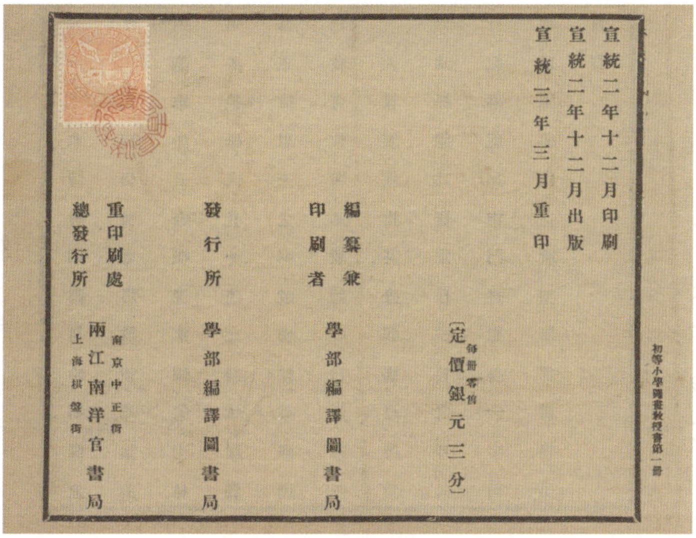
初等小學圖畫教授書第一冊
宣統二年十二月印刷
宣統二年十二月出版
宣統三年三月重印
〔定價每冊零售銀元三分〕
編纂兼印刷者 學部編譯圖書局
發行所 學部編譯圖書局
重印刷處總發行所 兩江南洋官書局 南京中正街 上海棋盤街

图1 初等小学图画教授书

---

① 何日章：《北平师范大学圕工作报告及近四年的统计民国二十五年十一月》，《中华图书馆协会会报》1936年第12卷第3期。

按：此为《初等小学图画教科书》（《中国近代中小学教科书总目》著录上海辞书出版社藏 1—3 册）之配套教师教授用书，全 3 册。据书前《凡例》称：“《奏改小学章程》‘图画’属‘随意科’，于第二年酌量加入，故本书按三年程度分为三册，每一册四十课，每一星期教授一课，可供初等小学三学年之用。”此书初版为清宣统二年（1910）十二月学部编译图书局印行，初版本今未见。本馆购藏为两江南洋官书局重印发行本。

书分文字和图画两部分，文字部分即《凡例》，介绍图画科之宗旨、课程设置、课时安排、图画部分使用方法，继而介绍教授方法和绘画的基本知识，最后介绍了授课步骤和授课过程中注意事项。图画部分皆《初等小学图画教科书》之图画，唯画旁有标记：“本书图旁一二三四等字，教授时令学生依次下笔，第三册稍复，惟各部之次序，以一二三四等字记之，而笔画之位置从略以免杂乱。”

据清末《学部官报》1908 年第 69 期《编译书目表六》载录，《初等小学图画教科书》《初等小学图画教授书》编绘者均为刘用烺。刘用烺（1865—1924），字炳堂。顺天永清（今属河北廊坊市）人。清末画家，绘画“意境超脱，写实生动，颇具西方油画的神韵”[①]。光绪三十二年（1906）清政府设学部图书编译局，严修为学部侍郎，聘请刘用烺任教科书插画。[②]

二、初等小学堂四年简易科图画教科书

清学部编译图书局编纂，清宣统元年（1909）学部编译图书局石印本。线装4册。有图。外封面题“初等小学堂四年简易科图画教科书”，扉页题“学部第一次编纂初等小学图画教科书”。

本馆采进第 2、4 册。

按：初等小学堂简易科设于宣统元年，学部根据当时江苏教育总会等方面意见，为加快教育普及，颁布《变通初等小学章程》，分初等小学为 3 种：五年完全科、四年简易科和三年简易科。初等小学堂四年简易科教材即在此背景下编纂印行。每册 40 幅图。《简易科图画教科书》内容与同为学部编译图书局编纂的《初等小学图画教科书》多雷同之处，如其第 4 册图画中，即完全包括了后者第 3 册的全部图画内容，且画面画风亦同，疑其编绘者亦为刘用烺。

① 曹子西主编：《北京历史人物传》（下），北京燕山出版社，2014年，第694页。

② 张次溪：《刘用烺传》，载中国人民政治协商会议北京市委员会文史资料研究委员会编《文史资料选编》第24辑，北京出版社，1985年，第164页。

此书每册末页均印有《学部允准翻印初等小学教科书教授书章程》，鼓励官书局及各书坊在遵守学部所定章程条件下翻印此书，“凡翻印此项书籍者，于书末一页必须注明学部图书局编纂及翻印处、发行处之名称、地址及翻印之年月、各册之价值”。

三、初等毛笔习画帖

日本川端玉章原绘，朱菱溪、胡颐昌译补，清光绪三十二年（1906）南洋官书局石印本。平装5册。有图。彩色封面（图2）。

图2 初等小学毛笔习画帖

按：川端玉章（1842—1913），本名泷之助，字子文，晚年号璋翁，日本著名画家，东京美术学校教授。川端玉章编绘过的教科书有《帝国毛笔新画帖》《新撰日本画帖》《习画百题》等。

此画帖“专供小学校生徒之临本”，旨在“期儿童心理之发达。酌量程度、配定秩序、使笔势图形材料等，一适于胜生徒之学习，兼注意保全修身、历史、地理诸学科与图画科之联络，使得诸科相助之益，于陶镕德性之点亦无毫末遗憾”。在内容编排上，“自最要之直线曲线始，然练习过久生徒容有缺乏兴味之虞，故略示规模之后即插入动植物及人物之稍复杂者。其绘料用淡墨，又加入彩色少许”。画帖凡图60幅，每册12幅。第1册画横线、直线、斜线、架、圈线、书籍、茗碗、衣笥、梨子、柚子、梨子与西瓜。第2册画慈姑、萤笼与团扇、竹与月、月与水、松与松球、兔、稻穗与草虫、富士山景、花钗与葫芦、斧与枫、萝卜与茄子、草中促织。第3册画睡猫、猪、柳桥、橘与篮、丝瓜、鱼游于藻、茗壶与茗碗、镜台、书具、墨水瓶与钢笔、鱼、萝卜。第4册画枇杷、榴、葫芦、茄、桃、松与蝉、水车、蚕食桑叶、藕百合、石榴、凤尾蕉、水亭。第5册画芦渚渔舟、莲之叶与实、草虾、木筏、金鱼与石、春田插秧景、百合花、蛤、江天远帆、鱼、月琴与一弦琴、岁兰与南天竹。

四、高等小学铅笔习画贴

日本广田藤治著，丁宝书编译。清光绪二十八年（1902）文明书局石印。平装3册。有图。彩色封面。封面题“高等小学堂学生用铅笔习画帖”（图3）。

图3 高等小学铅笔习画帖

我馆采进为第1册。册内有图20幅，为花叶、牵牛花、枫叶、杯、扁箱、叶、秋葵、桃子、犬、猪、王瓜及茄子、藕、蛙、石榴、蝴蝶、蟹、芍药、菊、提囊、虞美人。图画页左白边有“乙编一”字样。前有“画帖约旨”和目次表。“约旨”介绍此书续接初等铅笔习画帖，“结构渐形繁复”“编次之悄由易及难”，又云“临本中之图画务选择平易习见之物以为写生之导引，或有杂入东邦品物，……吾国既无其物，于写生上无所取裁，不特徒费临摹，晷刻且失教育之主义，是编一例从删”。

按：此册无版权页，未见著者及出版时间等信息。清末顾燮光的《译书经眼录》卷六著录有“《铅笔习画帖》三册文明书局洋装本。日本广田藤治著，丁宝书编译”。提要云：“本书为高等小学之用。故结构渐形繁密，惟所选择者皆平易习见之物以为写生之导，原本杂入东邦品物为吾华所无，且不切实用，故特删之。”[1]

① 转引自熊月之：《晚清新学书目提要》，上海书店出版社，2007年，第324页。

据此可判断馆藏本即《译书经眼录卷》著录之本。又据《教科书之发刊概况（1868—1918)》，文明书局出版《高小铅笔习画帖》在光绪二十八年（1902）。[①]

五、蒙学毛笔习画帖

丁宝书编绘，文明书局石印本。光绪三十年（1904）正月初版，三十四年（1908）七月十五版。平装改线装 3 册。有图。彩色封面。封面题“学部审定毛笔习画帖”，第三册末版权页题“蒙学毛笔习画帖”（图 4）。

图4　蒙学毛笔习画帖

按：丁宝书（1866—1936），字云轩。江苏无锡人。光绪十九年（1893）恩科副贡。善画。其花鸟画作，色彩明艳雅逸，神态鲜活生动，笔意凝练，别具一格，有著作《云轩画萃》《题画诗集》等。光绪三十四年，丁宝书和同乡俞复、廉泉等合资创办文明书局，初名“文明编译印书局”，书局创立之初即以《蒙学读本全书》在教科书市场大获成功，后又出版《高等小学教科书》系列、《蒙学科学全书》系列等。

该画帖共 3 编，每编有图 24 幅，内容编排由浅至深，先由简单的线条、图形等寥寥几笔开始，逐步进于细节繁复的植物、动物和人物的临摹。作者推崇自然率真之笔，其编首有《毛笔画约指》，云：“草虫花鸟，儿童俱有感情，触物涂抹，必准其位置形式反损活泼之天趣。”“裸体之人、两足之牛马、青红杂沓之草木动物，凡不规则之画，最为儿童所深喜。是书默揣幼年志趣，故不列几何画，恐妨其脑力

① 转引自张静庐 :《中国近现代出版史料》，上海书店出版社，2011年，第227页。

之发达也。”

此《毛笔习画帖》与作者编绘的《铅笔画帖》配套，分别为甲乙编，均为清学部审定暂用教科书。学部评价该套画帖：“二书笔势流畅，布局明晰，使初等学生临摹尚无流弊。”①

此书版权页载该套画帖另有教员用帖1册，未见。

六、蒙学毛笔新习画帖

丁宝书编绘，文明书局石印本。清光绪三十年九月初版，三十四年三月七版。平装改线装5册。有图。彩色封面。封面题“学部审定　初等小学堂学生用书　毛笔新习画帖”，第5册末版权页题“蒙学毛笔新习画帖”（图5）。

图5　蒙学毛笔新习画帖

按：画帖含学生用书4册，教员用书1册。学生用书每册一编，每编20幅画。教员用书之图画与学生用书同，但为教授便利，每张图画上对落笔次序进行标记。

此书亦列为清学部审定初等小学暂用书目，学部评此书：“是书与《毛笔习画贴》同为无锡丁宝书著，笔意相同。惟此书多教员用贴一册，较之《毛笔习画贴》于教授尤适用也。”②

① 《学部第一次审定初等小学暂用书目·提要》，清末北洋官报重印清光绪三十三年（1907）学部刊本。

② 《学部第一次审定初等小学暂用书目·提要》。

七、画学教授规则

丁宝书编绘，文明书局石印本。清光绪三十一年（1905）十一月初版，三十四年四月三版。平装改线装1册。有图。封面题：“学部审定 画学教授规则。”（图6）

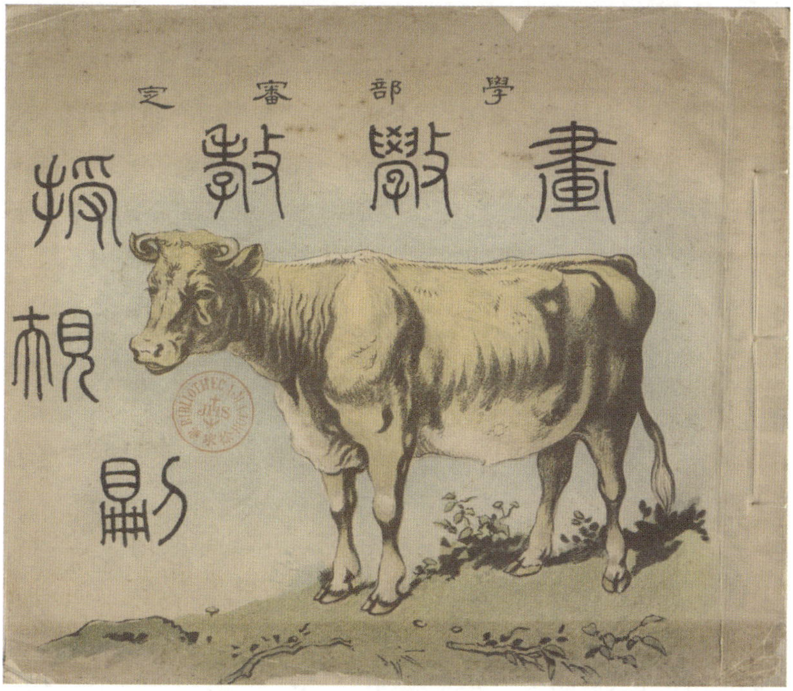

图6 画学教授规则

按：此书为毛笔画法规则，为初等小学教师用书。全书五章，第一章造画之要素，讲述画之点、线和浓淡之意义；第二章画诀，讲述描画之位置、大小、配合、形状及构造等五方面注意事项；第三章习画法，重点讲述如何练习临画之精密目测，包括如何测定大小、广狭、长短、角度、弧线之形状运行、临本与画面之比例、部分相互之关系等；第四章远近法，重点讲述平行透视画法；第五章物体描写上之注意。五章之后附图 86 幅，为之前讲述之指示图。

此书列清学部审定初等小学暂用书目，学部评此书：“通论画法数十条，极为精严，画笔古雅，尤近日画学不可多得之书。”[1]

① 《学部第一次审定初等小学暂用书目·提要》。

八、初等小学毛笔习画帖

丁宝书编绘，清光绪三十三年（1907）文明书局石印本。平装改线装4册。有图。封面题：“初等小学毛笔习画帖。”彩色封面。

按：第1册为习画入门，画22幅，“为第一学年随意画之程序”。第2册到第4册分为三编，是课程正式内容，供学生在第二、三、四学年使用，每册画18幅，又附画22幅，备学生练习。图画形象由到繁，由平面到立体，循序渐进。第二至四编前有“凡例”“教授上之注意”“目次”“编中之注意”。“凡例”介绍适用学年、课时安排、内容安排意图等，“教授上之注意”中作者认为习画所当注意者，第一位置，第二形体，第三运笔，并细致叮嘱通常作画之顺序。“编中之注意”部分，作者就该编某些特别需要注意之图画给出授课指示。第四编末为官府告示，时任苏松太兵备道袁树勋于光绪二十八年（1902）六月初七日颁示保护文明书局编译各种书籍之版权，禁止改换名目翻印以渔利等。

九、初等小学毛笔画教授法及教案

丁宝书编绘，清光绪三十三年文明书局铅字排印本。精装1册。有图。

按：本书供初等小学第二至第四学年毛笔画教授之用，每一学年均包括教授法和教案两部分。此书为作者参考东西洋诸著作编写而成，“其中之学说，半衷诸日本名家，半取诸西洋，间有不易明了之处，辄辅以己意”。教授法部分，每学年的目次大体相同，一般都包括教授之要旨、图画之形式、教授方法、儿童之用具、教室之设备并教授用具、教授上之注意和管理及训练上之注意等几个方面，其具体授课内容及要求依学年而渐有不同。教案部分为教授法之配合，每学年教案18篇，以线条、各种图形、生活器具、花鸟鱼虫、树木水果等为主题。每篇教案包括教材、准备、注意、应用和实习5项。课程难度逐级深入。

书末为清光绪二十八年北洋通商事务直隶总督袁世凯颁布的告示，晓谕相关各方豁免文明书局由沪运京各书的水脚，并请各省保护版权。

十、高等小学铅笔习画帖

日本尾竹竹坡，徐永清编，商务印书馆石印本。清光绪三十一年九月二十日初版，三十四年五月十五日六版。平装8册。有图。彩色封面。封面题：“学部审定　高等小学堂用铅笔习画帖。”（图7）

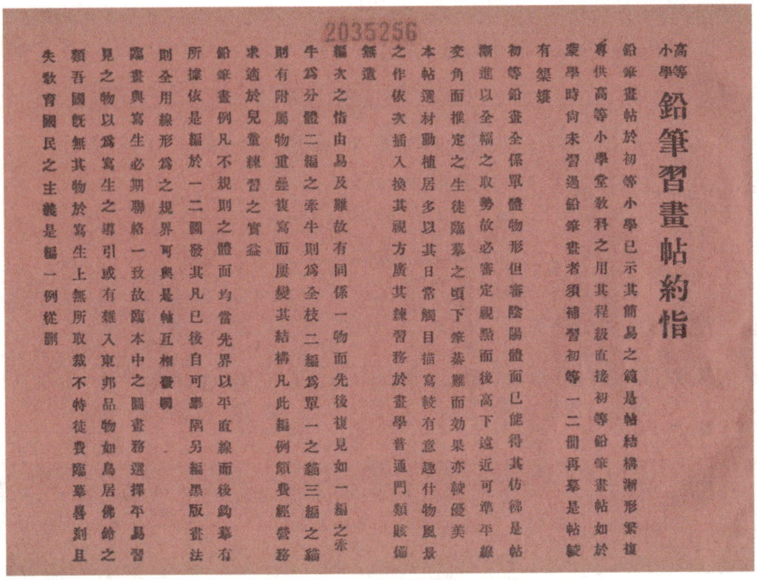

高等小學

鉛筆習畫帖約指

鉛筆畫帖於初等小學已示其簡易之範是帖結構漸形繁複專供高等小學堂教科之用其程級直接初等鉛筆畫帖如於蒙學時尚未習過鉛筆畫者須補習初等一二册再摹是帖較有榘矱

初等鉛畫全係單體物形但審陰陽體面已能得其彷彿是帖漸進以全幅之取勢故必審定視點而後高下遠近可準平線變角面推定之生徒臨摹之頃下筆綦難而効果亦較優美

本帖選材動植居多以其日常觸目描寫較有意趣什物風景之作依次插入換其視方廣其練習務於畫學普通門類賅備無遺

編次之恉由易及難故有同係一物而先後複見如一編之牽牛爲分體二編之牽牛則爲全枝二編爲單一之貓三編之貓則有附屬物重疊複寫而屢變其結構凡此編例頗費經營務求適於兒童練習之實益

鉛筆畫例凡不規則之體面均當先界以平直線而後鈎摹有所據依是編於一二圖發其凡已後自可舉隅另編黑版畫法則全用線形爲之規界可與是幀互相參觀

臨畫與寫生必期聯絡一致故臨本中之圖畫務選擇平易習見之物以爲寫生之導引或有雜入東邦品物如鳥居佛龕之類吾國既無其物於寫生上無所取裁不特徒費臨摹晷刻且失教育國民之主義是編一例從删

图7 高等小学铅笔习画贴

本馆采进本存第 1 至 4 册。

按：尾竹竹坡（1879—1936），日本著名画家，自幼习画，人物、山水、花鸟俱精，其作品格调隽永、意味悠远。晚年定居中国。徐永清（1880—1953），上海人。幼失怙恃，被徐家汇土山湾孤儿院收养。9 岁师从修士刘德斋，在土山湾画馆接受西洋画教育，师满后，先后在土山湾画馆、商务印书馆图画部、上海美术专科学校、中华美术专门学校等地任职任教，也曾自己开班授徒。徐擅长水彩风景画，他与当时著名广告画家郑曼陀合作创作的月份牌曾在上海风靡一时。

据首册《例言》：“始习直线，次习曲线，次并习曲直线，由简进繁，由易进难，使学者有可循之阶级……至易至简之直线曲线亦必象物成形，以助学者之兴趣……图中品物均眼前习见者，其花木果品易随时令选用，庶学习之时可以实物摹绘，于进步不无裨益。”又列习画法 7 条：习铅笔画必用洋质厚纸；铅笔宜备硬软两种；如何临摹；如何画直线；如何画曲线；如何作阴影；等等。

本书为清学部审定教科书，供癸卯学制下高等小学堂学生使用，是学部第一次审定高等小学图画科 6 种暂用书目之一。学部评曰：“上海徐永清编画图八十幅，绘法精好，洵铅笔习画帖之善本。”[①]

十一、最新出版初等小学毛笔习画帖

商务印书馆编译所编辑，清光绪三十二年（1906）商务印书馆石印本。平装8册。有图。彩色封面。封面题：“初等小学堂用最新出版毛笔习画帖。”

① 《学部第一次高等小学书目表》，《学部官报》第24期，清光绪三十三年。

按：画帖每册为一编，每编画10幅，共画80幅。第一册例言介绍此画帖适用之对象、课时课程之安排、画纸之选择，说明其该阶段的学习“以习熟描线为目的”，列出学画三要：学画者宜先练熟技术，至技术渐进宜养成思想以使意匠高逸，凡毛笔画亦一气呵成，一落笔绝不可补笔，庶画有生气。

十二、最新出版高等小学毛笔习画帖

商务印书馆编译所编辑，清光绪三十二年商务印书馆石印本。平装8册。有图。彩色封面。封面题：“高等小学堂用　最新出版　毛笔习画帖。”（图8）

图8　最新出版高等小学毛笔习画帖

按：画帖每册为一编，每编画10幅，共画80幅。前1、2册纯用浓墨，第3、4册浓淡并用，第5册后均施彩色。第1册和第5册前有《例言》，第1册内容大体与前书同。第5册《例言》有3条：一设色要鲜艳；二设色用具；三颜料类别。《例言》后有青赤黄等色示例。

商务印书馆曾于清光绪三十一年出版尾竹竹坡、徐永清合编的《高等小学毛笔习画帖》，内容与此“最新出版”者大体相同，后者应据前者改订而成。

十三、初等小学堂教科书图画临本

汪洛年编绘（一说黄绮编绘），清光绪三十一年（一说三十三年即1907）昌明公司石印本。平装改线装8册。有图（图9）。

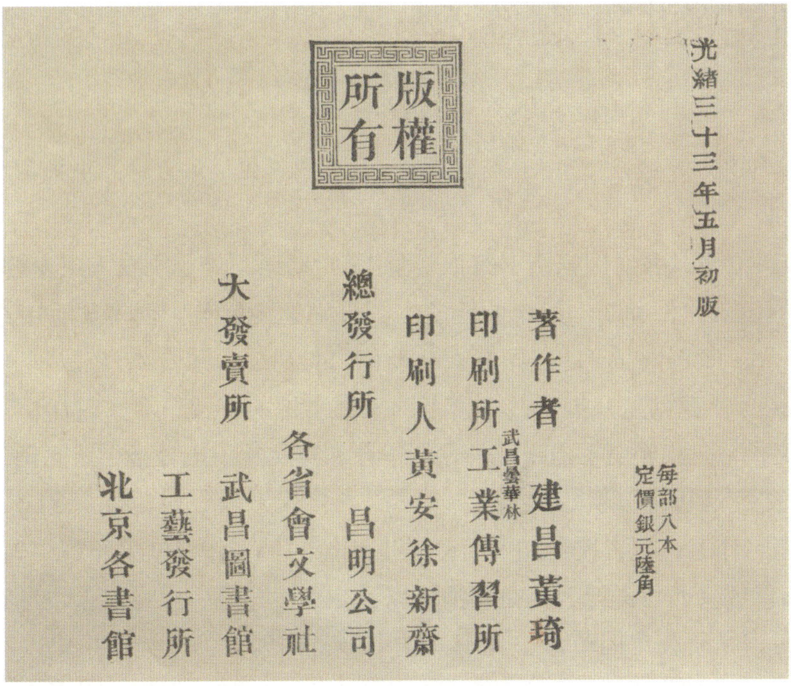
版權所有
光緒三十三年五月初版
每部八本
定價銀元陸角
著作者 建昌黃琦
印刷所 武昌曇華林工業傳習所
印刷人 黃安徐新齋
總發行所 昌明公司
各省會文學社
大發賣所 武昌圖書館
工藝發行所
北京各書館

图9 初等小学堂教科书图画临本

本馆采进为第 1 至 4 册。

按：此书的著作者及出版时间，有两说。该书每册有两页不同的版权页，一为白纸，著录著作者为“杭州汪洛年”，出版时间为“光绪三十一年五月初版”“光绪三十一年十月再版”“光绪三十三年三月三版”。一为蓝纸，著录著作者为“建昌黄绮芳蘅编”，出版时间为“光绪三十三年五月初版”。首有序两篇，一为光绪三十一年汪洛年序，称“于甲辰春以图画为湖北童子师……每教一课，辄存一稿，积成此帙，即以为童子临摹之本”。一为光绪丁未（1907）余德元序，“建昌女士黄绮者，性颖慧……尤嗜图画，今年夏毕业出所著《初等小学毛笔习画帖》”。发行机构均为昌明公司，该公司由晚清湖北留日学生发起兴办，1903 年成立于上海，武汉设有分公司，据 1903 年 7 月 24 日《汉声》刊载的昌明公司广告称，“公司专售东京学界译著出版物兼贩运各种教育器具，冀为中国输入文明机关”。汪洛年（1870—1925）为当时名画家，张之洞曾聘为两湖师范学校教员。黄绮，生平无考。《学部第一次高等小学书目表》（《学部官报》第 24 期，清光绪三十三年五月十一日）著录有湖北官书局本《图画临本》8 册，为高等小学临本，而第 1 册至第 4 册画法太浅。今存此《初等小学堂教科书图画临本》皆寥寥几笔可成的简单毛笔画，画的主题有屋、秋千、柜、篱、国旗、灯、团扇、扇、窗、葫芦、喇叭、茶碗、西瓜、书箱、洋酒杯、勺、画、书、水碗、厨具、蝴蝶、眼镜、藕、镰刀、帆、万年青、大鼓、林檎等。则此书是否即从湖北官书局高等小学《图画临本》翻印，而改适用对象高等小学为初等小学？

漫谈斯诺的 6 本题签本

□ 刘力群 中国国际友人研究会

2020 年 10 月，我向国家图书馆捐赠了 13 封斯诺写给德国友人王安娜（Anna Wang Martens）的信函原件和 3 本斯诺的题签本，分别题赠给英国前考文垂市市长乔治·哈德金森（George Hodgkinson）、美国友人浦爱德（Ida Pruitt）和安娜·路易斯·斯特朗（Anna Louise Strong）。我的这一捐赠，丰富了国家图书馆的有关馆藏，时任馆长饶权亲自参加了捐赠仪式，向我颁发了捐赠证书，新华社和英文《中国日报》对此做了专门报道，我感到十分荣幸和欣慰。

美国著名作家、记者埃德加·斯诺先生和他的代表作《红星照耀中国》（*Red Star Over China*，即《西行漫记》）在我国可以说是家喻户晓，在世界上也享有盛名。他的著作和经历，是研究中国革命史、中共党史、新中国史、中美关系史以及毛泽东生平和思想的重要历史文献。中央文献研究室 2013 年出版的 9 卷本《毛泽东年谱》中，就有 80 多处提到斯诺的名字。在 2009 年新中国成立 60 周年之际，斯诺被评选为对中国有杰出贡献的 100 位人物之一。作为一个重要历史人物，斯诺的亲笔信件和题签本不仅有重要的研究价值，也有重要的馆藏和展示价值。

为了便于研究者和广大读者更深入地了解我所捐赠的3本斯诺题签本的历史背景和涉及人物，我根据自己多年的研究，对此做些介绍；同时，也介绍一下我所知道的另外3本流传于世、意义特殊的斯诺题签本，从而丰富我们对这些珍稀善本历史文献的价值认识。

这里，需要提一下我个人对“题签本”与“签名本”“签赠本”在表述上的区别：“签名本”指作者在自己的著作上签名；“签赠本”指作者除了在自己的著作上签名，还写上受赠者的姓名；而“题签本”不仅有作者签名、受赠者姓名，而且有作者写给受赠者的良好祝愿和特别赠辞。

一、斯诺把第1册《红星照耀中国》赠给宋庆龄

2018 年 11 月 16 日，一个名为“海上琼英、国之瑰宝：宋庆龄与上海”的文物特展在上海市历史博物馆正式开幕。此展由上海市孙中山宋庆龄文物管理委员会、中国福利会、上海市文化广播影视管理局、上海宋庆龄研究会共同主办，分“成长在上海”“奋斗在上海”“永远在上海”3 个展区。在“奋斗在上海”展区，展示了一本由斯诺题赠

给宋庆龄的世界首版《红星照耀中国》，系由英国维克托·戈兰茨（Victor Gollancz）出版公司1937年10月在伦敦出版。在书的扉页，斯诺题签写道（图1）：

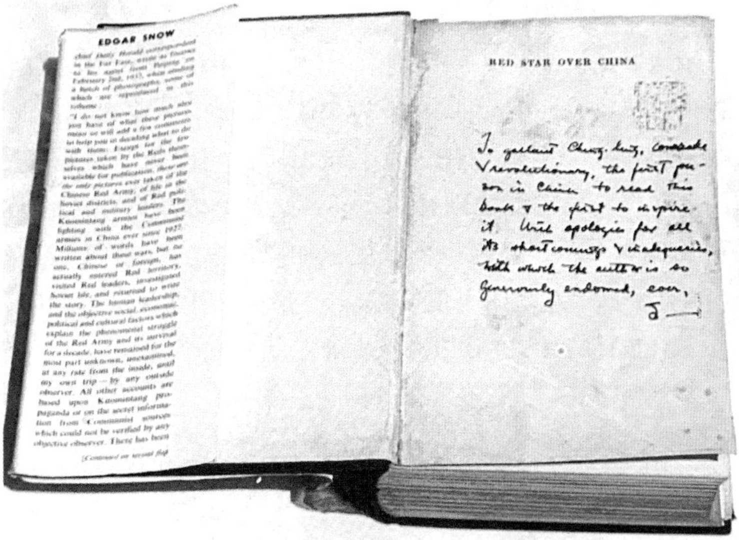

图1 《红星照耀中国》扉页上的斯诺题签

To gallant Ching-ling, comrade and revolutionary, the first person in China to read this book and the first to inspire it. With apologies for all its shortcomings and inadequacies, with which the author is so generously endowed, ever. Ed

（送给勇敢的革命家庆龄同志，你是中国第一位鼓励我写作此书的人，而且是此书的第一位读者。对于书中不妥之处，敬请见谅。埃德。）

1936年6月，斯诺在宋庆龄与中共党组织的牵线和帮助下，突破重重封锁前往陕北根据地，采访红军和中共领导人，历时4个月。1937年7月，斯诺根据这次采访写就《红星照耀中国》一书，向全世界真实而客观地报道了中国共产党领导下的革命政权和工农红军长征等情况，特别是第一次记述了毛泽东自述的生平，引起轰动。这本书的封面，就是斯诺拍摄的毛泽东大幅肖像。

1972年斯诺逝世后，宋庆龄在纪念文章中特别提到此书，称："埃德加·斯诺在如饥似渴地寻求真理和知识的过程中，记录了他在中国西北地区耳闻目睹的情况。他的这本书经过这么多年而今天仍然极有价值，成为纪念他的恰当的丰碑。"[①]

现在这本珍贵的斯诺题签本由上海孙中山宋庆龄文物管理委员会收藏，题签照片刊载于《宋庆龄在上海》画册[②]。

① 宋庆龄：《纪念埃德加斯诺》，载裘克安编集《斯诺在中国》，生活·读书·新知三联书店，1982年，第321页。

② 上海孙中山故居、宋庆龄故居和陵园管理委员会编：《宋庆龄在上海：纪念宋庆龄诞辰一百周年》，上海人民出版社，1998年，第157页。

二、英国考文垂市市长珍藏斯诺题签本《红星照耀中国》

与斯诺题签给宋庆龄的《红星照耀中国》一样，斯诺还题签给英国前考文垂市市长乔治·哈德金森先生（George Hodgkinson，1893—1986）一本《红星照耀中国》。这两个题签本都是1937年由英国维克托·戈兰茨出版公司出版，篇幅都是437页，内容、版式和插图照片完全一样，封面则有所不同：前者是以斯诺拍摄的毛泽东肖像为封面（精装本，售价18先令），后者以橘红底色加黑色书名为封面（软平装，售价2先令6便士），并特别注明“左派图书俱乐部版，不公开出售”（LEFT BOOK CLUB EDITION, NOT FOR SALE TO THE PUBLIC）（图2）。

图2　以橘红为封面底色的《红星照耀中国》

关于这本左派俱乐部版《红星照耀中国》题签本的来历，还有一段有趣的故事。乔治·哈德金森先生早年是英国工党领袖之一，也是左翼人士维克托·戈兰茨的好朋友。维克托·戈兰茨先生不仅以出版商身份在英国创建了维克托·戈兰茨出版公司，还创建了反法西斯的“左派图书俱乐部”，乔治·哈德金森则是该俱乐部的组织者和图书订阅者。乔治·哈德金森在他1970年出版的回忆录《履职考文垂》（*Sent to Coventry*）一书中说，在他所读过的左派书籍中，1937年出版的斯诺《红星照耀中国》是最令他激动不已的一本书。他读后将此书精心保存下来。1947年，斯诺到考文垂市参观并报道战后重建工作，乔治·哈德金森作为市长陪同参观，行间将自己精心保存的《红星照耀中国》拿出来请斯诺签名，斯诺欣然在此书的扉页，写下这样一段话（图3、4）：

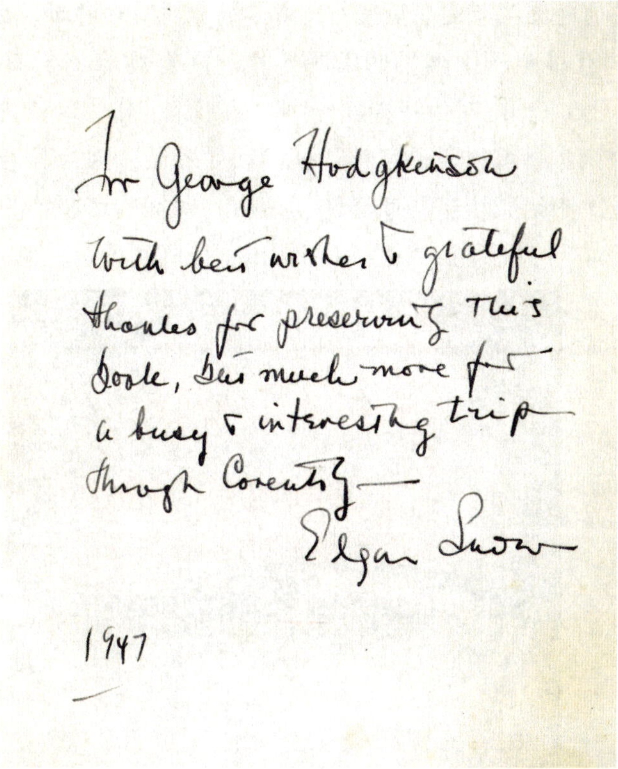
For George Hodgkinson
with best wishes & grateful
thanks for preserving this
book, but much more for
a busy & interesting trip
through Coventry—
Edgar Snow
1947

图3 斯诺的签名笔迹

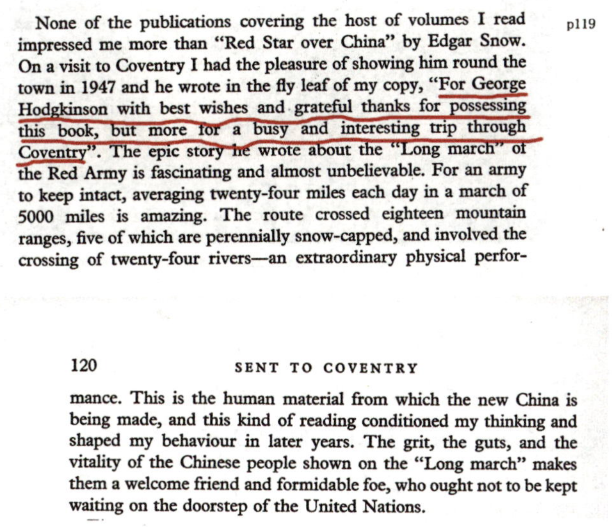
None of the publications covering the host of volumes I read impressed me more than "Red Star over China" by Edgar Snow. On a visit to Coventry I had the pleasure of showing him round the town in 1947 and he wrote in the fly leaf of my copy, "For George Hodgkinson with best wishes and grateful thanks for possessing this book, but more for a busy and interesting trip through Coventry". The epic story he wrote about the "Long march" of the Red Army is fascinating and almost unbelievable. For an army to keep intact, averaging twenty-four miles each day in a march of 5000 miles is amazing. The route crossed eighteen mountain ranges, five of which are perennially snow-capped, and involved the crossing of twenty-four rivers—an extraordinary physical perfor- p119

120 SENT TO COVENTRY

mance. This is the human material from which the new China is being made, and this kind of reading conditioned my thinking and shaped my behaviour in later years. The grit, the guts, and the vitality of the Chinese people shown on the "Long march" makes them a welcome friend and formidable foe, who ought not to be kept waiting on the doorstep of the United Nations.

图4 斯诺的签名录文

For George Hodgkinson, With best wishes & grateful thanks for preserving this book, but much more for a busy & interesting trip through Coventry. Edgar Snow, 1947.

（致：乔治·哈德金森，谢谢您保存了我的这本书，然而，比此书更让人留念的，却是我们这次在考文垂紧张而又有趣的旅行。埃德加·斯诺，1947年。）

现在，这本《红星照耀中国》斯诺题签本连同有乔治·哈德金森签名的回忆录《履职考文垂》（图5），同时由我捐赠给国家图书馆，作为珍稀善本纳入馆藏。从馆藏价值上来说，这两本书可以说是互相佐证的联袂珍品，因为乔治·哈德金森不仅在自传《履职考文垂》中记载了陪同斯诺访问一事，回忆斯诺题签的经过并抄录了斯诺题签的全文，而且对《红星照耀中国》一书做出了极高的评价。他在书中这样写道：

图5 《履职考文垂》封面

斯诺的《红星照耀中国》一书对红军长征所作的史诗般的描述，是那样的扣人心弦、不可思议。一支军队在长途跋涉 5000 英里、平均每天行军 24 英里之后，而基本保持完整，令人惊讶和赞叹。他们翻越了 18 座大山，其中 5 座大山终年积雪，渡过了 24 条河流，这是非同寻常的体力拼搏。正是这种人性的非凡素质，造就了一个新中国。阅读此类书籍，对我今后的思想和行为都有所影响。长征所表现出来的中国人的胆略和活力，使得他们既是可欢迎的朋友，也是令人敬畏的敌人，不能让他们还在联合国的大门外徘徊和等待。[①]

这样的评价，来自于一位英国的上层人士，是难能可贵的。

值得一提的是，斯诺1934—1935年在燕京大学新闻系任教期间，也是维克托·戈兰茨左派图书俱乐部的热心读者。[②]后来他将《红星照耀中国》一书的初稿首先交给维克托·戈兰茨出版公司出版并大受欢迎，看来是有历史缘由的，随着时间的发展，后续又连带出以上有趣的书坛轶事。

三、宋庆龄遗嘱执行人邓广殷的惊喜

在中国国际友人研究会（前身为中国三S研究会）的资料室中，有一本维克托·戈兰茨出版公司1973年版《红星照耀中国》的斯诺题签本，题签页为复印件（图6、7），提供者为邓广殷（英文名 Ernest Tang）。根据斯诺题签复印件上的时间（1971年2月9日）和书籍的样式，可以推测，此原件应该是维克托·戈兰茨出版公司1968年《红星照耀中国》的修订增补版（图8）。邓广殷选择1973年版做底本并将斯诺题签页复印粘贴在扉页，应该是1973年版较为易得，更便于复制多本，赠送给有关机构和朋友。

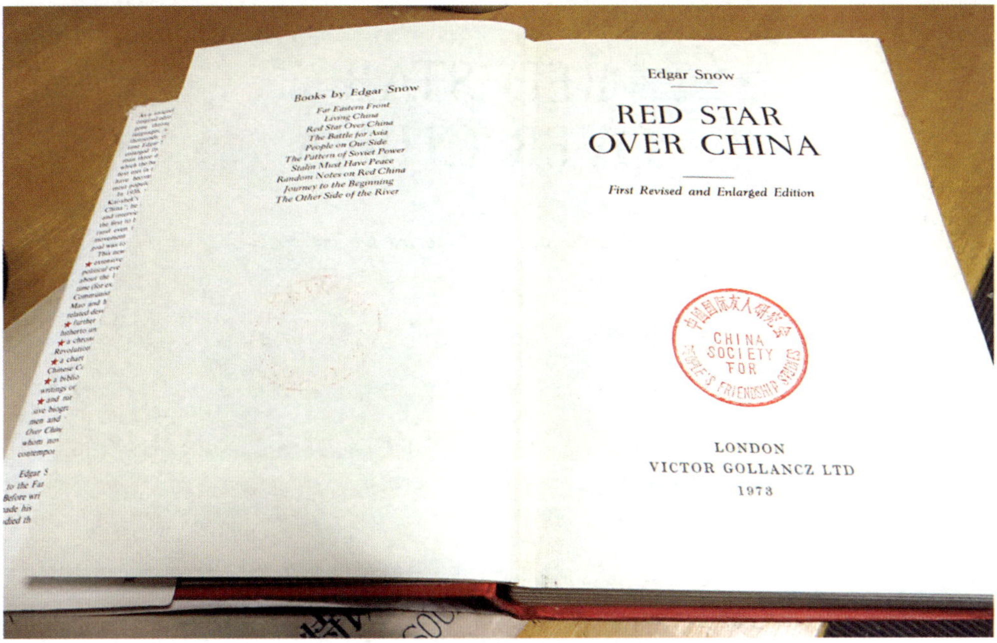

图6 斯诺题签页（一）

① George Hodgkinson: *Sent to Coventry*, Robert Maxwell & Co.Ltd, 1970, p119.

② ［美］伯纳德·托马斯著，吴乃华译：《冒险的岁月：斯诺在中国》，世界知识出版社，1999年，第141页。

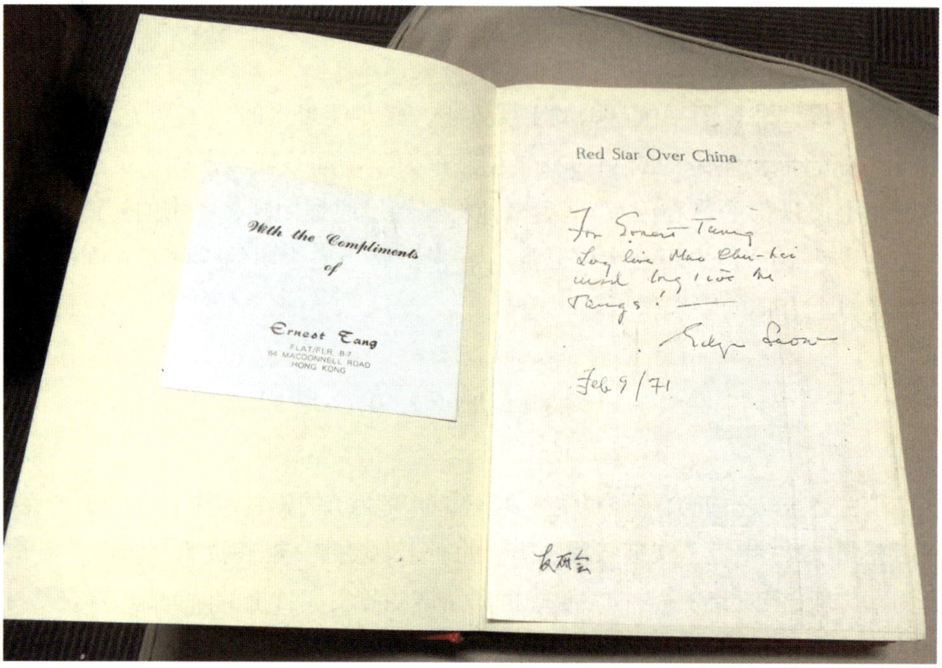

图7　斯诺题签页（二）

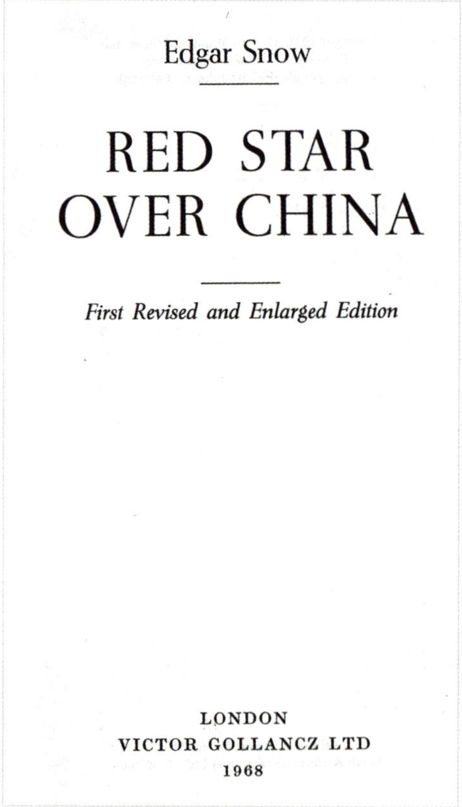
Edgar Snow

RED STAR OVER CHINA

First Revised and Enlarged Edition

LONDON
VICTOR GOLLANCZ LTD
1968

图8　1968年修订增补版《红星照耀中国》

斯诺的题签是这样写的："For Ernest Tang, Long live Mao Chu-hei and Long live the Tangs! Edgar Snow, Feb. 9, 1971."（赠给邓广殷，毛主席万岁！邓氏家族万岁！埃德加·斯诺，1971年2月9日）

邓广殷，宋庆龄的遗嘱执行人。他对斯诺题签赠书一事，在《永不飘逝的记忆：我家与宋庆龄事业的情缘》一书中是这样记载的：

> 宋庆龄在 1970 年（12 月 29 日，此日期为本文作者考证后添加，邓广殷原文缺此具体日期。——撰者注）给我父亲的信中提到，斯诺来华是要重访 34 年前在她的帮助下进入的红区，为他的新书《漫长的革命》搜集资料。之后，斯诺回到日内瓦的家中整理采访笔记，投入新书的撰写工作。我有幸在香港与斯诺有了一次会面。那时斯诺路过香港，《大公报》社长费彝民设宴招待他，也邀请我一起参加。席间提及我的父亲，斯诺说他完全不知道在广交会开幕宴会上他的老朋友邓文钊所经历的思想斗争。斯诺送了一本他的《西行漫记》给我们。我打开扉页，不禁吃了一惊，扉页上赫然留着斯诺的亲笔题字："毛万岁，邓氏家族万岁。"①

邓广殷是中国福利会前身"保卫中国同盟"中央委员邓文钊之子，1929 年生于英国伦敦，1950 年就读于北京外国语学校，毕业后在中国国际贸易促进委员会从事对外联络、接待和翻译工作；1960 年后定居香港，创办邓崇光置业有限公司，任董事长；自 1986 年起历任第六、七、八、九届全国政协委员；1982 年起任中国宋庆龄基金会理事、上海宋庆龄基金会理事，与基金会共同设立"邓文钊优秀教师奖励金"。

邓广殷自 1971 年起与宋庆龄保持了长达 10 年的通信和往来。1981 年宋庆龄去世后，他将宋庆龄遗赠给他的数千册藏书捐赠给国家。2011 年，他又将珍藏了 30 余年的近 200 封宋庆龄亲笔信捐赠给了上海宋庆龄故居纪念馆，并由纪念馆全部影印，以《邓广殷、孙君莲及邓勤藏宋庆龄书信集》的形式刊布。

斯诺的这本题签本带有 20 世纪 70 年代的特有印记，意味深长，既有斯诺对老朋友毛泽东的敬仰，也有斯诺式的幽默，以及对邓文钊、邓广殷及邓氏家族怀有的历经岁月的特殊友情。

四、工合先驱浦爱德获赠有斯诺3个签名的《为亚洲而战》

1941 年，斯诺继《远东前线》《红星照耀中国》之后，写作并出版了他的第三本书《为亚洲而战》（*The Battle for Asia*），这是一本记述中国全面抗战及战时中国工业合作社运动（工合）的书。2011 年，我收藏到一本斯诺题签给浦爱德的《为亚洲而战》（图 9），其题签文字是这样的（图 10）：

---

① 上海宋庆龄故居纪念馆编：《永不飘逝的记忆：我家与宋庆龄事业的情缘》，东方出版社，2013年，第85—86页。

图9 《为亚洲而战》

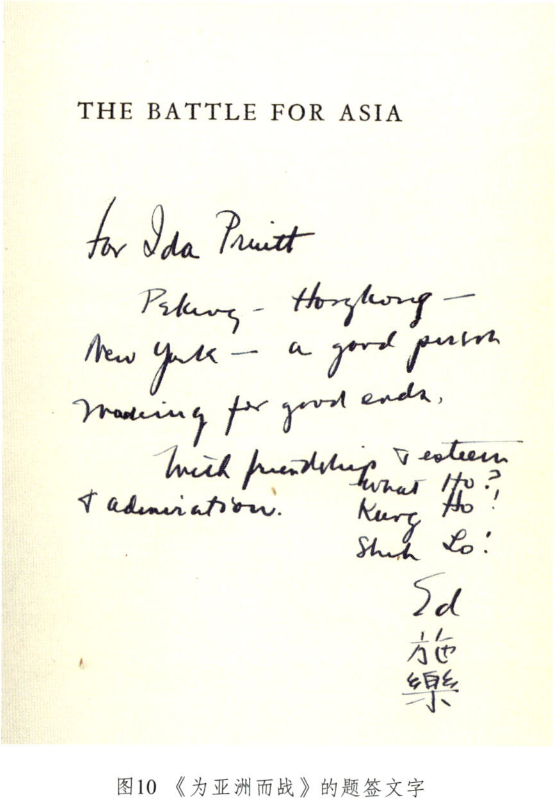

图10 《为亚洲而战》的题签文字

For Ida Pruitt, Peking-Hongkong-New York, a good person working for good ends. With friendship, esteem and admiration. What Ho? Kung Ho! Shih Lo! Ed.施樂。

（赠给浦爱德，从北平，到香港，到纽约，一位好人在为好事奔波！令我尊敬和钦佩！祝友谊长存！工合！工合！施樂。）

浦爱德（1888—1985）出生于山东省龙口市（原黄县）一个美国传教士家庭，在龙口度过童年并上小学，后去美国读中学、大学，并回中国烟台担任教师；曾创建北平协和医学院社会服务部；抗日战争爆发后热情救助中国抗日人士；1938年参加由埃德加·斯诺、海伦·斯诺、路易·艾黎共同发起创办的中国工业合作社运动，担任中国工合国际委员会驻纽约代表，创办美国促进中国工合委员会，募集大量资金、药品和机械，支援中国人民抗日斗争，成为“工合”运动中蜚声中外的重要活动家；中华人民共和国成立后受美国麦卡锡主义反共思潮迫害，无法实现长住中国的愿望，但多次访华并受到中国政府热情接待，是中国重要国际友人之一；晚年在美国努力推进中美友好，促进中美关系，被誉为国际妇女运动著名人物。著有《在中国的童年》（*A China Childhood*）、《殷老太太》（*Old Madam Yin*）、《汉家女儿》（*A Daughter of Han*）等多种文学作品，并参与老舍《四世同堂》的英译工作。

斯诺题签的此本《为亚洲而战》系由美国纽约兰登书屋 1941 年出版，同年，伦敦维克托·戈兰茨出版公司以《烧焦的大地》（*The Scorched Earth*）为名在英国出版。两个版本的章节、内容基本相同，兰登书屋版增加了图片和索引。斯诺的这本题签本有两个十分特殊的地方。一是斯诺在题签末尾用了三种签名：“Ed”，即“Edgar”的简称和爱称；“施樂”，斯诺惯用的繁体中文姓名；“Shih Lo”，“施樂”二字的韦氏拼写。二是用了一句不易理解的问答句，即“What Ho? Kung Ho！”对此，我曾以“破解斯诺的一句工合赠言”为题在《西北工合研究》上发表过一篇文章[①]，对此问答句的含义进行了一些推测。

近几年，国内对浦爱德的研究逐渐多了起来。2022 年，中国工合国际委员会、陕西省工业合作协会召开了“纪念浦爱德诞辰 134 周年学术研讨会”。美国历史学家金敏（Marjorie King）著《中国的美国女儿浦爱德》（*China's American Daughter: Ida Pruitt*）、日本学者山口守著《浦爱德的生涯：两个祖国，两种文化》也都被译成中文，将在国内出版。

斯诺与浦爱德的相识最早可以追溯到1937年5月，当时他们作为编委共同参与了燕京大学英文《民主》杂志的编辑工作，同时作为编委的还有海伦·斯诺、爱泼斯坦、梁士纯、张东荪、姚莘农等，执行主编是约翰·利宁（John Leaning）。据美国历史学

① 刘力群：《破解斯诺的一句工合赠言》,《西北工合研究》，2022学术年刊。

家伯纳德·托马斯所著斯诺传记《冒险的岁月：斯诺在中国》记述，斯诺曾因肾结石于1937年3月到北平协和医院做过手术[①]，那个时候浦爱德也正好在协和医院主持社会服务部工作，他们最早是否相识于此，还有待进一步的查考。

此题签本最珍贵的一个亮点，就是有斯诺用繁体汉字姓名“施樂”的签名，这是斯诺自己认定的汉字姓名，这也可以从最近在美国哈佛大学浦爱德档案中发现的一张斯诺名片得到印证。该名片印有“施樂”“美国纽约日报新闻社”“伦敦先驱日报”，而且上面有斯诺亲笔写给浦爱德的短句[②]（图11、12）。

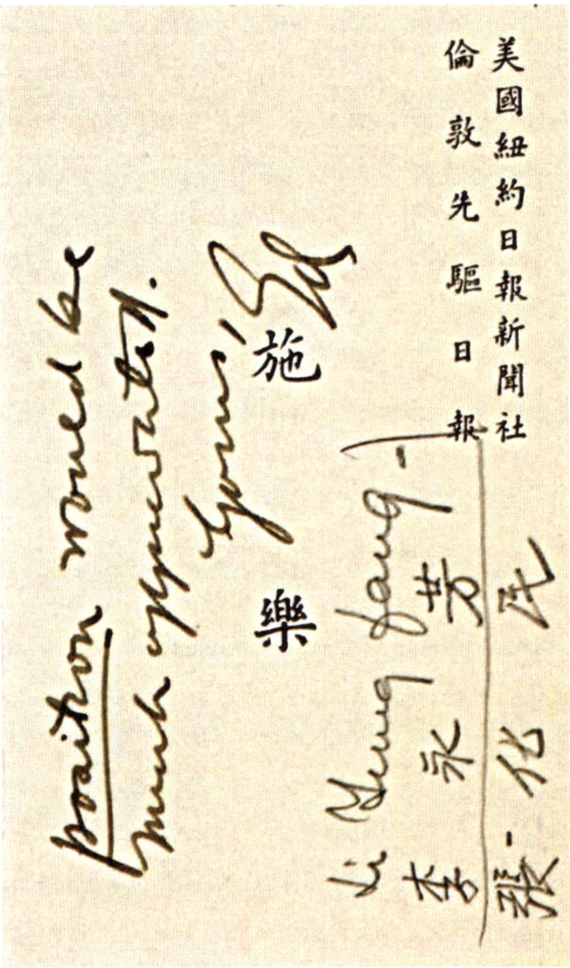

图11　斯诺的名片

① ［美］伯纳德·托马斯著，吴乃华译：《冒险的岁月：斯诺在中国》，第194页。

② 此短句英文为：“Dear Ida: Mr. Chang has been sent to me by a friend, with the problem Jim talked to you about. Anything you can do for him without embarrassing your own position would be much appreciated. Yours, Ed”（亲爱的艾达，张先生已由一位朋友带到我这里，他有一些问题需要解决，吉姆给您说过，如果您能帮助解决，又不使您处境为难，那就太感谢了。您的朋友埃德）

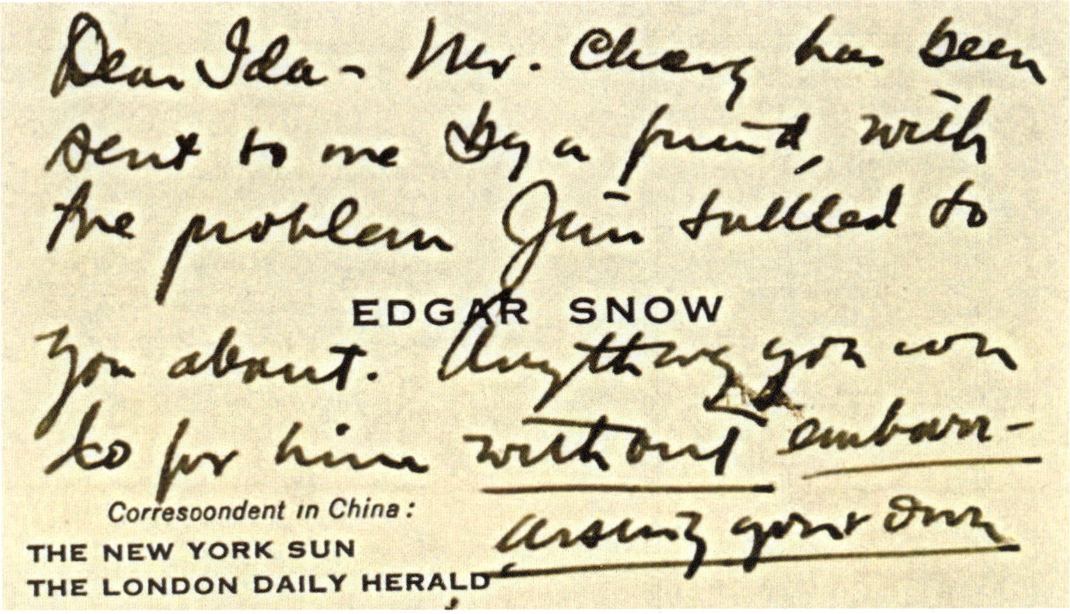

Dear Ida - Mr. Chang has been sent to me by a friend, with the problem Jim talked to you about. Anything you can do for him without embarrassing your own

EDGAR SNOW

Correspondent in China:
THE NEW YORK SUN
THE LONDON DAILY HERALD

图12　斯诺亲笔写给浦爱德的短句

斯诺自己认定的汉字姓名“施樂”（有签字、名片、印章为证），为什么变成今天我们大家都采用的“斯诺”？根源在于1938年上海《复社》出版的《西行漫记》首先将“Edgar Snow”翻译成“斯诺”，当时译者并不知道斯诺其实有自己认定的汉字姓名“施樂”。由于同样的原因，除《外国记者西北印象记》一书，“Edgar Snow”后来被翻译成多个中文姓名，如“史诺”“施诺”“斯洛”等，斯诺先生如上天有知，或默然无语，或欣然一笑吧。

五、文学大师林语堂获赠斯诺《为亚洲而战》题签本

在2020年杭州西泠印社“中外名人手迹”拍卖会上，出现了一本斯诺于1941年2月4日题签赠给林语堂的《为亚洲而战》[①]，版本与前述赠予浦爱德的一样（美国兰登书屋出版社，1941年，纽约）。斯诺的题签是这样写的（图13、14）：

For Yutang and the talented Lins, who first showed me *The Battle for Asia*. With friendship and Esteem. Ed Snow, Hollywood, February 4, 1941.

（致语堂和才华横溢的林家人，是他们最早向我展示了《为亚洲而战》。愿友谊长存，并致诚挚敬意。埃德·斯诺，1941年2月4日于好莱坞。）

---

① 西泠印社：《中外名人手迹暨三宁斋旧藏专场》图录，杭州，2020年8月9日，拍品号2787。

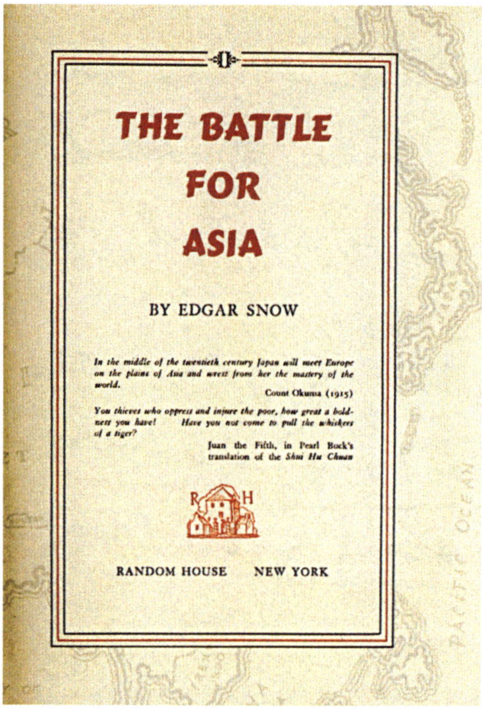

图13 斯诺赠给林语堂的《为亚洲而战》

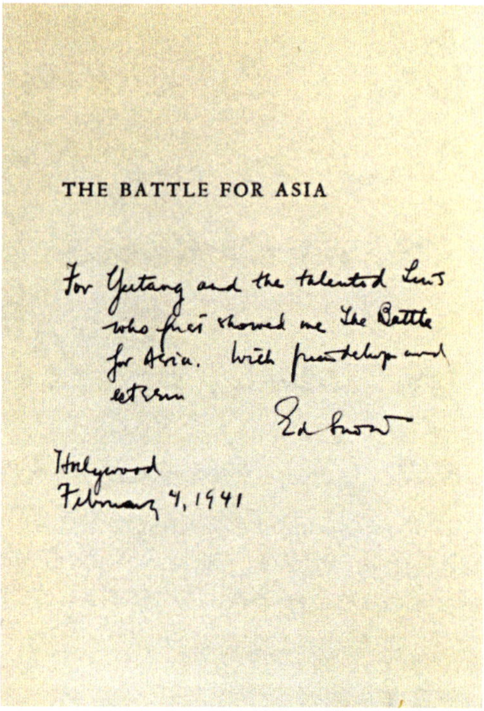

图14 赠书上的斯诺题签

林语堂（1895—1976），福建龙溪（今属福建漳州市）人，原名和乐，后改玉堂，又改语堂，中国现代著名作家、学者、翻译家、语言学家；早年留学美国、德国，获哈佛大学文学硕士、莱比锡大学语言学博士；回国后在清华大学、北京大学、厦门大学任教；1954 年赴新加坡筹建南洋大学，任校长；曾任联合国教科文组织美术与文学主任、国际笔会副会长；1940 年、1950 年先后两度获诺贝尔文学奖提名；曾创办《论语》《人间世》《宇宙风》等刊物，作品包括小说《京华烟云》《啼笑皆非》、散文和杂文集《人生的盛宴》《生活的艺术》，以及译著《东坡诗文选》《浮生六记》等；1966 年定居台湾，1967 年受聘为香港中文大学研究教授，主持编撰《林语堂当代汉英词典》；1976 年 3 月 26 日在香港逝世，享年 80 岁。

斯诺与林语堂有很深的交往，是为朋友。斯诺在其第一本书《远东前线》中，就记述了与林语堂在南京的一次相会①，而且把林语堂与胡适共著的《中国自己的评论家：胡适与林语堂论文选》（*China's Own Critics*）列为参考书目。此后，斯诺和林语堂同为赛珍珠（Pearl Buck）和沃尔什（Dick Walsh）夫妇主编的《亚洲》（*Asia*）杂志撰稿。1936 年出版的由斯诺编译的中国现代小说集《活的中国》（*Living China*）收录了林语堂的《忆狗肉将军》，并附有林语堂小传。②

① Edgar Snow: *Far Easter Front*, New York, Harisson Smith & Robert Haas, 1933, p247.

② ［美］埃德加·斯诺编，陈琼芝辑录，文洁若译：《活的中国》，湖南人民出版社，1983年，第226页。

早在 1933 年，林语堂就在《中国评论周报》写过一篇关于斯诺《远东前线》的书评，对此书做了很高的评价：

> 我看的书不多，也很少去读一些关于当前话题的书，因为通常我会有意识地避开它们。但是有一天，我熬夜读完了这本书……尽管这不是我的本意。所有好书都应该不自觉地、偶然地、没有预期地去读……当我翻开这本书时，我喜欢那种愉快的发现感，这是作者传达给我的，就像听他说话，告诉我他亲眼看到的、生动的、有时是戏剧性的事物。但我认为这比他的言谈要好得多，而且我不知道他能写这么好的书。没有欺骗，没有沉重，没有上海脑筋，没有资本主义偏见，全书贯穿着对中国人民真诚的、发自内心深处的同情，他们在这个世界上最受虐待……这是一本极具人情味和可读性的书。[①]

斯诺向林语堂赠送《为亚洲而战》一书，一是表达对老朋友的友情，同时，大概也是想请林语堂为此也写一篇书评，这可以从林语堂在此书上所做的许多圈点和批注看出来（图 15）。果然，在 1943 年《为亚洲而战》一书再版的书封上，刊载了一段林语堂有关此书的书评，称赞此书“是全方位了解中国抗战背景的绝佳读本”[②]。

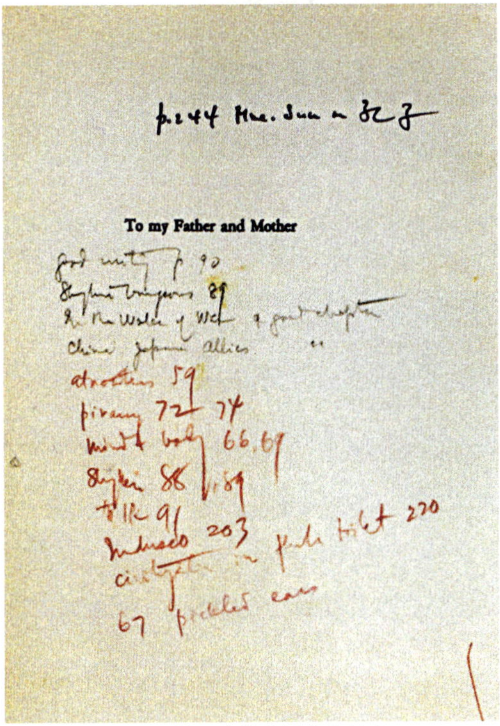

图15　林语堂做的圈点和批注

① Robert Farnsworth: *From Vagabond to Journalist*: *Edgar Snow in Asia1928-1941*, Starkville: University of Missouri Press, 1996, p165.

② 西泠印社：《中外名人手迹暨三宁斋旧藏专场》图录，杭州，2020年8月9日，拍品号2787。

当然，斯诺与林语堂后来因政治观点相左而互有批评，但是此题签本作为珍贵的历史善本，展示了两位大师的友情，特别是斯诺在此书“民主政治的实验”一节的开头，引用了林语堂的一段话：“中国共产党人将是中国民主政治的温床。”（The Chinese communists will become the bedrock of Chinese democracy）这显示出当时斯诺与林语堂的共同寄托和展望。①

六、安娜·路易斯·斯特朗77寿辰获赠斯诺《大河彼岸》题签本

安娜·路易斯·斯特朗（1885—1970）与斯诺、史沫特莱一起被中国人亲切地称为“三S”，她于1958年冲破重重阻力来到中国，最后在北京定居。1962年11月24日，斯特朗在北京迎来了她的77岁寿辰，周总理、陈毅副总理都前往祝寿。之后不久，斯诺就从瑞士寄给他一本新出版的《大河彼岸：今日红色中国》，并题签写道（图16、17）：

图16 《大河彼岸：今日红色中国》封面

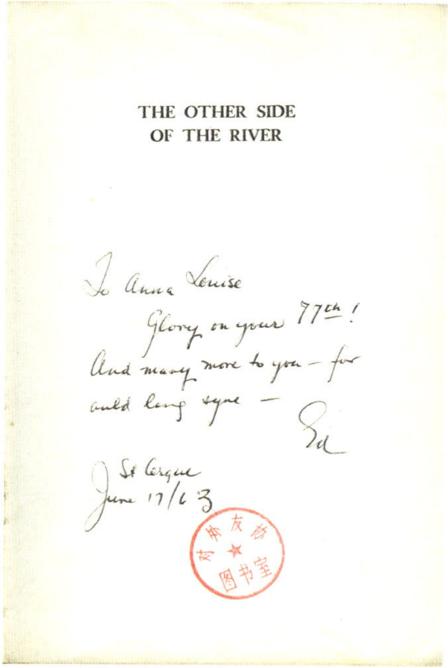

图17 《大河彼岸：今日红色中国》的题签

To Anna Louise, Glory on your 77th! And many more to you, For auld lang syne, Ed St. Gergue, June 17/63.

（致安娜·路易斯·斯特朗，恭贺77寿辰，岁月年华，友谊天长地久！埃

① ［美］埃德加·斯诺：《为亚洲而战》，《斯诺文集》第3卷，新华出版社，1984年，第254页。

德，于瑞士圣塞尔格。）

这个题签用了“For auld lang syne”这个古英语，即大家熟悉的电影《魂断蓝桥》中的主题曲《友谊地久天长》。

根据我最近的研究和发现，斯诺在签署此题签本的同日（1963 年 6 月 17 日），还给斯特朗写了一封信（现存国家图书馆安娜·路易斯·斯特朗手稿书信档案，图 18）。斯诺的信是这样写的：“我在近期《中国画报》上看到一张照片（原载《中国画报》1963 年第 1 期。——撰者注），惊奇地发现，您最近度过了 77 岁生日。这一定是印刷排字上错误！您何以突然增添了那么多年岁？我原想您像我一样：29 岁！好，不开玩笑了，我真不知道您都快八十了。特致祝贺，并祝您万万岁！作为生日礼物，我给您寄一本我写的书。此书未能早点寄给你，谨致歉意。”

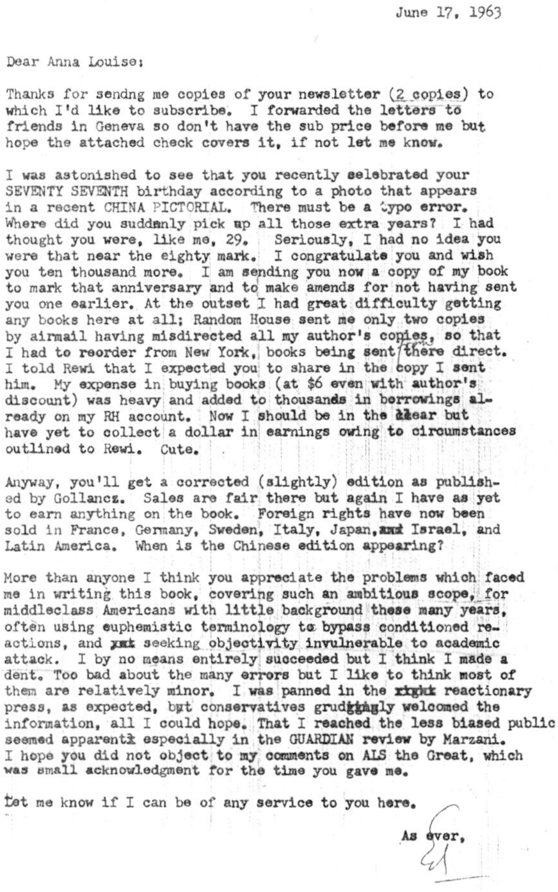

June 17, 1963

Dear Anna Louise:

Thanks for sendng me copies of your newsletter (2 copies) to which I'd like to subscribe. I forwarded the letters to friends in Geneva so don't have the sub price before me but hope the attached check covers it, if not let me know.

I was astonished to see that you recently selebrated your SEVENTY SEVENTH birthday according to a photo that appears in a recent CHINA PICTORIAL. There must be a typo error. Where did you suddanly pick up all those extra years? I had thought you were, like me, 29. Seriously, I had no idea you were that near the eighty mark. I congratulate you and wish you ten thousand more. I am sending you now a copy of my book to mark that anniversary and to make amends for not having sent you one earlier. At the outset I had great difficulty getting any books here at all; Random House sent me only two copies by airmail having misdirected all my author's copies, so that I had to reorder from New York, books being sent there direct. I told Rewi that I expected you to share in the copy I sent him. My expense in buying books (at $6 even with author's discount) was heavy and added to thousands in borrowings already on my RH account. Now I should be in the clear but have yet to collect a dollar in earnings owing to circumstances outlined to Rewi. Cute.

Anyway, you'll get a corrected (slightly) edition as published by Gollancz. Sales are fair there but again I have as yet to earn anything on the book. Foreign rights have now been sold in France, Germany, Sweden, Italy, Japan, Israel, and Latin America. When is the Chinese edition appearing?

More than anyone I think you appreciate the problems which faced me in writing this book, covering such an ambitious scope, for middleclass Americans with little background these many years, often using euphemistic terminology to bypass conditioned reactions, and seeking objectivity invulnerable to academic attack. I by no means entirely succeeded but I think I made a dent. Too bad about the many errors but I like to think most of them are relatively minor. I was panned in the reactionary press, as expected, but conservatives grudgingly welcomed the information, all I could hope. That I reached the less biased public seemed apparent especially in the GUARDIAN review by Marzani. I hope you did not object to my comments on ALS the Great, which was small acknowledgment for the time you gave me.

Let me know if I can be of any service to you here.

As ever,

图18 斯诺写给斯特朗的信

斯诺与斯特朗年龄相差 20 岁，却是一对老朋友。他们的相识，最早可以追溯到 20 世纪 30 年代初。斯特朗曾于 1927 年第一次访问中国，见证了轰轰烈烈的大革命，并于 1928 出版了《千千万万的中国人》一书。斯诺在他 1933 年出版的第一本书《远东前线》

的附录中，就把斯特朗的《千千万万的中国人》列入参考书目。后来，他们共同为赛珍珠和沃尔斯夫妇主编的《亚洲》杂志撰稿。

根据海伦·斯诺的回忆，斯诺曾于1937—1938年间带她到靠近上海的一艘轮船上去拜访过斯特朗。[①]在此前后，斯特朗和斯诺都共同参与报道中国人民的革命和解放事业，共同揭露蒋介石背信弃义挑起的“皖南事变”。1941年2月，因报道“皖南事变”，斯诺在旅居中国13年后被迫返回美国。之后，他与斯特朗在美国加州共同合作写过一个名为“法官的座椅”（*The Judgment Seat*）的电影剧本，描写了一个名叫安娜的年轻护士积极投身抗战的故事。[②]海伦·斯诺当时也参与了这个电影剧本的撰写和修改。[③]

斯诺赠给斯特朗的这本《大河彼岸：今日红色中国》，由英国维克托·戈兰茨出版公司1963出版，并标明“读者联盟版”（“Readers Union Edition”），只提供给“读者联盟”会员，不对公众销售。1966年，维克托·戈兰茨出版公司又出版了公众版。

在《大河彼岸：今日红色中国》这本书中，斯诺提到斯特朗是1959年西藏叛乱平息后，于同年8月第一个赴西藏采访的美国记者。[④]当时斯特朗已是73岁的高龄，通过这次采访，她于1960年写出《西藏农奴站起来》一书。斯诺和斯特朗，一个在1936年冒着危险到陕北采访，一个在73岁的高龄到青藏高原采访，这也体现了他们“地久天长之友谊”的共同基础，即通过记者工作让世界更多地了解中国。

如今，斯特朗与斯诺分别安眠于北京八宝山革命烈士公墓和北京大学未名湖畔（斯诺的另一半骨灰葬于美国纽约东河畔），上面介绍的这本斯诺题签本，就是这两位中国人民老朋友相互友情的见证。

以上6本斯诺题签本，可以说每一本都包含着动人的历史故事，是书籍中的珍品。我有幸像大海捞针一样发现其中3本，纳入囊中，并捐赠给国家图书馆，作为永久馆藏；另外两本由上海孙中山宋庆龄文物管理委员会珍藏；还有一本则通过拍卖会由民间收藏家收藏。可以推测，国内外民间还会有若干斯诺的题签本，其中亦不乏独特之本，希望能早日浮出水面，为我们大家所共享、共赏。

睹物思君，由字见人，由书见史。希望有关图书馆、纪念馆、历史研究者及版本专家能充分发掘和利用这些题签本，通过展览展示和文字介绍，让这些珍稀善本活起来，让静置橱柜中的它们，向我们讲述曾经辉煌的岁月和一个个动人的故事，传承友谊，赓续精神，启迪和激励世世代代。

---

① ［美］尼姆韦·尔斯著，黄可凤译：《忆安娜·路易斯·斯特朗》，载中国三S研究会编《敬礼，三S》，中国新闻出版社，1985年，第67页。

② ［美］特雷西·斯特朗、海琳·凯萨著，李和协等译，唐建文校：《纯正的心灵——安娜·路易斯·斯特朗一生》，世界知识出版社，1986年，第229页。

③ Helen Foster Snow: *Long Thoughts*, 1984. 手稿，未出版。

④ Edgar Snow: *The Other Side of the River*, London: Gollancz, Readers Union,1963, p104.

贺良朴与冒广生交游考略

□ 罗建斌 贺良朴艺术研究会
□ 贺怡兰 文化和旅游部国际交流与合作局

冒广生（1873—1959）（图1、2），字鹤亭，号疚斋，江苏如皋人，因出生于广州而得名，中国近代文化史上的著名人物。冒氏为如皋大族，书香门第，是元世祖忽必烈第九子的嫡裔。明末四公子之一的冒辟疆是他的先祖，如皋水绘园是其祖宅。光绪十五年（1889）他历县、府、院三试皆列第一（案首），以“小三元”之称中秀才，光绪甲午科（1894）中举人。曾列名“公车上书”，担任过清刑部及农工商部掌印郎中，民初任农商部全国经济调查会会长，瓯海（温州）、镇江、淮安等关监督，为这些地方的文化事业贡献良多。

图1 1902年摄《近代三文学家遗像》[①]：林纾（左）、冒广生（中）、吴汝纶（右）
（注：图片标注有误）

① 《北洋画报》1929年9月3日第二版刊出。

图2 1911年4月23日“法源寺诗社雅集”13人于江西会馆谢公祠为胡思敬离京归乡饯行后合影[①]

冒广生抗战胜利后曾任中山大学教授、南京国史馆纂修；中华人民共和国成立后，陈毅市长亲临其寓所拜访并特聘他为上海市文管会特约顾问；1957年，冒广生赴北京五子（舒湮）家就养时，陈毅副总理多次陪同其参观北京名胜；周恩来总理亲自登门走访探望，毛主席亦在中南海接见并与其畅谈诗词及时局。冒广生交游甚广，其在北京、上海、南京、广州等地与文艺圈诸多名家来往频繁。1959年冒广生在上海去世，家人遵其遗愿，将其近1000件遗存文物，全部无偿捐赠给上海博物馆；其位于上海福煦路的模范村22号（今为延安中路877弄）的旧居也被挂牌为“名人旧居”。冒广生著有《小三吾亭诗文集》《疚斋词论》《冒鹤亭诗歌曲论著述》《四声钩陈》《蒙古源流年表》等等。

贺良朴（1861—1937）（图3、4），字履之，号篑庐，别号南荃居士。湖北蒲圻人（今湖北赤壁与湖南临湘交界处），前清拔贡，中国近代史上著名的诗人、画家、美术教育家。清末先后任职东海关榷署、上海广方言馆监督及邮传部承政厅郎中。入民国后，曾在交通部挂职为官，寄情诗词书画，参加多个诗社和

① 冒佳骐 :《冒鹤亭与郑孝胥的交游》，https://view.inews.qq.com/a/20210219A04XQ900，（2022-11-10检索）。

绘画团体，为中国早期美术教育、美育教育的先行者。

1918 年，贺良朴先后担任北京大学画法研究会、北京美术学校（后改名北京美术专门学校、国立艺术专门学校，为中央美术学院前身）、武昌艺术专门学校（湖北美术学院前身）等院校中国画教授，亦参加宣南画社、中国画学研究会、湖社画会等民间书画团体，门人弟子众多。著有《五洲三十年战史》、传奇剧《叹老》和《海侨春传奇》，其他作品收入《篑庐全集》，包括《南荃诗钞》十卷、《南荃词钞》一卷、《南荃正学》二卷。著作收入《贺良朴集》，入选湖北省重大文化工程“荆楚文库”丛书，于 2021 年 12 月出版发行。

第三版

賀履之玉照

賀履之、名良樸、湖北蒲圻人、工山水、兼長花鳥、北京書壇之耆宿也、中國畫學研究會成立之始、即任評議、九年於茲矣、

图3　1928年2月11日《艺林旬刊》第5期贺良朴旧照及介绍

图4　1920年中国画学研究会成立时期合影（前排左4：贺良朴）

从冒广生与贺良朴的经历不难看出，两人各有专长，贺良朴（下文简称“贺”）以绘画、美育闻名，冒广生（下文简称“冒”）以学术、词章传世。他们同为酉年生人（贺年长冒一轮），又有许多相似的人生经历：官宦子弟、科举出身、中枢为官、遭逢巨变（清朝覆灭）、入仕北洋、教书育人等等。

两人都是自幼受抚养于宗亲家族。冒6岁丧父，随母居伯祖、外祖家，学问多受益于外祖父周星诒；贺9岁随堂伯父赴京，学养得自于堂伯父贺寿慈。这也造就了两人一些共同的性格特点：平和散淡、与人友善、乐于助人，使得他们人缘好，善融入。贺几乎是京城一切画会、诗社皆有加入，而冒也是交游广泛，朋好如云。

两人都是科举出身的文人士大夫，冒为举人，贺为拔贡。都深怀改革图强、以天下为己任、忧国忧民之心，冒参与公车上书，参加“保国会”，贺诗赠梁启超，拜会孙中山，参加同盟会；都曾在前清为官，冒为农工商部郎中，贺为邮传部郎中；亦都曾短暂入仕民国，冒曾监督海关，贺亦挂名交通部；后又都曾以其所长在高校从事教育工作，冒教授词曲，贺教授中国画。

更巧合的是他们都有两位夫人，冒有黄夫人和侧室张夫人，贺有张夫人和继室施夫人。也都子女众多，冒有5子6女，贺有7子5女。

在清末民初北京蓬勃发展的文人雅集、诗社交往中，两人开始有所交游，经多方挖掘搜集资料，将两人的交往及诗词唱和按时间顺序整理如下。獭祭列陈，聊以纪事，纪念先贤，广宣流布。也敬请各位方家补充、指正。

第一，1914年，贺良朴、冒广生二人同登寒山诗社社友通讯录（图5、6），他们的诗钟作品刊登于《寒山社诗钟选》。是年，冒已出京，在温州任瓯海关监督，贺在北京。

第二，1927年丁卯冬，贺良朴为伯渔作山水扇面《看山图》（图7），背面为冒广生行书自作诗。从题款称呼上看，伯渔应是贺、冒二人的世交友人。从冒诗内容上看，此公应该与冒一起参加过“裂帛湖”的集会。查资料知，卓孝复[①]与卓定谋父子曾于1924年底在玉泉山麓裂帛湖畔建别业“自青榭”，并于1925年广邀文人名士于此处唱和雅集，留有《自青榭酬唱集》（原书藏国家图书馆古籍馆），而诗中“煮茗题诗已二年”，正与此扇面的创作时间1927年暗合。翻检参加该雅集的文人雅士，大胆推测此“伯渔”先生可能是卓孝复的长子卓宝谋。卓孝复的次子名定谋，字君庸，三子名宏谋，字本愚，且“伯”为长，“渔”指代“愚”。但因卓宝谋资料太少，仍需进一步佐证。

第三，1928年，贺良朴三女贺翘华与冒广生三儿冒效鲁相识定亲，可谓郎才女貌，

① 卓孝复（1855—1930），字芝南，号巴园老人，福州人，光绪翰林，久客京师，能诗，晚年始学画，其山水画似林纾。

金玉良缘。冒效鲁回忆说：“1927 年谢国栋结婚，我现在的老伴刚好当女傧相，我爱人当时才 15 岁，可是个子长得像大人，又听说她跟爸爸学画。我一脑子‘才子佳人’，认为这是‘天作良缘’。我 19 岁（1928 年）寒假回如皋看我父母，就提起这门亲事。我父也没什么意见，因为贺寿慈清同光之际当过工部尚书算是名门大族。我父同贺老也是诗会应酬场中见过。”[①] 二人在各家都是继承家学，引以为傲的子女。贺翘华自幼随父习画，张大千赞其“将门虎女”。冒也欣慰三儿冒效鲁能传承其诗文衣钵，曾作诗一首示景璠，赞曰：“我有五男儿，璠也得吾笔。”

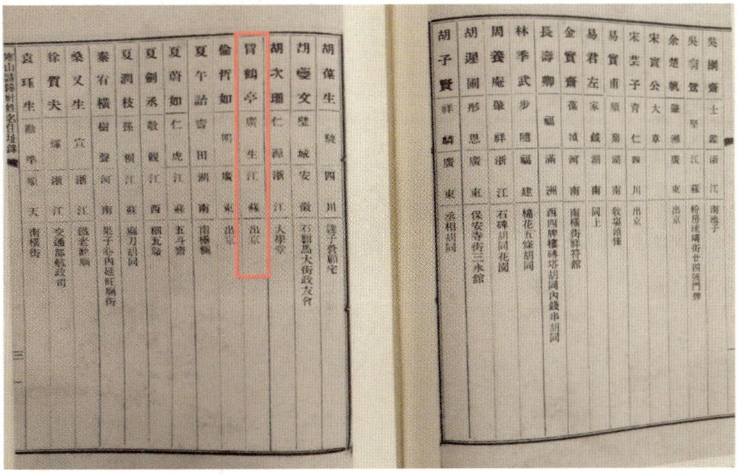

（a）

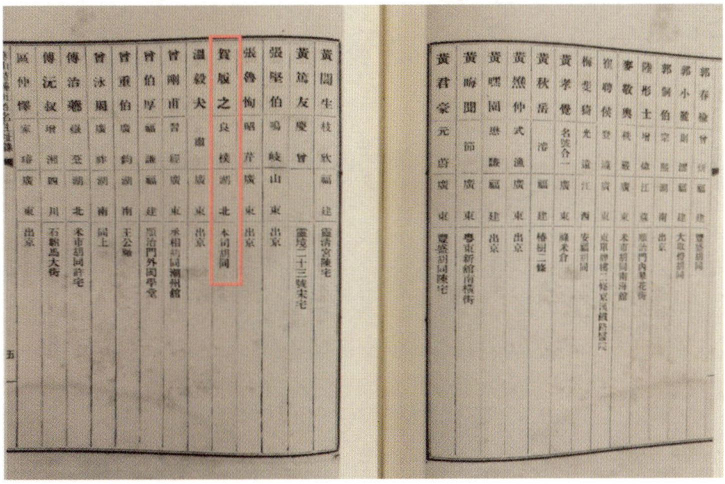

（b）

图5　1914年寒山诗社诗友住址录（原书藏国家图书馆古籍馆）

① 冒效鲁著、译，冒怀科、李新梅整理：《屠格涅夫论　漫话雄狮——托尔斯泰　浅谈屠格涅夫　叔子诗选与知非杂记》，复旦大学出版社，2019年，116页。

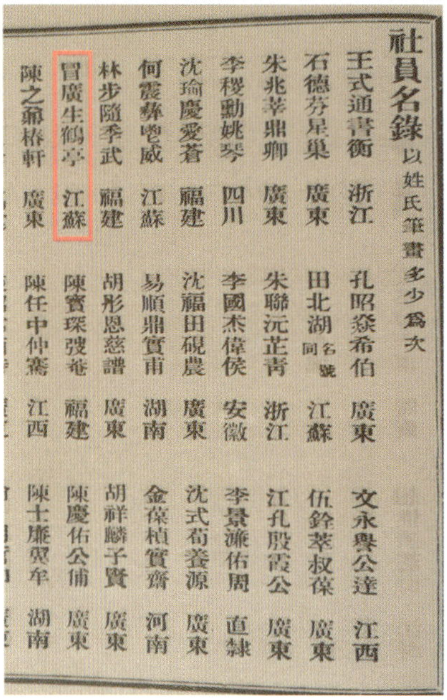
社員名錄 以姓氏筆畫多少爲次
王式通書衡 浙江 孔昭猱希伯 廣東 文永譽公達 江西
石德芬星巢 廣東 田北湖同名號 江蘇 伍銓萃叔葆 廣東
朱兆莘鼎卿 廣東 朱聯沅芷青 浙江 江孔殷霞公 廣東
李稷勳姚琴 四川 李國杰偉侯 安徽 李景濂佑周 直隸
沈瑜慶愛蒼 福建 沈福田硯農 廣東 沈式荀養源 廣東
何震彝鬯威 江蘇 易順鼎實甫 湖南 金葆楨實齋 河南
林步隨季武 福建 胡彤恩慈譜 廣東 胡祥麟子賢 廣東
冒廣生鶴亭 江蘇 陳寶琛弢菴 福建 陳慶佑公甫 廣東
陳之鄘椿軒 廣東 陳任中仲騫 江西 陳士廉貫牟 湖南

（a）

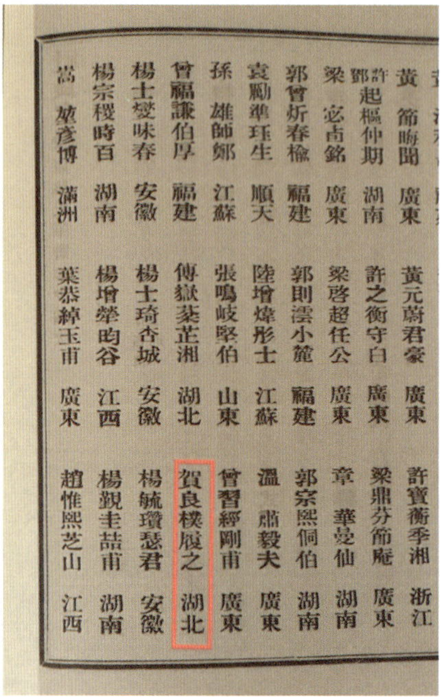
黃節晦聞 廣東 黃元蔚君豪 廣東 許寶蘅季湘 浙江
許鄧起樞仲期 湖南 許之衡守白 廣東 梁鼎芬節庵 廣東
梁宓古銘 廣東 梁啓超任公 廣東 章華曼仙 湖南
郭曾炘春榆 福建 郭則澐小麓 福建 郭宗熙侗伯 湖南
袁勵準珏生 順天 陸增煒彤士 江蘇 溫肅毅夫 廣東
孫雄師鄭 江蘇 張鳴岐堅伯 山東 曾習經剛甫 廣東
曾福謙伯厚 福建 傅嶽棻芷湘 湖北 賀良樸履之 湖北
楊士燮味春 安徽 楊士琦杏城 安徽 楊毓瓚瑟君 安徽
楊宗稷時百 湖南 楊增犖昀谷 江西 楊覲圭喆甫 湖南
嵩雄彥博 滿洲 葉恭綽玉甫 廣東 趙惟熙芝山 江西

（b）

图6 寒山诗社社友名录（原书藏国家图书馆古籍馆）

第四，1929年1月25日（戊辰腊月十五日），冒广生招邀陈宝琛、樊增祥、贺良朴夜饮，樊首先成诗，冒作《腊月十五日雪中招弢庵樊山诸公夜宴次樊山韵》（冒诗缺），贺作《鹤亭招饮樊山赋诗十首索和步原韵》[①]:

鹤亭招饮于城南酒楼，因往枣花寺看牡丹，同游者樊山、诒书、伯聚、立之，诸君到寺后，樊山与我辈相左，遂先归赋诗十首索和步原韵

寻常花事不关情，欣见禅房灿瑞英。
啼鸟一声春烂熳，翠帏深护晓妆成。

其二

柳丝摇曳永丰坊，野鹿衔花事可伤。

图7 1927年贺良朴、冒广生合作扇面[②]

① 贺良朴著，罗建斌、贺伟国、贺怡兰编校：《贺良朴集》，湖北教育出版社，2021年，第274页。

② 释文1：“伯渔世兄雅属并正，丁卯冬，履之良朴。”释文2：“野鹤孤云一味闲，又从郭外看西山。春移冶叶倡条际，人到琼楼玉宇间。风寒鸟声皆自得，日斜马背不知还。难忘裂帛湖边路，煮茗题诗已二年。伯渔世仁兄属，冒广生。”

倾国每添亡国恨，佳人第一忆昭阳。

其三

殡宫凄冷厝千棺，雨泣棠梨不计年。

锦绣千堆偏艳汝，本来富贵即神仙。

其四

黄紫争妍绿更佳，云鬟低蝉一枝斜。

稷坛花朵夸千万，别有幽芳擅枣花。

其五

风雨连番色未衰，好花都为老人开。

看花有约偏相左，错认高轩竟不来。

其六

蓬松短鬓逐东风，人面如花可意红。

如此韶华谁是主，含香含态夕阳中。

其七

藤萝密荫护诸天，古碣斓斑没藓钱。

零落丁香无一树，王朱手植话当年。

注：寺西院旧有王阮亭、朱竹垞手植丁香，今无存者。

其八

前途宝鉴卜银绯，揖客头陀腰十围。

世故已深言语淡，贫僧惟有卧云衣。

其九

访古诗人往复回，苦寻八咏愿犹违。

青松红杏摩挲久，日暮钟催尚不归。

注：1.鹤亭、伯褧遍搜寺中古迹，为枣花寺八咏。2.寺藏有《青松红杏图》，自清康熙以来，名人题咏甚多。（枣花寺即崇效寺，《青松红杏图》有多人题咏。——编者注）

其十

乱时偏作苦中娱，归去微吟意自孤。

听到鹃啼花事尽，醍醐觅醉品牛酥。

第五，1929年戊辰腊月十五日宴集后，贺良朴出示其1923年所绘山水长卷《江山秋霁图》，邀冒广生题诗，冒于1929年3月复命。

该诗后以《题贺篑公江山秋霁图长卷》为题刊登于中国画学研究会刊物《艺林月刊》1930年10月第10期。

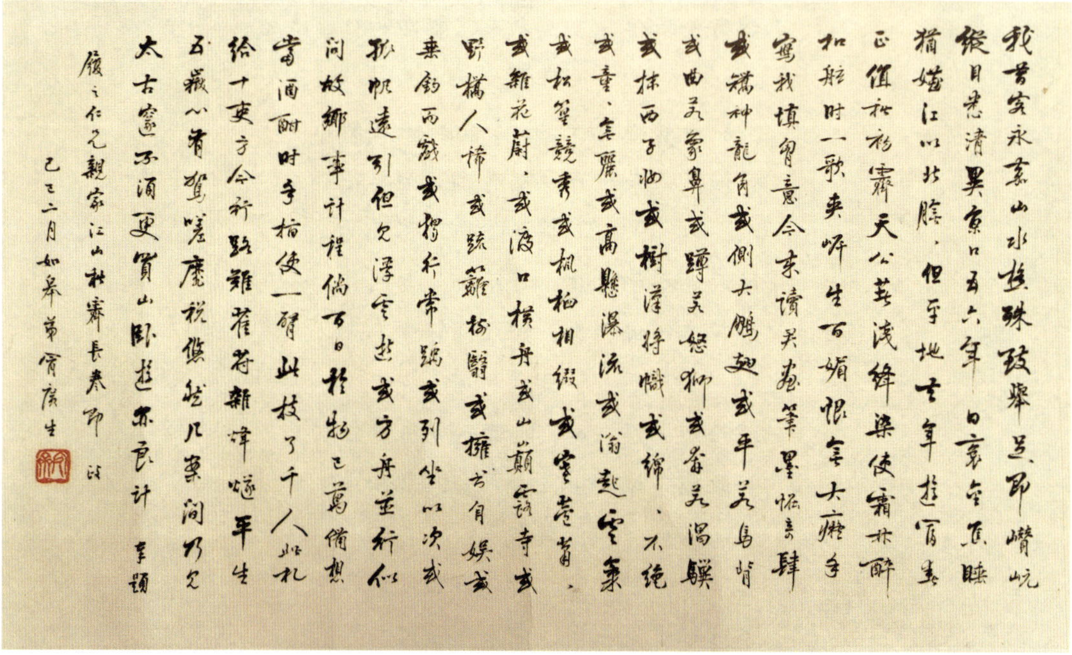

图8 冒广生为贺良朴绘《江山秋霁图》题跋[①]

第六，1929年4月12日，农历三月三日王式通（字书衡）、冒广生、徐鼐霖（字敬宜）、李宣倜（字释戡）、赵椿年（字剑秋）诸君招集于中央公园（现中山公园）水榭修禊，以杜少陵《丽人行》分韵赋诗。贺得“绎”字赋诗一首（有书法手稿，但部分遗失。图9）。冒以未得诗料，没有作诗。贺诗如下[②]：

① 释文：“我昔客永嘉，山水极殊致。举足即巑岏，纵目悉清异。京口五六年，日抱金焦睡。犹嫌江以北，膴膴但平地。去年游富春，正值秋初霁。天公著浅绛，染使霜林醉。扣舷时一歌，夹岸生百媚。恨无大痴手，写我填胸意。今来读君画，笔墨怪奇肆。或矫神龙角，或侧大鹏翅。或平若马背，或曲若象鼻。或蹲若怒狮，或奔若渴骥。或抹西子妆，或树汉将帜。或绵绵不绝，或童童无丽。或高悬瀑流，或滃起云气。或松篁竞秀，或枫柏相缀。或寒庐萧萧，或杂花蔚蔚。或渡口横舟，或山巅露寺。或野桥人稀，或疏篱树翳。或拥书自娱，或垂钓而戏。或独行常踽，或列坐以次。或孤帆远引，但见浮云逝。或方舟并行，似问故乡事。计程倘百日，于物已万备。想当酒酣时，手指使一臂。此技了千人，此札给十吏。方今行路难，萑苻杂烽燧。平生五岳心，有驾嗟靡税。悠然几案间，乃见太古邃。不须更买山，卧游亦良计。奉题履之仁兄亲家江山秋霁长卷即政。己巳二月，如皋弟冒广生。”

② 贺良朴著，罗建斌、贺伟国、贺怡兰编校：《贺良朴集》，第273页。

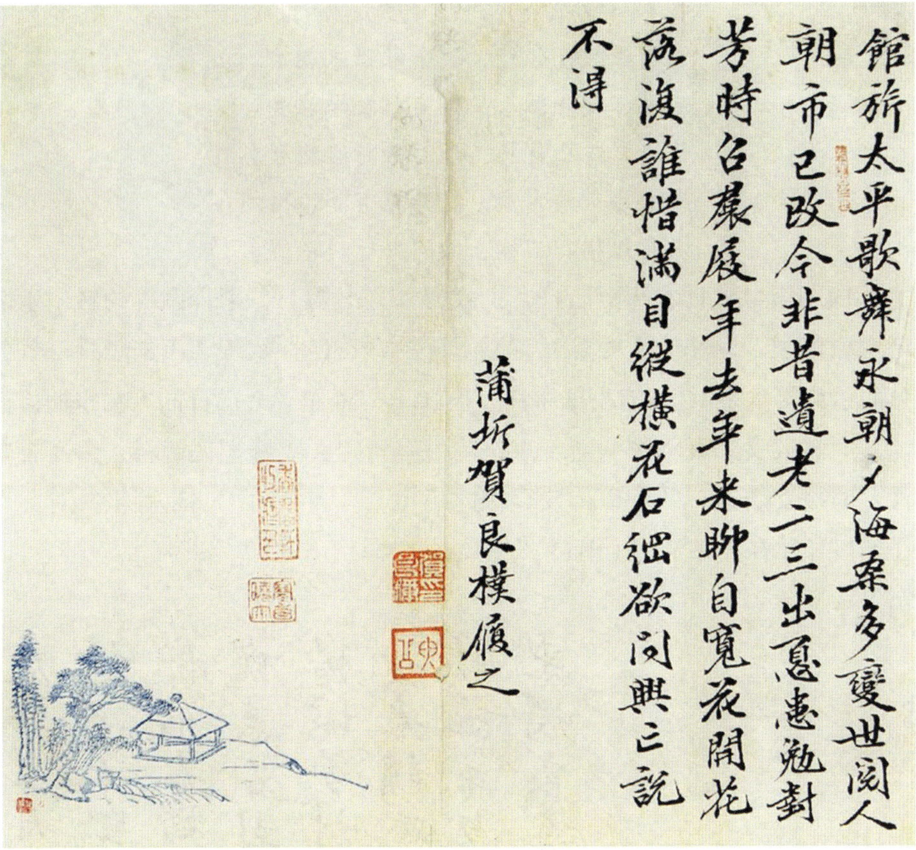

图9　贺良朴诗稿手迹（部分）

三月三日王书衡冒鹤亭徐敬宜李释戡赵剑秋诸君招公园水榭修禊以杜少陵丽人行分韵赋诗得绎字

贺良朴

狂飙呼空走沙石，长安道上少人迹。
驱车仍访名园春，祓除未忍负佳节。
年年此会集胜侣，到门冠盖正络绎。
长廊傍岭接遥青，曲榭临流俯澄碧。
一堂畅叙怀抱开，斗韵飞觞忘主客。
时有惊涛撼户牖，失箸相顾悄无色。
起视天外天为昏，遍地飞花已狼藉。
海棠半折丁香含，未共桃李斗红白。
不然灿灿千万枝，同尔披猖付一瞥。
此荣彼悴理亦宜，莫以暴威怨风伯。

洛水华林忆全盛，侍宴赓和颂于赫。
北宫箫鼓南馆旗，太平歌舞永朝夕。
海桑多变世阅人，朝市已改今非昔。
遗老二三出忧患，勉对芳时召裙屐。
年去年来聊自宽，花开花落复谁惜。
满目纵横花石纲，欲问兴亡说不得。

第七，1930年4月1日农历上巳日，王式通（字书衡）、李释戡等约冒广生诸君于中央公园水榭修禊，以沈休文三月三诗抓阄分韵，贺良朴赋诗《庚午三月三日公园水榭修禊分韵赋诗得水字》[①]（有书法手稿。图10），冒作《上巳日同人约水榭修禊分得流字》，其时冒五女景瑗刚刚病逝于京，诗中有句"去年修禊无诗料，今岁看花有泪眸（自注：时瑗女新逝）"（冒诗仅寻得此两句）。当年的《北京画报》对此次雅集进行了详细报导并有合影照片（图11、12）。

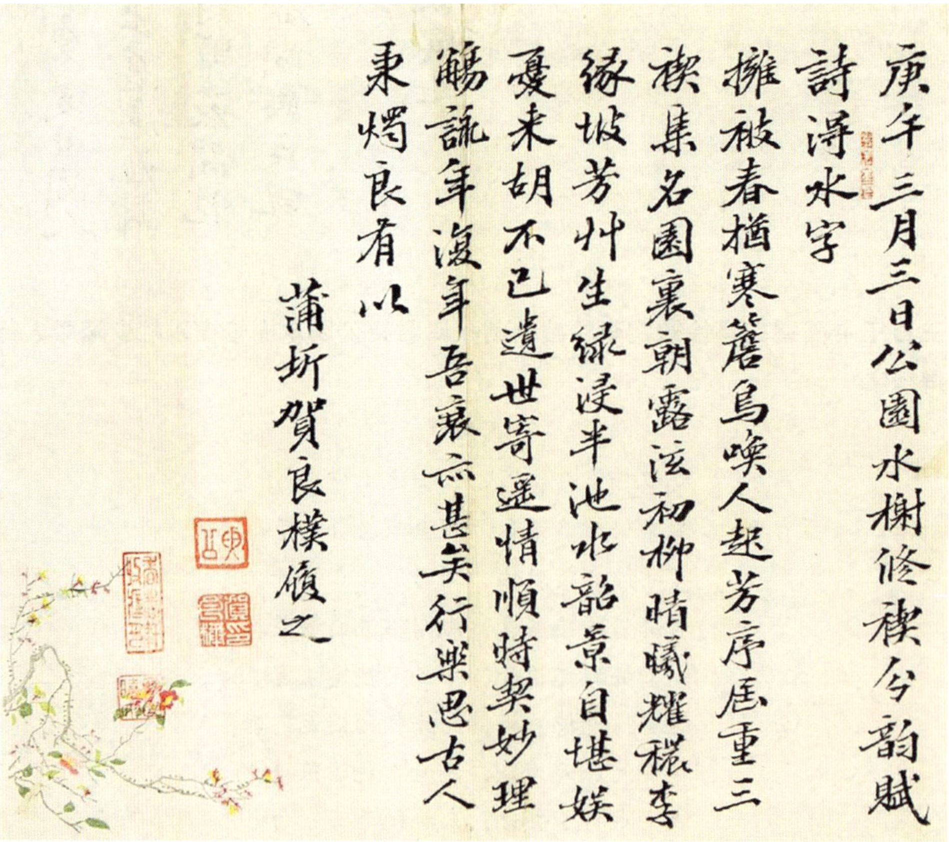
庚午三月三日公園水榭修禊分韻賦
詩得水字
攤被春猶寒簷鳥喚人起芳序届重三
禊集名園裏朝露泫初柳晴曦耀穠李
緣坡芳艸生綠浸半池水韶景自堪娛
憂來胡不已遺世寄遐情順時契妙理
觴詠年復年吾衰亦甚矣行樂邑古人
秉燭良有以
蒲圻賀良樸傾之

图10　贺良朴诗稿手迹

① 贺良朴著，罗建斌、贺伟国、贺怡兰编校：《贺良朴集》，第278页。

图11　1930年4月26日《北京画报》刊登阿迦居士（即李释戡）赠刊的水榭修禊雅集合影（前排左10为贺良朴，因图片模糊，冒鹤亭不便辨认）

水榭褉集小記

芸子

百卉生時多雨露

萬峯高處起煙雲

图12　1930年4月12日《北京画报》刊登傅芸子撰写的当年《水榭修禊小记》[①]

庚午三月三日公园水榭修禊分韵赋诗得水字

贺良朴

拥被春犹寒，檐鸟唤人起。

芳序届重三，禊集名园里。

朝露泫初柳，晴曦耀秾李。

① 召集人为：王书衡（式通）、李释戡（宣倜）、黄秋岳（浚）、曹缨蘅（经沅）、吴镜芙、赵剑秋（椿年）、陈公睦、徐敬一、江翊云（庸）和卓君庸10人，在平名流80余人出席，先后至者：邵伯䌹（章）、周养庵（肇祥）、章曼仙（华）、孙师郑（雄）、冒鹤亭（广生）、尹石公、江叔海（翰）、贺履之（良朴）、傅沅叔（增湘）、寿石工（玺）、汤定之（涤）、溥心畬、高阆仙（步瀛）、关颖人（赓麟）、柯凤荪（劭忞）父子等；或远在津辽，或以事牵未到者：樊樊山（增祥）、陈弢庵（宝琛）、郑苏堪（孝胥）、袁寒云（克文）、朱艾卿（益藩）、杨味云（寿枏）、宗子威（威）、姚茫父（华）。二时许餐毕，合摄一影。

缘坡芳草生，绿浸半池水。
韶景自堪娱，忧来胡不已。
遗世寄遥情，顺时契妙理。
觞咏年复年，吾衰亦甚矣。
行乐思古人，秉烛良有以。

第八，1930年5月1日，溥儒（字心畬）、溥僡（字叔明）兄弟约同人集萃锦园（现恭王府花园内）作展上巳修禊，贺良朴作和溥儒诗一首及和叔明诗一首[①]，亲家翁冒广生亦在座和诗《展上巳日集萃锦园赋赠心畬叔明兄弟》和《再和叔明韵》（冒诗缺）。后冒请溥心畬为其绘《写经图》，此为冒十二卷写经图之第四图。

萃锦园作展上巳和溥心畬王孙

贺良朴

举目春无奈，河山历劫残。
禊觞延上巳，棋局感长安。
地胜招朋易，年衰入世难。
座中几遗老，薇蕨劝加餐。
市远风光静，林深日影迟。
琼筵花入座，金谷酒催诗。
丧乱春犹在，登临老不辞。
繁华称萃锦，回首太平时。

和叔明王孙

贺良朴

名邸留余荫，王孙负俊才。
高轩俯岩岫，游屐带莓苔。
遁世馨华秘，向人怀抱开。
萋萋芳草遍，三径许频来。

另据溥心畬拜门弟子林熙回忆："从1927年到1937年这11年中，萃锦园的宾客甚盛，来访者都是当代的诗人、书画家，偶尔也有慕名而来的外国人，来的最勤的有李宣倜、曹经沅、樊增祥、冒广生、贺良朴、瞿宣颖、杨宗义、周学渊、黄浚等人，陈宝琛、陈三立、林开謩、傅增湘、袁励准等，遇有佳期才到。"[②]

第九，1930年7月19日，农历六月二十四日，荷花生日，陈弢庵将返天津，冒鹤

① 贺良朴著，罗建斌、贺伟国、贺怡兰编校：《贺良朴集》，第280页。
② "文藏书画"，《返回恭王府，末代王孙溥儒靠画笔，为一家人谋得生计》，https://baijiahao.baidu.com/s?id=1642922244323162910&wfr=spider&for=pc（2022-11-10检索）。

亭为之挽留，作荷花生日招饮，赋诗《荷花生日觞客于十刹海酒楼到者二十五人赋呈诸公》[①]，贺良朴作陪并作《冒鹤亭招饮十刹海酒楼作荷花生日》[②]。陈弢庵作《鹤亭招饮十刹海作荷花生日有诗次和》[③]。同坐者还有樊樊山、柯凤荪、王晋卿，与陈四人皆年逾八十，堪称耄耋之会，阵容豪华。

荷花生日觞客于十刹海酒楼到者二十五人赋呈诸公

冒广生

十刹金台靡孑遗，金陵十庙亦无基。
遥怜玄武湖边路，可有荷花生日诗。
望里水风环佩拟，劫余佣保姓名知。
西涯岂必干人事，坐觉心头有盛衰。

冒鹤亭招饮十刹海酒楼作荷花生日

贺良朴

炎炎赤日行中天，驱车何处心烦煎。
杨柳万株环一海，翻空翠盖何田田。
故都风物久闹弃，到此别是清凉地。
沿堤楼阁俯层波，招邀裙屐翩然至。
主人好事足风流，好景尽付奚囊收。
一春花事恣吟赏，荷花今又祝千秋。

鹤亭招饮十刹海作荷花生日有诗次和

陈宝琛

为莲作主替延宾，等是京华旅食身。
花叶近年无此盛，咏觞我辈不辞频。
湖楼酒坐怀贤相，风笛邻家感故人。
吾道故应有消长，底须问卜向严遵。

第十，1930年8月（农历闰六月），贺良朴为亲家冒广生绘《写经图》手卷（图13），绢本设色，樊樊山题真书引首，是为冒《写经图》十二图之第六图。贺题画曰：“图中写经者鹤亭京卿亲家，焚香者其妹吴夫人福建盐运使仁和吴用威妻也。”冒题跋：“庚午六月妹凤自上海寄小像来，时病后蕉萃乃至不堪，念吾两人失母几年，各垂垂老矣，因凄然泣下。属亲家翁蒲圻贺履之兄画写经第六图，而画吾兄妹于图中，盖人寿有涯而图可长在世上，庶吾子孙异日思吾并思吾妹时也。中元后二日，如皋冒广生

① 冒怀苏编著：《冒鹤亭先生年谱》，学林出版社，1998年，286页。
② 贺良朴著，罗建斌、贺伟国、贺怡兰编校：《贺良朴集》，第561页。
③ “古诗文网”，https://so.gushiwen.cn/shiwenv_1ae559ff9f65.aspx（2022-11-10检索）。

记，时寓北平之东厂胡同。”并作《自题〈写经图〉第六图（贺履之画图中写经者广生，焚香者广生妹也）》（冒诗缺）。

图13　贺良朴为冒广生绘《写经图》

第十一，1930年10月22日（农历九月初一），是贺良朴70岁生日。贺为人和善，友朋众多，每逢生日，辄摆宴庆祝，与友同乐，热闹非凡。余绍宋曾在1922年日记中记其62岁生日会盛况：“夜到贺履之处，始知系其生日宴，客甚多，并有唱曲杂耍等助兴，坐至九时始归。”[①] 贺70岁大寿亦是盛会，连《湖社月刊》都在其《画界无线电》中专门报道其盛：“贺履之七十初度，北平画界多作画介寿。”[②]（图14）冒广生为贺作诗4首祝寿。

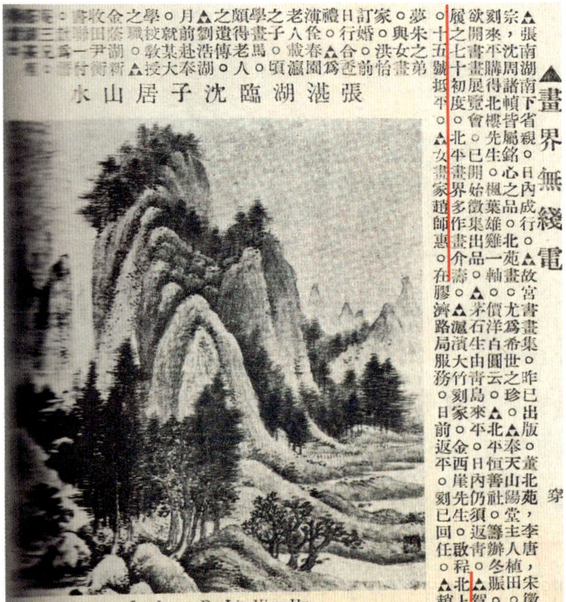

图14　1930年《湖社月刊》第36期《画界无线电》报道贺良朴生日

① 余绍宋：《余绍宋日记》（一），中华书局，2012年，324页。
② 《画界无线电》，《湖社月刊》1930年第36期。

贺履之亲家七十生日诗以祝之

冒广生

无何犀首饮，多酌次公狂。酒德惟公圣，汪汪不可量。
壶中绵日月，枕上见羲皇，亦有从心欲，相随三万场。

其二

鉴赏精难匹，丹青老自娱。声名文待诏，门第董尚书。
丘壑胸无尽，松筠节有余。兴来濡大笔，写作喜神图。

其三

城西安小筑，晚岁署天随。花木精神发，琴书位置宜。
三秋宋玉宅，四海刁家池。一室容高卧，悬车且待时。

其四

有妇偕鸿案，诸郎蔚凤毛。华堂开戏彩，佳节近题糕。
宾从如云盛，笙歌达旦豪。深惭豚犬子，得婿左思娇。

第十二，1930年10月30日，冒广生、曹经沅（字纕蘅）、瞿兑之诸君招集陶然亭登高雅集，因雨雪未成行，当晚诗友于城南酒肆雅集，贺因他约未赴约，但仍分韵赋诗得酒字。冒作诗《拟往陶然亭登高雨雪不果晚同剑秋纕蘅招客饮城南酒肆分得九字》（冒诗缺）。

九月九日冒鹤亭曹纕蘅诸君招集江亭为大风雨所阻晚集城南酒肆余因他约未赴分韵赋诗得酒字[①]

贺良朴

天生刘伶以酒名，赋诗分韵亦得酒。
酒中幕席天地宽，眼花落井吾何有？
故都景物堪追寻，顺阳应节逢重九。
冒侯好事足风流，禊集江亭招胜友。
急风吹雨从天来，落叶萧萧振林薮。
南洼芦荻千万丛，翻风势作奔涛吼。
游人踯躅莫敢前，催租败兴同负负。
怀抱郁塞何由开？城南酒家避客久。
酒家风味擅鱼蔬，茹荚食鲜均悦口。
想见诸君快当筵，高谈雄辩引巨斗。
诗思腾腾不可羁，坐中龙虎半黄耇。

① 贺良朴著，罗建斌、贺伟国、贺怡兰编校：《贺良朴集》，第282页。

我本燕市一酒徒，日日深杯不去手。
道逢荆高击筑歌，相乐相泣恣屠狗。
武员王媪复见招，所愧未从诸君后。
人生动如参与商，年年此会定谁某。
归来拥被且高眠，时听风声撼户牖。

第十三，1931 年 1 月 26 日（阴历腊八），贺良朴三女贺翘华与冒广生三儿冒效鲁在北平报子街聚贤堂成婚（图 15），婚礼由樊增祥主婚并赠联“金鼎声华金马贵，玉台诗画玉人双”。时冒在镇江。

图15　冒效鲁与贺翘华新婚合影（左2：贺良朴；新人后立者：樊增祥）

关于此联姻，冒氏后人冒佳骐在《容安馆札记中的三表妹和九姑娘》中有详细记载[1]：

后来成为明清史专家的谢国桢（字刚主）有个堂兄叫谢国梁。1923 年，谢国梁与冒鹤亭的第六个女儿冒景琮成婚。1927 年，在谢国梁的兄弟谢国栋的婚礼上，冒孝鲁初识时任伴娘的贺翘华，贺是著名画家贺良朴（字履之）的第三个女儿。

当时冒孝鲁正在外交部俄文专修馆学习，冒有个同学叫贺衡北，正好就是贺翘华的四哥。以后就由贺衡北牵线，再经过谢国桢的母亲做媒，1930 年底，时年二十一岁的冒孝鲁与十七岁的贺翘华在北京举办婚礼。

婚礼的伴娘是黄宗英的两个同父异母的姐姐，黄宗英那时才五岁。婚礼的主婚人是著名诗人樊增祥（号樊山），樊经常为贺履之的画题跋。在婚礼上，樊还

① 冒佳骐：《容安馆札记中的三表妹和九姑娘》，《东方早报》2015年3月15日。

送了新人一副喜联。遗憾的是，八十五岁的樊樊山由于在婚礼上多喝了几杯酒，回家后便感风寒，不久病逝。

婚礼一事，冒孝鲁在《叔子诗稿》1972年的一首诗中有记载，其“玉台诗画结缡时，八六樊翁善颂辞”句下有自注：“余于岁庚午腊八结缡北京报子街聚贤堂，今三十三年矣。樊翁主婚并赠联云：金鼎声华金马贵，玉台诗画玉人双。”（笔者按，三十三年当为四十三年之误）

第十四，1932年4月20日（农历三月十五），为冒广生60寿辰，贺良朴作诗1首书以赠之（图16），并绘山水画《林泉佳致》为其介寿（图17）。

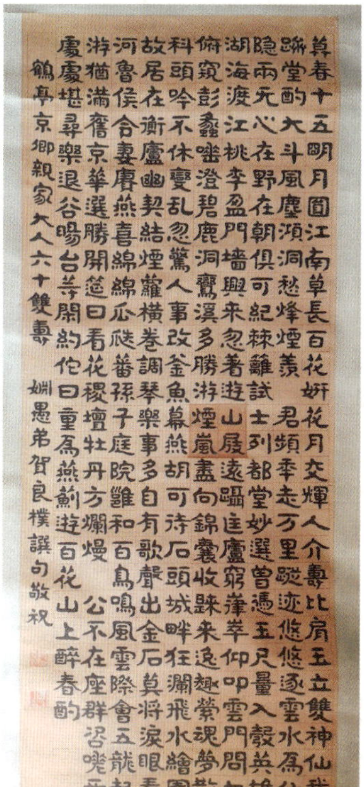

图16　贺良朴为冒广生作祝寿诗①

图17　贺良朴为冒广生绘祝寿画②

① 释文：“莫春十五明月圆，江南草长百花妍。花月交辉人介寿，比肩玉立双神仙。我欲奔堂酌大斗，风尘澒洞愁烽烟。羡君频年走万里，踪迹悠悠逐云水。为仕为隐两无心，在野在朝俱可纪。棘篱试士列都堂，妙选曾凭玉尺量。入彀英雄半湖海，渡江桃李盈门墙。兴来忽著游山屐，远蹑匡庐穷嵂崒。仰叩云门问太清，俯窥彭蠡唾澄碧。鹿洞鸾溪多胜游，烟岚尽向锦囊收。归来逸趣萦魂梦，散发科头吟不休。变乱忽惊人事改，釜鱼幕燕胡可待。石头城畔狂澜飞，水绘园中故居在。衡庐幽契结烟萝，横卷调琴乐事多。自有歌声出金石，莫将泪眼看山河。鲁侯令妻赓燕喜，绵绵瓜瓞蕃孙子。庭院雍和百鸟鸣，风云际会五龙起。交游犹满旧京华，选胜开筵日看花。稷坛牡丹方烂熳，公不在座群咨嗟。西山处处堪寻乐，退谷旸台等闲约。他日重为燕蓟游，百花山上醉春酌。鹤亭京卿亲家大人六十双寿，姻愚弟贺良朴撰句敬祝。”

② 释文：“林泉佳致，壬申春三月写祝鹤亭老兄亲家大人六秩双寿。弟贺良朴履之，时年七十有二。”

第十五，1932年8月，冒效鲁乘意大利邮轮赴香港，冒广生作《送璠儿南行》4首[①]，既表依依不舍之情，又行谆谆教导之义，还为其介绍在广州的友人，舐犊之情溢于诗外。贺良朴作《寄怀孝鲁四首和鹤亭亲家韵》[②]。胡汉民亦有和诗《鹤亭寄子诗有“要须识力定，而以学养滋”句，因广其意三用思韵赠孝鲁》[③]。

送璠儿南行

冒广生

汝去几时归，吾衰难再健。何因为远别，吾贫使汝贱。
还家才廿日，万里行不倦。炎荒风土异，食息汝岂惯。
以吾恋汝心，汝子汝亦恋。欲谋室与偕，力薄苦不办。
中怀数日恶，爱与忍交战。翻促汝早行，暂息吾方寸。

其二

汝性毗于刚，未识世路歧。凡心意所造，不避艰与危。
诲汝以机巧，未免父道亏。要须识力定，而以学养滋。
恒思千金弩，不发鼷鼠机。惧事成好谋，孔言百世师。

其三

青山胡四丈，今之王介甫。一身丛众谤，卓绝耐艰苦。
不因与吾私，亦叹云霄羽。余事为诗歌，沛然乃无御。
汝粗解文笔，初犊不畏虎。前贤喜后生，刮目或称许。
其言固可师，其行尤足取。汝往见自知，吾不为妄语。
努力鞭辕驹，汗流勿内沮。

其四

吾友陈协之，爱才胜爱肉。我往游罗浮，馆我梅花屋。
汝今图南行，譬若禽择木。不耻不己知，所耻徒食粟。
攀援而得官，何异俳优畜。汝观鲲鹏逝，不在变化速。
邺侯有高架，无事可借读。

寄怀孝鲁四首和鹤亭亲家韵

贺良朴

君子贵自强，仰法天行健。席珍初遇聘，夫岂长贫贱。
伟哉汗漫游，累月不言倦。跋涉舟车勤，餐宿风霜惯。

① 冒广生编纂：《潜徽录》，上海古籍出版社，2019年，第1441—1442页。
② 贺良朴著，罗建斌、贺伟国、贺怡兰编校：《贺良朴集》，第291页。
③ 冒广生编纂：《潜徽录》，第1441页。

杀贼作露布，慷慨俱能办。每因陟岵屺，庭闱常眷恋。
境困道渐亨，阴疑阳必战。霖雨须及时，岱云起肤寸。

其二

世路多艰险，歧中又有歧。而翁勉吾子，不惜言之危。
美德莫如刚，太过能无亏？高明赖柔克，庶使道味滋。
惟谦能受益，惟静能烛机。圯桥曾进履，遂为帝者师。

其三

神州今陆沉，竟咎王夷甫。百粤著雄风，应拯苍生苦。
屡盟书歃血，构衅檄驰羽。阋墙祸相寻，外侮谁与御？
之子万里行，食牛气如虎。帷幄倘参筹，或为当道许。
颇闻胡安定，深以道义取。鸡鸣风雨多，剪烛留笑语。
请自郭隗始，不为臧仓沮。

其四

慈父恋佳儿，至情重骨肉。黄浦买舟时，惊涛震瓦屋。
飓风动地来，所过拔林木。儿竟破浪行，渺若沧海粟。
我女滞燕京，俯仰惭事畜。南行未有期，侍奉何由速。
时盼鲤鱼书，开缄欣浣读。

鹤亭寄子诗有“要须识力定，而以学养滋”句，因广其意三用思韵赠孝鲁

胡汉民

物生无静理，流光疾于矢。相因即为病，堆粟太仓里。
词不求独造，世孰振颓靡。与其成而悔，曷若慎诸始。
贤者掉臂去，群儿学语喜。壁垒恍一新，门户叹同倚。
尼山唱群怨，此道固未止。意识勿犹人，怀抱抑奚似。
狂言有听者，得今君乔梓。浮海为搜奇，入穴必得子。
积理既渊渊，泊来斯浾浾。尝闻蒙庄喻，去以九万里。

第十六，1932年10月，贺良朴派其次子仲沤（即贺牧西）持《李龙眠五百应真卷》赴南京，托冒广生代为出售，后未果。此图卷为李公麟用白描法画五百罗汉手卷。后转辗流传至陕西省，日本人于1934年前后欲购一批文物以及此图卷，陕西省银行乃出资2.5万金收购，备日后移存陕西省博物馆，此图卷以7000元购置，幸免流落海外。[①]贺良朴富收藏，曾多次借出其珍贵藏品参加京师书画展览会及其他赈灾展览会，

① 冒怀苏编著：《冒鹤亭先生年谱》，学林出版社，1998年，第325页。有关于贺良朴托冒广生卖画记载，上海人民出版社《郘元冲日记》（下册）第1238页记录郘元冲于1935年4月在西安观看《五百罗汉图》事。

亦曾多次拿出其藏品为学生、弟子授课。《余绍宋日记》中多次记载并叹服其藏品之多、之精。“履之携来黄鹤山樵《溪阁问棋》卷子，甚精。”[①]“上午到贺履之处看画卷十数个，以董文敏、张尔唯、沈石田三卷为最精。另有一卷为王晋卿集四家真迹，四家为萧贲、史琮、杨升、董源，并有东坡、石谷跋语，洵属不可多得。”[②]“昨在履之处借到莫云卿卷，急临之。”[③]“贺宅开画会，到者颇多，不尽为乙卯画社中人也。履之出所藏展玩，最精者为黄鹤山樵直幅，纸本甚精，平生所见叔明画此为第一矣，甚欲借临一过，以为其重宝，不敢启齿。其次为龚半千册子甚精，他如画中九友扇面，沈石田翁随意册页皆极佳。”[④]“到贺履之处见大痴《江干渔父》真迹，至精，全用中锋写成，笔笔圆劲，虽极淡之墨亦有精神，诚属奇观。又杨龙友一幅亦颇精，惜是绢本。查二瞻仿米家山甚精迈，观此乃知世俗学米之非是也。”[⑤]“今日在贺履之处观李龙眠《五百罗汉图》，至精细，的系真品。”[⑥]

1949年5月，陕西省主席兼保安司令董钊携夏圭《溪山无尽图》、李公麟《五百罗汉图》等离西安经汉中、成都至台湾，后陕西同乡会将其寄藏于中国台北历史博物馆。[⑦]

中华人民共和国成立后，《慎园丛集》（图18）中收卢弼（字慎之）《小三吾亭诗词序》一文，述及为冒鹤亭遗著写序经过，其中提到：“忽得钱默存书，鹤亭翁三公子效鲁，谋印贺履之遗著，征稿于余。且言效鲁壮游域外，通百国之宝书，夙承家学，工六朝之韵语，续默深海国之编，补愿船朔方之乘，今日之凤毛也。嗣是效鲁书问往还，诚如默存所云。惟余僻处津沽，不问世事，未由读鹤亭名著，徒深向往。效鲁惠贻尊公诗词，读之愉快，不可言喻。”

卢弼与贺良朴为同乡，亦是诗友，多有诗词之会、赏花之约，应贺良朴之请为《篑庐全集》作序。

从这些贺、冒二人的交往中可见，早期他们虽然同处京城，有许多共同的友人，也一起参加文人雅集，诗词唱和，浸淫艺事，但可能也就是点头之交，直接来往并不多见。自从两家结为姻亲后，他们虽常常身处异地，但交往却更趋频繁：时有文酒之

① 余绍宋：《余绍宋日记》（一），第120页。
② 余绍宋：《余绍宋日记》（一），第120页。
③ 余绍宋：《余绍宋日记》（一），第120页。
④ 余绍宋：《余绍宋日记》（一），第137页。
⑤ 余绍宋：《余绍宋日记》（一），第145页。
⑥ 余绍宋：《余绍宋日记》（一），第184页。
⑦ 罗宏才：《夏圭〈溪山无尽图〉、李公麟〈五百罗汉图〉递传经过及相关问题研究》，《上海大学学报》（社会科学版）2010年第3期。

会、赏花之约；常有书画交流、诗词唱和；更是贺岁祝寿，直至贺良朴生命的最后时刻。诗词书画的共同爱好，儿女亲家的姻亲渊源，性格和阅历又如此相似，对于冒广生而言，贺良朴应该不啻为一位与其投缘、令其尊重的兄长。

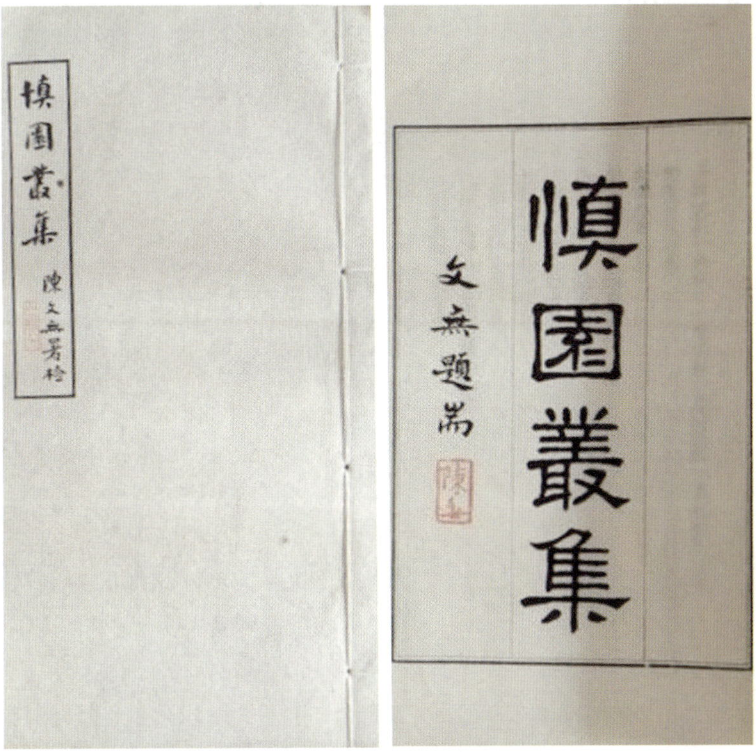

图18 《慎园丛集》书影

因冒公诗词多未及正式刊印出版，搜寻困难，此次多有不能与贺诗一并辑录之处，深感遗憾，只能留待今后补缺。

敦煌遗书

启功藏敦煌隋代写经残卷的故事

□ 柴剑虹 中华书局

2021辛丑秋日，一段名为“启功抖搂隋代老纸”的短视频在网络热传热议，遂引起我的关注。视频中启功先生从一个册子中取出一张写满字的、左面残缺的纸来，双手“抖搂”此纸，说：“这是一个隋代人写的，这张纸，就已经1300年以上，还是很完完整整，还有拉力。这是……隋朝人的墨迹。”我在手机微信上仔细观看了几遍，觉得启功先生所展示的，应该是敦煌莫高窟藏经洞所出的写经残片，是夹在我曾经眼的启功先生一个汇贴敦煌写经残片册子里的，而且颇有些眼熟。于是，我先发微信给启功内侄章景怀先生询问视频来历，得知该视频系20世纪80年代初先生讲授书法时录制，随后我又将此视频转发给浙江大学张涌泉教授。涌泉很快回复：“这正是后来捐给我们浙大古籍所珍藏的敦煌残卷！”于是多年前亲历的故事又在我的脑际浮现……

恩师启功生前曾寻获若干敦煌写卷残片汇贴成册，并非致力“收藏”，也和他参与编撰《敦煌变文集》无关，而是为了研究古代字体流变和书法史。我曾为此习写专文叙述，兹不赘叙。恩师晚年，依然若干回从琉璃厂书肆购得几个敦煌残卷，不但常展示给我欣赏、学习，而且多次叮嘱一定要妥善保存并好好利用这些珍贵资料。他生前即将其中两个尺幅较长、较为完整的敦煌写经捐给了中国印刷博物馆珍藏。这个在网络上展示的“隋人墨迹”，应该就是他在20世纪70年代末或80年代初购得的。

2005年启功先生仙逝后，我们发现先生遗物中有他20世纪50年代中期参与编撰《敦煌变文集》的手稿及信札，经我建议，景怀兄将这些原件无偿捐赠给了国家图书馆善本特藏部。之后，景怀又让我协助整理先生留下的一些敦煌写卷，其中即有这个皱皱巴巴尚未修整的残卷。我想到著名敦煌学专家姜亮夫先生长期统领的浙江大学古籍研究所，作为国内外瞩目的研究敦煌语言文字的重要基地，却没有敦煌写卷实物，考虑到恩师生前嘱托，遂提议将这个残卷捐赠给已由张涌泉教授主持的浙大古籍所，可以促进该所师生的教学与科研，得到景怀兄慷慨允诺。又考虑到残卷破损，捐赠前需要修复为宜；于是先请方广锠兄过眼鉴定系真品无疑，经联系又将此卷送交国图善本部请修复专家整修装裱，我们则照例承担了有关费用。

戊子年（2008）早春某日晚间，在浙大举行了隆重的残卷捐赠仪式。我提前为此拟写的一份简要的说明亦同时呈交：

> 启功先生自上世纪四十年代起，即从研究书法字体的角度搜罗选购流散于民间厂肆之敦煌写经残卷，颇多收获。他生前曾向中国印刷博物馆捐赠敦煌残卷，并嘱我继续关注此事。先生去世后，其内侄章景怀将启功先生收藏的部分敦煌残卷交我整理，其中有破损皱褶难以平展者，遂请方广锠博士过眼后，请国家图书馆善本部细心修复，遂即由我向景怀建议：将其中一卷最长，似为《十王经》抄本者，捐赠浙江大学古籍研究所珍藏，以备教学科研之用，亦是实现启功先生平生之心愿也。此残卷存三十二行，起自“善人”二字，止于“菩萨是”三字，其一至六行及末行残缺，馀皆完整；行十七字，结体精严，楷法规整，为唐人写经中之上品也。柴剑虹识于戊子春二月初六日。

需要说明的是，当时我们并没有看到启功先生“抖搂”此残卷讲解书法的视频，我对该卷抄写年代与内容的说明存在差异。启功先生判断此残卷为隋朝人所抄，应有充分根据。十分奇巧的是，近日蒙涌泉教授告知，他的一位博士生，刚刚将这个残卷与国家图书馆所藏编号为“BD10672”的一个写经残片成功缀合，查出所抄写为《佛说观佛三昧海经》卷二的内容。该经十卷，乃东晋时期佛驮跋陀罗所译。我查梁代僧祐所撰《出三藏记集》，获知佛驮跋陀罗本系北天竺人，“修业精勤，博学群经，多所通达，少以禅律驰名”，曾为西域罽宾国禅师，应释智严之请经行3年入中原，到长安与鸠摩罗什“共论法相，振发玄绪，多有妙旨”，“什每有疑义，必共咨决”。其在庐山、长安领译梵文佛经11部，其中即有《佛说观佛三昧海经》八卷。佛驮跋陀罗译经当在公元4世纪末至5世纪初，僧祐撰《出三藏记集》在公元5世纪晚期至6世纪初，距隋朝不足100年，该经如何从八卷增补成十卷十二品，其中故事，亦可细究也。

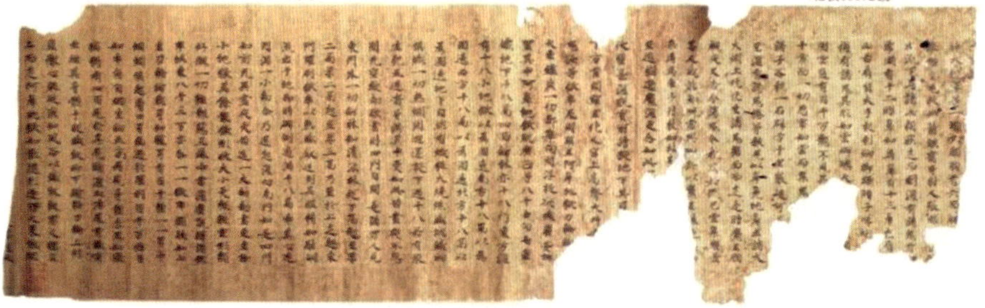

浙大启功旧藏写卷与国图BD10672缀合图

国家图书馆藏敦煌唐写本《尚书》

□ 刘 波 国家图书馆古籍馆

《尚书》汇编了一批上古政治历史资料，也是儒家“五经”之一。经过秦代焚书和秦末战火，汉初由伏生传下来的《尚书》，仅有28篇。此后又有古文《尚书》出土。不幸的是，经过魏晋之际的社会动荡，古本丧失殆尽。东晋元帝时，梅赜向朝廷进献了一部古文《尚书》，有宣称为西汉大儒孔安国所作的传。这个本子囊括了伏生本28篇，但将它们拆分成33篇，又依据先秦古籍中引用的《尚书》零散文句，伪造了25篇，凑成58篇。这个本子虽然不是真正的古文《尚书》，后来却成为《尚书》的通行本，受到世人的尊崇，刻入唐开成石经，也是科举考试的依据，流传很广，影响深远。

现存《尚书》的古本，最早的是东汉熹平石经的残石，可惜残碎太甚，保存的文字不多。其次便是敦煌遗书中留存的《尚书》古写本，它们抄写于唐代，全都是伪孔传本，无一例外。据浙江大学许建平教授统计，敦煌遗书中存有49件《尚书》写本，其中有的是相对比较完整的长卷，有的是很小的残片，有的可以缀合。这些卷子，涉及《尚书》58篇中的34篇，其中首尾完整的有22篇，内容接近全书的一半。它们为现代人了解、研究《尚书》，提供了无比珍贵的资料。它们大多收藏在英法两国的国家图书馆。

中国国家图书馆藏有一件敦煌唐写本《尚书》长卷（编号BD14681，图1）。这个卷子长达367.2厘米，卷首残缺，卷尾完整，有尾题“尚书卷第一”。存有文字162行，包括《尧典》的后半部分及《舜典》全篇。它曾经是收藏家许贞干味青斋的收藏，1955年12月连同许贞干旧藏的其他22件敦煌遗书，由文化部文物局拨交北京图书馆（今中国国家图书馆）。到馆时这个卷子状态不佳，残损严重，卷首部分尤甚。《敦煌劫余录续编》著录：“严重碎损，纸焦脆。”

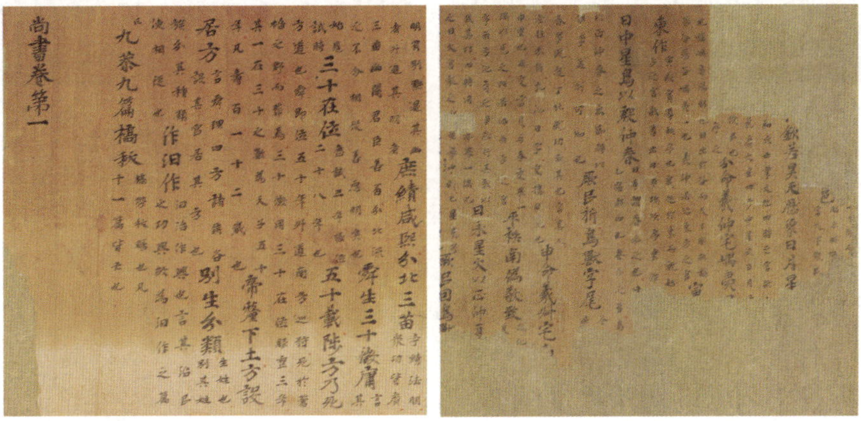

图1 BD14681敦煌唐写本《尚书》

20 世纪 90 年代，国家图书馆开展敦煌遗书的抢救性修复，这件残破不堪的珍贵文献得到妥善保护。据修复这件文献的修复师周春华老师说，修复前的卷子“整体破损程度比较严重，卷端残缺，有许多碎片，卷心多裂缝，整体揉卷在一起，需小心翼翼地展开”。为了复原卷首的碎片，修复师们参考《十三经注疏》，把指甲盖大小揉缩在一起的碎片，根据残存的文字笔道，逐一找准位置，完成拼接复原。

现在，我们还能从卷背密密麻麻的修补痕迹（图2），想象这个写卷修复前的碎裂程度。修复后的《尚书》写卷，提供了更多的文献信息。原收藏者许贞干的《味青斋藏敦煌石室佚卷》记录这个卷子“自‘日中星鸟’起至卷末”，修复后“日中星鸟”四字在第7行。也就是说，修复后的写卷能多识别出卷首的6行文字，它的学术价值也就更突出了。这是古籍修复有助于文献研究的一个显著的例子。

有意思的是，这个写卷第 10—14 行下部残缺的一块，保存在英国国家图书馆，编号为 S.9935。这块残片存 5 行（以正文单行大字计），10 余字。缀合之后，这个写卷能够提供的信息就更多了（图 3）。

图2 BD14681背修复痕迹

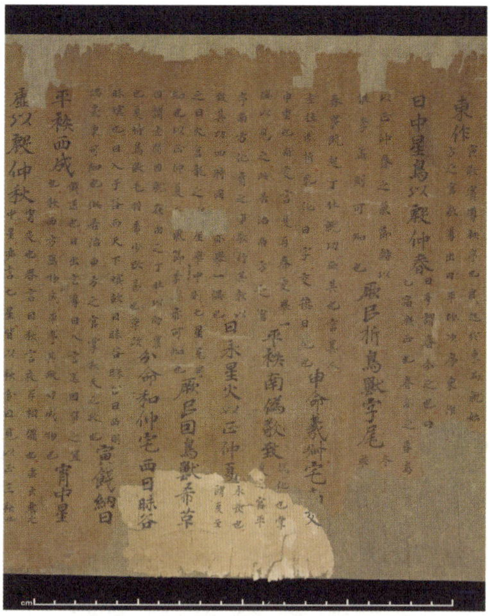

图3 BD14681与 S.9935缀合图

这个写卷中，“世”字缺笔，避唐太宗李世民名讳；“治”字出现 14 次，不缺笔，但有 4 个“治”字改为“理”，虽然它避唐高宗李治名讳不严格，但仍足以说明它的抄写年代当在唐高宗朝之后。学者将它与唐开成石经本、孔颖达《尚书正义》本对勘，发现它们之间存在着很多细微的文字差异。透过这些差异，可以看到隶古定本《尚书》的原貌，纠正传世文本的讹误，纠正历代研究者的误解误说。凡此种种，都可以加深我们对《尚书》之《尧典》《舜典》两篇的理解，以及对《尚书》流传史的认识。

国家图书馆藏敦煌五代版画《大圣文殊师利菩萨像》浅析

□ 于 瑞 国家图书馆古籍馆

国家图书馆藏敦煌五代印本《大圣文殊师利菩萨像》是我国现存早期雕版印刷的实物，主要描绘了文殊师利菩萨坐狮驾云而行、普度众生的故事，具有深厚的历史文化内涵。该类文殊菩萨版画在敦煌藏经洞数量原应不少，但几经劫掠，绝大部分不幸流散，从目前公布的情况看，此类文殊版画在藏经洞发现至少有50余幅，大都流失海外，国内馆藏极为稀少，弥足珍贵。《大圣文殊师利菩萨像》印本由版画与愿文两部分构成，版画为"文殊菩萨骑狮像"，愿文部分为持颂功德文、"文殊五字真言"及"八字陀罗尼"。本文对国家图书馆藏BD13796《大圣文殊师利菩萨像》的图像、文本内容及递藏予以初步探讨，以助学界对该类版画有更为全面的了解。

目前，学界对敦煌版画、文殊信仰、新样文殊的研究较多。观敦煌版画研究，马德《敦煌版画的背景意义》阐述了敦煌版画与敦煌石窟的关系，认为敦煌出土的佛教版画表现了佛教信仰的一种新方式，它与敦煌石窟艺术一脉相承，是敦煌艺术的组成部分之一。[①] 邰惠莉《敦煌版画叙录》收录国内外所藏敦煌藏经洞版画共235件，类型109种，并按编号、名称、说明等项著录，[②] 然笔者所见国家图书馆藏敦煌五代版画《大圣文殊师利菩萨像》并未在文中著录。余义虎《敦煌版画的性质与用途》论证了敦煌版画的佛教属性、用途及其在传播学方面的重要意义。[③] 么乃亮《一张珍贵的五代版画——文殊师利菩萨像》介绍了辽宁省博物馆藏《文殊师利菩萨像》版画的概况。[④] 此外，关于文殊信仰及新样文殊的研究亦有多种，举隅如次。党燕妮《五台山文殊信仰及其在敦煌的流传》依据敦煌文献，结合考古资料及传世文献，对五台山文殊信仰的兴起及其在敦煌的流传情况加以探讨。[⑤] 沙武田《敦煌"新样文殊"画稿研究》主要对P.4049"新样文殊"白描稿进行分析，论证"新样文殊"的基本绘画特征及画稿与壁画、绢画、版画等其他"新样文殊"绘画的关系，并对敦煌"新样文殊"的变

① 马德：《敦煌版画的背景意义》，《敦煌研究》2005年第2期，第1—6页。

② 邰惠莉：《敦煌版画叙录》，《敦煌研究》2005年第2期，第7—18页。

③ 余义虎：《敦煌版画的性质与用途》，《敦煌研究》2005年第2期，第19—25页。

④ 么乃亮：《一张珍贵的五代版画——文殊师利菩萨像》，《中国文物报》2015年12月15日第8版。

⑤ 党燕妮：《五台山文殊信仰及其在敦煌的流传》，《敦煌学辑刊》2004年第1期，第83—91页。

相作了讨论。[①] 葛承雍《从牵狮人、骑狮人到驭狮人——敦煌文殊菩萨“新样”溯源新探》讨论了从武惠妃石椁拂菻画到敦煌画稿的艺术图像脉动，提供了牵狮、骑狮、驭狮的图像源流，并论证中晚唐以后文殊菩萨“新样”的图本改造与外来元素关系密切。[②] 以上研究成果对本文有一定的参考意义。笔者以国家图书馆藏BD13796《大圣文殊师利菩萨像》为中心，简略梳理敦煌版画与雕版印刷之间的关系，以及文殊信仰在敦煌地区的流传情况，初步阐述BD13796《大圣文殊师利菩萨像》图像、文本内容及递藏的大致概况。

一、敦煌版画与雕版印刷

敦煌藏经洞出土文物中有一批雕版印画，称之为“敦煌版画”。其中一件为唐咸通九年（868）印本《金刚经》。[③]其卷首扉画《祇树给孤独园图》是目前发现最早有纪年的佛教雕印版画，这件咸通九年四月十五日施资刊刻的《金刚经》也是我国最早有纪年的雕版印刷品。敦煌藏经洞出土的版画，大部分为10世纪时敦煌本土的作品。10世纪相当于五代宋初，该时期的敦煌由曹氏归义军政权统治。公元914年，沙州长史曹议金（？—935）掌政瓜、沙二州，自称节度兵马留后，后取得归义军节度使地位。自此，敦煌进入曹氏归义军时期。曹元忠（？—974）是曹议金第三子，为五代后晋时期的第4任曹氏归义军节度使，在曹元忠统治时期（944—974），敦煌社会稳定、经济繁荣、文化发达，与周边各民族政权和睦相处，在此背景下，敦煌雕版印刷达到繁盛。

关于敦煌版画的题材和内容，大部分为千佛像、诸佛像、菩萨像、说法图、经变画等。[④]这些内容与佛教信仰在敦煌地区的社会化息息相关。郑振铎曾说过：“（版画）在中国最早是用来刻印佛像、菩萨像等；在西方则用来刻印圣母像、耶苏像。”[⑤]10世纪时，佛教在敦煌已经传播了几百年，尤其是民间佛教信仰活动的盛行，各类佛事活动深入到百姓的日常生活中，敦煌版画作为佛教宣传品之一逐渐流行开来，佛教版画逐渐发达。特别是在曹元忠统治敦煌时期，以雕版技术大量印制佛经，

---

① 沙武田：《敦煌“新样文殊”画稿研究》，载郑炳林主编《敦煌归义军史专题研究四编》，三秦出版社，2009年，第650—669页。

② 葛承雍：《从牵狮人、骑狮人到驭狮人——敦煌文殊菩萨“新样”溯源新探》，《敦煌研究》2022年第5期，第1—10页。

③ 原卷为斯坦因劫去，原编号为SP.002号（“SP.”号指斯坦因原编木刻品号），翟尔斯《英伦博物馆汉文敦煌卷子收藏目录》编为G.8083号。

④ 关于敦煌版画现存品种及数量，参见邰惠莉：《敦煌版画叙录》，《敦煌研究》2005年第2期，第7—18页。

⑤ 郑振铎：《郑振铎艺术考古文集》，文物出版社，1988年，第329页。

同时创建以雕版押衙雷延美为首的雕版印刷机构，印制了一批佛教版画，包括毗沙门天王、观世音菩萨、文殊菩萨等佛像画，在敦煌一带广泛流传。这些佛教版画既有单幅画像，亦有组合画像，其版式也多种多样，有上图下文式、右文左图式、图含文式及文包图式，尤以上图下文和文包图式最多。有学者认为："这些版式的设计，直接影响到了后世雕版印书的版型和版式。"[①]

二、文殊菩萨信仰在敦煌

（一）五台山文殊信仰在敦煌地区的流传

文殊信仰是晚唐五代敦煌地区盛行的佛教民间信仰之一。"文殊"之名始见于东汉支娄迦谶译《道行般若经》卷一。文殊是"文殊师利菩萨"的略称，梵文名为"Mañjuśrī"，音译为"文殊师利""曼殊师利""曼殊室利""满殊尸利"等，意译名为"妙吉祥""妙首""妙德""濡首""妙音"等，其名后常加上"法王子""童子""童真""菩萨"等称号，是中国佛教崇奉的四大菩萨之一，常与普贤菩萨并列在释迦两旁，为释迦牟尼佛之左胁侍菩萨，专司"智慧"。文殊菩萨于密教中又称作"吉祥金刚""般若金刚"等。此外，在密教中，按文殊顶髻的数量，又有一髻文殊、五髻文殊、六髻文殊、八髻文殊等，[②]与其相应的是文殊一字、五字、六字、八字真言等。

北魏定都平城（今属山西大同市）时，佛教传入五台山。天竺高僧佛陀跋陀罗译六十卷本《大方广佛华严经·菩萨住处品》称文殊菩萨住处在东北方清凉山，后附会为五台山，五台山由此传为文殊菩萨道场，成为佛教圣地，并被列为中国四大佛教名山之首。自隋代起，五台山文殊信仰在中原地区逐渐兴盛，地处西陲的敦煌地区也深受影响。敦煌石窟从初唐开始即有专门绘制的文殊经变，以后逐渐增多。据统计，莫高窟有131个洞窟有存，其中以第159窟西壁中唐时期所画文殊变最具代表性。此外，曹元忠及其夫人浔阳翟氏还兴建了专门供奉文殊菩萨的文殊堂（莫高窟61窟），作为礼拜、行道、供养的功德窟，其西壁整壁绘《五台山图》，描绘传说中的文殊菩萨道场。另据学者统计，敦煌遗书中还保存了不少有关五台山的文献，包括《五台山赞》《五台山曲子》《五台山行记》近40件，以及《五台山志》《辞娘赞文》《礼五台山偈》《游五台山赞文》《入山赞》《五台山诗》《往五台山僧人录》等10多件文书，[③]反映了敦煌地区五台山文殊信仰的盛行。

---

① 谢生保、谢静：《敦煌版画对雕版印刷业的影响》，《敦煌研究》2005年第2期，第47页。

② 有一髻文殊、五髻文殊、六髻文殊、八髻文殊等，而以五髻文殊为本体，五髻象征大日如来之五智。

③ 杜斗城：《敦煌五台山文献校录研究》，山西人民出版社，1991年。

（二）敦煌地区“新样文殊”概况

五台山文殊信仰传入敦煌地区后得到普遍的发展，文殊造像也越来越丰富多样化。传统所见的文殊造像通常与普贤菩萨并列出现，控狮者为昆仑奴。到了晚唐五代时期，敦煌地区出现了一种新式文殊造像，即所谓的“新样文殊”，其基本特征是：文殊正身端坐狮身，身放千光，于阗国王驭狮，善财童子参拜。其中，于阗王取代昆仑奴为驭狮者是其最为突出的“新样”特征之一。有学者认为，敦煌归义军时期新样文殊的大量出现或与“文殊变”及文殊骑狮赴会图有关，也与当时敦煌与于阗两地的密切交往不无关系。葛承雍先生认为，“文殊菩萨新样”图像揭示了希腊艺术到佛教艺术、皇家画师到地方画匠、京师长安到州县敦煌逐渐“华化”的传播源流，可证外来元素的加入转变为敦煌地区特有的新样特征。[①]

图1 莫高窟第220窟甬道北壁《大圣文殊师利菩萨像》
（图片来源：《敦煌石窟艺术全集·尊像画卷》）

① 葛承雍：《从牵狮人、骑狮人到驭狮人——敦煌文殊菩萨“新样”溯源新探》，第1—10页。

定名“新样文殊”，主要依据莫高窟220窟相类壁画之题名。1975年10月，敦煌文物研究所对莫高窟220窟的重层甬道进行整体搬迁，使底层完好的壁画全部暴露出来，剥出的壁画中，甬道北壁左右两侧各画一身立菩萨像，分别题作“南无救苦观世音菩萨”“大圣文殊师利菩萨真容”，中间画文殊变一铺，左上方题名“大圣感得于阗，普观受持供养……国王于……时”，画面下方为愿文题记墨书14行。[①]据题记可知，该壁画绘制于五代后唐庄宗同光三年（925），是由敦煌著名天文历学家翟奉达出资所绘。其后，在敦煌又陆续发现多处类似的新样文殊造像组合，沙武田先生认为，该类文殊菩萨版画，画面内容与220窟新样文殊基本完全一致，只是由于版画版面小而省去了文殊顶上之华盖，版画左右两边的题记变为“大圣文殊师利菩萨”和“普劝志心供养受持”，画面下也有一段愿文，此类版画在藏经洞发现至少有50余幅，表明“新样文殊”造像在曹氏归义军时期之流行，见证了“新样文殊”信仰在当时之兴盛。[②]

三、国家图书馆藏敦煌雕版印刷实物

敦煌遗书中的五代印本《大圣文殊师利菩萨像》是我国现存早期雕版印刷的实物，具有深厚的历史文化内涵。

国家图书馆共藏有9件木刻《大圣文殊师利菩萨像》，编号分别为BD11411A、BD12114A、BD12114D、BD12349、BD13791、BD13795、BD13796、BD15280、BD15771。其中BD13796《大圣文殊师利菩萨像》版画即是典型的五代时期新样文殊像中的一种，与莫高窟220窟翟奉达后唐同光三年施绘的新样文殊基本一致，只省去文殊顶上华盖，左右两边题记变为“大圣文殊师利菩萨”及“普劝志心供养受持”，下方镌刻持颂功德文及陀罗尼。该幅版画构图紧凑、笔调简洁、刀法清晰，代表了五代时期的雕版印刷技术水平。

BD13796《大圣文殊师利菩萨像》，原为单页佛教版画，后被藏家装裱成册，共4页，呈3开。每纸纵28.3厘米，横17.3厘米。扉页有罗振玉题签：“唐雕本文殊圣像，壬戌五月抱残文库藏。”[③]下钤正方形阴文朱印一方，印文为“罗振玉印”。遗书右下与装裱纸接缝处钤正方形阳文朱印一方，印文为“北京图书馆藏”。装裱册末有题记两个半叶，全文如下：

① 敦煌文物研究所：《莫高窟第220窟新发现的复壁壁画》，《文物》1978年第12期，第41—46页。

② 沙武田：《敦煌“新样文殊”画稿研究》，第653—655页。

③ 罗振玉题为“唐雕”，误。此件应雕印于曹氏归义军时期（914—1036）。

传世版画，今存确有年代可稽考者，以敦煌所出唐咸通九年王玠造《金刚般若经》引首《枳树给孤独图》为最早。余多曹氏所刊印。若《大圣毗沙门天王》，署开运四年，与《观世音菩萨》，并有匠人雷延美名。知与天福十五年己酉岁雕造《一切如来尊胜佛顶陀罗尼》《金刚般若波罗蜜经》同出一手。此《大圣文殊师利菩萨》及《圣观自在菩萨》《四十八愿阿弥陀佛》《大圣普贤菩萨》，乃至《无量寿陀罗尼轮》《千轮陀罗尼轮》等，从刀法、格式上，可审定属同时，或较晚。《普贤菩萨》有“弟子归义军节度押衙□□芊雕造”题名，文殊以在释迦五部，故不落款，识其匠人，亦雷延美耶？敦煌文物什九为外人捆载以去，此又德化李木斋与其婿何氏串通作弊而中饱者。劫余之劫，大半于壬戌岁为罗雪堂所有，著录于《沙州文录补》。但题为“唐雕”，未免失实。国内所存敦煌版画计南林蒋氏藏《毗沙门天》与《文殊菩萨》（北大图及长乐郑氏均有）二种而已。[①]

一九五一年九月得自子期先生，五二年二月记。

题记后钤有朱印三方，印文分别为“贾敬颜藏西陲图籍”“贾敬颜印”“北京图书馆藏”。根据题签、题记及钤印等信息，可见此卷的大致递藏与流传。1900年，敦煌遗书开始流散，本件《大圣文殊师利菩萨像》在壬戌岁（1922）先为罗振玉购藏，罗题签后，将其与原件重新装裱为册，后经罗福颐之手又归贾敬颜，贾为其撰写题跋一则，最后入藏于北京图书馆（今国家图书馆）。“子期先生”即罗福颐（1905—1981），字子期，70岁后自号偻翁，别号梓溪、紫溪，祖籍浙江上虞。罗振玉第五子。幼承家学，毕生从事金石文字学研究，尤长篆刻治印，生平著述甚丰，有《贞松堂集古遗文》《印谱考》《古玺汉印文字徵》《三代秦汉金文著录表》等。贾敬颜（1924—1990），号伯颜、琰生，河北柬鹿人，民族史学家。曾任中国科学院考古研究所助理员、中央民族学院历史系教授。毕生致力于北方民族史及历史文献学的研究与教学，尤重辽金元史。擅于考证名物、制度，有“杂家”之誉。主要著述有《民族历史文化萃要》、《东北古代民族古代地理丛考》、《契丹国志》（校点本）等。

本件《大圣文殊师利菩萨像》雕印于曹氏归义军时期，卷面略有残破，图像部分线条不甚清晰，下部字迹略有漫漶。卷面四周有双墨栏子母边框，中间用3条细墨线将整幅画面分为上下两栏，上图下文。上图部分，图为文殊师利菩萨骑狮白描画像，文殊菩萨头戴花冠，妙相慈祥，身着天衣，左手置于胸前，右手执如意，正身端坐狮身上莲花高坐，有头光和背光，光焰四射，呈不规则回旋形；所乘之狮四

① 录文括号中文字，原为双行小字夹注。

蹄踏莲花，昂首雄健，立于祥云之上；于阗国王位于右侧，双手执缰牵狮，身着四衫，头戴披风帽，足登高靴，立于祥云上；善财童子位于左侧，垂髻，站立祥云上，屈身合十作揖礼拜文殊。图像两旁为劝持文，题文分别写在镌绘的双边长条状匾联中，右镌“大圣文殊师利菩萨”，左镌“普劝志心供养受持”。图下镌印3道横线为栏，下面镌刻持颂功德文及陀罗尼，凡13行，行6至14字不等，计152字。兹移录如次：

此五台山中文殊师利大圣真仪，变现多般，威灵叵测。久成正觉，不舍大悲。隐法界身，示天人相。与万菩萨住清凉山，摄化有缘，利益弘广。思惟忆念，增长吉祥；礼敬称扬，能满诸愿。普劝四众，供养归依，当来同证菩提妙果。

文殊师利童真菩萨五字心真言：阿上啰跛左曩。

文殊师利大威德法宝藏心陀罗尼：唵引阿味罗吽引佉左。

对此像前，随分供养，冥心一境，专注课持，回施有情，同归常乐。[①]

这则愿文大致可分为两部分，其一为持颂功德文，宣说文殊师利菩萨在五台山道场度化有缘众生，凡思惟、忆念、礼敬、供养、皈依文殊者，皆能满诸愿，同证菩提妙果。其二为《文殊师利童真菩萨五字心真言》与《文殊师利大威德法宝藏心陀罗尼》两则真言。其中，《文殊师利童真菩萨五字心真言》又称“五字文殊法”，唐代不空三藏在《金刚顶超胜三界经说文殊五字真言胜相》经中对“阿啰跛左曩”五字释义为：“阿者是无生义；啰者清净无染、离尘垢义；跛者亦无第一义谛，诸法平等义；左者诸法无有诸行义；曩者诸法无有性相，说言文字皆不可得义。”[②]此五字陀罗尼主要宣扬文殊菩萨智慧解脱之功用。《文殊师利大威德法宝藏心陀罗尼》则为“文殊八字咒”，该陀罗尼出自唐代菩提流支三藏所译的《文殊师利宝藏陀罗尼经》（亦名《文殊师利菩萨八字三昧法》），经曰：“此八字大威德陀罗尼者，乃往过去无量百千亿恒沙诸佛所说。为拥护一切行十善国王，令得如意，寿命长远，福德果报，无比愈胜。诸方兵甲悉皆休息，国土安宁，王之所愿，常得增长。”[③]八字陀罗尼主要宣扬文殊菩萨镇护国家、消灾免难之功能。

---

① 本件与BD13791号、BD13795号为同一文献。录文参考BD13791号，残破处亦依据BD13791号补入。

② 〔唐〕不空译：《金刚顶超胜三界经说文殊五字真言胜相》，载《大正新修大藏经》（第20册），新文丰出版公司，1983年，第709页。

③ 〔唐〕菩提流支译：《文殊师利宝藏陀罗尼经》，载《大正新修大藏经》（第20册），第800页。

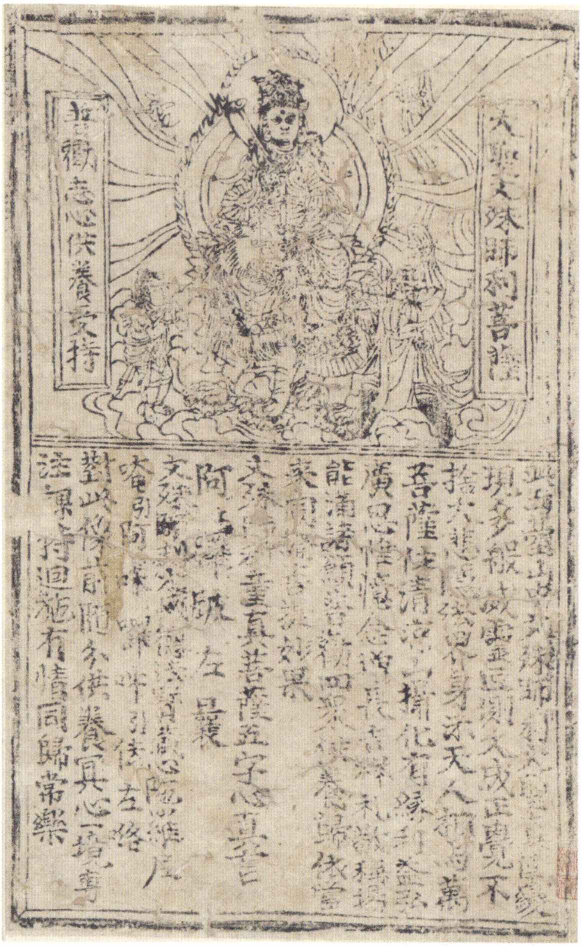

图2 国家图书馆藏 BD13796《大圣文殊师利菩萨像》

四、结 语

国家图书馆藏BD13796《大圣文殊师利菩萨像》印纸质地细密，构图紧凑，笔调简洁，镌刻刀法娴熟，刚劲而不呆板，古朴而不庸俗，代表了五代时期的雕版印刷技术水平。该版画开本较小，方便携带，可随时随地礼拜供养；又因成本低廉，可使普通百姓“供养受持”，因而广泛流传于敦煌地区各层民众当中。由于佛教信仰在敦煌地区的社会化，敦煌版画作为佛教的宣传品之一，亦成为敦煌统治者用以安邦治国的手段。敦煌统治者大量雕刻版画广为散发，一方面满足了广大民众的需求，另一方面主要是祈愿镇护国家、消灾免难，使偏安一隅的敦煌得以延续安定繁荣的局面。

国家图书馆藏敦煌遗书《急就篇》《开蒙要训》

□ 刘　婷　国家图书馆古籍馆

在国家图书馆藏敦煌遗书中，有为数不少的韵书、字书，具有极高的学术价值。笔者选取其中的《急就篇》《开蒙要训》，加以简要论述。

一、《急就篇》

《急就篇》是汉魏两晋南北朝隋唐时期广泛流行的蒙书。《汉书·艺文志》云："急就一篇。元帝时黄门令史游作。"《后汉书·宦者列传》记载："元帝之世，史游为黄门令，勤心纳忠，有所补益。"唐章怀太子注云："《前书》曰：《急就》一篇，元帝黄门令史游作。董巴《舆服志》曰：禁门曰黄闼，中人主之，故曰黄门也。"可知史游是忠心事主的宦官，且应具备较高的文化水准，否则难以写出这部"文词雅奥"的名篇。

今本《急就篇》收录2144字，除去后人补入的128字，仍有2000余字，两倍于《千字文》，内容较为丰赡。据南宋学者王应麟的分类，可分为"姓氏名字""服器百物""文学法理"等三部分，因其涉及汉代社会生活的诸多方面，故有汉代"社会生活的一面明亮的镜子"之称。《急就篇》合辙押韵，易于记诵，句式或以三言，或以四言，或以七言，大抵姓氏名字部分为三言，末尾称颂汉德多四言，其余以七言为主。由于《急就篇》的种种优长，使其秀出群伦，流传广布，避免了散佚的厄运。

据刘伟杰、张传官等学者梳理，现存《急就篇》的版本大致可分为3类，其一为书法碑帖本，其二为校勘注疏本，其三为出土文献本。[1] 国家图书馆藏有 1 件敦煌遗书《急就篇》，前人关注较少，应列入出土文献本之列。此件编号为 BD12278（L2407），长 17.5 厘米，宽 16 厘米，为“山”字形残片（图 1）。正面抄写《急就篇》，存 7 行，行 1 至 8 字不等，注文为双行小字，内容为反切注音。残存文字约略为张传官《急就篇校理》卷三第 16–2 至第 17–2 的部分内容，录文如下：

（前缺）

1. 鞀徒高反。箫鼙步迷反。

2. 歌讴声。

3. 反。庭。侍酒行觞宿昔酲。呈。

4. 令。力成反。

5. 生。膭夫□反。脍王外[反]。炙之夜反。胾側吏反。

6. □

7. 程。

（后缺）

背面为《斋文》，存11行，行1至15字不等。

据统计，在已知的汉文敦煌遗书中，仅有1件《急就篇》，即国家图书馆藏BD12278。虽然敦煌遗书中没有更多材料，但所幸吐鲁番文书中还有一些时代相近的《急就篇》残卷可资对照。

其一为吐鲁番阿斯塔纳337号墓出土高昌延昌八年（568）写《急就章》古注本，注文为双行小字，疏释正文词句，无反切注音。

其二为吐鲁番巴达木203号墓出土白文《急就篇》，无注，据《新获吐鲁番出土文献》著录，抄写时间当在高昌延昌至延寿前后，即南北朝末期至唐初。

其三为德藏吐峪沟出土T II 2024（Ch 407），正面为《大般涅槃经》，背面存“延年”“步昌周”等字，张新朋比定为《急就篇》。

---

① 刘伟杰：《急就篇研究》，山东大学博士论文，2007年，第13—32页；张传官：《急就篇校理》，中华书局，2017年，第7页。

图1 BD12278《急就篇》

其四为张新朋比定出的6片龙谷大学藏大谷文书中的《急就篇》残片，分别为大谷3562号、大谷3723号、大谷3939号、大谷10452号、大谷10541号、大谷10568号，均为白文《急就篇》，此6片或原为同一写卷。[①]大谷3939号内容与BD12278有重合之处。大谷3939号存3行，《大谷文书集成II》录文为“‘□琴□’，‘□鼓鸣□’，‘□视伎□”。张新朋认为“‘视’，乃‘观’字之误补”。笔者检核图版，“视”字仅存右半，“见”及左半残笔画，依字形，释作“视”字则稍有未当，释为“观”较为合理。张新朋所言甚是。“伎”字则久有异文，诸本或作“倚”，或作“伎”。以下用“某”代表BD12278残存文字，以“某”代表大谷3939号残存文字，以今本《急就篇》补足残缺部分，重新录文如下：“竽瑟空侯琴筑筝，钟磬韶箫鼙鼓鸣，五音总会歌讴声，倡优俳笑观伎庭。”二者抄写年代不同（据《中国国家图书馆藏敦煌遗书总目录·馆藏目录卷》，BD12278为7至8世纪唐写本；大谷3939号则

① 张新朋：《大谷文书中的〈急就篇〉残片考》，《西南民族大学学报》（人文社会科学版）2016年第1期，第193—195页。

尚存隶意，或早于BD12278），版本系统不同（BD12278为注本，大谷3939号为白文本），出土地点也不同（BD12278为敦煌遗书，大谷3939号为吐鲁番出土文书），文字却能前后相续，洵为异事。

其五为旅顺博物馆藏吐鲁番文书LM20-1505-C0617a《急就篇》①，存“犯祸事危置”及“愁勿聊缚”等字，似为白文本。据《旅顺博物馆藏新疆出土汉文文献》附“解题”，此件为高昌国时期抄写，年代亦早于敦煌本。

敦煌本BD12278《急就篇》残卷有很高的学术价值。首先，BD12278的存在，为《急就篇》的流传提供了一则关键的史料。学界普遍认为，《急就篇》在蒙学字书中的统治地位，至唐中期逐步让位于《千字文》，至于具体取代的过程，除了传世文献，尚需出土文献的佐证。吐鲁番文书中的《急就篇》，其时代大抵集中在南北朝晚期至唐初，敦煌本《急就篇》虽然仅存BD12278这1件残片，却能填补唐初之后的一段空白。其次，敦煌本《急就篇》之注文，与吐鲁番出土《急就章》古注本及《急就篇》颜师古注均有若干差异。吐鲁番出土《急就章》古注本多考释字词，似不涉及字音，颜注兼而有之，而敦煌本则专释字音。敦煌本标注的反切，亦与颜注多有不同，可见敦煌本或为颜注之外的另一种古注，在音韵学上有一定的价值。

二、《开蒙要训》

《开蒙要训》是中国古代童蒙读物之一，据P.2721号《杂抄》“经史何人修撰制注”云：“《开蒙要训》，马仁寿撰之。”马仁寿，其生平未见史志记载，事迹不详。《开蒙要训》成书年代约在魏晋六朝之际，该书于唐五代时期在我国西北地区广为流传，但后世不传，敦煌文献存有写卷若干。

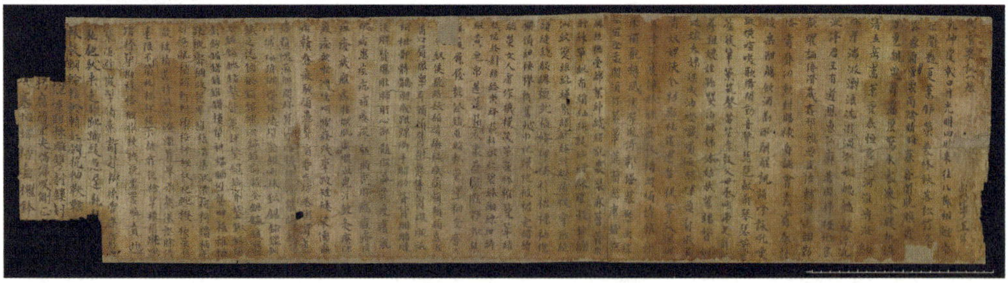

图2　BD14667《开蒙要训》全图

《开蒙要训》汇集1400个常用汉字，以四言韵语的形式加以编排，四字一句，分三百五十句，两句一韵，共一百七十五韵，内容极为丰富，既涵盖了自然知识和社会知识，又有做人、治家和治国的观念，是一部包含了社会生活各个方面的百科全书。

---

① 此件承林世田先生惠示，特此致谢。

国家图书馆敦煌遗书《开蒙要训》共有6个号，分别为BD05203、BD10199、BD12355、BD14667、BD15434、BD16361。BD14667为唐乾宁五年（898）写本，首脱尾缺，有折叠栏，正面抄写《开蒙要训》52行，抄写规整，卷面多油污，末5行及卷中个别行上下部有缺损（图2）。首题“开蒙要训一卷”（图3），首题下有“乾宁五年”字样，起“乾坤覆载”，至“樽壶槵钵”。背面抄写《三月十八日郑从嗣上常侍状》《乾宁五年永安寺条记》等其他6种文献（图4）。

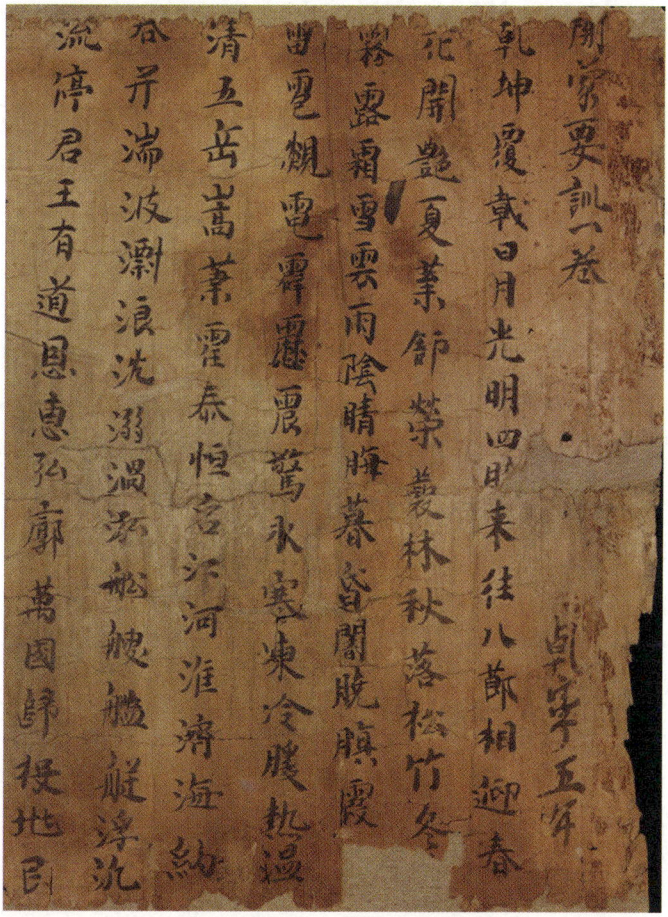

图3　BD14667《开蒙要训》首题

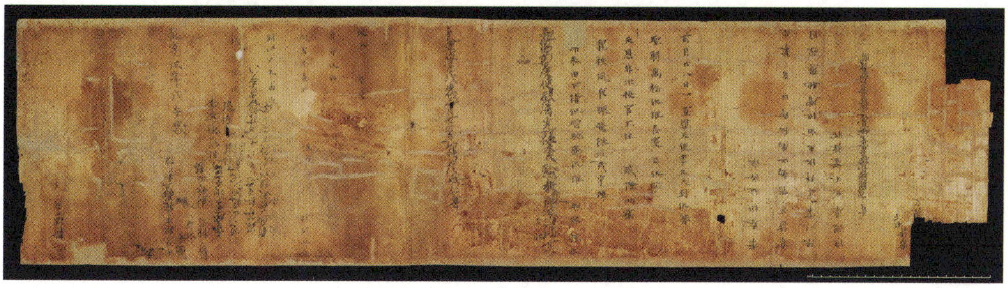

图4　BD14667《开蒙要训》背面

BD05203为吐蕃统治时期写本，首脱尾残，正面抄写《大般若波罗蜜多经》卷二五九，卷背抄写《开蒙要训》2行，第一行“开蒙要训一卷乾坤覆载”，第二行“月光明四时来往八节相迎春花开”。

BD10199为归义军时期写本，残片，首残尾残，通卷上下残，存文字4行，“□□粟穬稻（？）/□杵臼舂捣□/□箕蒿稍穰□/□□涧（？）溪（？）”。张新朋以P.2487号写本为参照，认为BD10199与BD12355皆为《开蒙要训》，两卷可缀合，且两卷与S.6128为同一写卷撕裂而成。

BD12355为归义军时期写本，残片，首尾上下皆残，存3行文字，第一行为“□粳粮糯□”，第二行为“□碾磨□”，第三行为“□ 秕麩”。据张新朋研究，内容为《开蒙要训》。[①]

BD15434为归义军时期写本，残片，正面为《程富住阿耶身亡社司转帖（拟）》，背面抄写《开蒙要训》8行，起“夏叶舒荣”，至“酣畅饮酒”。背面另一文献为《社司转帖》。

BD16361为归义军时期写本，残片，首断尾残，存2行字，录文“□跃谄佞潜藏奸/勤赏恪◇功勋”。据《中国国家图书馆藏敦煌遗书总目录》，此残片系从BD09251号背面揭下的古代裱补纸。BD09251为《燕子赋》。张新朋根据写卷文字并参考P.2487号内容，认为BD16361应为《开蒙要训》，且“恪”字下之字为“赉”，“赏”“恪”的前后位置也是错误的。

① 张新朋：《敦煌蒙书残片考》，《文献》2013年第5期，第73—82页。

国家图书馆藏敦煌遗书《敦煌百家姓》

□ 刘毅超　国家图书馆古籍馆

中古时期，姓氏之学蔚为大国，郑樵曰“姓氏之学，最盛于唐”，既有《氏族志》《姓氏录》等官方颁布的姓氏书，也有私家撰述的种种家谱。出于现实生活的需要，民间也流传着简明扼要的姓氏教材。《敦煌百家姓》即是流传于敦煌地区的一类具有实用价值的姓氏教材，张涌泉先生推测其形成于张氏归义军政权初期。此说甚是，国图所藏2件《敦煌百家姓》写卷，均是抄写在吐蕃统治时期写本《佛说无量寿宗要经》背面。应是归义军时期《无量寿宗要经》废弃不用，利用背面抄写《敦煌百家姓》。另据任占鹏统计，在已知的22件《敦煌百家姓》写本中，有19件为姓氏的罗列，其中17件以“张王李赵”开头，其余姓氏却有较大差异，似尚未形成固定的文本。

国家图书馆藏有2件《敦煌百家姓》写本。一件为BD03955V（生055，图1）。卷轴装。首残尾全。正面抄写《无量寿宗要经》，首题“大乘无量寿经”，起“如是我闻”，讫“皆大欢喜信受奉行”，尾题“佛说无量寿宗要经”。背面为杂写，包括蒙书《上大夫》杂写，《敦煌百家姓》杂写，以及寺名“龙兴寺”杂写等。《敦煌百家姓》杂写有“张王李赵李赵”等字，第一个“李”字仅写足上半部分“木”字，第一个“赵”字笔画亦未写足。

图1　BD03955V《敦煌百家姓》杂写

另一件为BD05673V（李073，图2），卷轴装。首残尾全。正面抄写《无量寿宗要经》，起“苾蒭僧千二百五十人”，讫“皆大欢喜信受奉行”，尾题“佛说无量寿宗要经”。背面抄写3种文献，其一为《九九表钞》，其二为《乾宁三年（896）闰二月八日社人诠信母亡转帖钞》，其三即《敦煌百家姓》。此件《敦煌百家姓》无首、尾题，共抄67行，起“张王李赵”，讫“令索女壬”。其中第一行抄写整行“张”字，第二行抄写3个“王”字，自第三行起，“李”字以下，均只抄首字，提行再抄下一字。故此件应为未完成的习字。抄录姓氏60余个，据《敦煌经部文献合集》校录，所抄姓氏依次为：“张”“王”“李”“赵”“阴”“薛”“崔”“卢”“柳”“郑”“唐”“刘”“杜”“范”“董”“荼”“右”“蒋”“梁”“黄”“康”“石”“必”“罗”“白”“米”“史”“曹”“河”“落”“阵”“齐”“白”“平”“竹”“岳”“价”“谈”“尹”“麦”“郭”“氾”“罗”“何”“阳”“昌”“穆”“牛”“吴”“成”“胡”“秦”“告”“同”“”“高”“卫”“游”“朱”“马”“邓”“令”“索”“女”“壬”。其中既有“张”“王”“李”“赵”“阴”“薛”“唐”“邓”等敦煌本地大姓，也有“康”“石”“白”“米”“史”“曹”“何”等反映敦煌华戎交汇特色的西域大姓。此件国图藏《敦煌百家姓》的特色在于，除去诸本均有的上述两类姓氏，还将“崔”“卢”等山东“郡姓”抄录于相当靠前的位置，今检《八世纪末期~十一世纪初期敦煌氏族人名集成》，敦煌地区“崔”“卢”等姓人丁较少，“卢”居第61位，“崔”列第69位。若以实际影响计，似无可能位列前十。出现这种情况，合理的解释或是所据底本受到河西归附初期，归义军政权恢复唐制等一系列举动的影响。此件归义军时期的《敦煌百家姓》写本，虽然留存的文字不多，笔迹稍显稚嫩，却是1000余年前中华民族多元一体格局稳步推进的见证，信可宝也。

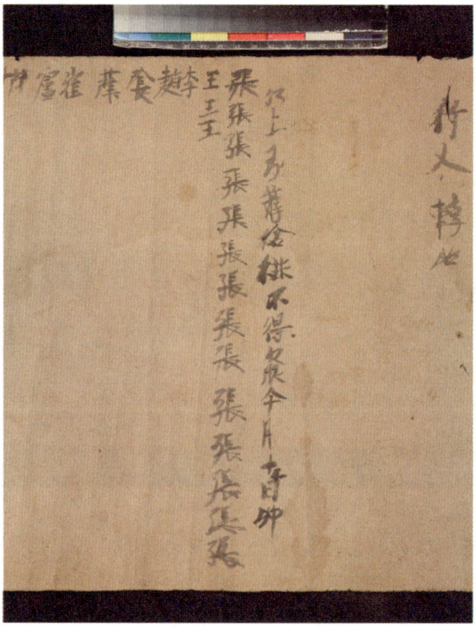

图2　BD05673V《敦煌百家姓》习字

国家图书馆藏碑帖拓本中名家书《千字文》目录

□ 刘 赟 国家图书馆古籍馆

《千字文》是南朝梁武帝萧衍（464—549）命给事郎周兴嗣编撰，以1000个不重复的字组成通顺可读、能表达一定意义的文章。4字1句，对偶押韵，凡250句。因内容丰富，通俗易懂，且便于儿童诵读，历来皆用为学童启蒙与识字之课本，以灌输自然、社会、历史、伦理、教育诸方面的知识，并屡经书法家书写，成为习字范本。传世作品最为著名的当属隋释智永书真草《千字文》，此外还有诸如汉章帝（刘炟）、王羲之、欧阳询、褚遂良、张旭、孙过庭、释怀素、释梦英、赵孟頫、文征明等著名书法家作品存世。值得注意的是，有所谓汉章帝章草书，为《千字文》书迹最早者，刻入《淳化阁帖》卷一，此系周兴嗣《千字文》自“辰宿列张”至“既集坟典”片断，凡9行，明显为后人伪托。又有王羲之书魏钟繇《千字文》，刻入《郁冈斋墨妙》卷四、《三希堂法帖》卷一等，与周兴嗣所编撰的内容迥异，以“二仪日月”起始，据考此亦系后人伪托。

除了存世的《千字文》墨迹，碑帖中也保存了大量的名家书《千字文》作品。国家图书馆藏碑帖拓本宏富，笔者在整理的过程中，以年代为序，辑录出名家书《千字文》共114种，供大家参考。

表1 国家图书馆藏碑帖拓本中名家书《千字文》目录

序号	题名	责任者1	责任者2	出处	索书号
1	千字文	（传汉章帝）刘炟草书		辑于《汝帖》卷二	法帖1—17
2	千字文	（传汉章帝）刘炟草书		辑于《淳化阁法帖》第一册	法帖12—1
3	千字文	（传汉章帝）刘炟草书		辑于《玉烟堂法帖》第一册	法帖30—1
4	千字文	（传汉章帝）刘炟草书	（清）永瑆临	辑于《话雨楼法书帖》第二册	法帖123—18
5	千字文	（汉）杜度草书		辑于《东书堂集古法帖》第六册	法帖4—297
6	千字文	（三国魏）钟繇行书	（晋）王羲之临	辑于《因宜堂法帖》第二册	法帖72—100
7	千字文	（三国魏）钟繇行书	（晋）王羲之临	辑于《谷园摹古法帖》第二册	法帖76—5之十

续表

序号	题名	责任者1	责任者2	出处	索书号
8	千字文	（三国魏）钟繇行书	（晋）王羲之临	辑于《谷园摹古法帖》第二册	法帖93—11
9	千字文	（三国魏）钟繇行书	（晋）王羲之临	辑于《三希堂法帖》第一册	法帖410—19
10	千字文	（三国魏）钟繇行书	（晋）王羲之临	辑于《壮陶阁法帖》第二册	法帖229—19
11	千字文	（三国魏）钟繇行书	（晋）王羲之临	辑于《郁冈斋墨妙》第四卷	法帖29—10
12	千字文	（隋）释智永正、草书		一册	善拓57
13	千字文	（隋）释智永正、草书		八张	各地10967
14	千字文	（隋）释智永正书		辑于《玉烟堂法帖》第五册	法帖30—92
15	千字文	（隋）释智永草书		辑于《玉烟堂法帖》第五册	法帖30—93
16	千字文	（隋）释智永正、草书	（元）赵孟頫临	辑于《至宝斋法帖》第三册	法帖51—27
17	千字文	（隋）释智永草书		辑于《澹虑堂墨刻》第二册	法帖108—26
18	千字文	（隋）释智永正、行、草书	（宋）蔡襄临	辑于《职思堂法帖》第五册	法帖134—41
19	千字文	（隋）释智永正、草书		辑于《过云楼藏帖》第一册	法帖158—1
20	千字文	（隋）释智永草书	（元）赵孟頫临	辑于《渤海藏真帖》第七册	法帖724—57
21	千字文	（唐）褚遂良正书		一册	叶专2
22	千字文	（唐）褚遂良正书		辑于《澹虑堂墨刻》第三册	法帖108—36
23	千字文	（唐）褚遂良正书	（清）恽寿平临	辑于《采真馆法帖》第四册	法帖157—38
24	千字文	（唐）褚遂良正书		辑于《莲池书院法帖》第一册	法帖230—1
25	千字文	（唐）褚遂良正书		辑于《渤海藏真帖》第二册	法帖724—5
26	千字文	（唐）欧阳询正书		辑于《戏鸿堂法帖》第四册	法帖9—92
27	千字文	（唐）欧阳询草书	（明）董其昌临	辑于《汲古堂法帖》第四册	法帖39—11
28	千字文	（唐）欧阳询正书	（清）孔继涑临	辑于《玉虹楼石刻》第三册	法帖76—2之二十六
29	千字文	（唐）欧阳询正书		辑于《澹虑堂墨刻》第三册	法帖108—31
30	千字文	（唐）欧阳询正书		辑于《瓣香书屋石刻》第三册	法帖183—59
31	千字文	（唐）欧阳询草书		一册	法帖543

续表

序号	题名	责任者1	责任者2	出处	索书号
32	千字文	（唐）孙过庭草书		一册	法帖276
33	千字文	（唐）孙过庭草书		一册	法帖626
34	千字文	（唐）薛稷正书		辑于《石耕山房法帖》第五册	法帖151—40
35	千字文	（唐）释怀素草书		一册	善拓625
36	千字文	（唐）释怀素草书		二张	缪专2474
37	千字文	（唐）释怀素草书		一册	法帖28
38	千字文	（唐）释怀素草书		一册	法帖31
39	千字文	（唐）释怀素草书		一册	法帖833
40	千字文	（唐）释怀素草书		辑于《停云馆法帖》第四册	法帖47—34
41	千字文	（唐）释怀素草书		辑于《经训堂法帖》第二册	法帖60—17
42	千字文	（唐）释怀素草书	（清）铁保临	辑于《惟清斋手临各家法帖》第三册	法帖114—33
43	千字文	（唐）释怀素草书	（宋）黄庭坚临	辑于《职思堂法帖》第七册	法帖134—59
44	千字文	（唐）释怀素草书		辑于《寒香馆法帖》第一册	法帖153—1
45	千字文	（唐）释怀素草书		辑于《绿天庵瑞石法帖》第一册	法帖155—1
46	千字文	（唐）释怀素草书		辑于《净云枝藏帖》第六册	法帖225—71
47	千字文	（唐）释怀素草书	（清）永瑆临	辑于《诒晋斋书》第二册	法帖393—5
48	千字文	（唐）张旭草书		辑于《宝贤堂集古法帖》第十册	法帖535—425
49	千字文	（唐）张旭草书		辑于《筠清馆法帖》第二册	法帖556—67
50	千字文	（唐）释高闲草书		辑于《壮陶阁续法帖》第四册	法帖229—603
51	千字文	（宋）赵构行书	（清）陈璚临	辑于《檇古斋石刻》第二册	法帖200—48
52	千字文	（宋）赵构行书		辑于《三希堂法帖》第六册	法帖410—166
53	千字文	（宋）苏轼草书		辑于《壮陶阁续法帖》第六册	法帖229—650
54	千字文	（宋）米芾正书		辑于《玉烟堂法帖》第二十二册	法帖30—429
55	千字文	（宋）米芾正书		辑于《清芬阁米帖》第一册	法帖63—101
56	千字文	（宋）米芾正书	（明）董其昌临	辑于《小玉烟堂帖》第四册	法帖66—15
57	千字文	（宋）米芾正书		辑于《过云楼藏帖》第五册	法帖158—36

续表

序号	题名	责任者1	责任者2	出处	索书号
58	千字文	（宋）米芾行书	（清）恽寿平临	辑于《小竹里馆藏帖》第二册	法帖191—32
59	千字文	（宋）米芾正书	（明）梁孜临	辑于《盼云轩鉴定真迹法帖》第五册	法帖192—80
60	千字文	（宋）米芾正书	（清）恽寿平临	辑于《瓯香馆法书》第一册	法帖201—1
61	千字文	（宋）米芾行书	（清）陈奕禧临	辑于《予宁堂法书》第三册	法帖232—21
62	千字文	（宋）米芾正书		辑于《安素轩法帖》第七册	法帖371—44
63	千字文	（宋）米芾正书		辑于《契兰堂法帖》第三册	法帖462—121
64	千字文	（宋）王升草书		辑于《海山仙馆藏真》第一册	法帖142—3
65	千字文	（宋）王升草书		辑于《壮陶阁法帖》第十三册	法帖229—188
66	千字文	（宋）王升草书		辑于《南雪斋藏真》巳集	法帖466—55
67	千字文	（宋）释梦英篆书		一册	善拓550
68	千字文	（宋）薛道祖草书	（清）王澍临	一册	法帖294
69	千字文	（元）赵孟頫行书		辑于《乐善堂帖》上册	法帖2—1之6
70	千字文	（元）赵孟頫正书		辑于第十册	法帖59—76
71	千字文	（元）赵孟頫行书		辑于《澹虑堂墨刻》第七册	法帖108—57
72	千字文	（元）赵孟頫草书		辑于《松雪斋法书墨刻》第六册	法帖115—52
73	千字文	（元）赵孟頫草书		辑于《海山仙馆藏真》第七册	法帖142—105
74	千字文	（元）赵孟頫行书		辑于《安素轩法帖》第九册	法帖371—59
75	千字文	（元）赵孟頫行书	（清）玄烨临	辑于《渊鉴斋御笔法帖》第四册	法帖403—54
76	千字文	（元）赵孟頫正书	（清）胤禛临	辑于《朗吟阁法帖》第十二册	法帖439—62
77	千字文	（元）赵孟頫行书		辑于《壮陶阁法帖》第二十二册	法帖229—269
78	千字文	（元）赵孟頫草书		辑于《壮陶阁法帖》第二十二册	法帖229—270
79	千字文	（元）赵孟頫正书		辑于《小清秘阁法帖》第七册	法帖231—52
80	千字文	（元）吴叡篆书	（清）王澍临	一册	法帖670
81	千字文	（明）文征明正书		一册	善拓514

续表

序号	题名	责任者1	责任者2	出处	索书号
82	千字文	（明）文征明正书		一张	顾专1104
83	千字文	（明）文征明隶书		辑于《萤照堂明代法书》第六册	法帖42—104
84	千字文	（明）文征明正书		辑于《采真馆法帖》第三册	法帖157—14
85	千字文	（明）文征明草书		辑于《过云楼藏帖》第八册	法帖158—81
86	千字文	（明）文征明隶书		辑于《停云馆真迹帖》第二册	法帖181—9
87	千字文	（明）文征明正书		辑于《湖海阁藏帖》第四册	法帖369—37
88	千字文	（明）文征明正书		辑于《契兰堂法帖》第四册	法帖462—172
89	千字文	（明）郭谌正、草、篆、隶书		一册	裱本2176
90	千字文	（明）郭谌草书		一册	法帖662
91	千字文	（明）赵宧光篆书		一册	裱本2196
92	千字文	（明）张弼草书		辑于《铁汉楼法帖》第三册	法帖33—56
93	千字文	（明）邢侗草书		辑于《来禽馆真迹》第一册	法帖36—72
94	千字文	（明）徐应丰正书		辑于《天香楼藏帖》第二册	法帖94—29
95	千字文	（明）陈淳草书		辑于《湖海阁藏帖》第四册	法帖369—68
96	千字文	（明）王穀祥行书		辑于《南雪斋藏真》戌集	法帖466—120
97	千字文	（明）王宠行书		辑于《吴中名公六体帖》	法帖602—5
98	千字文	（明）丰坊草书		辑于《天一阁法帖》第三册	法帖223—15
99	千字文	（明）薛晨草书		辑于《天一阁法帖》第三册	法帖223—21
100	千字文	（明）薛选行书		辑于《天一阁法帖》第三册	法帖223—27
101	千字文	（明）沈度正书		辑于《壮陶阁法帖》第二十五册	法帖229—338
102	千字文	（明）张弼草书		辑于《壮陶阁法帖》第二十五册	法帖229—340
103	千字文	（明）陆深正、草书		辑于《片玉堂词翰法帖》第七册	法帖245—24
104	千字文	（清）玄烨正书		辑于《渊鉴斋御笔法帖》第二册	法帖403—24
105	千字文	（清）玄烨草书		辑于《渊鉴斋御笔法帖》第七册	法帖403—86

续表

序号	题名	责任者1	责任者2	出处	索书号
106	千字文	（清）玄烨行书		辑于《点翰堂法帖》第十九至三十张	法帖866—7
107	千字文	（清）弘历正书		辑于《御笔小行楷书》第八册	法帖416—188
108	千字文	（清）王澍正书		一册	裱本2137
109	千字文	（清）王澍隶书		一册	法帖831
110	千字文	（清）沈志祖正书		辑于《筿云山樵石刻帖》第三册	法帖722—9
111	千字文	（清）陈廷璧正书		辑于《学蔬食斋临古帖》第二册	法帖609—6
112	千字文	（清）孙承泽正书		辑于《眉寿堂帖》第一册	法帖595—34
113	千字文	（清）陆陇其正书		辑于《小长芦馆集帖》第五册	法帖476—69
114	千字文	（清）永瑆行书		辑于《红豆山斋法帖》第七册	法帖162—35

国家图书馆藏宋拓本《隶韵》

□ 宋 凯 国家图书馆古籍馆

《隶韵》，南宋刘球编，南宋沈亨刻，明范大澈旧藏宋拓本，索书号 7906。

此拓本为汇集汉隶字形而成的隶书字典，又称“碑本隶韵”“碑文隶韵”“四声隶韵”。全本十卷，以楷书字体为字头，下注反切，依“平上去入”四韵排列，字头下辑录两汉以来墓碑、祠庙碑、纪事碑、熹平石经、镫、钲、盆、镜等金石器物上的隶书字形，所引隶字下分别标注出处，所引诸金石碑刻今多不存（图1）。

馆藏此本残存九卷八册，缺卷四，另缺碑目，所存九卷惟卷三、卷五完整，其他卷次各有缺损。馆藏拓本青素绢封面，五镶册页装，册高 34 厘米，宽 21 厘米，墨心高 25.5 厘米，宽 15.8 厘米。经明代范大澈，清代黄氏一层楼、卢登焯、沈树镛、李鸿裔等递藏。有赵之谦题签，钱大昕、卢登焯、钱维乔题跋，吴大澂、吴云、杜文澜、顾文彬等观款，有范大澈“范大澈印”“沧瀛外史”“句章灌园叟”“卧云”印，钱大昕“钱大昕印”“孱守斋”“竹汀”“晓徵”“大昕私印”，李鸿裔“苏邻鉴藏”“鄞江李氏文房”，蒋祖诒“蒋祖诒印”“谷孙”印，赵烈文“能静经眼”等鉴藏印。此拓本入选第一批《国家珍贵古籍名录》，名录号为 00389。

第一册赵之谦题书衣浮签“隶均（韵），卷一，上平声上，明范氏大澈藏宋拓精本，一册”（图2）。钱大昕隶书题首（图3）：隶均（韵）；钤“大昕私印”“晓徵”“文物多师古”“鄞江李氏文房”“苏邻鉴藏”“游于盛事”印；次为钱大昕跋，云：

> 金石集录昉于欧阳文忠公，厥后好古之士著录日繁，搜采之博无过赵德甫，考证之精无过洪文惠。文惠《隶释》《隶续》二书世多有之，惟《隶韵》不传。乙巳夏于四明卢氏衰经楼得见此刻，虽残缺不完，款识都失，要为文惠之书无疑也。文惠尝模鸿都石经残字，刻于会稽之蓬莱阁，论者谓淳古不异真汉刻。予往来越中，求其只字不可得，而兹本忽出于六百年之后，神物护持，洵非偶然哉！竹汀居士钱大昕记。

正文缺卷一目录，包括“四江、五支、六脂、七之”等内容，内有“鄞江李氏文房”“蒋祖诒印”“谷孙”等印。尾有吴大澂篆书吴云、杜文澜、顾文彬等观款，云：

> 宋拓精本，稀世至宝。光绪三年丁丑三月十又八日，归安吴云愉庭、秀水杜文澜静逸、元和顾文彬怡园、武进盛康旭人、吴县潘曾玮养闲、吴大澂恒轩，集网师园同观。

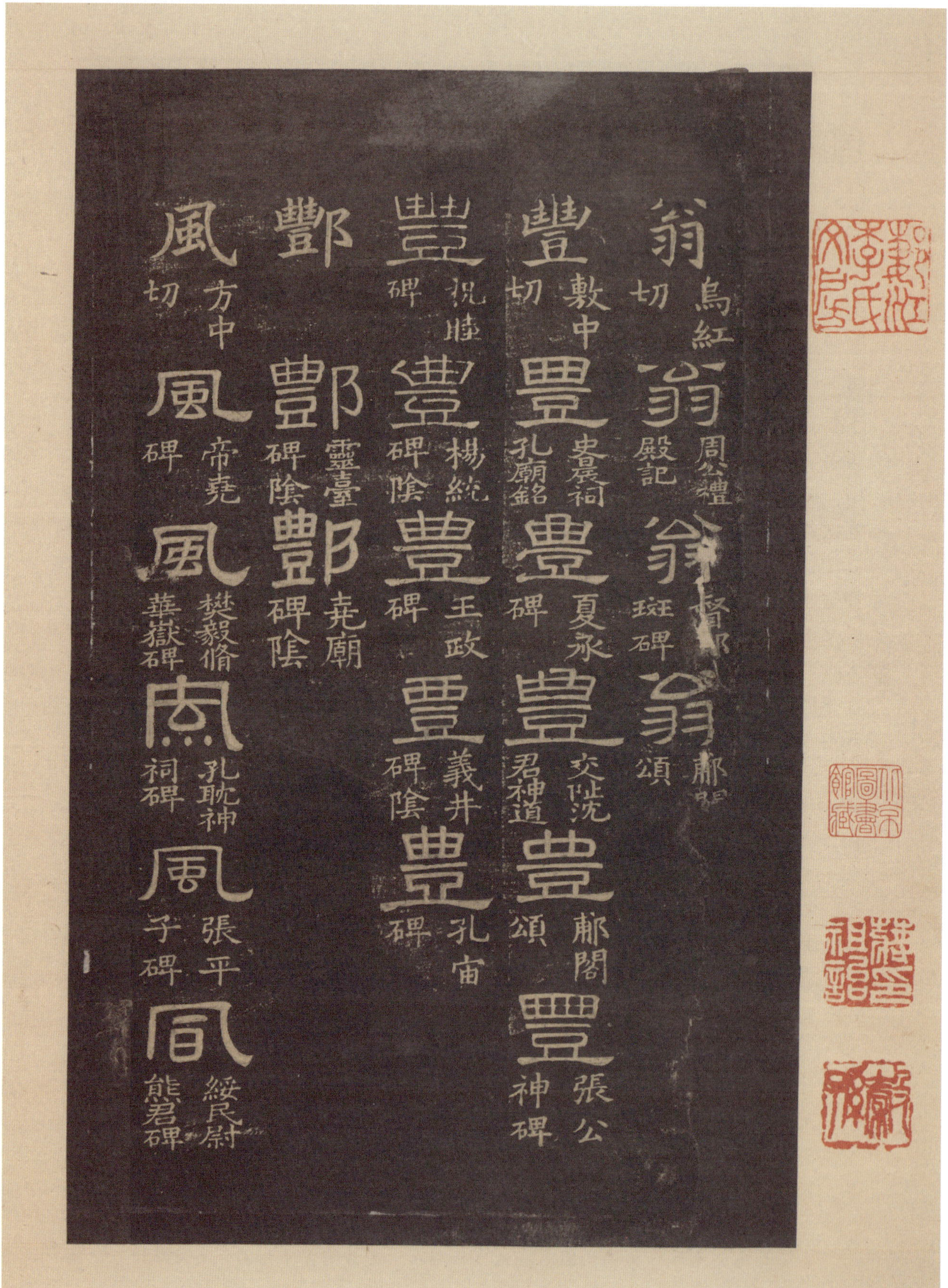
翁 烏紅切
翁 周公禮殿記
翁 督郵斑碑
翁 郙閣頌
豐 敷中切
豐 史晨祠孔廟銘
豐 夏承碑
豐 交阯洗君神道
豐 郙閣頌
豐 張公神碑
豐 祝睦碑
豐 楊統碑陰
豐 王政碑
豐 義井碑陰
豐 孔宙碑
酆
酆 靈臺碑陰
酆 堯廟碑陰
風 方中切
風 帝堯碑
風 樊毅脩華嶽碑
風 孔耽神祠碑
風 張平子碑
風 綏民尉熊君碑

图1 《隶韵》第一册正文

图2《隶韵》第一册赵之谦题签

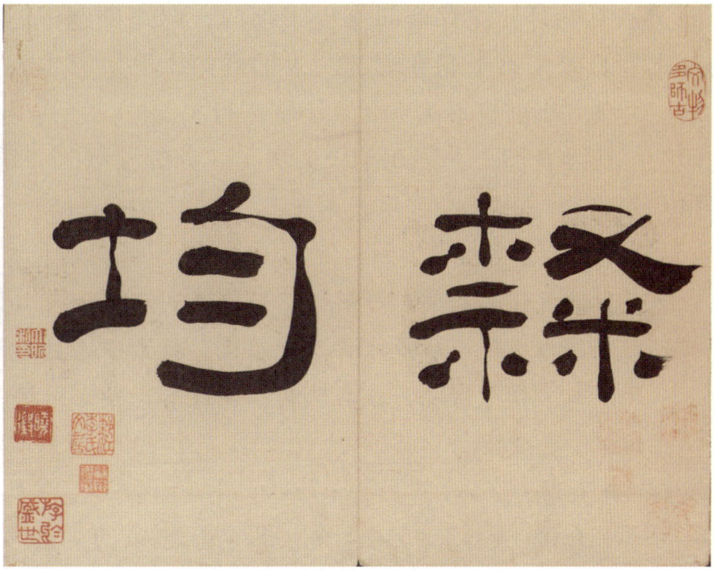

图3 《隶韵》第一册钱大昕题首

第二册赵之谦题书衣浮签“隶均（韵）卷二，上平声下，二册”。缺本卷目录，卷末题“隶韵卷第二终”，内有“鄞江李氏文房”“苏邻鉴藏”“竹汀”“钱大昕印”“卧云”“沧瀛外史”等印。

第三册赵之谦题书衣浮签“隶均（韵）卷三，下平声上，三册”。卷端题“隶韵卷第三”，存本卷目录，卷末题“隶韵卷第三终”，内有“宝墨斋”“子宣父”“范大澈印”“范大澈图书印”“沈延赏印”“鄞江李氏文房”“苏邻鉴藏”“竹汀”“钱大昕印”等。

第四册赵之谦题书衣浮签“隶均（韵）卷五，上声上，四册”。此册墨笔补本卷目录，卷端题“隶韵卷第五”，上声上，内有“宝墨斋”“子宣父”“范大澈印”“范大澈图书印”“沈延赏印”“鄞江李氏文房”“苏邻鉴藏”“钱大昕印”等。

第五册赵之谦题书衣浮签“隶均（韵）卷六，上声下，五册”。卷端题“隶韵卷第六”，存本卷目录，内有“宝墨斋”“子宣父”“范大澈印”“范大澈图书印”“沈延赏印”“鄞江李氏文房”“苏邻鉴藏”“钱大昕印”“句章灌园叟”等。

第六册赵之谦题书衣浮签“隶均（韵）卷七，去声上，六册”。卷端题“隶韵卷第七”，存本卷目录，内有“宝墨斋”“子宣父”“范大澈印”“沈延赏印”“鄞江李氏文房”“苏邻鉴藏”“钱大昕印”等。

第七册赵之谦题书衣浮签“隶均（韵）卷八，去声下，七册”。残存本卷目录，卷末题“隶韵卷第八终”，内有“鄞江李氏文房”“苏邻鉴藏”“钱大昕印”“范大澈图书印”等。

第八册赵之谦题书衣浮签“隶均（韵）卷九、十，入声，八册。弟四卷原阙，同治乙丑五月，沈郑斋同年得于都门，赵之谦题记”。卷端题“隶韵卷第九”，存本卷目录。第十卷卷端题“隶韵卷第十”，存本卷目录，卷末题“隶韵卷第十终”，刻“御前应奉沈亨刊”小字一行（图4）。钤“宝墨斋”“子宣父”“范大澈印”“沈延赏印”“鄞江李氏文房”“苏邻鉴藏”“钱大昕印”“竹汀”“能静经眼”等。

本册末有卢登焯跋，云：

洪盘州《隶韵》乃刻之绍兴蓬莱阁者，全谢山太史云世间已无传本。此残帙乃范序班所藏，后归之黄氏一层楼，数十年流落，不知归于谁氏。己丑冬，于迎凤桥旧书铺中得之，惊喜殊甚！即残本，当宝同拱璧也。乾隆乙巳夏六月，书船焯识于裒经楼。

又有钱维乔跋，云：

盘州《隶释》自序云：既法其字为之韵，复辨其字为之释。又竹垞跋《隶续》云：绎后叙尚有《隶韵》《隶图》，今不得见。是《隶韵》之不传久矣！此本抱经楼所藏，虽残缺不完，而精彩焕发，规矩可师。考顾南原《隶辨》一书，亦以韵采辑，取以相校，所收不及是刻之详备，岂非考古者所当斤斤宝爱哉！乾隆乙巳中秋后一日，毗陵钱维乔识于四明官舍之小林楼。

金石学肇始自汉，兴盛于宋。宋人自欧阳修《集古录》、赵明诚《集古录》以来，开始注重收集金石文字，然多以著录题跋为主。至于编辑汉隶字体，取汉碑文字之不同，分韵以缀其下而汇为一书，则始于此部《隶韵》。据载，与刘球同时期的洪适亦有《隶韵》，而其书不传，仅《盘州集》有《隶韵序》一篇，据《序》可知洪书采择广博而编辑疏略。南宋庆元二年（1196）娄机作《汉隶字源》，所采碑字实本刘球《隶韵》，而稍做修订。至清代顾霭吉《隶辨》则又转据娄书，此汉隶字书之大概传承。柯劭忞对刘氏《隶韵》有过考证，云：

此书前无所承，所据以入韵之字，自系采取原碑。惟汉碑多在北方，南渡以后，仅从境上榷场购求拓本，不能尽得精拓，而装裱时纸痕揉湿，亦不免失真，今将所引碑目合汉魏晋都为一卷，统计二百六十一种。今实有五十二通，石已亡而重刻者，石已亡而有旧拓本者，今实有十五种。仅见此书所引者七种。在当时已为难得之本，在今日更为久佚之石，赖此书得以著其名目，存其字体，尤为可贵矣。综观全书，搜集排比，洵推创始之功，虽违失亦多，瑕瑜要不相掩。

除了馆藏此本，又有上海图书馆藏宋拓本，存五卷（卷三、四、六、八、九及《进表》一半，《碑目》半册），有清秦恩复、江潘、阮元、王宗敬、徐渭仁、赵烈文跋，清吴同甲题款，杨守敬、褚德彝题跋。

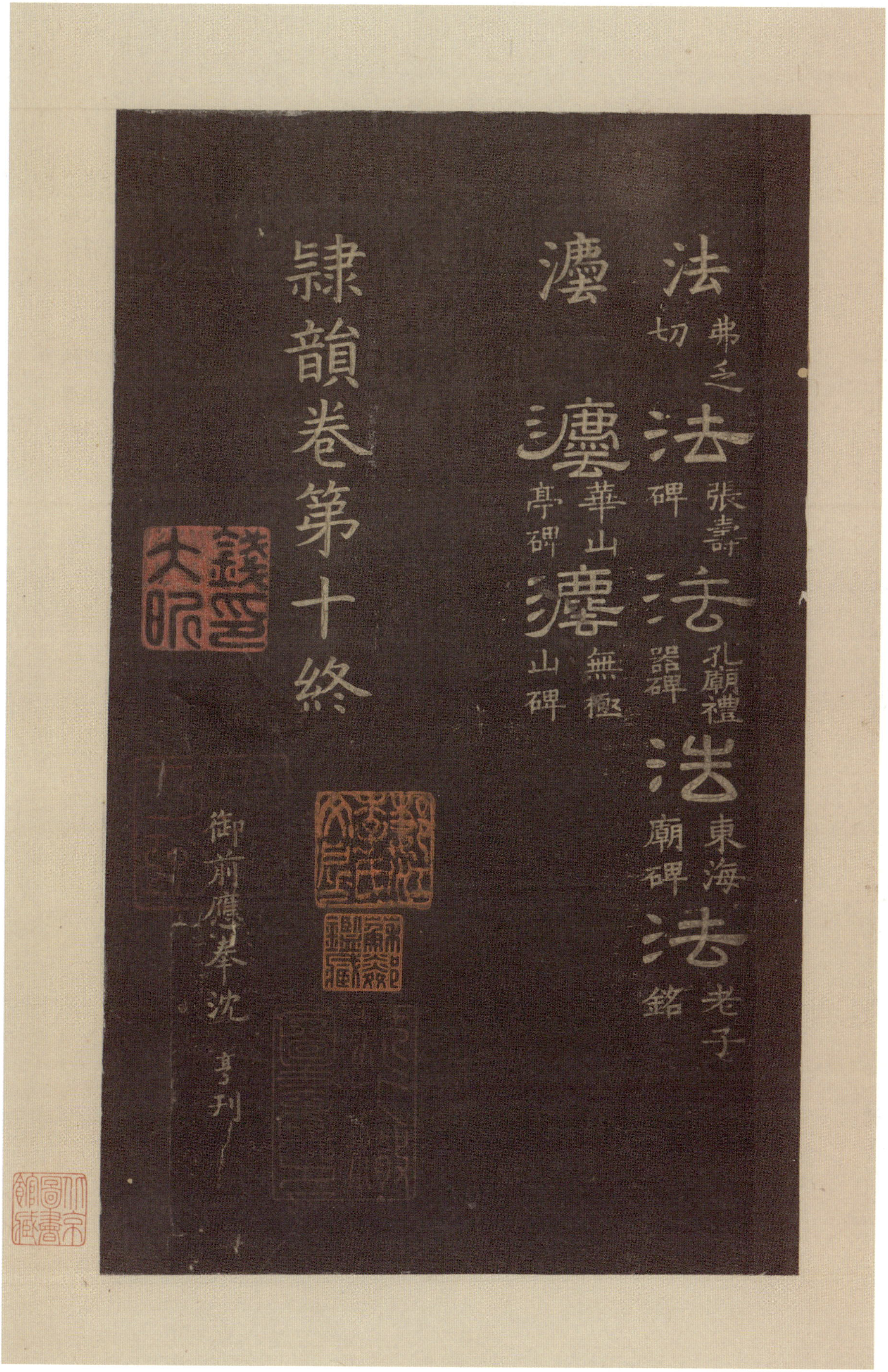

图4 《隶韵》第八册第十卷卷终

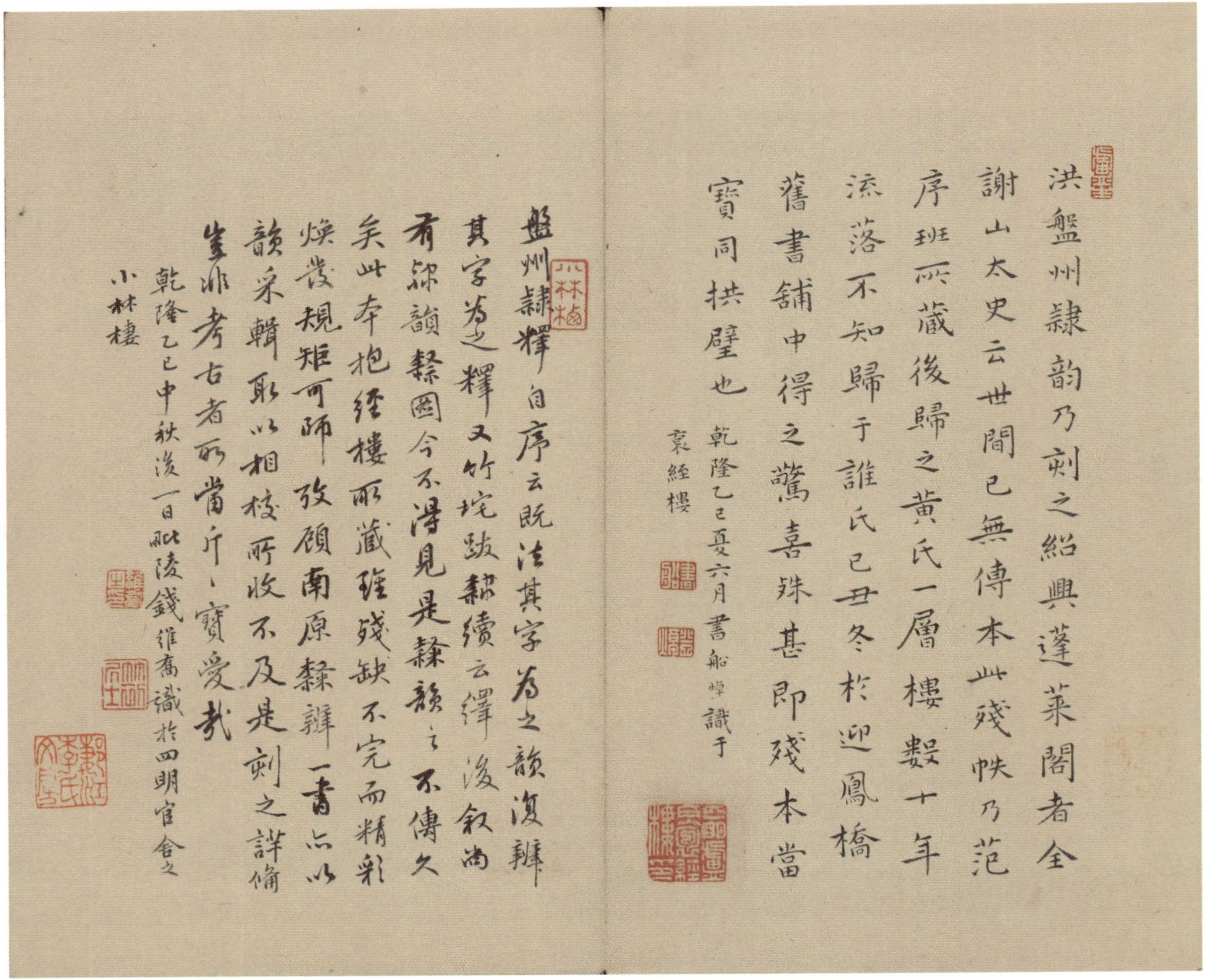

图5 《隶韵》第八册卢登焯、钱维乔题跋

另知秦恩复于清嘉庆十四年（1809）得宋拓墨本十卷，又于四明范氏天一阁得残本《碑目》一卷及刘球《进表》半篇，刻于扬州，易拓本为刻本，翁方纲为之《序》，又将《碑目》及本书考证附刊于后，此即《隶韵》清嘉庆十四年刻本，白口，四周单边，版式宽大，写刻精美，为“秦版”代表性刊本。

“中国典籍与文化讲座”语言文字类讲座简述

□ 常荩心 国家图书馆古籍馆

“中国典籍与文化讲座”自2001年开办以来，已举办380讲。其中关于语言文字的讲座有34讲，可分为三类：其一为汉语语法及音韵主题讲座，包括语法发展历程、声律与音韵学等内容；其二为汉语文字发展不同阶段的主题讲座，包括早期的符号与文字、甲骨文、简牍、石鼓文等；其三为民族文字文献讲座，涵盖了西夏文、蒙古文、满文、契丹文、东巴文等少数民族语言文字及相关文献。以下对这三类主题讲座的内容做一回顾。

一、汉语语法及音韵主题讲座

“中国典籍与文化讲座”举办汉语语法及音韵类主题讲座4讲，对国学视域下的汉语音韵学、声律学与中外文化关系和汉语语法的发展历程等问题进行了讲解。

1.“沈约‘四声’及其与印度文化的关系”（2001年10月28日）

北京师范大学文学院教授、书法家、书画鉴定家启功先生主讲。中国的诗歌格律从南朝沈约开始才有系统的说法，这种说法见于《南齐书》《南史》等书。清代中期以来的学者认为中国语言“四声”是受印度人唱颂梵呗的启发而产生。启功先生介绍自己对“四声”及其印度文化关系的认识，指出清代学者的说法缺乏事实依据，是当时特殊文化背景下的产物，并认为早在佛教传入之前，中国文人已经注意到声韵的和谐与平仄的对仗。

2.“国学的传统与创新——以汉语音韵学为例”（2001年8月5日）

中国社会科学院民族研究所（现民族学与人类学研究所）研究员聂鸿音先生主讲。聂先生以汉语音韵学为例，探讨传统人文学科在当代学术界的出路。讲座回溯了20世纪汉语音韵学史上的几次重大创新，分析形成新的资料和方法论的条件，介绍传统音韵学研究的目的和意义，指出音韵学创新的必要性和前提条件，并探索了音韵学在今后学术研究中的地位。

3.“汉语语法学发展历程和展望”（2002年1月13日）

中国社会科学院语言研究所研究员杨成凯先生主讲。讲座展示了100年来汉语语法研究情况，重点介绍有重大理论意义的观点，比较它们的得失，从科学角度对若干历史问题予以再认识，阐述可能的发展方向和解决问题的方法。主讲人关注了汉语语法学历史上出现过的一些问题，以及学者对这些问题如何认识，今天应该怎样看待这些问题和不同学者的论点，并对若干重要历史问题研究过程进行回顾和重新分析。

4.“汉译佛经与佛教汉语的形成”（2004年10月30日）

北京大学中文系教授朱庆之先生主讲。从公元1世纪到11世纪，大量印度佛教经典被译成汉语，为佛教在汉地的传播提供了最基本的条件，直接导致了中国佛教的产生。当然，佛经翻译的意义远不止于此，仅从汉语发展史的角度来看，它是古代汉语和印欧语之间的一次大规模的语言接触，对汉语的发展产生了难以估量的巨大影响。朱教授的讲座围绕佛教梵语与佛教汉语、汉译佛经及其相关问题、佛教汉语的性质、产生的原因和意义以及佛教汉语研究的现状与期望四个方面进行了解读。

二、汉语文字发展史相关主题讲座

这一主题涉及讲座9讲，从考古发现的早期符号到简牍文献与石鼓文，可以反映出汉字发展过程中的不同形态，让听众对汉字的发展历程和相关古籍文献有了初步认识。

1.“考古发现的早期符号与文字”（2013年12月15日）

首都师范大学历史学院教授袁广阔先生主讲。这场讲座对考古发现的新石器时代、二里头文化、二里岗文化和殷墟文化遗址中的早期符号与文字进行了案例分析，认为文字的起源并非一源，而是多源的，而文字出现的原因则与社会政治、经济、文化发展到一定程度有关。多年的考古发现表明，龙山文化中晚期在社会生产力、生产工具和祭祀信仰等方面均达到了一个较为发达的程度，同时随着社会财富的增加和分配不均，阶级分化开始出现，社会逐渐产生需要文字规范社会秩序的要求。在此背景下，文字应运而生。

2.“中国最早的成熟文字——甲骨文”（2013年4月21日）

中国社会科学院中国历史研究院研究员徐义华先生主讲。甲骨文是中国已发现的古代文字中时代最早、体系较为完整的文字。徐义华研究员介绍了汉字发展简史，解读了甲骨文的发现过程及重要意义，并对甲骨文的基本知识，如古代的骨卜与龟卜、认甲识骨、其他各类的甲骨刻辞、占卜的过程、甲骨文的契刻与分布、甲骨卜辞的构成、甲骨文的分期等问题都进行了详细讲解。

3.“殷墟甲骨文中的地理文献”（2001年7月28日）

首都师范大学历史学院教授马保春先生主讲。甲骨文90%以上的内容是占卜之辞，其中包含天文、地理、气象、农业、战争、娱乐、疾病、计时、刑法等各类方面的内容，地理文献也较为丰富。甲骨文中的地理文献主要以地名形式出现在卜辞之中，讲座综合前人各种分类方法，提出了几种常见的甲骨文地名文献的类别，比如表示区域的地名文献、方国族属的地名文献等，并举例说明这些甲骨文中的地名地理文献。通过了解和研究甲骨文地理文献，令听众管窥中国早期历史发展的空间舞台。

4.“出土简帛记述的古代中国”（2017年12月23日）

中国社会科学院中国历史研究院研究员邬文玲先生主讲。简帛的出土是重大的考古发现之一，它与殷墟甲骨、敦煌遗书、明清大内档案，被誉为20世纪中国考古学界的四大发现。邬文玲研究员向听众介绍简帛的基础知识、简帛的发现与研究、简帛学的形成以及主要研究内容，利用出土实物资料与听众一起探求记录在出土简帛上的不同于传世史书的中国古史面貌，揭示出土简帛的价值。

5.“从出土实物看简帛时代书籍文化”（2018年11月10日）

复旦大学出土文献与古文字研究中心教授郭永秉先生主讲。讲座主要围绕简帛时代书籍所承载的图文内容之外的外在形式特征（包括书籍制作、使用及收储等问题）和书籍图文内容抄写绘制的规律和特点两方面展开。郭永秉教授结合大量出土实物，介绍中国古代简帛书籍的基本情况，让听众对简帛文字和书籍有了直观的认识。

6.“清华简的整理与研究”（2014年2月16日）

清华大学人文学院教授刘国忠先生主讲。2008 年 7 月，清华大学抢救入藏了一批流失海外的古代竹简。经整理统计，总数约为 2500 枚。由于这批竹简由清华大学收藏，人们循惯例称之为“清华简”。讲座介绍了清华简的入藏与整理过程、清华简的特点、清华简对古代文史研究的推动作用等，并指出随着整理工作的不断展开和研究的不断深入，清华简重要的学术价值将不断得以体现。

7.“走马楼吴简中的临湘侯国”（2019年11月2日）

北京师范大学历史学院副教授凌文超先生主讲。走马楼吴简于 1996 年 10 月在湖南省长沙市五一广场走马楼古井群 J22 中出土，共计约 10 万枚。这是首批出土于古井中的简牍，自此之后，湖南地区古井中出土简牍呈现“井喷”之势。长沙走马楼三国吴简主要是孙吴嘉禾年间临湘侯国的一些行政簿书，如实地记录了临湘侯国日常处理的政务，真实地反映了临湘县廷日常行政的基本特征。讲座介绍了走马楼吴简的出土概况及其独特性，吴简与《吴书》内容的异同，吴简簿书的内容构成及其所反映的临湘侯国的行政日常、官民互动的情况以及吴制的历史地位。

8.“出土简牍开启中国古代数学世界的大门”（2013年5月19日）

中国科学院自然科学史研究所研究员邹大海先生主讲。近 30 年来出土的大量简牍材料，特别是多部数学著作，为我们认识中国古代数学世界开启了新的大门。邹大海研究员展示了出土简牍所载 2000 多年前的数学文献，其中包括了大量数学方法、思想和问题，比如分数四则运算、最大公约数求法、各种比例算法、面积和体积求法，以及被称为万能算法的盈不足方法、暗含勾股定理应用的趣题、正负数概念的使用等，讲解数学发展与社会环境的关系、简牍对检验和改进研究结论和研究方法的意义，以及简牍对重建战国至汉代数学发展基本脉络的重要价值。

9.“乾隆与石鼓文”（2014年1月12日）

故宫博物院研究馆员施安昌先生主讲。施先生根据乾清宫旧藏石鼓文和相关的御制诗文，梳理出清乾隆皇帝传拓石鼓、考证鼓文和新编重刻石鼓等史事，认为乾隆本人对石鼓怀有浓厚兴趣，奉之为“千秋法物”，同时从石鼓得到启发，一再阐明其“述古兴贤”“述古传今”“重道崇文”的文治思想，并提出了保护和复制石鼓的具体办法，乾隆皇帝的一系列举措也推动了乾嘉考证学的发展。

三、民族文字文献主题讲座

民族文字是我国语言文字的重要组成部分，作为记录和传承民族传统文化的重要载体，民族文字古籍文献是中华文化遗产宝库中的瑰宝。“中国典籍与文化讲座”结合我馆丰富的民族文字古籍馆藏，组织并策划了 21 场民族文字文献主题讲座。

1.“少数民族文字文物的辨伪”（2015年7月12日）

中国社会科学院民族学与人类学研究所研究员聂鸿音先生主讲。面对存世的一些少数民族文字的书籍和带有少数民族文字的文物，人们首先想到的是断其真伪。此前的文物鉴定大都建立在专家的个人经验上面，缺乏学术界共同遵守的一套科学准则。2010 年，中国和芬兰学者首次合作提出了判别石刻真伪时需要考虑的 5 个要素，即所用石料的类型、石料加工的早晚、镌刻质量、书写风格、语言学和历史学分析。讲座以 2011 年中国学术界围绕几件契丹墓志的争论为线索，介绍这 5 个要素在鉴定实践中的应用以及遇到的困惑，兼及近年来见诸报道的其他民族文字文物，引发人们对文物鉴定统一标准的思考。

2.“少数民族文字文献”（2008年7月5日）

中国社会科学院学部委员史金波先生主讲。中国历史上先后创制或使用过 30 多种少数民族古文字，形成了种类多样、数量巨大、内容丰富的少数民族文字文献。中国少数民族文字及其古籍是中华优秀传统文化的重要组成部分，丰富了中国古籍文献宝库，促进了中华民族文化的发展，推动了各民族之间的文化交流，对丰富和发展中华民族的文化有不可忽视的重要作用。讲座概要地介绍中国少数民族文字文献的历史和特点，并分别介绍各种民族古文字及其重要文献。

3.“民族文字古籍——中华古籍的瑰宝”（2010年6月22日）

中国社会科学院学部委员史金波先生、国家图书馆研究馆员黄润华先生主讲。讲座为听众介绍民族文字的类型、民族古籍的定义、装帧形式和价值等问题，并用实物和图片相结合的形式，向听众展示了藏文、蒙古文、西夏文、粟特文、满文等北方少数民族古籍和南方的纳西东巴文、傣文、水文古籍的基本情况，并探讨了民族古籍文献保护的问题。

4.“中国民族古文字的文字学意义”（2021年7月16日）

中国社会科学院民族学与人类学研究所研究员、民族文字文献研究室主任孙伯君先生主讲。讲座介绍了中国几种古老的民族文字，包括纳西东巴文、尔苏沙巴文、彝文、坡芽歌书等，分析纳西东巴文与系统的“助记符号”，以及彝文、傈僳音节文字与成熟文字，探讨了民族古文字对“六书”的继承与发展，分析了契丹小字和女真小字与文字对语言的适用性等问题。孙老师指出，文字是一个民族的标志性符号，尽管文字是助记、传递或记录语言的符号系统，但决定一个民族选用哪种文字记录本族语的主因并非语言因素，而是宗教信仰、政治背景和文化认同。

5.“佉卢文世俗文书所反映的社会问题”（2015年5月10日）

北京大学外国语学院南亚语系教授段晴先生主讲。佉卢文是南亚次大陆曾经使用的两种文字之一，曾经流行于现在的巴基斯坦吉尔吉特到塔克西拉一带，是古代贵霜王朝的官方语言。在中国的新疆地区，古代鄯善国和于阗国都曾使用佉卢文作为自己的语言。段晴老师介绍了佉卢文的使用和佉卢文文献的发现情况，并利用我国新疆发现的佉卢文文书和简牍，通过几个具体案例，探索分析了古鄯善王国的家庭与社会生活。

6.“藏文文献纵论”（2013年12月16日）

中国人民大学国学院教授沈卫荣先生主讲。藏族是一个特别喜欢书写的民族，藏文文献无论从数量，还是从种类而言，都仅次于汉文文献，文献的保有量巨大。沈卫荣教授就西藏的书籍文化、藏文的形成、藏文文献的利用状况等问题展开讲述，着重介绍了敦煌古藏文文献、藏文文献的精华《藏文大藏经》、藏外佛教文献、藏文历史文献、哲学文献、论道文献、仪轨文献、非文学类艺术和科学文献、传记类文献的内容和版本情况，并展示了大量相关文献图片，让读者有了更为直观的认识。

7.“藏文文献的搜集、编目与利用”（2021年1月27日）

北京大学外国语学院南亚学系及梵文贝叶经与佛教文献研究所副教授萨尔吉先生主讲。讲座就藏文文献的界定、国内外的收藏情况、藏文文献目录学的建立、如何利用藏文文献、藏文文献的研究等方面做了介绍，总体上对藏文古籍文献的搜集做了回顾，并就藏文文献的现状和未来提出了看法。萨尔吉老师指出，藏文文献是藏族人民在长期的历史过程中为全人类留下来的宝贵文化财富，我们有责任，也有义务将其保护、传承与发扬光大。

8.“回鹘文及其文献”（2020年11月24日）

中央民族大学中国少数民族语言研究院教授张铁山先生主讲。回鹘文是回鹘在

9—15世纪使用的一种音素文字，它来源于粟特文，并对蒙古文、满文、锡伯文等民族文字产生过很大影响。现存的回鹘文文献主要有碑铭、写本、刻本和文书等形式，其内容十分广泛，是中华民族丰富文化遗产之一，也是研究回鹘社会历史、宗教信仰、语言文字、文学艺术、科学技术等方面的重要材料。讲座讲解了回鹘历史概况、回鹘文、回鹘文文献的类别、现存主要文献、国内外收藏及研究情况等内容，全面系统地介绍了回鹘文及其文献的基本情况。

9.“契丹小字的解读”（2008年4月26日）

中国社会科学院民族学与人类学研究所研究员聂鸿音先生主讲。契丹小字是独特的契丹文字，是耶律迭剌（耶律阿保机之弟）在公元925年左右受回鹘文的启发而创造出来的，它主要使用类似汉字偏旁部首的表音符号来拼写契丹语词汇。讲座分为契丹文字简介、解读契丹小字的基本思路、解读方法的质疑、解读契丹文字未来工作四个方面，带领听众领略了契丹文字的特色，并对未来的解读思路做了启发。

10.“西夏文献探秘”（2001年5月27日）

中国社会科学院民族研究所（现民族学与人类学研究所）研究员史金波先生主讲。西夏文化是中国文化中辉煌灿烂的一页，西夏创制民族文字，崇佛尊儒，其典章制度堪与中原大国媲美。西夏文献对于研究西夏的历史文化、西夏与中原的关系以及中国的活字印刷起源都具有十分重要的意义。出土西夏文献类别繁多，可以分为语言文字类、历史法律类、文学类、经典译文类、佛教经典类等各个种类。史金波先生对西夏文献各个种类做了详细介绍，带领听众揭开了西夏文献的神秘面纱。

11.“西夏珍贵古籍今昔”（2017年8月20日）

中国社会科学院学部委员史金波先生主讲。讲座围绕西夏王朝的兴衰、西夏文字和古籍、西夏古籍的发现和流失、寻觅整理国内西夏古籍、西夏古籍再生性回归以及西夏文古籍的研究和利用6个问题展开。史先生深入浅出地讲解，让听众了解了西夏珍贵古籍过去和现在的情况，并对中国古代的西夏王朝的整体情况有了初步认识。

12.“回归考据学：西夏佛教文献研究的新动向”（2007年1月13日）

中国社会科学院民族学与人类学研究所研究员聂鸿音先生主讲。佛教在西夏的国家政治和国民生活中占有极其重要的地位，现今存世的西夏文献绝大多数都是佛经的译本，这导致西夏文献的研究在很大程度上是对西夏佛经的研究，这也是解读西夏文献的长期任务。聂鸿音先生指出，对西夏文献严整的解读规范为考据学基础上发展起来的四行对译法和文献对勘法，并认为近年来西夏佛教文献的研究已经回归了考据学，其成果表现在对西夏文佛经残片的鉴定、对某一种西夏文佛经的“辑佚”以及对某一种西夏文佛经的详尽注释三个方面。

13. “十九、二十世纪之交的西夏学研究”（2007年10月27日）

中国社会科学院民族学与人类学研究所研究员孙伯君先生主讲。讲座简要介绍了西夏的概况和西夏文创制，回顾了20世纪以前世人所知的西夏文献和最有价值的3项发现；系统阐述了西夏学的发端和重要学者的初步研究成果；介绍以黑水城文献的发现、《番汉合时掌中珠》的发表为开端的西夏学研究新时代。讲座最后对日本早期西夏学研究、中国早期西夏学的研究以及西夏文的早期研究做了总结和回顾。孙伯君研究员指出，回溯西夏学研究的历程，总结经验和教训，有利于今后开展大规模的西夏文献的解读，并在此基础上对西夏的历史文化进行综合的深入研究。

14. “蒙古族古代文字及其文献概览”（2021年3月25日）

中央民族大学中国少数民族语言文学学院教授、中国人民大学国学院卫拉特学·托忒学中心主任叶尔达先生主讲。历史上，蒙古族所使用过的文字较多，包括回鹘式蒙古文、八思巴文、阿里嘎里文、托忒文、索永布文、瓦根达尔文、西里尔文等等。蒙古族所使用过的文字符号在其创制方面具有两大特点：其一，蒙古族基本上采纳和借鉴了阿尔泰语系民族与汉藏语系民族所使用的文字符号，在此基础上创制了自己的文字；其二，蒙古族除了借鉴和采纳上述兄弟民族文字符号，还对现有的蒙古文文字符号进行了不断改善。讲座从阿尔泰语系民族与蒙古族文字以及汉藏语系民族与蒙古族文字两个大的方面逐一介绍了蒙古族所使用过的古代文字及其相关文献。

15. “托忒蒙古文及其文献：以伊犁河流域厄鲁特人民间收藏为中心”（2021年4月23日）

中央民族大学中国少数民族语言文学学院教授、中国人民大学国学院卫拉特学·托忒学中心主任叶尔达先生主讲。在蒙古族的历史上，托忒文属于重大的文字改革之一，影响深远。目前中国的托忒文文献主要藏在民间，而伊犁河流域是国际上收藏托忒文文献最多的地域。讲座就托忒文的创制及其传播、伊犁河流域厄鲁特人民间收藏托忒文古籍做了介绍，并对未来托忒文古籍的研究与保护工作进行了展望。

16. “《元朝秘史》的特征及版本流传”（2017年9月24日）

中国社会科学院民族学与人类学研究所研究员乌兰先生主讲。《元朝秘史》或《蒙古秘史》之名，在蒙古人中间家喻户晓，在其他民族当中也具有很广泛的知名度。然而，能够直接读懂这部书的人并不很多，因为它是一部“特殊形式的汉字史籍”，其正文是用汉字音写的蒙古语，另附有汉语旁译和总译。尽管《元朝秘史》是史书，但从整体上来看，其撰写风格呈现出较多的文学色彩，也可以说是“文史不分”。讲座就《元朝秘史》这部书的基本情进行了介绍，涉及这部书的形式和撰写风格、书名、主要内容、成书时间、作者、学术价值、版本流传情况等方面的问题。

17.“故宫旧藏蒙古文古籍”（2017年10月29日）

故宫博物院图书馆研究馆员春花先生主讲。自清朝开国以来，蒙古族在整个清朝历史舞台上扮演了十分重要的角色，在清朝的众多民族问题中，满蒙联盟是保持最长远、最重要的民族政策。清廷在文化方面积极倡导蒙古人“普及学校教育”“信奉佛教”等政策，因而在清朝统治期间，很多宝贵的蒙古文古籍文献得到刊行传世，其内容涉及哲学、宗教、法律、政治、历史、语言、文字、天文、地理、文学、教育等领域，其语种、文种丰富多样，主要以康熙朝、乾隆朝的内府刻、写本为主。春花老师对故宫图书馆旧藏蒙古文古籍的内容进行了介绍，展示了经部小学类、史部杂史类和传记类、子部释家类和天文算法类蒙古文古籍，并指出这些古籍的编纂、刊行与清朝对蒙古族推行的文化政策有密切关联。

18.“21世纪彝文古籍文献整理研究进展与成就”（2021年9月29日）

中央民族大学中国少数民族语言文学学院教授朱崇先先生主讲。彝文典籍是人类文化宝藏中的富矿，对其进行抢救和保护以及整理研究，是当前贯彻实施我国保护非物质文化遗产与古籍整理这一政策的重要组成部分。进入新世纪，我国迎来了保护非物质文化遗产和古籍整理及古代文献开发利用的大好机遇，朱崇先老师总结了21世纪彝文古籍文献整理研究进展与成就，包括学术交流日益频繁、一批重大科研项目先后立项并陆续取得重要成果、彝文古籍学术论著陆续出版问世、彝文古籍整理研究人才得到了培养以及建立完善彝文文献专门机构等。

19.“满文与满文历史文献”（2020年12月25日）

中国第一历史档案馆研究馆员吴元丰先生主讲。中国是一个多民族的国家，自古以来，各个民族逐渐形成了独具特色的本民族文化，同时也丰富和发展了共同的中华民族文化。满族作为建立中国最后一个封建王朝的民族，不仅创造了满文，而且将满文作为清朝的通用文字来使用，形成了大量的历史文献。它是中华民族文化遗产的有机组成部分，具有重要的历史文化价值。讲座分为满文的创制及其应用、满文文献的形成与保存现状、满文文献的类别与划分、满文文献的整理编目与数字化四个方面，全面系统地介绍满文的创制及其兴衰，满文历史文献的形成特点、类别划分、存世保存、整理编目及数字化情况。

20.“世界记忆遗产纳西东巴经典中的多民族多元文化漫谈”（2021年5月27日）

中国社会科学院民族学与人类学研究所研究员木仕华先生主讲。东巴文被称之为世界唯一存活着的象形文字，被誉为文字的“活化石”。东巴古籍文献在2003年就已入选世界记忆遗产名录。讲座就丽江的纳西文化、东巴经典的文字特点等话题展开演讲，对东巴经典文献面貌做了概览，介绍了作为世界记忆遗产的东巴经典的意义与价值，并解读了东巴经典中的多民族多元文化。

21.“南传佛教与傣文贝叶经”（2001年12月23日）

中央民族大学语言文学系教授张公瑾先生主讲。南传上座部佛教在公元5世纪前后传入云南西双版纳地区，随之创制傣文用来翻译佛典，因其刻写在贝叶上，被称为“贝叶经”。傣文贝叶经属南传上座部巴利语系大藏经，保存着佛教经典早期的面貌，有着特殊的研究价值。张公瑾先生带领听众回顾了佛教创立、传播和发展的历史，介绍南传佛教经典如何传入中国以及傣族人民怎样接受佛教，并对傣文贝叶经的概貌、价值和作用做了讲解。

“文津讲坛”中国语言文字系列讲座综述

□ 张伟丽 国家图书馆古籍馆

使用语言文字是人类最重要的特征，文字作为人类文化的精神载体，与人类文明的发展有着非常密切的联系。汉字作为中华文明的重要标志之一，与埃及圣书字、古代苏美尔文字、原始埃兰文字、克里特文字一样，共同承载了人类古老的历史文明。相较而言，汉字作为世界几大古老文字中唯一毫不间断、一直沿用至今的文字，具有十分顽强的生命力，无疑是最为独特、最为神奇的文字。鉴于此，国家图书馆“文津讲坛”策划了“中国语言文字系列讲座”，目前已经开展了20余场，内容主要分为5大类：汉字的诞生与发展变化、字音字义的变化及国际影响、古文字典籍专书解读、通用语言文字使用规则及数字化工作，几乎涵盖了目前汉语言文字研究的大部分内容。专家从语音、语义到民俗典籍文字、语言地理学，再到汉字字形及信息化处理等多个领域进行讲解，讲座内容深入浅出，紧扣学术前沿，紧密结合当前形势，无论是初学者还是业内人士都获益匪浅。下面具体来回顾一下这5大部分的内容。

一、汉字的诞生、造字法、发展趋势及文化含义

要想全面认识汉字，首先要对汉字的诞生、发展阶段有全面的认识，对汉字的演化机制及发展趋势有一定的了解。相关讲座有北京师范大学文学院王立军教授所讲的“汉字的取象法则与文化价值”，中国人民大学文学院王贵元教授所讲的“汉字发展的阶段及其演化机制”，北京师范大学文学院齐元涛教授所讲的“汉字发展的目标”。

“汉字的取象法则与文化价值”主要讲述了汉字在世界文字体系中的地位、汉字构形的取象法则、汉字构形的演化趋势、汉字构形的文化价值等方面的内容。汉字在几千年的发展过程中，不仅对记录我国多种民族语言文化发挥了重要作用，而且远扬于四面八方，对日本、韩国、越南、新加坡等国家的文字和文化发展也产生深远影响，并逐渐形成了覆盖东亚、东南亚部分地区的“汉字文化圈”。在不同历史时期内，这些国家均曾以汉字作为正式文字，留下了难以磨灭的文明印记。汉字能够有如此大规模的传播和发展与其构形方法密不可分，汉字构形的演化趋势表现在两个方面：一是构造类型由单纯表意走向音义合成；二是主要矛盾由建构系统走向书写便捷。

汉字源自生活，反映生活，是古人生活的真实记录。汉字构形涉及古人生活的方方面面，内容十分丰富，其文化价值有必然性、丰富性和有限性。汉字构形不仅反映

了古代的物质文化，也部分地体现了精神文化。不过，汉字构形虽与古代文化关系密切，但汉字构形并不具备确证古代文化的功能，只能作为一种旁证——毕竟汉字已经经过了几千年的演变，与其所产生的社会背景有了难以弥合的隔阂。因此，在研究汉字构形的文化价值时，不要盲目夸大，更不能罔顾汉字演变的历史事实，据后世字形望文生训。

汉字作为表意文字，为什么能够一直沿用至今，是一个很值得研究的问题。王贵元教授所讲的“汉字发展的阶段及其演化机制”涉及汉字从产生到现在主要经历了哪些阶段，汉字是怎么逐渐演变过来的，汉字的演变蕴含了传统文化的哪些智慧等几个方面。汉字从诞生至今，经历了古文字阶段和今文字阶段。古文字阶段以甲骨文为代表，主要有两个特点：1. 只记录关键词；2. 词序、字序具有图画性，都是物象的反映。在古文字形态中，字形不表示词的音和义，而是隔过了词，直接表示事物，即古汉字绕过了汉语的基本单位——词，直接表示客观事物。古文字阶段汉字的形体特征是象形和亚象形。象形特征存在于汉字产生时期至西周中期，亚象形特征存在于西周晚期至战国中期。汉字发展的第二个阶段是今文字阶段，形体特征包括古隶、今隶、楷体、简楷。古隶存在于战国晚期至西汉中期，今隶存在于西汉晚期至魏晋时期，楷体存在于南北朝至 20 世纪初，简楷则存在于 1956 年至今。其中楷体作为目前存世时间最长的汉字形态，其诞生标志主要是笔画的变化，南北朝时期提画和钩画正式形成，点画的范围进一步扩大。就造字法来说，汉字最早期的形态是独体字，发展到一定阶段后，出现了字与字的组合，进入到合体字造字阶段。“字”的意思指的就是合体字，是汉字发展的重要时期，为现代汉字的最终出现打下了坚实的基础，同时保存了大量的中华传统文化信息。

汉字从造字、逐渐成型到不断变化是一个非常艰难的过程，随着不同时代的发展，为了满足不同的需要，汉字一直在变化。那么这个变化的趋势是什么，汉字的未来又将如何？“汉字发展的目标”回答了这些问题。该讲座主要讲述了汉字变化的特点、汉字发展的动因、汉字书写发展的目标及构造的发展目标。早在甲骨文时期，汉字就能够以线条摹物，发展到小篆后，汉字变得更加工整，线条更加规范和美观。为了书写更加方便，更加快速，汉字从小篆发展到隶书，进入到今文字阶段。很快，隶书吸收了草书的灵动和活泼，发展出了后世熟知的楷书，并先后出现了点、横、提等笔形。最终，汉字经过笔画化，规整、减量到趋直、反逆，顺应了汉字在书写上向着便捷化的发展目标。

从汉字发展的过程来看，汉字造字的主要特征是：1. 用含有固定含义的基础构件构成不同的汉字；2. 构造模式的形声化。形声字产生后，有了意符和音符，于是出现了规整的汉字，而且不同构件的组合，可以互相关联，有较强的规律性。汉字明确了意符和音符后，汉字的结构随之受到影响，当构件固定下来并可以改变位置时，汉字便向着更便捷的角度发展开去。后世汉字不断地组合，彼此独立又相互关联，能够在获取更多的汉字语义信息的同时，使得字和字之间有足够的辨识度。随着现代人阅读和书写习惯的改变，汉字书写趋向简化，构造也随之变化，这些都是影响未来汉字变化的重要因素。总体来看，汉字在书写上的发展是简繁适度，而不是一味求简。

关于汉字的诞生及其发展，2005年任继愈先生在“文津讲坛”所作的“汉字的再认识”讲座，2009年苏培成教授所作的“汉字进入了简化时代”讲座也是关于汉字发展过程、目标和特点的。

二、解读汉字的语音、国际影响及相关文化阐释

汉字的字形和字音联系宽泛，有超拼音规则的性质，有利于不同汉语方言的人，甚至不同国家的人共享古今中外的汉字文本，从而形成强大的汉字文字圈。相关讲座有北京大学中文系陈保亚教授所讲的“超越拼音规则：汉字文化圈形成的文字机制”，北京大学中文系孔江平教授所讲的“中华传统有声文化的科学视角”。

世界上影响最大的3种文字是苏美尔文字、埃及圣书字、汉字，只有汉字至今保留了表意系统，没有发展成拼音文字，因此汉字属于超音规文字。超音规加上汉语文本强大的共享能力，使汉字文本得以迅速扩展，极大提升了汉文文势和汉语语势，有利于形成深层上的汉字文化圈。“超越拼音规则：汉字文化圈形成的文字机制”讲述了超音规汉字文化圈的形成，主要内容包括：人类需要什么样的文字、汉字的生命力、超越拼音规则的文字、汉字强大的历史书写功能、汉字强大的多语共享功能、汉字共享与文势积淀、汉字文化圈、不同文化圈的比较、对世界通用文字的思考等内容。

汉字凭借字形和字音联系宽泛的优势，借助超拼音规则的帮助，具备了强大的文本共享能力，使汉字文本得以迅速扩展，汉文化得以迅速积淀。汉字使汉字文化圈有了书写纽带，汉字作为汉字文化圈书写的母语，不需要任何中介语介入，汉字文本可直接共享。汉语言文化圈人口多，文势强，融合民族语言多，使用汉字的人口不断增加，使用范围越来越广。固定的汉字文化圈形成之后，汉语国际化的价值随之凸显了出来，不仅在文化上利于汉文化的传播和传承，在经济上和学术上也会创造出较大的价值，汉字文化圈将会表现出强大的生命力。随着全球化网络时代的到来，汉字也是汉语国际化和跨语言文本共享的主要书写纽带之一，并借此维系和传播华夏文明。有学者称：

> 随着中国的和平崛起，汉语与中国文化重新受到周边国家的重视，东亚、东南

亚等传统汉字文化圈国家再度兴起“汉语热”。尽管去汉字化论调仍时隐时现，但文化层面的“再中国化”成为传统“汉字文化圈”国家逐渐明晰的文化战略。[①]

中国有5000年的悠久历史和灿烂的文化，其中有一类是以声音为载体的文化，我们称之为“有声文化”。而中华传统有声文化更是有其特定的基本形式和内容，概括起来可称为四律：“声律”“格律”“曲律”和“乐律”。声律介绍中国语言的基础，格律主要介绍汉语不同方言的古诗词吟诵，曲律主要介绍昆曲发音、苗族古歌等，乐律主要以中国传统礼乐的八音为基础，介绍编钟、古磬、古琴等古代乐器。

“中华传统有声文化的科学视角”主要讲述了以下几部分内容：1. 人类语言和有声文化的起源；2. 有声文化的基本性质；3. 中华传统有声文化中汉语古诗词吟诵、昆曲、蒙古族呼麦、藏传佛教诵经、含灯大鼓、腹语、拉玛白族的抖喉、哈尼多声部民歌、侗族大歌、彝族口弦琴；4. 中国传统乐器；5. 有声文化的基础理论框架；6. 语言与音乐的相互依存关系。

语言认知科学和音乐认知的研究逐渐证明，语音和语言是音乐的认知基础，关于有声文化的研究越来越受到关注。在人类起源和演化的过程中，大脑认知能力的演化起了决定性的作用，并自然选择了语音作为思维和语言沟通的介质，从而催生了文化的形成。语言学家萨丕尔和沃尔夫基于语言、文化和思维三者之间的关系提出了萨丕尔–沃尔夫假说，认为不同的有声语言会影响人们的思维方式，从而导致文化和民族认同的差异。对于我们这个多民族国家来说，进一步加强对语言和文化的研究，特别是有声文化的研究，有利于加强中华民族认同感、提升文化自信，是非常重要的。

总体来看，汉字的超音规特性有利于汉字文化圈的形成，对于多民族的有声文化研究更是紧跟时代潮流，具有十分重要的现实意义。关于汉字语音的讲座还有2010年“文津讲坛”举办的“非文字史料与多重声音看历史”讲座，也是从语音等非文字史料的角度来研究、分析历史现象。

三、古文字典籍专书解读

古文字典籍专书解读主要指的是对东汉许慎所著《说文解字》的研究诠释。相关讲座有清华大学人文学院李守奎教授所讲的“古文字视野下的《说文解字》”。《说文解字》是古文字研究史上的重要著作，从某种角度上来说，它给我们留下了非常重要的历史资料和线索，需要充分加以利用。今天的人们，在古文字学的视野下来看《说文》，会发现二者是互相促进的关系。

① 刘志刚：《汉字文化圈的历史演变及其当代价值》，《云南师范大学学报》2020年第6期，第88页。

“古文字视野下的《说文解字》”就如何从古文字的角度研究《说文》，怎样充分利用《说文》去学习、研究古文字做出了充分的阐释，毕竟，离开《说文》的古文字研究没有根基，离开古文字的《说文》研究没有出路。

一直以来，古文字学习有两条路径，一是传统的学习方法，以《说文》为基础，二是直接从古文字文本和常用字入手。两条路径最好结合起来，做到研究《说文》与古文字同时学习，二者同步进行。利用《说文》研究古文字，利用古文字研究《说文》，是一个必然趋势。掌握了《说文》中的常用字，古文字中的大部分文字就都可以识别，《说文》中那些来源不明的字中也蕴含着解读古文字的线索。在古文字视野下研究《说文》，还可以发现其中的问题，如“士”的3个来源：士、圭、牡。以斧钺形“士”，传承有序；“圭”是甲骨文中“吉”字的从字，不过这种用法随着商代的灭亡而消失了；“牡”形与“士”“土”相近，或讹变为“土”，或讹变为“士”。最终士、圭、牡、土因形体相近，彼此混讹，致使《说文》对士、圭、牡等字的分析错误。但是这些错误也给后人留下了古文字发展历程中的宝贵线索，也是重要的贡献，并不能因为这些错误就否认《说文》的重要地位。所以说，熟悉《说文解字》，对古文字就学得更快，理解得更透彻，而学习完古文字之后，再来看《说文》，涉及的一些问题也会取舍，二者相辅相成。比如说楚文字与小篆的关系：

> 楚文字与小篆的关系在一定意义上可以代表《说文》古文与小篆的关系，也可以代表楚文字与秦文字之间的关系，深入研究这一课题不仅有助于理解楚、秦两系文字的特点，而且对以《说文》体例编著古文字形体类工具书有着直接的理论指导意义。[①]

如果研究者把眼光放开，就会发现《说文解字》的研究还有一个角度，就是站在今天的文字学即新的文字学视野下，重新去学习《说文》，我们不仅可以从《说文》走出来，还可以获得更多的有价值的信息。

“文津讲坛”十分重视对《说文解字》的讲座，先后于2007和2017年举办“《说文解字》与古代文化”“《说文》的魅力——与出土文献互动的《说文》研究”2场讲座，丰富了《说文解字》的解读内容，采用了二重证据法进一步阐释《说文解字》，对于相关研究有一定的指导意义。

---

① 李守奎：《略论楚文字与小篆的关系——兼论依〈说文〉部首编著的古文字编的体例》，《北华大学学报》（社会科学版）2003年第2期，第6页。

四、语言使用规则及现实意义

在了解了语言的发生、发展后，其在现实生活中的使用规则和方法、语体嬗变等也成为一个重要的研究方向。相关讲座有清华大学中文系张美兰教授所讲的“变异与规约：清末北京官话口语与明清小说的语体嬗变”，教育部语言文字应用研究所王敏研究员所讲的“国家通用语言文字规范标准概说”。这两个讲座，一个讲述早期汉语口语传播与发展，一个讲述现代通用语言的传播与规则，互为借鉴，相得益彰，从中颇能看出汉语口语变化的历史轨迹。

“变异与规约：清末北京官话口语与明清小说的语体嬗变”主要讲述我国清代末年的北京官话教科书，作者在编撰这些教科书时，利用文学题材进入汉语教科书，客观上起到了加大汉语传播的作用。这种现象是文学界很少关注的，也是汉语教育史领域里比较忽视的一个问题，是白话口语发展进程中间特别重要的一个阶段。

该讲座围绕早期汉语教科书对中国传统文学题材的变异与规约，来探讨早期汉语口语的传播与发展。“变异”是指教科书的编撰者从中国传统的古典文学中，如戏曲、小说作品中寻找可以用来做北京官话教材的材料，把中国传统文化和中文学习融为一体，是早期域外北京官话教材的一种积极的尝试。“规约”是编者为便于读者接受，在改写相关材料的过程中，通过一些特定的条件来制约篇章的结构、语言表现形式、原文内容改编等。变化的宗旨就是强调汉语教科书教育的特点，用这个宗旨来规约整个汉语口语教材的编写。这不仅是域外汉语教材中的一个新特点，也是汉语口语的白话文建设方面的一个真正的实践，属于早期白话文发展的另一种形态。

在晚清新白话文实践上，编撰汉语官话教材最具超前性，极大地推动了来自民间团体的白话文运动。这种来自民间的域外教材，将汉语白话实践扩展到了域外汉语学习实践中，涉及了大量的文学作品，不仅提高了语言水平，还促进了文化学习。无论西方还是东方，过去还是现在，以小说、戏曲作为语言学习教科书的并不少见，有人物、有情节的小说或者是戏曲作品，始终是最吸引人的。对我们现代语文教学来说，更应该注重在选材的时候，把历史、文化、文学的一些信息渗透进来，让华语区不同地域的年轻一代，通过这些语文教材能够相互了解、相互沟通。

“国家通用语言文字规范标准概说”主要讲述自 2001 年《国家通用语言文字法》诞生后，将通用语言文字定义为普通话和规范汉字，从国家层面推广普通话，推行规范汉字等内容。通用语言文字的效力受法律保护，适用于国家机关、学校及其他教育机构、出版物及公共服务领域。通用语言文字最重要的特点是广泛的应用性和作为不同地域、人群的沟通工具。通常一种成熟的语言有两种途径实现规范化：历史层累的形成和政府的主动规范。通用语言标准化的工作主要由法律法规、国家标准、规范标准、社会共识几个层级构成。

该讲座主要分为以下几个方面：1. 分析“国家通用语言文字”概念；2. 国家通用语言文字法律法规的情况；3. 当前我国语言文字领域的工作机制对于相关研究的影响。普通话作为国家通用语言，是以北京语音为标准音，以北方话为基础方言，以典范的现代白话文著作为语法规范的现代汉民族共同语。其语音形式规范主要包括《汉语拼音方案》《汉语拼音正词法基本规则》，词汇规范包括《现代汉语词典》《汉语拼音词汇》，综合性的规范包括《普通话水平测试大纲》等。通用汉字整理的内容则通常包含定量、定型、定音、定序。

进入21世纪以来，人们逐渐意识到掌握语言学的一些理论知识，对于语言文字的规范化工作有一定的价值和意义。通用语言的研究角度不仅包括语言心理学的角度研究扩展语言文字规范标准，也涉及语言文字规范化、标准化工作对社会语言的应用、社会语言的生活的影响，同时要结合社会学、经济学等其他领域的各个学科，需要多学科交叉研究，这样才能使语言标准化工作不断适应时代的需求。

关于语言规范的讲座，还有2006年江蓝生先生所讲的“关于当前语言文字规范的几个问题”，2007年王蒙先生所讲的“语言的功能与障碍”，2008年蒋绍愚先生所讲的“汉语史研究的意义”，都涉及了语言学的研究意义和实际使用情况。

五、语言文字类古籍的数字化工作

除了研究文字的诞生、变化和口语传播、交流，探讨文字类古籍的数字化也是未来发展的一个重要方向。相关讲座有北京师范大学文学院周晓文教授所讲的“古代字书的数字化整理”。中国古代字书，简单来说是指字典，字书源远流长，萌芽于先秦两汉时期的识字课本。历代字书，尤其是古代字书，具有丰富的内容和价值，到现在仍然是我们离不开的工具和研究的对象。该讲座主要分为以下几个部分：1. 关于字书、字书的发展与类型；2. 字书数字化整理的现实意义；3. 字书的数字化加工与处理。

根据各类字书的核心内容，可以将其分为以下几类：“说文”类、“六书”类、楷书字典类、训诂类、方言类、音义类、韵书类、字样类、古文类等。代表作品如《说文解字》《尔雅》《玉篇》《方言》《广韵》等，涉及范围包括方言、经典释文、韵文、字样标准等。《说文解字》是中国历史上真正对汉字进行研究的第一本书，是体现汉字具有系统性、有构字理据和思想的语言文字学专著，对汉字研究、古文字释读，甚至汉字教学都有重要意义，也是目前所做字书数字化工作中涉及最多、成果丰富的一部书。古代字书数字化涉及多个领域，既涉及信息处理，也涉及语言文字学研究，属于交叉学科。对于文献典藏、古籍整理、中文信息处理方面特别是编码方面，有很重要的现实意义。字书数字化的发展会促进学科的传统文字学研究，更加开拓了语言文字学的研究领域和空间。反之，文字学的研究也会促进或者为数字化提供支撑，包括资源采集、图像加工、文字采集、字料库等。字料库在做字书的数字化时发挥了极大的作用。文字学研究需要保存每一个字形，每一个字形的保存本身，除了整理的需要，也是典藏的需要。某个字形在历史当中出现过，就像保存文物一样，这个字形也属于文物，也需要保存、储存下来。如果不把单个字截取出来，放入字形库存储的话，很容易丢失，也可能消失。消失的结果有可能影响对一些字的解读，其演变过程当中出现的一些变体的情况就会中断。所以每个字都要有它的原图的储存，也就是字料库存在的意义。

如果把字书的数字化看成关于文字学与文献数字化的交叉学科的话，“文津讲坛”在早年举办语言文字类讲座时就十分重视学科交叉。2004年，曾邀请吴小如先生做了“治文学宜略通小学”的讲座，属于文学与小学的交叉研究。2004年，宋镇豪先生所讲的“甲骨文中所见的学校教育”，2018年，黄锡全先生所讲的“古文字与古货币”，都拓展了相关领域的研究范围。

此外，“文津讲坛”也一直关注少数民族语言文字，如2007年举办了“少数民族语言和少数民族语言生活”讲座，2011年举办了“图画怎么变成了文字——中国西南濒危文字文化解读”讲座。2009年举办的“契丹文字解读概况”讲座，更是对已经消失的契丹族文字的研究状况做了详细的介绍。

汉字与中华文明息息相关，不仅是古代文明的延续，同时也记录着今日中国，如何通过文字与语言更好地了解自己国家的文明与历史，是每个国人的责任与义务，这对于增强文化认同感和文化自信有着重要的意义。

国家图书馆古籍特藏中的正字书述要

□ 刘 菲 国家图书馆古籍馆
□ 赵爱学 国家图书馆古籍馆

正字书是指古代辨正文字类的字书，其内容主要是整理和辨析异体字，确定当时汉字的标准字形，规范文字的使用，促进文字的统一。魏晋南北朝时期，政权分裂割据，社会动荡，而当时印刷术尚未出现，书籍的流传主要依靠手工抄写，导致俗字、讹字流行于世，文字使用非常混乱。唐代社会统一，生活安定，施行科举考试带动教育发展，开始重视规范文字使用。到宋代，印刷术的发展同样也对字形的稳定和规范使用提出了要求。在这样的时代背景下，政府重视，学者积极参与，唐宋时期正字之风异常盛行，产生了一批以《干禄字书》《佩觿》为代表的影响深远的正字书。到元明时期，在不同时代背景下，仍有正字书问世，尤其明代因通俗文学和白话小说兴盛，又出现了较为严重的文字使用不规范现象，产生了《俗书刊误》等正字书。这些正字书辨析异俗、匡正讹误，为纠正历史上不同时期文字使用混乱、确定标准字形做出了贡献。这些字书为当时的文字规范使用提供了参考，在提倡使用规范字、限制异体字、促进文字统一方面颇有成效。而其中体现的规范理念和正字方法以及经验教训，对当前的语言文字规范化使用工作也有借鉴意义。

本文主要整理《干禄字书》《五经文字》《九经字样》《佩觿》《龙龛手鉴》《复古编》《字鉴》《俗书刊误》等 8 种历代有代表性的正字书。在国家图书馆（下文简称“国图”）古籍特藏中的存藏情况，也通过《中国古籍善本书目》①、《中国古籍总目》②、《中国文字学书目考录》③、《文字音韵训诂知见书目》④、全国古籍普查登记基本数据库⑤、中国台湾中文古籍联合目录⑥、日本所藏中文古籍联合目录⑦等，附带调查国图以外存藏，以求相对全面反映此 8 种正字书的存世情况，为进一步、利用和开展相关工作提供参考。

---

① 《中国古籍善本书目》编辑委员会编：《中国古籍善本书目》，上海古籍出版社，1985年。

② 《中国古籍总目》编纂委员会编：《中国古籍总目》，中华书局、上海古籍出版社，2012年。

③ 刘志成：《中国文字学书目考录》，巴蜀书社，1997年。

④ 阳海清、褚佩瑜、兰秀英编：《文字音韵训诂知见书目》，湖北人民出版社，2002年。

⑤ 全国古籍普查登记基本数据库，http://202.96.31.78/xlsworkbench/publish（2021-10-30检索）。

⑥ 台湾中文古籍联合目录，http://rbook.ncl.edu.tw/NCLSearch/Search/Index/2（2021-10-14检索）。

⑦ 日本所藏中文古籍联合目录，http://kanji.zinbun.kyoto—u.ac.jp/kanseki（2021-10-14检索）。

一、《干禄字书》

《干禄字书》一卷，唐颜元孙撰。成书于唐玄宗时期。颜元孙（？—732），字聿修，京兆万年（今属陕西西安市）人。颜师古四世从孙。垂拱年间进士，历任长安尉，太子舍人，滁、沂、濠州刺史。其祖颜师古精通文字训诂，为时人推重，贞观年间任秘书少监时，专典刊正所有奇书难字，雠校楷书，录字体数纸，为正文字的楷模，时人称为“颜氏字样”。颜师古《字样》是辨正文字类字书的开创之作。颜元孙在其基础上参校是非，较量同异，编成《干禄字书》，提供规范字形，供参加科举考试的考生，以及官吏书写公文参考，故名“干禄”。

该书以平、上、去、入四声为序编排，同声下以206韵次为序，大体与陆法言《切韵》一致。各字首列“俗、通、正”等同字异体字形，字头下指出所列字形“俗、通、正”分属情况，个别字还有注音释义。对形近容易混淆的字，也列在一起加以辨析。如同偏旁字较多，则只列一字为代表，注明“他皆仿此”或“诸同声音皆准此”等。颜氏认为“俗、通、正”三体各有所用，作者自序云：“所谓‘俗’者，例皆浅近，唯籍账、文案、券契、药方，非涉雅言，用亦无爽，傥能改革，善不可加。所谓‘通’者，相承久远，可以施表奏、笺启、尺牍、判状，固免诋诃；所谓‘正’者，并有凭据，可以施著述、文章、对策、碑碣，将为允当。”①

“俗、通、正”三体各有所用，既尊重客观实际，又提出了自己的规范意见。这种正字观点符合文字发展的特点和实际使用的需要，对唐代文字的使用实践起指导作用，同时也对汉字楷书的通行起到了一定的规范作用，为习字、用字提供了依据，成为汉字规范的样本。据施安昌先生统计，初唐碑刻和写经中通、俗字体很常见，中唐、盛唐以后逐渐减少，正体字增加，这体现了《干禄字书》等正字书籍“提倡正字、限制异体字是颇有成效的，是唐代文字进一步趋向统一的反映。……从文字改革的角度来看确定正字和限制异体，实际上是文字规范化的两个方面。”②“俗、通、正”三体这种处理方法为后来的正字字书所吸收，对汉字正字书产生了深远的影响。施先生还指出，颜元孙在《干禄字书》所列举的字形中体现了汉字简化的倾向。以上这些都对后世正字产生了影响，直到如今当代汉字使用规范化、简体化工作依旧可以从中汲取经验。当然应当注意，该书对字形、字义的辨析亦有失误，不过正如《四库全书总目提要》云：“虽皆不免千虑之失，然其书酌古准今，实可行用，非诡称复古，以奇怪钓名。言字体者，当以是为酌中焉。”③

---

①〔唐〕颜元孙：《干禄字书》，明嘉靖六年（1527）孙沐万玉堂刻本。

② 施安昌：《唐人〈干禄字书〉研究》，《颜真卿〈干禄字书〉》，紫禁城出版社，1990年，第95页。

③〔清〕纪昀等编：《四库全书总目提要》，河北人民出版社，2000年，第1085页。

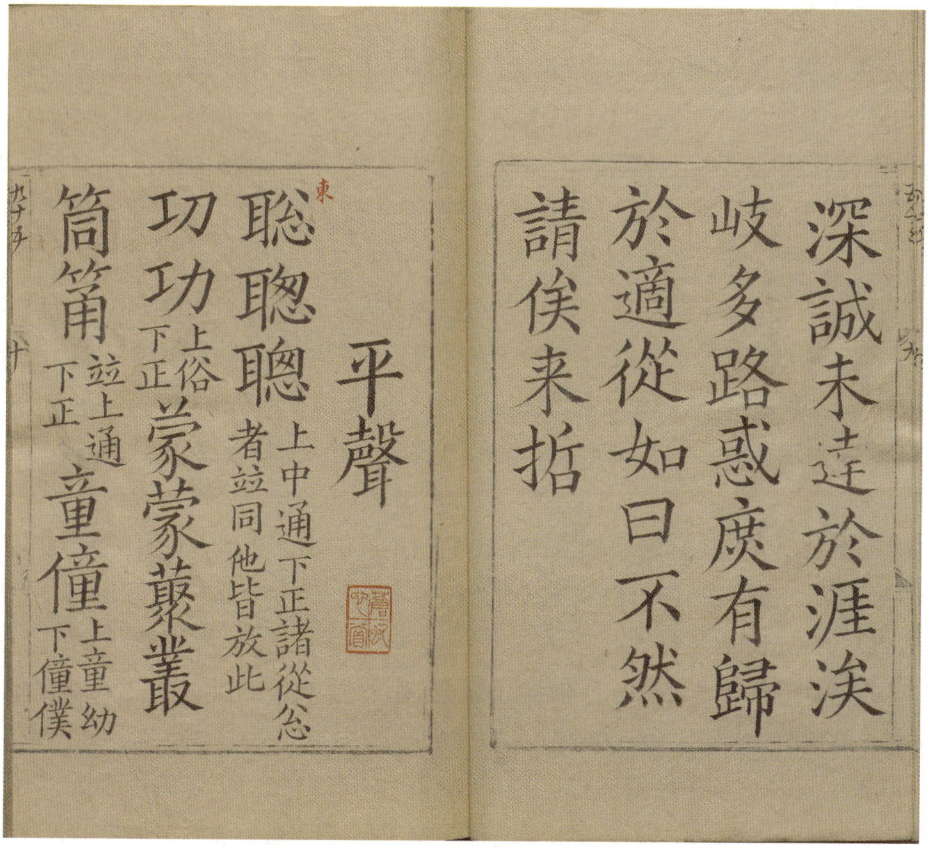

图1　清抄宋本《干禄字书》

《干禄字书》成书后先是摹勒上石，后有雕版。刻石共有三次。唐代宗大历九年（774）其侄颜真卿在任湖州刺史时，手书并镌刻于石。因传拓过多，磨泐严重，开成四年（839）湖州刺史杨汉公又重摹刻石。此二次刻石拓本都称为“湖本”，今皆不存。南宋绍兴十二年（1142）宇文时中复摹刻于四川潼川府（治所在今四川省三台县）府学，人称“蜀本”，现存有宋拓本，藏故宫博物院。据《四库全书总目提要》，宋宝祐丁巳（1257）衡阳陈兰孙始以“湖本”镌木（国图藏此本清抄本，图1），清马曰璐据以翻刻，即四库全书底本。目前流传所见较早刻本为明嘉靖六年（1527）孙沐万玉堂刻本，国图有藏。国图藏本及其他藏本目录如下。

（一）国图藏《干禄字书》各版本①

拓本4种：

1. 宋拓本。宋绍兴十二年宇文时中刻石。经折装，1册，每开5行9字，小字双行。（善拓6）

① 国图藏各版本条目后括号内为藏品索书号，拓本与善本古籍藏白石桥总馆，普通古籍藏文津街分馆。

2. 清乾隆嘉庆间拓本。宋绍兴十二年宇文时中刻石。整幅，1张，高189厘米，宽113厘米。正文分5列，列35行，行9字。顾广圻、铁琴铜剑楼旧藏，丁惠康捐赠。（顾专586）

3. 清乾隆嘉庆间拓本。宋绍兴十二年宇文时中刻石。整幅，1张，高168厘米，宽113厘米。正文分5列，列35行，行9字。顾广圻、铁琴铜剑楼旧藏，丁惠康捐赠。（顾专587）

4. 旧拓本。宋绍兴十二年宇文时中刻石。整幅，2张，高187厘米，宽113厘米；高168厘米，宽115厘米。正文分5列，列35行，行9字。（各地10456）

善本古籍7种：

1. 明嘉靖六年孙沐万玉堂刻本。半叶8行17字，小字双行，白口，左右双边。1册。（07970）

2. 明万历二十五年（1597）荆山书林《夷门广牍》本。半叶9行18字，小字双行，白口，四周单边。1册。清袁芳瑛校、周叔弢跋（17876）。另存3部《夷门广牍》本（07561、A01515、T1035：15）。

3. 明末宛委山堂《说郛》本（与《佩觿》合刻）。半叶9行20字，小字双行，白口，左右双边，单鱼尾。1册。（T00697：88）

4. 明端始堂刻本（与《佩觿》合刻）。半叶8行18字，白口，四周单边。3册。（A00033）

5. 清顺治三年（1646）宛委山堂《说郛》本（与《佩觿》合刻）。半叶9行20字，白口，左右双边，单鱼尾。1册。（T00698：87）

6. 清初毛氏汲古阁影明抄本（与《佩觿》合抄）。半叶8行17字，小字双行，白口，左右双边。1册。（07971）

7. 清抄宋本。半叶4行7或8字，小字双行，无直格，白口，四周单边。1册。（15171）

普通古籍8种：

1. 清嘉庆九年（1804）崇雅堂刻《字学四种》本。半叶7行16字，小字双行，白口，四周双边，单鱼尾。1册。（字100.5/8569：1）

2. 清道光十五年（1835）朝邑刘氏刻《青照堂丛书》。半叶9行20字，小字双行，白口，左右双边，单鱼尾。1册。李元春评阅。（8070：77）

3. 清同治十二年（1873）粤东书局刻《古经解汇函》本（与《五经文字》《九经字样》合刻）。半叶10行21字，小字双行同，白口，左右双边，单鱼尾。1册。（424：56）

4. 清同治十三年（1874）粤东书局刻《古经解汇函》本（与《五经文字》合刻）。半叶10行21字，小字双行同，白口，左右双边，单鱼尾。1册。（65317：57）

5. 清同治十三年味腴山馆刻《字学三种》本。半叶7行16字，白口，左右双边。1册。

（字 100.5/8953：1）

6. 清光绪八年（1882）刻《后知不足斋》本。半叶 4 行 7 字，小字双行字数不一，黑口，左右双边，单鱼尾。1 册。（10407：9）

7. 清光绪十年（1884）鉴古书局影印同治十三年味腴山馆刻《字学三种》本。半叶 7 行 16 字，小字双行，白口，左右双边，单鱼尾。1 册。（字 100.5/8593.1：1）

8. 清光绪十四年（1888）上海蜚英馆《古经解汇函》本（与《五经文字》《九经字样》合刻）。1 册。（64303：16）

（二）国图以外藏本[①]

1. 明刻本。1 册。藏常州市图书馆。（全国古籍普查登记基本数据库，下文简称“古籍普查数据库”）

2. 清初刻本。2 册。藏重庆图书馆。（古籍普查数据库）

3. 清康熙六年（1667）陈上年刻《辑刻三种》本（与《广韵》《音论》合刻）。藏湖北省图书馆。（《文字音韵训诂知见书目》[②]、湖北省图书馆网站书目数据）

4. 清康熙马氏丛书楼刻本。藏浙江图书馆。（《中国古籍总目》）

5. 日本宽永四年（1707）跋井上氏秋闲刊本。藏日本一桥大学图书馆。（日本所藏中文古籍数据库）

6. 清乾隆六年（1741）朱振祖抄本。藏南京图书馆。（《中国古籍善本书目》）

7. 清嘉庆十年（1805）江宁王氏书局刻本。1 册。藏吉林省图书馆、苏州大学图书馆。（古籍普查数据库）

8. 清江宁王氏书局刻本。藏中国科学院图书馆。（《中国古籍总目》）

9. 清嘉庆十年仁和龚丽正刻本。1 册。藏温州市图书馆（古籍普查数据库）

10. 清仁和龚氏抄本。藏台北汉学研究中心。（台湾中文古籍联合目录）

11. 日本文化十四年（1817）覆刻陈兰孙本。佚名批校。藏北京大学图书馆。（《中国文字学书目考录》《文字音韵训诂知见书目》）

12. 日本文化十四年（1817）东都浅仓屋久兵卫刻本。藏上海图书馆、北京大学图书馆。（《文字音韵训诂知见书目》）

13. 日本明治十三年（1880）东京山中喜太郎刊本。藏日本国立国会图书馆。（日本所藏中文古籍数据库）

14. 清刻本。1 册。藏福建省图书馆。（古籍普查数据库）

15. 清刻本。1 册。藏盐城市图书馆。（古籍普查数据库）

---

① 国图以外藏本条目后括号内为版本信息来源。

② 《文字音韵训诂知见书目》作清康熙五年（1666）。

16. 清刻本。1册。藏陕西师范大学图书馆。（古籍普查数据库）
17. 清末刻本。1册。藏吉林省图书馆。（古籍普查数据库）
18. 清抄本。丁传校，吴城、丁丙跋。藏南京图书馆。（《中国古籍善本书目》）
19. 清拓本。1册。藏北京师范大学图书馆。（古籍普查数据库）

二、《五经文字》

《五经文字》三卷，唐张参撰。成书于唐代宗大历十一年（776）。张参生卒年不详，主要活动于唐玄宗至代宗时期。唐玄宗时期举明经，大历年间授国子司业。大历十年（775）六月，奉诏校勘五经文字，书于太学讲论堂东西厢壁上。该书是为解决当时阅读经典和科举考试的需求，收录《易》《书》《诗》《礼》《春秋》五经文字，故名《五经文字》。五经之外，也兼收《论语》《尔雅》二书文字。

全书收经传文字3235个。编排方式不以四声为序，改为部首编排法，书中《序例》云："今则采《说文》《字林》诸部，以类相从，务于易了。"[1]把《说文解字》《字林》的540部合并调整为160部。字头多以异体字并列字头，指出出处，如卷上木部"桃[illegible]，上《说文》下《石经》"。或以形近字并列，指出字形、读音差别，或简单释义，如卷中玉部"班斑，上从刀，分也；下从文，采也"。亦有单列字头，仅指明读音、释义，则辨正文字之外，对《五经》中常出现的字进行简单说解，起到字典作用，如卷上木部"檔，丁果反，捶也"。

该书针对当时经典文字书写混乱的问题，辨析读音，考正字形，对当时汉字的规范化起了很好的作用，经书文字的楷书写法自有《五经文字》以后才有了一定的规范。

该书最早写于太学讲论堂东西厢墙壁之上，唐太和年间（827—835）国子监祭酒齐皞、司业韦公肃易刻为木板。唐开成二年（837）刻成十二经，《五经文字》附在十二经之后，石现存西安碑林。清代以前，该书雕版印本不传，清康熙五十四年（1715）项细据碑本刻版，清乾隆五年（1740）马氏丛书楼又据宋拓本翻刻。目前所见存世较早的版本是清初席氏酿华草堂影印宋抄本，国图有藏。国图藏本及其他藏本目录如下。

---

① 〔唐〕张参：《五经文字》，清康熙五十四年（1715）项细刻本。

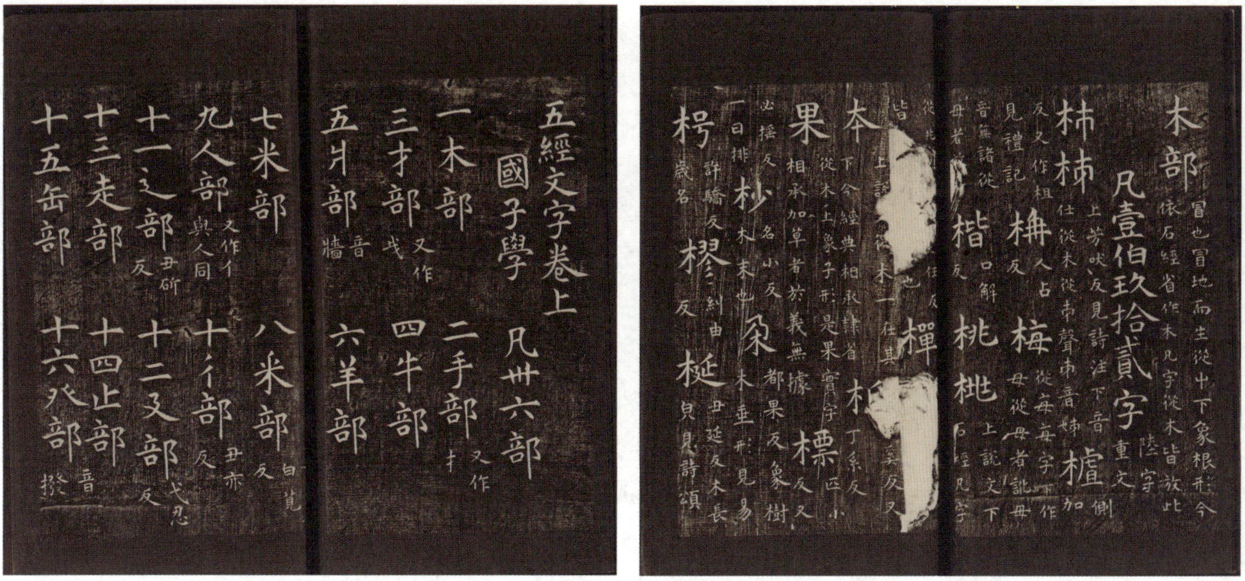

（a）　　（b）

图2　清嘉庆拓本《五经文字》[①]

（一）国图藏《五经文字》各版本

拓本7种：

1. 清嘉庆拓本。唐开成二年刻石。线装，3 册，每开 5 行，大小字不等。（a258：110—112）

2. 清至民国间拓本（与《九经字样》合拓）。唐开成二年刻石。线装，5 册，每开 5 行，大小字不等。（a085）

3. 旧拓本。唐开成二年刻石。经折装。2 册。存卷上、卷中。（裱本 491）

4. 旧拓本。唐开成二年刻石。整幅，10 张，高 200 厘米，宽 66 厘米不等。梁启超旧藏。（各地 1949）

5. 旧拓本。唐开成二年刻石。整幅，10 张，高 200 厘米，宽 66 厘米不等。（各地 1961）

6. 旧拓本。唐开成二年刻石。整幅，10 张，高 200 厘米，宽 66 厘米不等。（各地 1967）

7. 旧拓本。唐开成二年刻石。整幅，9 张，高 200 厘米，宽 66 厘米不等。（各地 2959）

善本古籍4种：

1.清初席氏酿华草堂影印宋抄本。半叶8行14字，小字双行21字。3册。（07973）

2. 清康熙五十四年项絪刻本（与《九经字样》合刻）。半叶 9 行，大小字不等，细黑口，

---

① 此本割裱装帧顺序有误，卷端书影左右非连续，中间所缺部分误装在“机”“杼”字之后。

四周单边。1 册。（17034）

3. 清乾隆孔继涵刻《微波榭丛书三十九种》本。2 册。（T00696：17—18）

4. 清康熙马氏丛书楼刻、清道光二十九年（1849）汇印《玲珑山馆丛刻》本。6 册。（T01534：1—6）。另存 1 部《玲珑山馆丛刻》本。3 册。（T01535：1—3）

普通古籍9种：

1. 清乾隆马氏丛书楼本（与《九经字样》合刻）。半叶 5 行，字数不等，白口，四周单边。3 册。（1728）

2. 清乾隆抄本（与《九经字样》合抄）。有朱笔校字。4 册。（67399）

3. 清道光十五年朝邑刘氏刻《青照堂丛书》（与《九经字样》合刻）。半叶 9 行 20 字，小字双行，白口，左右双边，单鱼尾，李元春评阅。1 册。（8070：76）

4. 日本天保十五年（1844）《缩刻开成石经》本。半页 8 行 19 字，白口，四周单边，单鱼尾。3 册。（3432：34—36）

5. 清同治十二年粤东书局刻《古经解汇函》本（与《九经字样》《干禄字书》合刻）。半叶 10 行 21 字，小字双行，白口，左右双边，单鱼尾。1 册。（424：56）

6. 清同治十三年粤东书局刻《古经解汇函》本（与《干禄字书》合刻）。半叶 10 行 21 字，小字双行，白口，左右双边，单鱼尾。1 册。（65317：57）

7. 清光绪九年（1883）《后知不足斋》刻本（与《九经字样》合刻）。半叶 5 行 9 字，小字双行 16 字，白口，四周单边。2 册。（10407：7—8）

8. 清光绪十四年上海蜚英馆石印《古经解汇函》本（与《九经字样》《干禄字书》合刻）。半叶 10 行 21 字，小字双行，白口，左右双边，单鱼尾。1 册。（64303：16）

9. 民国十五年（1926）皕忍堂模刻开成石壁本。半叶 5 行 8 字，小字双行 16 字，白口，四周单边。3 册。（636：67—69）

（二）国图以外藏本

1. 清初毛氏汲古阁刻本（与《九经字样》合刻）。7 册。藏吉林省图书馆。（古籍普查数据库）

2. 清乾隆五年马氏丛书楼影宋刻本（与《九经字样》合刻）。藏首都图书馆、中国中医科学院图书馆、苏州图书馆、齐齐哈尔市图书馆。（古籍普查数据库）

3. 清乾隆丛书楼刻本（与《九经字样》合刻）。藏北京师范大学图书馆、陕西省图书馆。（古籍普查数据库）

4. 清马氏丛书楼刻本（与《九经字样》合刻）。3 册。藏复旦大学图书馆。（古籍普查数据库）

5. 清丛书楼刻本（与《九经字样》合刻）。4 册。藏内蒙古自治区图书馆。（古籍普查数据库）

6. 清乾隆三十三年（1768）孔氏红榈书屋刻本（与《九经字样》合刻）。藏内蒙古自治区图书馆、黑龙江省图书馆、陕西省图书馆、复旦大学图书馆、河南大学图书馆、苏州图书馆、扬州市图书馆、开封市图书馆。（古籍普查数据库）

7. 清乾隆三十三年孔氏红榈书屋刻本。1 册。藏安徽师范大学图书馆。（古籍普查数据库）

8. 清乾隆孔氏红榈书屋刻本（与《九经字样》合刻）。2 册。藏新乡市图书馆。（古籍普查数据库）

9. 清红榈书屋刻本。10 册[①]。藏新疆大学图书馆。（古籍普查数据库）

10. 清乾隆刻本。3 册。藏扬州市图书馆。（古籍普查数据库）

11. 清乾隆刻本（与《九经字样》合刻）。4 册。藏安徽师范大学图书馆。（古籍普查数据库）

12. 日本文化七年（1810）官刻本。藏宫内厅书陵部图书馆。（日本所藏中文古籍数据库）

13. 清刻本。3 册。藏新疆大学图书馆。（古籍普查数据库）

14. 清刻本。1 册。藏新疆大学图书馆。（古籍普查数据库）

三、《九经字样》

《九经字样》一卷，又称《新加九经字样》，唐唐玄度撰。成书于唐太和七年（834）至开成二年间。唐玄度生卒年不详，主要活动于唐文宗时期，曾任翰林待诏、朝议郎，太和七年奉诏覆定石经字体。据书前之序，可知编纂主旨：“（《五经文字》）传写岁久，或失旧规，今删补冗漏，一以正之；又于《五经文字》本部之中，采其疑误旧未载者，撰成《新加九经字样》一卷。”[②]书名中“九经”是指《诗经》《尚书》《周易》《周礼》《仪礼》《礼记》《春秋左传》《春秋公羊传》《春秋谷梁传》。唐开成二年石经刻成，除上述“九经”，也刻了《孝经》《论语》《尔雅》，即后来的“十二经”，《九经字样》与《五经文字》附在经文之后。

该书共收录 421 字，分 76 部，其编纂体例大致与《五经文字》相同。书前开成二年八月牒述及该书辨正文字原则：“古今体异，隶变不同，如总据《说文》，即古体惊俗；若依近代文字，或传写乖讹。今与校勘官同商较是非，取其适中。”正文各

---

① 此条著录似有问题，《五经文字》内容当不至于有二十二卷10册之多。新疆大学图书馆网站书目数据亦如此，存疑。

② 〔唐〕唐玄度：《新加九经字样》，清康熙五十四年（1715）项细刻本。

字头一般列出两个或多个异体字形，字头下辨析字形异同、正讹，指出字形出处，如人部“保保，养也，从人从子从八。上《说文》下隶变”。有的字头仅一列一形，字头下指出错讹之形，如牛部“牟，牛鸣也。作牟讹”。又有字头仅一形，且为常见字，字头下仅说解字的结构，应是为避免误解字的偏旁，如衣部“初，从衣从刀”。大概是为了提示不要误为从“礻”旁。该书注音与《五经文字》不同，改反切法为用同音字标注的“直音”法。若没有同声的同音字可注，就区分四声，以某平、某上、某去、某入形式标注。

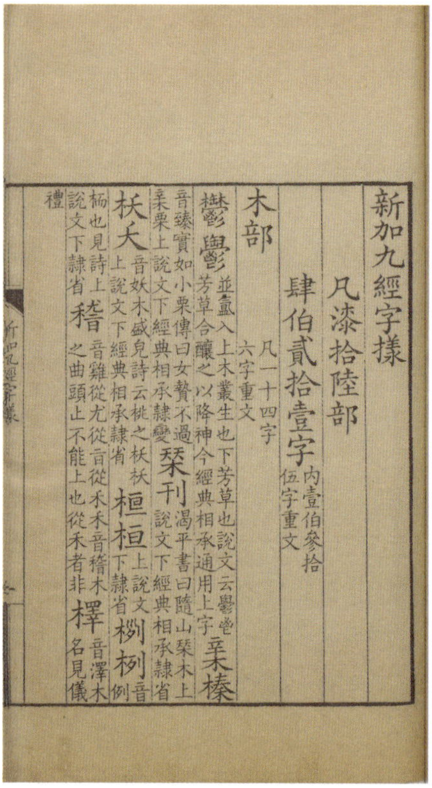
新加九經字樣
凡漆拾陸部
肆伯貳拾壹字 內壹伯參拾伍字重文
木部 凡一十四字 六字重文
鬱鬱 並鬯入上木叢生也下芳草也說文云鬱鬯芳草合釀之以降神今經典相承通用上字 𣓌榛 音臻實如小栗傳曰女贄不過榛栗上說文下經典相承隸變 栞刊 渴平書曰隨山栞木上說文下經典相承隸省
枖夭 音妖木盛皃詩云桃之枖枖上說文下經典相承隸省 梪桓 上說文下隸省 栵栵 音例栭也見詩上說文下隸省 稽 音雞從尤從旨從禾禾音稽木之曲頭止不能上也從禾者非 檡 音澤木名見儀禮

图3　清康熙五十四年（1715）项细刻本《新加九经字样》

该书成书即附于《五经文字》之后，历代多以二书合刻合订。所收文字皆为《五经文字》所未收，解说精详，取舍精当，与《五经文字》相辅相成。此书在辨正字形、规范当时汉字使用方面有重要作用。国图藏本及其他藏本目录如下。

（一）国图藏《九经字样》各版本

拓本3种：

1. 清嘉庆拓本。唐开成二年刻石。线装，2册。每开5行，大小字不等，小字双行。（a258：112—113）

2. 清至民国间拓本（与《五经文字》合拓）。唐开成二年刻石。线装，5 册。每开 5 行，大小字不等。（a085）

3. 旧拓本。唐开成二年刻石。经折装，1 册。每开 5 行，大小字不等，小字双行。（裱本 492）

善本古籍 4 种：

1. 清初席氏酿华草堂影印宋抄本。半叶 8 行 14 字，小字双行 20 字。1 册。（07974）

2. 清康熙五十四年项絪刻本（与《五经文字》合刻，图 3），半叶 9 行，大小字不等，细黑口，四周单边。1 册。（17034）

3. 清乾隆孔继涵刻《微波榭丛书三十九种》本。1 册。（T00696：19）

4. 清康熙马氏丛书楼刻、清道光二十九年汇印《玲珑山馆丛刻》本。2 册（T01534：7—8）。另存 1 部《玲珑山馆丛刻》本。1 册。（T01535：4）

普通古籍 9 种：

1. 清乾隆马氏丛书楼本（与《五经文字》合刻）。半叶 5 行，字数不等，白口，四周单边。3 册。（1728）

2. 清乾隆抄本（与《五经文字》合抄）。有朱笔校字。4 册。（67399）

3. 清道光十五年朝邑刘氏刻《青照堂丛书》（与《五经文字》合刻）。半叶 9 行 20 字，小字双行，白口，左右双边，单鱼尾。李元春评阅。1 册。（8070：76）

4. 日本天保十五年《缩刻开成石经》本。半叶 8 行 19 字，小字双行，白口，四周单边，单鱼尾。1 册。（3432：37）

5. 清同治十二年粤东书局刻《古经解汇函》本（与《五经文字》《干禄字书》合刻）。半叶 10 行 21 字，小字双行，白口，左右双边，单鱼尾。1 册。（424：56）

6. 清同治十三年粤东书局刻《古经解汇函》本。半叶 10 行 21 字，小字双行，白口，左右双边，单鱼尾。1 册。（65317：58）

7. 清光绪九年《后知不足斋》刻本（与《五经文字》合刻）。半叶 5 行 9 字，小字双行 16 字，白口，四周单边。2 册。（10407：7—8）

8. 清光绪十四年上海蜚英馆石印《古经解汇函》本（与《五经文字》《干禄字书》合刻）。半叶 10 行 21 字，小字双行，白口，左右双边，单鱼尾。1 册。（64303：16）

9. 民国十五年皕忍堂影刻开成石壁本。半叶 5 行 8 字，小字双行 16 字，白口，四周单边。1 册。（636：70）

（二）国图以外藏本

1. 清初毛氏汲古阁刻本（与《五经文字》合刻）。7 册。藏吉林省图书馆。（古籍普查数据库）

2. 清乾隆五年马氏丛书楼影宋刻本（与《五经文字》合刻）。藏首都图书馆、齐

齐哈尔市图书馆。（古籍普查数据库）

3. 清乾隆丛书楼刻本（与《五经文字》合刻）。藏北京师范大学图书馆、陕西省图书馆。（古籍普查数据库）

4. 清马氏丛书楼本（与《五经文字》合刻）。3 册。藏复旦大学图书馆。（古籍普查数据库）

5. 清丛书楼刻本（与《五经文字》合刻）。4 册。藏内蒙古自治区图书馆。（古籍普查数据库）

6. 清乾隆三十三年孔氏红榈书屋刻本（与《五经文字》合刻）。藏内蒙古自治区图书馆、黑龙江省图书馆、陕西省图书馆、复旦大学图书馆、河南大学图书馆、苏州图书馆、扬州市图书馆、开封市图书馆。（古籍普查数据库）

7. 清乾隆孔氏红榈书屋刻本（与《五经文字》合刻）。2 册。藏新乡市图书馆。（古籍普查数据库）

8. 清乾隆刻本（与《五经文字》合刻）。4 册。藏安徽师范大学图书馆。（古籍普查数据库）

四、《佩觿》

《佩觿》三卷，宋郭忠恕撰。本书成书于北宋早期。郭忠恕（？—977），字恕先，河南洛阳人。历任国子博士、国子监主簿，通小学，除了《佩觿》，还著有《汗简》。“佩觿”之名取自《诗·卫风·芄兰》“芄兰之支，童子佩觿”，“觿”是“象骨制成的解绳结的角锥”。作者自序云：“《佩觿》者，童子之事得立言于小学者也。”[①]说明此书为学童习字所用。

全书分三卷，内容为“三段十科”。卷上为“三段”，即“造字之旨”“四声之作”“传写之差”，主要申明编写主旨，全面阐述了由于字义穿凿附会、方言读音差异、形近字传写偏差等方面造成文字使用讹误歧义的现象，让学童了解文字使用中的易犯的错误，同时认识到辨正文字的重要性。卷中、卷下将形近字以平、上、去、入四声相对情况分为“十科”，即“平声自相对、平声上声相对、平声去声相对、平声入声相对、上声自相对、上声去声相对、上声入声相对、去声自相对、去声入声相对、入声自相对”。字头多为两两相对排列，也有少数并列三四字，字头下详细辨正字形、音、义的异同，注音用反切法，如卷中“平声上声相对”之“壬壬，上如林翻，北方干也，字中画长；下他顶翻，人壬然而立也，从人下土”。

① 〔宋〕郭忠恕：《佩觿》，明嘉靖六年（1527）孙沐万玉堂刻本。

该书辨别形近之字，注音、释义、辨形，简约明了，主要作用在于帮助学童识字和防止日常书写错误，有别于其他正字书规范异体字等同字不同形体。郭忠恕通小学，又精通古文字，《四库全书总目提要》称赞：“洞解六书，故所言具中条理。……所论较他家精确多矣。”①

关于该书版本，目前所见较早的版本为明嘉靖六年孙沐万玉堂刻本，国图有藏。国图藏本及其他藏本目录如下。

（一）国图藏《佩觿》各版本：

善本古籍9种：

1. 明嘉靖六年孙沐万玉堂刻本（图4）。半叶8行17字，小字双行26字，白口，左右双边。2册（07975）。另存1部万玉堂刻本。1册。（18156）

2. 明万历十二年（1584）李齐芳刻本。半叶8行14字，小注28字，白口，四周单边。3册。附《辨证》一卷。（12293）

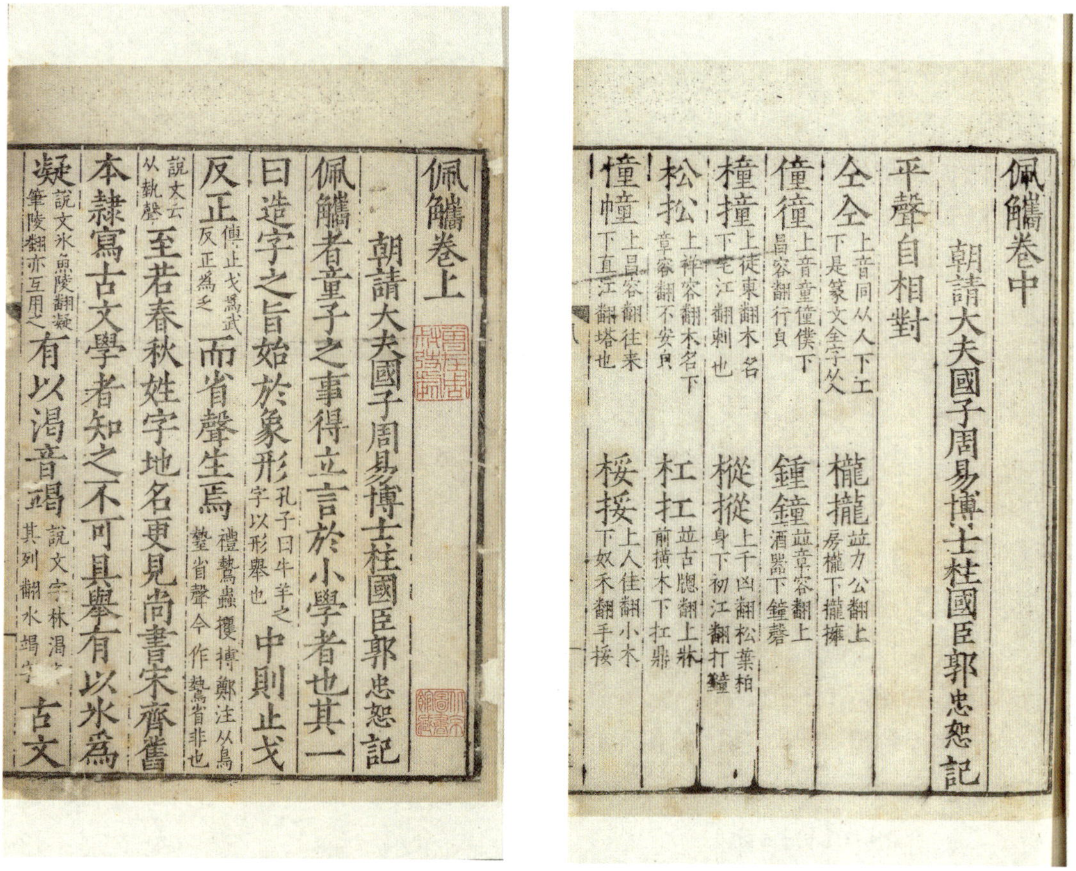
佩觿卷上
朝請大夫國子周易博士柱國臣郭忠恕記
佩觿者童子之事得立言於小學者也其一曰造字之旨始於象形孔子曰牛羊之字以形舉也中則止戈反正傳止戈為武反正為乏而省聲生焉禮鷙蟲攫搏鄭注从鳥摯省聲今作鷙省非也說文云从埶聲至若春秋姓字地名更見尚書宋齊舊本隸寫古文學者知之不可具舉有以氷為凝說文氷魚陵翻凝筆陵翻亦互用之有以渴音竭說文字林渴其列翻水竭字古文

佩觿卷中
朝請大夫國子周易博士柱國臣郭忠恕記
平聲自相對
仝全 上音同从人下工下是篆文全字从入
巃巄 並力公翻上房巃下巃嵸
僮偅 上音童僮僕下昌容翻行皃
鍾鐘 並章容翻上酒器下鐘磬
橦撞 上徒東翻木名下宅江翻刺也
樅摐 上千凶翻松葉柏身下初江翻打鐘
松忪 上祥容翻木名下章容翻不安皃
杠扛 並古雙翻上前橫木下扛鼎
憧幢 上昌容翻往来下直江翻塔也
桵挼 上人隹翻小木下奴禾翻手挼

图4　明嘉靖六年（1527）孙沐万玉堂刻本《佩觿》

① 〔清〕纪昀等编：《四库全书总目提要》，第1088页。

3.明端始堂刻本。半叶8行18字，白口，四周单边。3册。（A00034）

4.明末宛委山堂《说郛》本（与《干禄字书》合刻）。半叶9行20字，白口，左右双边，单鱼尾。1册。（T0697：88）

5.清顺治三年宛委山堂《说郛》本（与《干禄字书》合刻）。半叶9行20字，白口，左右双边，单鱼尾。1册。（T0698：87）

6.清初毛氏汲古阁影明抄本（与《干禄字书》合抄）。半叶8行17字，小字双行，白口，左右双边。海虞毛氏跋。1册。（07972）

7.清康熙四十三至五十三（1704至1714）《泽存堂五种》本。半叶10行大小字不等或8行17字，小字双行，白口，左右双边，单鱼尾。1册。（T04094：13、A02155）

8.清康熙四十九年（1710）张士俊《泽存堂五种》本。半叶8行17字，小字双行26字，白口，左右双边。1册。清吴骞校并跋、翁方纲、罗有、高桂馥校，朱昌燕跋。（06002）。另存康熙四十九年《泽存堂五种》本4部。（07976、09325、A02123、T04096）

9.清乾隆二十七年（1762）《砚北偶钞》本。6册。（16890）

普通古籍8种：

1.明刻《唐宋丛书》本。半叶9行20字，小字双行，白口，左右双边，单鱼尾。1册。（8502：12）

2.清乾隆二十七年刻《砚北偶钞》本。半叶6行15字，小字双行，白口，左右双边，单鱼尾。4册。（7977：7—10）

3.清道光二十一年（1841）刻《字学三书》本。半叶8行17字，小字双行25字，白口，左右双边，单鱼尾。1册。（字100.5/82703：1）

4.清光绪十年刻《铁华馆丛书》本。半叶8行18字，小字双行，黑口，左右双边，双鱼尾。1册。（8620：5）

5.清光绪十四年上海蜚英馆影印康熙四十九年《泽存堂五种》本。半叶8行17字，小字双行24字，白口，左右双边，单鱼尾。1册。（字100.5/827.1：7）

6.清光绪十六年（1890）刻《清芬堂丛书》本。1册。（10344：12）

7.清宛委山堂重修《说郛》本。1册。（42169：87）

8.清高程勋辑《续知不足斋丛书》本。半叶9行21字，小字双行，黑口，左右双边。1册。（7881：7）

（二）国图以外藏本

1.明万历十八年（1590）吴期炤刻本。藏云南大学图书馆。（《中国古籍总目》）

2.明崇祯刻本。藏日本静嘉堂文库。（日本所藏中文古籍数据库）

3.清初傅山抄本。藏山西省博物馆。（《中国古籍善本书目》）

4.日本万延元年（1860）冈本保孝写本。藏东北大学图书馆。（日本所藏中文古籍数据库）

5.清光绪十年刻本。1册。藏西南大学图书馆。（古籍普查数据库）

6.清光绪十一年刻本。1册。藏吴江区图书馆、台北汉学研究中心。（古籍普查数据库、台湾中文古籍联合目录）

7.清光绪十四年刻本。藏江西省图书馆。（《中国古籍总目》）

8.清光绪十四年欲寡过斋刻本。1册。藏贵州省图书馆。（古籍普查数据库）

9.清光绪十六年梅雨田慎自爱轩刻本。1册。藏广西壮族自治区桂林图书馆。（古籍普查数据库）

10.清海宁许氏影宋刻本。2册。藏齐齐哈尔市图书馆。（古籍普查数据库）

11.清吴门徐元圃刻本。藏湖南省图书馆。（《中国古籍总目》）

12.清抄本。丁傅校。藏南京图书馆。（《中国古籍总目》）

13.清一隅草堂抄本。藏台北汉学研究中心。（台湾中文古籍联合目录）

14.清刻本。1册。藏金陵图书馆。（古籍普查数据库）

五、《龙龛手鉴》

《龙龛手鉴》四卷，即《龙龛手镜》，辽释行均撰。成书于辽统和十五年（997）前后。释行均生卒年不详，主要活动于辽会同至统和年间，字广济，俗姓于，幽州（今属北京市）人。编写此书是针对佛经文字“流传岁久，抄写时讹，寡闻则莫晓是非，博古则徒怀惋叹”现状，辨正文字，以便僧众阅读佛典。该书释智光序云：“矧以新音遍于龙龛，犹手持于鸾镜，形容斯鉴，妍丑是分。”[①]故名曰《龙龛手镜》。宋熙宁年间从契丹传入，宋人重刻此书时，为避宋太祖祖父赵敬之讳，改“镜”为“鉴”。

该书收26430余字，共分242部，按平、上、去、入四声分为四卷，最末设“杂部”，收录难以按照偏旁归类的杂字。各部内又以平、上、去、入四声为序，便于检字。全书按音序排列开音序检字法先河。收字仿《干禄字书》体例，每字下标明“正”“俗”“通”“今”“古”及“或作”等。所谓“正”“俗”“通”与《干禄字书》基本相同，“今”则是指流行于当时的通常写法，规范性较强；“古”是指通行于古代但当时已不再通行的写法。字头下除标明“正”“俗”等，有简单注音释义，最后注明所收异体数量，如卷一上“人部”之“[illegible]，古，佻，正，[illegible]，今，他尧反，轻也，佚也。三”。该书同字于各形先注明“俗”“通”等情况，与其

① 〔辽〕释智光：《龙龛手鉴·序》，清虚竹斋刻本。

他字书未集中排列各形再统一说解不同，不便观览。《四库全书总目提要》指明其收字范围：“于《说文》《玉篇》之外多所搜辑，虽行均尊其本教，每引《中阿含经》《贤愚经》中诸字，以补六书所未备，然不专以释典为主。”[①]该书收集了大量俗体、异体，反映了当时汉字使用的实际情况，提供了研究汉字流变的珍贵资料，又通过标明“正”“俗”“通”“今”“古”等，对字的规范使用起到一定的引导作用。

版本方面，目前流传所见较早的辽刻本藏于中国台湾，另有宋刻本，国图藏2部。国图藏本及其他藏本目录如下。

（一）国图藏《龙龛手鉴》各版本

善本古籍4种：

1.宋刻本。半叶10行，大小字不等，白口，左右双边。1册。仅存卷二。（07326）

2.宋刻本。半叶10行，大小字不等，白口，左右双边。5册。卷二配清初毛氏汲古阁影宋抄本。（09589）

3.明影宋抄本。半叶10行，无格。3册。（07982）

4.清刻本。半叶8行，大小字不等，白口，左右双边。6册。清李慈铭跋。（A02127）

普通古籍8种：

1.清乾隆三十五至四十九年（1770—1784）刻《函海》本。半叶8行字数不等，小字双行不等，白口，四周双边，单鱼尾。4册。（8383：52—55）

2.清乾隆刻《函海》本。半叶10行20字，白口，四周双边，单鱼尾。2册。（37618：23—24）

3.清嘉庆十四年刻《函海》本。3册。（10329：34—36）

4.清道光五年（1825）刻《函海》本。3册。（10330：36—38）

5.清末刻《函海》本。半叶10行20字，小字双行同，白口，四周双边，双鱼尾。4册。（40551：45—48）

6.清虚竹斋刻本。半叶8行字数不等，白口，左右双边，单鱼尾。6册。（字139/617.1）

7.民国十二年（1923）上海涵芬楼影宋《续古逸丛书》本。3册。（字139/617.2）

8.民国二十三年（1934）刻《四部丛刊续编》本。3册。（10801：71—73）

（二）国图以外藏本

① 〔清〕纪昀等编：《四库全书总目提要》，第1097页。

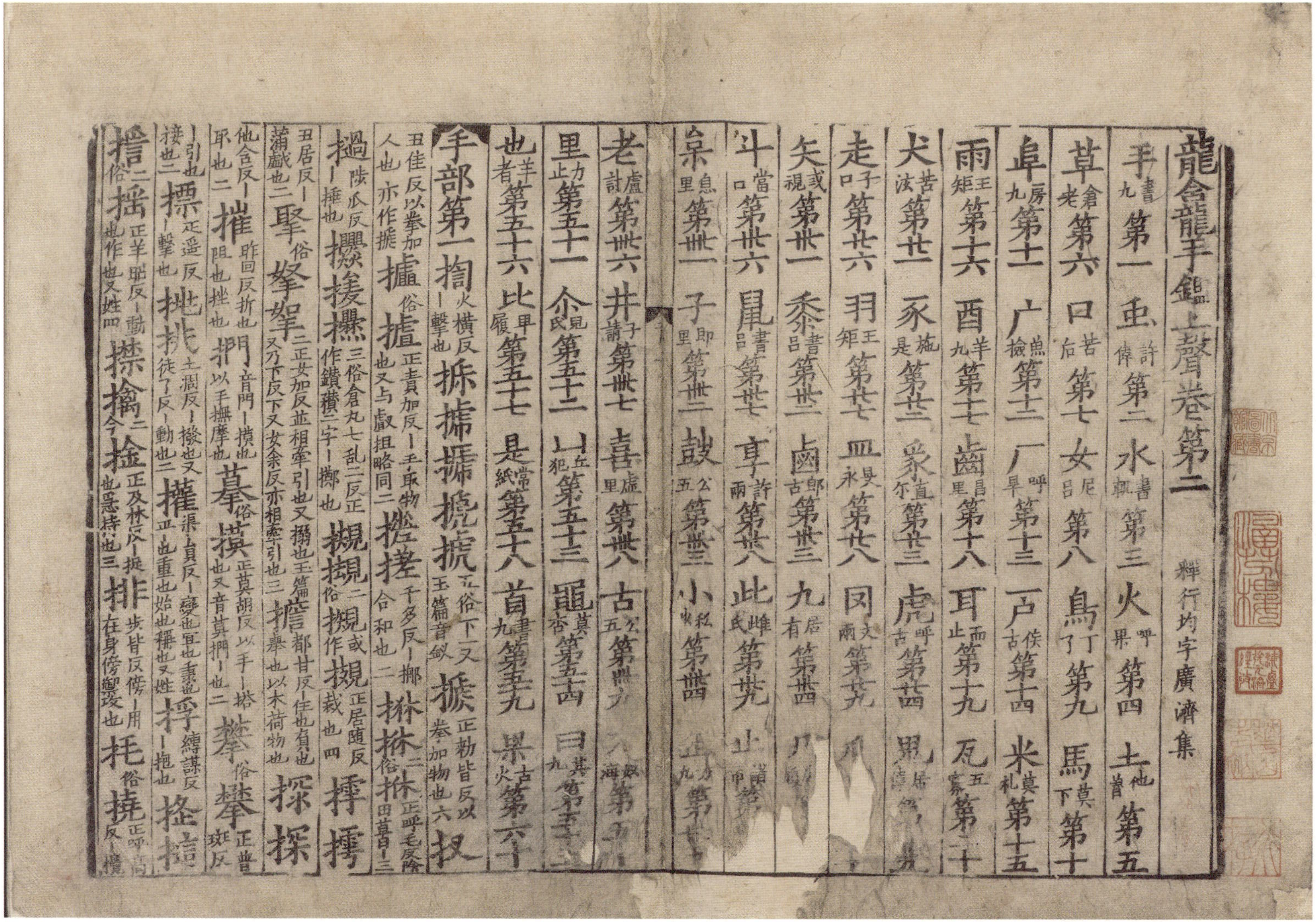
龍龕手鑑上聲卷第二
釋行均字廣濟集

图5　宋刻本《龙龛手鉴》

1.辽刻本。钱塘罗氏旧藏。藏中国台湾。（《中国文字学书目考录》）

2.宋嘉兴府刻本。藏中国台北故宫博物院。（《中国古籍总目》）

3.日本元和间古活字印本。藏日本宫城县图书馆。（日本所藏中文古籍数据库）

4.明刻清补修本。藏上海图书馆。（《中国古籍善本书目》）

5.清初抄本。藏上海图书馆。（《中国古籍善本书目》）

6.清乾隆三十一年（1766）经井斋影宋抄本。藏北京师范大学图书馆、保定市图书馆。（古籍普查数据库）

7.清乾隆万卷楼刻本。藏北京大学图书馆。（北京大学数字图书馆古文献资源库[①]）

8.清嘉庆袁氏贞节堂抄本。3册。藏复旦大学图书馆。（古籍普查数据库）

9.清嘉庆刻本。6册。藏福建省图书馆。（古籍普查数据库）

10.清刻本。姚觐元录，钱保塘批校。藏东北师范大学图书馆。（《中国古籍善本书目》）

11.清刻本。3册。正文第一叶、卷四尾叶为手抄补配。藏中国民族图书馆。（古籍普查数据库）

12.清刻本。8册。孙丹阶题识。藏辽宁省图书馆。（古籍普查数据库）

13.清刻本。3册。藏黑龙江省图书馆。（古籍普查数据库）

14.清刻本。4册。藏苏州图书馆。（古籍普查数据库）

15.清刻本。5册。藏温州市图书馆。（古籍普查数据库）

16.清刻本。10册。藏宁波市天一阁博物馆。（古籍普查数据库）

17.清刻本。1册。藏嘉善县图书馆。（古籍普查数据库）

18.清刻本。6册。藏新疆图书馆。（古籍普查数据库）

19.清刻本。3册。藏新疆大学图书馆。（古籍普查数据库）

20.清末刻本。2册。藏苏州大学图书馆。（古籍普查数据库）

21.清抄本。藏浙江图书馆。（《文字音韵训诂知见书目》）

22.清抄本。存三卷。藏辽宁省图书馆。（《文字音韵训诂知见书目》《中国古籍总目》）

---

① 北京大学数字图书馆古文献资源库，http://rbdl.calis.edu.cn/aopac/pages/Search.htm（2021-10-16检索）。

六、《复古编》

《复古编》二卷，宋张有撰。成书于宋大观四年（1110）[①]。张有，字谦中，生卒年不详，主要活动于宋徽宗时期，浙江湖州人。该书以《说文解字》为本，辨别文字正俗，以复《说文解字》之古，故名“复古”。

书中收录俗字与古字相违者共3000余字，按四声分别编排。以《说文解字》为准，字头为篆文，字头下为相应楷体字形（有的为篆文隶定字形），以及释义（多据《说文解字》释义），再指出其别字、俗体，指明其“非”。下卷附有辨正6篇：联绵字、形声相类字、形相类字、声相类字、笔迹小异字、上正下讹字。分别辨正异体字、形近字、音近字、俗体字、讹字形、音、义之异同。

该书以复《说文解字》之古为目的，辨正严格，强调《说文解字》在统一规范文字方面的正统地位，且“剖析毫厘，至为精密”[②]，指出了不少异体字，如“尼—[illegible]”“舆—轝”，以及同音字，如“余—予”。但因过于笃信《说文解字》，没有认识到文字发展演进“趋简”等客观规律，以致泥古偏执。只要通行字体与小篆不合的，多认为是别字、俗字。颜元孙《干禄字书》序文曾言“总据《说文》，则下笔多碍”[③]，认识要高明得多。盲目复古，尤其是根据篆体隶定字形，相当于生造了从未使用过的新字形，据此排斥已经形成的通行写法，严重脱离文字使用实际。如“戎”字以“𢦦”为正，此实为“戎”字篆体隶定字形，非通用字形，只存于字书。与此类似，清末民国时，学者多以篆体隶定字书写，不过是个人偏好，不符合时代潮流和文字发展规律。该书存在的另一个问题是“否定分别文，无视文字的分化演变”[④]。即不认同根据不同用法分化出来的分化字，以“奉”为正，以“捧、俸”为非。这不符合客观实际，也违背汉字发展演变的客观事实。总的来说，《复古编》有其时代局限性，但对当时限制异体字使用起到了一定作用。

关于该书版本，目前所见较早的版本是元至正六年（1346）吴志淳好古斋刻本，藏国图（图6）。常见本有清乾隆四十六年（1781）葛鸣阳据桂馥、程晋芳等藏抄本刻本、清光绪八年淮南书局翻刻葛氏本等。

国图藏本及其他藏本目录如下。

（一）国图藏《复古编》各版本

① 据清乾隆四十五年（1780）葛鸣阳刻本陈瓘序。

② 〔清〕纪昀等编：《四库全书总目提要》，第1093页。

③ 〔唐〕颜元孙撰：《干禄字书》，清初毛氏汲古阁影明抄本。

④ 黄德宽、陈秉新：《汉语文字学史》（增订本），安徽教育出版社，2006年，第69页。

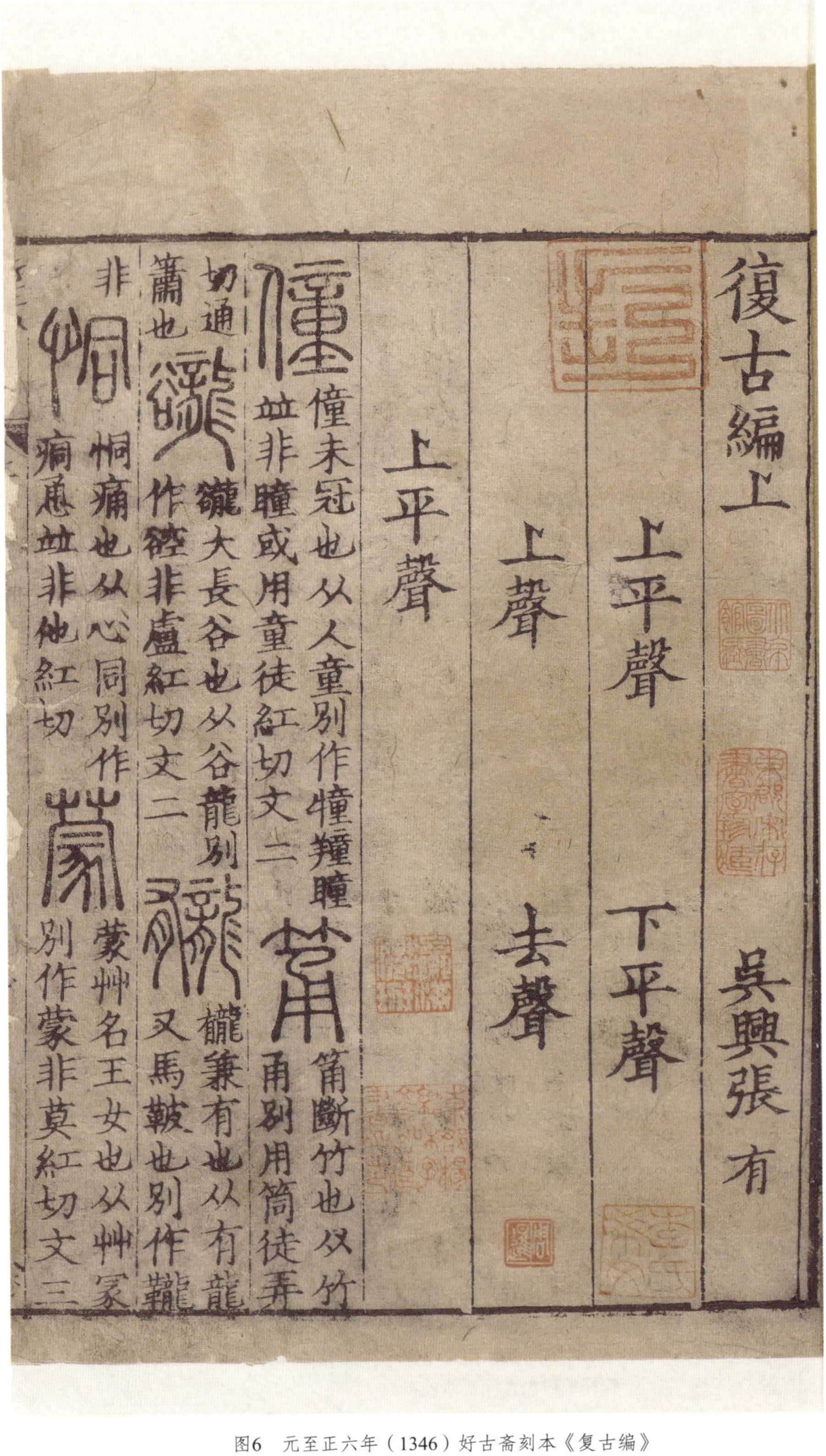

图6 元至正六年（1346）好古斋刻本《复古编》

善本古籍6种：

1.元至正六年吴志淳好古斋刻本。半叶7行，小字双行24字，白口，左右双边。2册。明杨哲跋，周叔弢跋。（07977）

2.明崇祯四年（1631）冯舒抄本。半叶6行，白口，左右双边。2册。明冯舒跋。（03378）

3.清乾隆四十五年（1780）葛鸣阳刻本。半叶5行，大小字不等，或9行16字，白口，四周单边。3册。（19049）

4.清乾隆四十六年至正葛鸣阳刻本。半叶5行，大小字不等，白口，四周单边。2册。附校正1卷，附录1卷。（17186）

5.清抄本。半叶5行，大小字不等，小字双行，白口，四周单边。2册。（07321）

6.清抄本。半叶6行，字不等，小字双行，无格。1册。（07322）

普通古籍6种：

1.清乾隆四十六年葛鸣阳刻本。半叶5行，字数不等，白口，四周单边。3册。（字139/557）

2.清光绪八年淮南书局刻本。半叶5行，字数不等，黑口，四周单边。3册。（161228）

3.清光绪八年淮南书局刻本。半叶5行，字数不等，黑口，2册。（143693）

4.清光绪十三年上海积山书局石印本。半叶7行，字数不等，白口，四周单边。2册。（143861）

5.清光绪十八年香山刘熽芬小苏斋刻本。半叶5行，字数不等，白口，四周单边。6册。（字139/557.2）

6.民国二十四至二十五年（1935—1936）商务印书馆影印《四部丛刊三编》本。4册。（10804：34—37）

（二）国图以外藏本

1.明刻本。清冯龙官跋。藏中国科学院图书馆。（《中国古籍善本书目》）

2.清乾隆四十五年京师琉璃厂刻本。藏武汉图书馆。（《中国古籍总目》）

3.清乾隆刻本。4册。藏中共天津市委党校图书馆。（古籍普查数据库）

4.清乾隆刻本。3册。附校正1卷，附录1卷。藏吉林市图书馆、苏州大学图书馆。（古籍普查数据库）

5.清嘉庆七年（1802）刻本。2册。附录1卷。藏天津图书馆。（古籍普查数据库）

6.清嘉庆七年刻本。3册。附校正1卷，附录1卷，曾乐轩稿1卷，安陆集1卷。藏辽宁大学图书馆。（古籍普查数据库）

7.清嘉庆二十年（1815）抄本。1册。藏天津图书馆。（古籍普查数据库）

8.清嘉庆刻本。6册。附校正1卷，附录1卷。藏广州图书馆。（古籍普查数据库）

9.清嘉庆刻本。2册，不分卷。藏吉林市图书馆。（古籍普查数据库）

10.清道光十五年莫友芝抄葛氏本。藏上海图书馆。（《中国古籍总目》）

11.清同治十二年抄本。徐康校。不分卷，藏上海图书馆。（《中国古籍总目》）

12.清同治十三年桂中行抄本。藏南京图书馆。（《中国善本书目》）

13.清同治十三年抄本。藏上海图书馆。（《中国古籍总目》）

14.清光绪二年（1876）淮南书局刻本。3册。附录1卷。藏石家庄市图书馆。（古籍普查数据库）

15.清光绪七年（1881）袁江安济抄本。藏美国普林斯顿大学葛思德东亚图书馆。（台湾中文古籍联合目录）

16.清抄本。2册。陆绍曾跋。藏复旦大学图书馆。（古籍普查数据库）

17.清抄本。6册。藏复旦大学图书馆。（古籍普查数据库）

18.清抄本。丁丙跋。藏南京图书馆。（《中国古籍善本书目》）

19.清抄本。2册。藏辽宁省图书馆。（古籍普查数据库）

20.清刻本。3册。藏绍兴图书馆。（古籍普查数据库）

21.清刻本。2册。藏新疆大学图书馆。（古籍普查数据库）

22.日本明治（1868—1912）中新潟市嶋直太郎抄本。藏日本新潟县图书馆。（日本所藏中文古籍数据库）

七、《字鉴》

《字鉴》五卷，元李文仲撰。李文仲，生卒年不详，主要活动于元仁宗、英宗时期（1312—1323），长洲（今属江苏苏州市）人。据卷首颜尧焕等人的序文，该书是为补正其伯父李伯英《类韵》而作，以汉代许慎《说文解字》为依据，以六书辨正字形，考订沿袭之谬，对此前诸家字书均有驳正。

全书以四声统领206部，分五卷，平声两卷，上、去、入声各一卷。每一字头下，先标反切注音，后引用《说文解字》说解字形字义，然后辨明正、俗、讹字体。对此前诸家字书，如《干禄字书》《五经文字》《佩觿》《增修互助礼部韵略》等书精当之处能善加引用，各书错漏之处能一一驳正。

该书作者于文字形体的正谬区别甚严，侧重从文字本源辨正文字，分析形体注重结构，同时尊重文字流变的规律，承认一些当时的通用字，“经史承伪日久，难遂罄改俗”，不一味拘泥古法，对当时的汉字规范化使用有促进作用，同时也为后世正字书产生影响。《四库全书总目提要》评价云：“大旨悉本《说文》以订后来沿袭之谬，于小学深为有裨。……深得变通之宜，亦非泥古骇俗者所可比也。”[①]

目前所见该书较早的版本为清初抄本，国图有藏。据《四库全书总目提要》载：“其书久无传本，康熙中朱彝尊从古林曹氏抄得，始付长洲张士俊刊行之云。”[②]张士俊刻《泽存堂五种》本后该书才易得。国图藏本及其他藏本目录如下。

（一）国图藏《字鉴》各版本：

善本古籍3种：

1.清初毛氏汲古阁影元抄本。半叶8行19字，小字双行同，白口，左右双边。2册。清何煌校。（07983）

2.清康熙张士俊刻《泽存堂五种》本（图7）。半叶8行19字，白口，四周单边。1册。清吴骞跋并临钱馥校注（01956）。另有《泽存堂五种》本2部。（07984、T04094：17—18）

3.清道光五年许梿研经书塾刻本。半叶7行19字，黑口，左右双边。2册。（12295）另存许梿研经书塾刻本1部。1册。（A02125）

（a）　　　　　　（b）

图7　清康熙《泽存堂五种》本《字鉴》

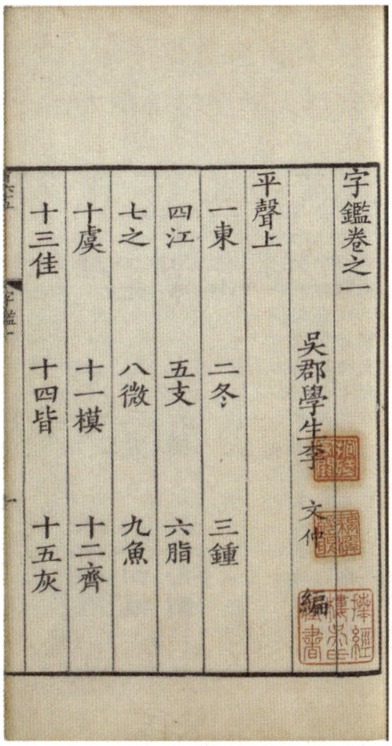
字鑑卷之一
吳郡學生李文仲編
平聲上
一東　二冬　三鍾
四江　五支　六脂
七之　八微　九魚
十虞　十一模　十二齊
十三佳　十四皆　十五灰

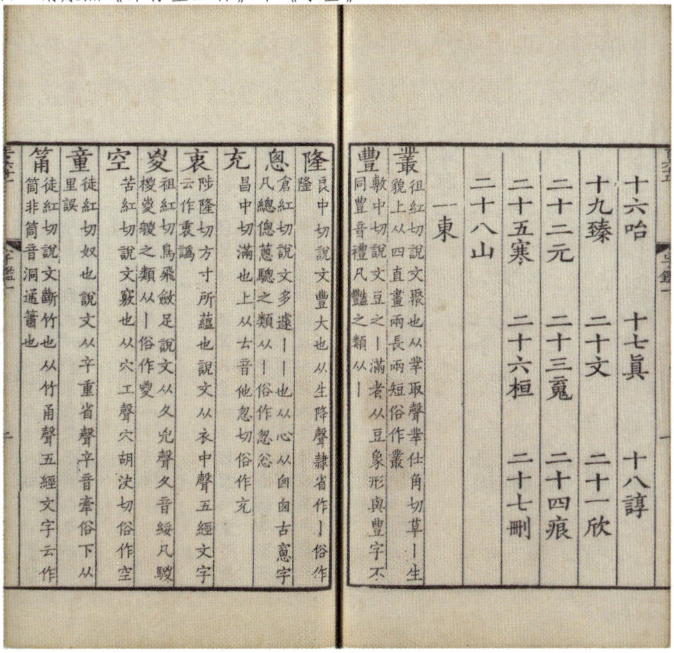
十六咍　十七眞　十八諄
十九臻　二十文　二十一欣
二十二元　二十三䰟　二十四痕
二十五寒　二十六桓　二十七刪
二十八山
一東
叢 徂紅切說文聚也从丵取聲丵仕角切草丨生貌上从四直畫兩長兩短俗作叢
豐 敷中切說文豆之丨滿者从豆象形與豊字不同豊音禮凡豔之類从丨
隆 良中切說文豐大也从生降聲隸省作丨俗作隆
悤 倉紅切說文多遽丨丨也从心从囪囪古窻字凡總偬蔥驄之類从丨俗作怱忩
充 昌中切滿也上从𠫓音他忽切俗作充
衷 陟隆切方寸所蘊也說文从衣中聲五經文字云作衷譌
㚇 祖紅切鳥飛斂足說文从夂兇聲夂音綏凡鬷椶嵏艐之類从丨俗作嵏
空 苦紅切說文竅也从穴工聲穴胡決切俗作空
童 徒紅切奴也說文从辛重省聲辛音愆俗下从里誤
筩 徒紅切說文斷竹也从竹甬聲五經文字云作筒非筒音洞通簫也

普通古籍6种：

① 〔清〕纪昀等编：《四库全书总目提要》，第1100页。

② 〔清〕纪昀等编：《四库全书总目提要》，第353页。

1.清康熙四十八年（1709）刻《泽存堂五种》本。半叶8行18字，小字双行20字，白口，四周单边，单鱼尾。2册。（字100.5/827：17—18）

2.清道光二十年（1840）巴县刻《字学三书》本。半叶8行18字，小字双行20字，白口，四周单边，单鱼尾。2册。（字100.5/82703：3—4）

3.清光绪十年刻《铁华馆丛书六种》本。半叶8行19字，小字双行同，黑口，左右双边，双鱼尾。1册。（8620：4）

4.清光绪十四年上海蜚英馆影印《泽存堂五种》本。半叶8行18字，小字双行20字，白口，四周单边，单鱼尾。1册。（字100.5/827.1：8）

5.清光绪十六年刻《清芬堂丛书四十九种》本。2册。（10344：13—14）

6.清抄本。5册。（字139/684.1）

（二）国图以外藏本

1.清初抄本。清朱彝尊跋，藏故宫博物院。（《中国古籍总目》）

2.日本文化六年（1809）长谷川长诚写本。藏日本国立国会图书馆。（日本所藏中文古籍数据库）

3.清道光九年（1829）刻本。4册。藏重庆图书馆。（古籍普查数据库）

4.清道光二十年巴县知静阁刻本。4册。藏新疆图书馆。（古籍普查数据库）

5.清道光二十三年（1843）三韩杨氏知静阁刻本。藏日本京都大学文学部图书馆。（日本所藏中文古籍数据库）

6.清光绪十一年吴郡徐元圃刻本。6册。藏新乡市图书馆。（古籍普查数据库）

7.清光绪十一年刻本。藏江西省图书馆、齐齐哈尔市图书馆。（《中国古籍总目》、古籍普查数据库）

8.清朱氏曝书亭刻本。1册，藏南京图书馆。（该馆网站书目数据）

9.清刻本。藏南京图书馆。（《文字音韵训诂知见书目》）

10.清刻本。2册。藏南开大学图书馆。（古籍普查数据库）

11.清刻本。1册。藏金陵图书馆。（古籍普查数据库）

12.清末石印本。1册。藏陕西师范大学图书馆。（古籍普查数据库）

13.清抄本。5册。杨绍廉题记并校。藏温州市图书馆、瑞安市文物馆。（古籍普查数据库）

14.日本旧抄本。藏中国台北故宫博物院。（《文字音韵训诂知见书目》）

八、《俗书刊误》

《俗书刊误》十二卷，明焦竑（1541—1620）撰。成书于明万历年间。焦竑，字弱侯，号澹园，应天府江宁（今属江苏南京市）人。明万历十七年（1589）状元，授翰林院修撰。除《俗书刊误》，另著有《易筌》《庄子阙误》《国史经籍志》《焦氏笔乘》等书。明代通俗文学非常发达，白话小说也很兴盛，俗字俚语在书面使用中也变得频繁，社会用字较为混乱，文字使用又到了一个亟须规范的时期。作者有感于当时“学者师心无匠，肆笔成讹，盖十居六七者有之”①，遂作《俗书刊误》辨正字体，为当时规范汉字使用提供依据。

该书共十二卷，前四卷以四声为纲统领部首，共分76部，收录俗字、讹字，加以辨析，指明正字；卷五考字义，收录40余字，字头下详细论述其字音、字形、字义；卷六考骈字，罗列异体字；卷七考字源，收录历代文献中总结的生僻字；卷八考字音、字义相同而字形不同；卷九考字音相同，字形字义不同的同音字；卷十考字形同音异，即多音字；卷十一考俗用杂字；卷十二考字形相近易伪。内容非常丰富，几乎涵盖了现代学术眼光下字与字之间关系的方方面面。

该书考辨详密有据，又切于实用，能认识到汉字发展规律，在依据古书纠正当时俗字讹文的同时，也不拘泥古法。《四库全书总目提要》云：“其辨最详，而又非不可施用之僻论，愈于拘泥篆文，不分字体者多矣。”②

此书版本目前所见较早的是明万历间见过斋刻本。国图藏本及其他藏本目录如下。

（一）国图藏《俗书刊误》普通古籍1种

民国二十三至二十四年（1934—1935）商务印书馆《四库全书珍本初集》本。2册。（10609：495—496）

（二）国图以外藏本

1.明万历见过斋刻本。藏福建省图书馆、四川省图书馆。（古籍普查数据库、《中国古籍善本书目》）

2.清抄本。藏浙江图书馆。（《中国古籍总目》）

3.清乾隆间朱丝栏抄四库全书本。藏中国台北“中央研究院”历史语言研究所傅斯年图书馆。（台湾中文古籍联合目录）

---

① 〔明〕焦竑撰：《俗书刊误·序》,《四库全书》本。

② 〔清〕纪昀等编：《四库全书总目提要》，第1106页。

保护修复

纸质文物的固色方法

□ 宋 晶 国家图书馆古籍馆

很多纸质文物因传承年代久远、胶结材料老化等问题，部分矿物颜料有松脱粉化现象。为避免修复过程中颜料遇水脱落，或墨迹晕染，需预先对其进行加固处理。本文将纸质文物分为书画和档案书籍两类，根据颜料主要类型、分布形式、纸张质地等因素的不同，采用不同的材料和方法进行固色。

一、书画类文物的固色

书画类文物的固色对象主要为老化后粉化严重的石青、石绿等矿物颜料，以及靛蓝之类易晕染的植物染料等。为避免在书画修复与重新装裱的过程中颜料遇水脱落或扩散褪色，需在操作前对此类颜色部位首先进行固色处理。中国传统书画修复多选择胶矾水；日本有选择三千本胶单独或与明矾、鹿胶混合使用，以及兔胶、粒胶等；[①]欧美国家则采用黏稠度低、连结力强的鱼胶加固，有时还会根据需要加入增塑剂。近年来，还不断有新的加固材料被陆续开发优化。

（一）传统胶矾水固色

胶矾水是书画装裱中最为传统的加固材料，施用胶矾水也是目前使用最多的加固方法。何秋菊在博士论文中提出，利用胶矾水固色，明矾促使胶料均匀沉淀，包裹在带负电的颜料颗粒表面，填补颜料颗粒表面的孔隙，减少散射，增加颜料亮

① 刘舜强：《日本书画装潢研究》，文物出版社，2007年，第97—98页。

度，且胶矾水固色颜料的耐擦色牢度及耐洗色牢度均优于单独的矾水及胶水。[①]南京博物院何伟俊等在不同胶矾水浓度下进行几种模拟老化方式和循环周期的正交试验，证明胶矾水内的明胶可以起到提高纸张的力学强度，同时加固颜料的作用；明矾则可以起到一定的凝聚作用，辅助胶更好地加固颜料。且固色用胶矾水控制明胶用量5 g/L^{-1}—10 g/L^{-1}，明矾含量不超过1.5 g/L^{-1}效果较好。[②]在实际修复过程中，胶矾水的具体使用选择须视待修文物情况而定。由于明矾水解后呈酸性，不利于作品的长久保存，修复时也会考虑用黄明胶替代胶矾水，或降低胶矾水中矾的比例等。如河南博物院修复清代《女人肖像画》时，修复前用2：1的胶矾水两次涂刷固色，修复过程中无脱色、跑色现象。[③]故宫博物院修复倦勤斋通景画时，石青、石绿等矿物颜料已严重脱胶呈粉末状，经修复小组多次用不同胶液、不同浓度、不同温度的模拟实验，最终选择分别用0.25%、2%的明胶溶液在50℃下对石绿两次固色，再用1%的明胶溶液全画固色。[④]中国第二历史档案馆在修复民国时期书画作品时，也使用了1%—2%的黄明胶水对墨色轻微脱落或扩散部位进行加固处理。[⑤]

（二）新材料的研发

因为胶矾水的使用始终存在争议，近年来，不断有研究团队尝试开发新的固色材料，代替胶矾水用于纸质文物的修复。主要研究方向可分为开发其他中性铝盐替换明矾，或选择其他能够满足文物修复基本要求的高分子材料作为固色剂。

何秋菊通过对7种中性铝盐沉淀剂的筛选实验，综合pH值、疏水性等多个评价指标，发现白色聚合氯化铝（PAC）最为适合，既能辅助胶料在纤维间均匀分布，也可以与胶料键合，加强交联，提高疏水性，同时还具有促干剂的作用，固化速率高，并通过应用实验判断沉淀剂和明胶浓度均为1.5%时固色效果最佳。[⑥]

南京博物院研究团队从色泽、黏度、相容性等角度出发，以具有较好的渗透性和较强连结力为优化目的，开发了魔芋葡甘聚糖–胶原蛋白–壳聚糖共混材料用于对粉化脱落颜料的加固，实验证明固色剂处理后可以在纸张纤维表面成膜，且能够对颜料的

① 何秋菊：《古书画施胶剂的作用机理及中性铝盐施胶沉淀剂的研发》，博士学位论文，西北大学，2019年，第45页。

② 何伟俊等：《传统纸本书画装裱固色材料的初步研究》，第六届东亚纸张保护学术研讨会，宁波，2015年，第76—85页。

③ 甘岚：《书画修复中的除油固色技术》，《创新科技》2014年第10期，第96—97页。

④ 张志红：《故宫倦勤斋通景画固色修复解析》，《荣宝斋》2009年第3期，第206—211页。

⑤ 王稹、李光发：《民国书画特藏档案修复规范化初探——基于中国第二历史档案馆特藏档案抢救保护项目实践》，《档案与建设》2018年第4期，第77—81页。

⑥ 何秋菊：《古书画施胶剂的作用机理及中性铝盐施胶沉淀剂的研发》，第124页。

老化起到一定的延缓作用，优于同一条件下的胶矾水和骨胶试样，并在馆藏《周宗建四代像轴》的修复中取得了较好的固色效果。[①]

二、档案书籍类文物的固色

在档案保存过程中，会由于各种因素的影响导致字迹褪色、洇化甚至模糊不清等，需要及时对字迹进行加固处理，固色对象多为蓝、黑、红等各色墨水、墨汁、铅笔、圆珠笔迹等。与书画作品不同，纸质档案因为需加固颜色，通常分布较为分散，很难点涂，多选择对文件进行整体喷涂，还可以同时对档案纸张进行加固，增加强度。常用方法包括喷涂加固剂、加膜、丝网加固等。

（一）喷涂加固剂法

常见的纸质档案固色材料有胶矾水、乙基纤维素、聚甲基丙烯酸甲酯、氟树脂等。

胶矾水的使用方法与书画类作品基本一致，但较少用于书籍和纸质档案中。

欧秀花等选用羟丙基纤维素、壳聚糖、羧甲基纤维素和明胶-甘油溶液作为字迹的加固材料，采取人工加速老化实验，从加固前后字迹的耐水、耐化学药剂、耐氧化、耐摩擦等方面对材料加固效果进行评估，表明羟丙基纤维素、壳聚糖、CMC和明胶-甘油溶液4种材料对墨汁、碳素墨水、印泥字迹的保护效果较好，但对蓝黑墨水、红墨水、纯蓝墨水和铅笔字迹保护性相对较差。[②]宗岚等认为一般的加固方法均采用高分子材料，虽能防止红墨水字迹或印记在遇水时发生洇化，但在托裱时会导致糨糊无法浸入褙纸与裱本，严重影响裱糊质量。采用李玉虎发明的LC系列红蓝墨水字迹防洇化显现加固材料能够在防止字迹洇化的同时保证装裱工作的有效性。[③]罗雨佳等采用一种圆珠笔加固剂，能够在字迹和纸张表面形成一层致密的磷钨酸钡、磷酸钡沉淀，对圆珠笔字迹产生良好的加固效果。[④]单晓娟等研究了壳聚糖对染料的固色作用，认为其能够对染料分子产生吸附和凝聚作用。[⑤]

---

① 张诺等：《改性胶原蛋白用于书画粉化颜料加固的适用性探讨》，《文物保护与考古科学》2018年第3期，第14—20页。

② 欧秀花、万鑫：《纸质档案字迹加固材料的初步研究》，《档案管理》2017年第2期，第49—51页。

③ 宗岚等：《修裱过程中水溶性红墨水字迹、红色印记的防洇化保护》，《全国第十一届考古与文物保护化学学术研讨会，长春，2010年，第75—78页。

④ 罗雨佳等：《圆珠笔字迹加固分析研究》，《档案学通讯》2016年第5期，第88—91页。

⑤ 单晓娟等：《档案与古文献水溶性染料字迹修复过程中防洇化预加固》，2014年全国档案工作者年会，厦门，2014年，第158—186页。

（二）加膜法[①]

加膜法是在脆弱纸张的两面各加一层树脂薄膜或透明网，使纸张增加强度的一种方法，多用于对破损度较高、强度较低的纸质文献的加固，虽可以同时对易脱颜料进行加固，但很少仅为固色使用。

目前较为成熟且普遍使用的加膜法包括：美国国会图书馆、罗马尼亚档案馆等以醋酸纤维素等作为加固材料的热压加膜；英国莫兰塑料公司提出的莫兰加膜；英国伦敦博物馆用丙烯酸树脂对书籍的冷加膜。[②]

（三）丝网加固法[③]

用天然蚕丝织网并喷涂树脂而成，操作简单，可逆性强，且不影响文字阅读，多用于脆弱的纸质或丝织品文物的加固，以及字迹易脱色纸质文物的加固。加固时可根据需要选择丝网的形状和面积，灵活度较高。

固色的操作方法还有浸渍法、涂刷法、喷雾法等。浸渍法加固剂浸透充分、均匀，但不适合用于脱色严重或极易扩散的颜色；涂刷法用棉签或毛笔将加固剂刷在需加固部分，墨水字迹在刷涂后尽快吹干，防止扩散，注意控制用笔，不可反复涂刷，防止刷掉颜色；喷雾法适用于大面积或较为集中的颜色加固，方便快捷，但不适合用于较小面积或精确固色的情况。

三、结　语

以上各种固色材料和固色方法各有利弊，在实际修复工作中，需要根据作品本身材料和老化程度的不同选择合适的加固方案，并先进行模拟实验，或用脱落的残片、角落实验，确定合适的浓度等条件后才可进行大面积固色处理。

---

① 奚三彩：《纸质文物脱酸与加固方法的综述》，《文物保护与考古科学》2008年增刊，第85—94页。

② ［印］雅帕凯思帕利亚著，黄坊译：《档案材料的保护与修复》，《档案学通讯》1981年增刊，第8—15页。

③ 奚三彩、张永庆：《两面脆弱纸质文物的丝网热压加固法保护》，《文物保护与考古科学》1989年第1期，第13—15页。

几种常见堵头布的形式和缝制工艺

□ 宋 玥 国家图书馆古籍馆

堵头布，又称“书头布”“书头带”“书边带”等。堵头布可将书脊上、下两端遮盖住，是直接缝制或粘贴在精装书书脊上、下两端的布头或带状物。堵头布通常有两个作用：一为加固，保护书脊上、下两端，防止日常磨损；二为增强装饰性，将书脊裸露在外的地方用彩色堵头布遮挡住，使书脊处更加饱满美观。

一、堵头布的2种形式

堵头布一般分为直接缝在书脊上和缝好后粘贴在书脊上2种形式。

将堵头布与书芯直接缝合在一起，增加了书籍整体装订的强度，[①]使书籍整体结构变坚固，减轻人们取、放书籍时对书脊造成的拉扯和磨损。在中世纪，人们就在装订、缝合书帖时，在书帖两端各加缝一道线柱。[②]这样缝制的堵头布与书芯牢牢结合在一起，结实且牢固，但这样缝制的堵头布上只有装订书帖的亚麻线露在外面，不甚美观。因此，这种粗糙的缝法自文艺复兴时期起便不再继续使用。[③]

为增强堵头布的装饰性，人们在书芯缝合完毕后，在书脊两端用彩色丝线缝上线柱。19世纪初，人们开始使用粘贴式堵头布，这种堵头布是事先缝制好的，在使用时直接剪裁成或缝制成所需长度，涂胶后粘贴在书脊上即可，方便、快捷又美观。装饰性强，却不如直接缝在书脊上的堵头布结实。1850年，机制堵头布开始大规模使用（图1），[④]但不如手工缝制的样式精致、美观。

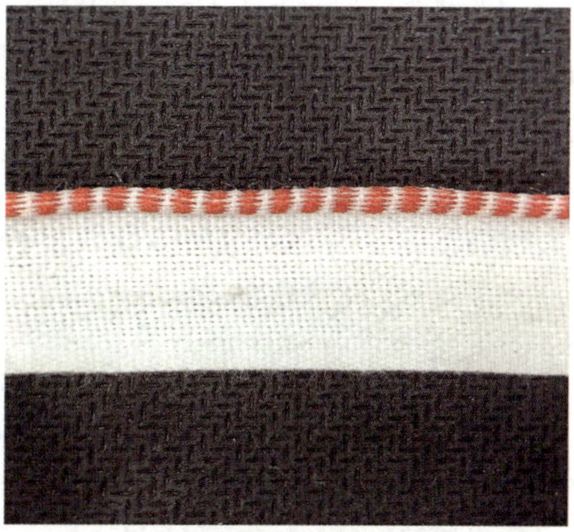

图1 机制堵头布

① 潘健、张怡：《中世纪册子本堵头布缝制工艺研究及其在新疆民文古籍修复中的应用》，《新世纪图书馆》2018年第11期，第41页。

② Douglas Cockerell, *Bookbinding and the Care of Books: a Handbook for Amateurs*, Bookbinders & Librarians, New York: D. Appleton and Company, 1901, p.150.

③ Edith Diehl, *Bookbinding, its Background and Technique*, New York: Dover Publications, Inc, 1980, p.61.

④ Bernard C. Middleton, *The Restoration of Leather Bindings*, New Castle: Oak Knoll Press, and The British Library, 2011, p.123.

二、堵头布的结构

堵头布主要由内部的布芯和外部缝绕的彩色丝线构成。布芯通常为细绳或皮条，也使用纸卷、牛皮纸、藤条、植物根茎等，但这些材料保存时间短，不耐用，较为脆弱。[①]粘贴式的堵头布还需要将一小段棉布与布芯缝合在一起，或用彩色皮革、彩纸等材料包裹住布芯，再粘贴在书脊两头。缝绕在布芯外面的丝线有单色、双色及多色，一般为双色或三色。为增强堵头布的装饰性，通常采用颜色对比强烈的丝线缝制，且应与书籍封面、书口颜色协调。若是旧书，应选用尽量贴近原堵头布颜色的丝线。

常见的堵头布从结构上可分为无布芯堵头布、单布芯堵头布和双布芯堵头布 3 种，其中无布芯堵头布通常为粘贴式堵头布，将牛皮纸或棉布一边折叠后缝绕上丝线，再粘贴在书脊上。这种堵头布见于 16 世纪末至 19 世纪初的德国和 17 世纪的英国。单布芯堵头布最为常见，盛行于 16 世纪至 18 世纪的书籍装帧中。18 世纪晚期，出现用扁平的皮条作为布芯的堵头布。[②]相比于单布芯，双布芯堵头布更具装饰性，采用直径一大一小的 2 根细绳作为布芯，常用于大部头的书籍。细绳在上，粗绳在下，常出现于 17 至 18 世纪的精装书中，而粗绳在上、细绳在下的堵头布常见于 19 世纪的英国。[③]

三、几种常见堵头布的缝制方法

无论是直接缝在书脊上还是缝好后粘贴在书脊上的堵头布，其制作方法大同小异，下面简单介绍几种常见堵头布的缝制方法。

（一）缝在书脊上的双色单布芯堵头布

将书芯垂直立放在桌面上夹住，在距书脊两端约 1.3 厘米处划线、扎眼，作为缝堵头布的针眼，若遇到书帖的订线，可向外避开一点。[④]将 2 种颜色的丝线分别穿针，此处以红色和白色 2 种颜色的丝线为例，2 个线头一起打结，将穿有红色丝线的针由书帖外侧插入内侧，拉紧，绕布芯 1 圈后再由书帖内侧插向外侧，缠绕布芯几圈后再将丝线环绕至布芯下方勒紧，在书口与布芯之间形成一小截横向线段后，回至起始线头处打结（图 2）。再将白色丝线直接缠绕布芯几圈，无需穿入书帖中，拉紧并与针眼处红色丝线打结。

继续重复以上步骤，直至每一帖书帖都缠绕上丝线（图 3）。16 世纪初，每一书帖都缝连堵头布，之后便隔几帖再缝连堵头布。[⑤]

---

① Bernard C. Middleton, *The Restoration of Leather Bindings*, p.121.

② Bernard C. Middleton, *The Restoration of Leather Bindings*, p.123.

③ Bernard C. Middleton, *The Restoration of Leather Bindings*, p.123.

④ Alden A. Watson, *Hand bookbinding: a Manual of Instruction*, New York: Dover Publications, Inc, 1996, p.119.

⑤ Bernard C. Middleton, *The Restoration of Leather Bindings*, p.121.

图2 缝制在书脊上的双色单布芯堵头布

图3 缝在书脊上的丝线

（二）双色单布芯粘贴式堵头布

双色单布芯粘贴式堵头布缝制方法较为基础，用两色丝线直接缝绕在布芯上即可（图4），若想使布芯变硬挺，可提前用稀胶水浸透，晾干后使用。每次更换颜色时，须用上一颜色的丝线压住，在布芯下方形成双色交替的横向线段。如图中所示，黄色丝线缝绕完毕后，将粉色丝线从其下方绕过，从后向前穿出并拉紧，完成颜色的替换（图5）。在缝制过程中，注意将丝线拉紧，正面、背面均缝制整齐。

图4 双色单布芯粘贴式堵头布

图5 双色单布芯粘贴式堵头布缝制过程

除用细绳作布芯，还可用扁平皮条，其缝制方法是相同的（图6）。

还有用双色皮革或彩纸环绕布芯的做法，将2种颜色的彩纸或彩色皮革裁切成同等宽度的小条若干，间隔摆放整齐后涂胶，将布芯放置其上，翻折彩条并粘牢，用直尺边缘比齐并顶住布芯，同时用镊子将底部彩条挤紧，防止断裂开（图7）。

图6 双色扁平皮条单芯粘贴式堵头布

图7 双色彩条单布芯粘贴式堵头布

（三）双色无布芯粘贴式堵头布

将棉布一边翻折并用胶水粘牢（图8），用双色丝线沿双层棉布处缝绕（图9），缝绕方法同双色单布芯粘贴式堵头布。

图8 棉布沿一边翻折图

图9 双色无布芯粘贴式堵头布

（四）多色双布芯粘贴式堵头布

双布芯堵头布的缝制方法是以单布芯为基础，需同时缝绕2个布芯（图10、11）。针线须穿入2个布芯之间，围绕上层布芯一圈再穿入2布芯之间，再从下层布芯下方穿出，整体呈“8”字形路线。每次更换颜色时，须用上一颜色的丝线压住，在布芯下方形成颜色交替的横向线段。为方便缝制，可将布芯先粘在棉布上。线头可用胶点住，防止开线。[①]

图10 三色双布芯粘贴式堵头布

图11 四色双布芯粘贴式堵头布

四、结　语

堵头布对书籍具有保护和装饰作用，随着人们对装帧形式的需求和审美风格的转变，历史上出现了各式各样的堵头布，这些精美的堵头布也为我们今天的装帧和修复工作提供了新的思路和宝贵的学习机会。

① Manly Banister, *The Craft of Bookbinding*, New York: Dover Publications, Inc., 1993, p. 107.

搅团与糨糊
——无矾面粉糨糊的一种试制方法

□ 田婷婷　国家图书馆古籍馆

北方盛产小麦，北方人也因此擅做、爱吃面食。搅团，是西北地区流行的特色美食，是以面粉或杂粮粉搅打而使其凝固成团，按照关中人的说法，搅团就是“用杂面搅成的糨糊”。在关中地区，搅团非常普遍，可谓“人人皆吃，户户皆做”。关于搅团的来源，传说是诸葛亮当年在西岐（今属陕西宝鸡市）屯兵，久攻中原不下，又不想撤退，而士兵清闲无事，就在那里大力发展农业，以供军粮充足。经常吃惯了地方的面食，军兵都吃腻了。为了缓解军队士兵的想家情绪，诸葛亮发明了这道饭食，称为“水围城”，陕西关中至今仍有人用此称呼。①一般搅团吃法有三，“水围城”是其中一种：将搅团盛在碗盘里，放上葱花，浇上特制的辣椒油和酱醋汁儿（图1），用筷子夹成小块儿吃，吃的时候，搅团被这种蘸汁儿包围着，故名。另有“凉鱼儿”（图2）的凉吃法和炖煮搅团的热吃法，都各有特色。

图1　水围城

图2　凉鱼儿

制作搅团，需要小火慢熬。一般先将面粉加适量水和成稀浆，无疙瘩即可。用锅烧开适量水，将稀浆缓缓倒入烧开的水中，边倒边搅动。用小火搅至黏稠且成熟便可。搅团制作的火候及用水量比较关键：火要小，火大则锅底易糊锅；水适量，水多则太稀而不成形，水少则太稠而不易搅拌，且易夹生。另外，搅动不停不易起疙瘩，有助于均匀成熟，但非常耗费臂力。

这里提到“搅团”及其制作，虽然不免怀念家乡美食的味道，但主要通过“糨

① 钱国宏：《西北美食之关中搅团》，《科学之友》（上旬）2013年第12期，第77页。

糊”的关联，意欲借用搅团的制作方法，制作面粉糨糊。

搅团属于杂粮糨糊，以用锅熬制杂粮为特色，而面粉糨糊以面粉为原料制作，搅团的制作方法与要点对于糨糊制作有参考作用。不同的是，搅团是无添加的纯糨糊，而制作面粉糨糊，一般需加矾末。

关于制作面粉糨糊一般需要加矾，元代的《秘书监志·打面糊物料》已有涉及：

至元十四年二月，裱褙匠焦庆安计料到裱褙书籍物色：……

打面糊物料：黄蜡一钱[①]，计四十二斤四两二钱；明胶一钱，计四十二斤四两二钱；白矾一钱，计四十二斤四两二钱；白芨一钱，计四十二斤四两二钱；藜蒌一钱，计四十二斤四两二钱；皂角一钱，计四十二斤四两二钱；茅香一钱，计四十二斤四两二钱；藿香半钱，计二十一斤二两一钱；白麪五钱，计二百一十二斤一两；硬柴半斤，计该二百一十一秤五斤；木炭二两，计五十二秤一十三斤四两。[②]

在这些记载中，打面糊的物料主要是面粉，其中白矾是重要的添加物，另有黄蜡、白芨、茅香等中药。在面粉糨糊中加入白矾，一方面是作为凝固剂，使糨糊更容易凝结成团；另外，矾也有防腐抑菌作用，有利于糨糊的保存；另有一说，是矾能防止面粉糨糊制作时起面筋，此说法尚待进一步研究确认。由于白矾易水解呈酸性，不利于纸张的长久保存，故纸质文物装裱修复使用加矾糨糊理论上也是不利的。

面粉糨糊一般用于书画卷轴、册页等纸质文物的装裱修复，主要取其黏性大，可降低浓度，使裱件整体柔软而又有弹性。当然，书画装裱与修复也使用小麦淀粉糨糊，如果单从黏性出发，可以采用熬煮的方法提升小麦淀粉糨糊的黏度。暂且不论面粉糨糊用于装裱的优势究竟在哪里，如果必须用面粉糨糊，是否不添加矾也可以制作面粉糨糊呢？对于保存问题，我们现在有冰箱，可以设置特定的温度冷藏，即使没有矾，也可以通过冷藏以延长其保存时间。关于面筋问题，也有说法是面粉糨糊打熟了就不起面筋。文献保护组同事也建议，可以通过物理的方法让面粉糨糊不起面筋，方法之一就是用料理机搅拌面粉生糊，将其面筋粉碎细小。了解原理之后，笔者觉得这应该是一种比较可行的办法，于是结合搅团制作的锅熬法进行了相关尝试。

所需原料：某牌富强粉。

工具设备：家用料理机、电磁炉、锅、搅拌棒。

制作流程如下：

---

① 钱，古代重量单位，十钱为一两，十六两为一斤。根据《中国古代度量衡》一书，元代每斤合633克（邱光明：《中国古代度量衡》，商务印书馆，1996年，第171页）。以此计算一两约40克，一钱约4克。

② 〔元〕王士点、商启翁编撰，高荣盛点校：《秘书监志》卷六，浙江古籍出版社，1992年，第104—106页。

图3　料理机搅拌面粉生糊

1.富强粉150克，水200毫升，加入料理机搅拌5分钟，然后静置半小时（图3、4、5）。

2.将300毫升水烧开，放在不锈钢容器中。用不锈钢容器，取其热传递比较好。另外容器要略大，糨糊制作过程一般会膨胀三四倍。加水300毫升，主要考虑制作好的糨糊浓度要高，方便于封水保存。

3.在锅中烧开适量水，将不锈钢容器隔水放置在锅中。因用电磁炉，隔水的作用在于防止局部火力过大产生糊锅。

4.将第一步准备好的面粉生糊缓缓倒入不锈钢容器中，边倒边快速搅拌，使面粉糊均匀受热，没有明显疙瘩，直至其慢慢糊化凝固，颜色微黄。

图4　面粉生糊搅拌前

图5　面粉生糊搅拌后

图6　蒸法令糨糊熟透

5.为了糊化更为彻底，可将不锈钢容器放在锅中蒸15分钟左右，使其温度继续升高，使面粉糊充分熟透（图6）。

6.制作完成的面粉糊封水保存，待其完全凉透后即可使用。

7.糨糊制成后封水保存（图7），存于冰箱冷藏，10天仍未散形（图8），没有明显面筋，黏度也比较好，用其托绫装裱，没有明显异样。

以上无矾糨糊制作中以料理机搅拌生糊为独创，而以锅熬的方法制作糨糊，并非搅团制作所独有，《装潢志·治糊》已提到慢火烧煮制作糨糊，当时也是加入矾末。20世纪80年代初出版的《书画的装裱与修复》一书中也提到用锅熬法制作面粉糨糊：

图7　制作好的糨糊封水隔绝空气

图8　保存10天的无矾面粉糨糊

> 面粉二斤，按上法捣好浆糊头。用铁锅或其他锅盛水2800—3000毫升，放置火炉上煮开，水开后先放明矾四钱溶化，再将捣好的浆糊头倒入锅内加热。随倒随搅动，到浆糊呈透明状，变成微黄色为止。[①]

用锅熬法制作糨糊，相对水冲法的好处在于温度可以不断升高，有利于面粉的充分糊化变熟。因为面粉中没有加入矾，前期制作糨糊头时采用了料理机搅拌的方式，可防止面粉中的蛋白质凝结成团。相比一般工艺制作的糨糊，无矾面粉糨糊为了便于料理机搅拌，糨糊头加水略多，为了更好凝固保存，熬煮的时候用水略少，保证糨糊浓稠不易散开，便于封水保存。

无矾面粉糨糊的试制成功说明：面粉糨糊即使不加矾，也可以制作成功。这种制作方法为面粉糨糊的制作提供了一种可以借鉴的方法。传统苏裱技艺的修复师一般认为，面粉糨糊比淀粉糨糊黏性高，通过降低面粉糨糊的使用浓度，有利于使裱件变柔软。但是，也有研究认为小麦淀粉糊化后的黏度比小麦面粉糊化后的黏度高出7倍以上。[②]这里先暂且不讨论面粉糨糊与淀粉糨糊的黏度大小问题，但无矾淀粉与面粉糨糊与有矾的面粉糨糊相比，不使用矾，避免了矾水解酸化的潜在危害，理论上讲更有利于纸质文物的长久保存。

北方传统书画修复工作室通常使用纸墙作为裱件贴平干燥的必备装备，而纸墙制作需要大量使用糨糊层层贴纸，糨糊制作非常重要。建议使用淀粉糨糊或无矾面粉糨糊作为黏合剂，纸墙表层涂刷也建议用别的功能近似的材料代替传统用胶矾水，尽量避免使用矾引起的酸化及酸迁移现象，影响贴墙的裱件。

---

① 故宫博物院修复厂裱画组编著：《书画的装裱与修复》，文物出版社，1980年，第18页。

② 王敏英：《传统书画装裱修复黏合剂的测定与分析》，《中国文物报》2010年1月15日第7版。

国家图书馆文献修复工具小志

□ 崔志宾 国家图书馆古籍馆

修复组的老师傅们常说："修书半辈子，就是一碗糨糊、一支毛笔、一把剪子。"显然，这种概括对于他们半生对古籍修复事业做出的贡献来说太过简略，但对于串联起他们对过去工作的记忆，或许再没有比这更合适的话语了。在这之前，有前辈记录下这个组的发展沿革，让作为后辈的我们熟知了历史上修复过的重要藏品以及技艺卓越的修复专家，并常常引以为傲。历史往往是由人与事构成的，除了这些，那些不起眼的、平凡的日常修复工具是否也同样在记录着这个组的发展与变化？

修复工具在修复工作中必不可少，好比手术刀对于外科医生。同样，所有的工具从始至终并非一成不变，近年来随着社会各界高度重视，在各级领导的大力支持下，大批具有高学历的各学科青年人才陆续加入文献修复队伍。随之而来，不同视角、不同知识领域的新想法、新观念与传统工艺相互融合，使得文献修复工作悄然发生着改变。其中就包括一些技术辅助工具的调整与革新。而老师傅们从业多年，依旧热情不减，在参与工具改良的同时常回忆起过去的工具式样，值得记录。本文部分内容即整理自本组杜伟生、朱振彬、李英、边沙、刘建明、刘峰等6位资深古籍修复专家的口述。

一、糨 糊

糨糊的原材料为小麦面粉，其在古籍装帧与修复工作中不可或缺。作为纸张间的黏合剂，经过历代修复者反复试验、缓缓调试，一件件破损的纸质文物寿命得以延续。

古籍修复及书画装裱中所用糨糊与日常生活中的糨糊不同，其要求质地纯净，浓稀可调而黏性不减，黏合时间长且不变性。而最重要的区别在于其具有可逆性，在重新修复时易于将补纸与原书分离。

在纸质藏品修复工作中，关于糨糊一直有着"去筋"与"不去筋"的差异，基本也是中国南、北方在此行业中的差异。所谓"去筋"，就是去除小麦面粉中的蛋白质成分（±13%）。蛋白质自身为胶状体，与淀粉结合，经高温加热，急剧膨润，黏度激增；去除面筋剩下的淀粉，经高温加热后，也具备一定的黏性可供黏合。南方由于气候潮湿，对于黏合剂黏度的要求比较高，因此南方的修复师往往选用带有面筋的糨糊；而北方气候干燥，纸张黏合固定速度要相对快。我们的文献修复组地处北方，过去的老师傅们也都是北方人，所以我们一直以来选用的都是去除面筋的小麦淀粉糨糊。

据杜伟生老师回忆，在20世纪80年代前，那时候的精平装书装订与善本修复、书画修复还同属于一个科组，与修古籍比起来，精平装书籍的装订所需糨糊量大。因此，当时制作糨糊的淀粉是在北京某豆制品厂采买的桶装湿淀粉。几年后工厂改制，不再生产此类淀粉。1990年前后，组里又在天津市订购了食品用小麦淀粉。2000年之后，因调制过程中发现其色泽、黏度已达不到要求，最终选择放弃使用。

2008年以后，组内加入了“80后”年轻员工，为制作糨糊采买了一批“裱画粉”，也属于成品小麦淀粉。这批淀粉纯度高，加热易糊化，糊化后白、亮、透明度高。随着2013年“天禄琳琅”修复项目的全面开展，在糨糊选料与制法方面又有了新的调整。主持该项目的朱振彬老师认为裱画粉仍属于工业加工产品，纯度难以确认，安全起见，还是选用传统的“洗粉”方法来提纯淀粉，即手工分离面粉中的面筋与淀粉，并利用离心机等设备将淀粉部分二次分离，取得纯净度较高的修复用小麦淀粉。近年，为提高效率，组内采购了自动洗粉机来替代人工洗粉这一工序。

二、剪　子

用作剪齐书叶、书衣以及剪断书线等。修复组老同事现在所用的剪子，为20世纪80年代订购的“王麻子”牌手工锻打铁剪，亦是延续他们的前辈所用剪子样式。通体黑色，熟铁材质，一体锻打无焊接，刃口贴钢，剪刃长（图1）。由于剪子在修复工作中使用频率极高，因此每过一段时间就需要磨剪刃。磨剪刃是专门的行当，在那个年代，总有人走街串巷吆喝“磨剪子唻戗菜刀”。有一位磨刀匠人会定期来馆，组里的剪子便交由他去磨，收费为1毛钱1把，据说那位师傅的手艺相当不错。

如今，街巷中再难见到专门磨剪子的人，年轻一代的修复工作者也从市场上选购成品剪子。现常见的剪子通常为通体不锈钢材质，刃口锋利，不那么容易磨损了（图2）。

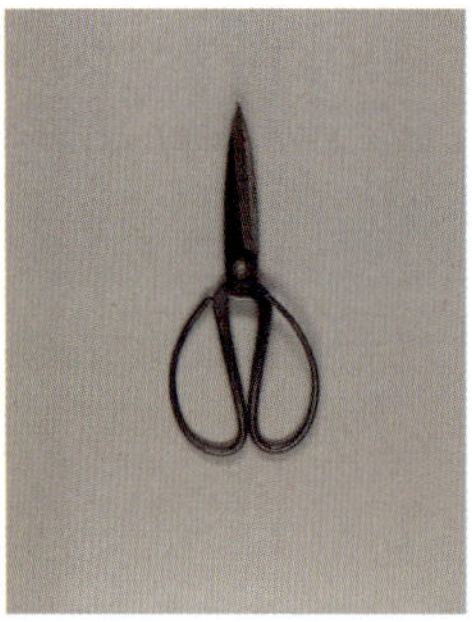

图1　老式剪子
（郑静文[①]用）

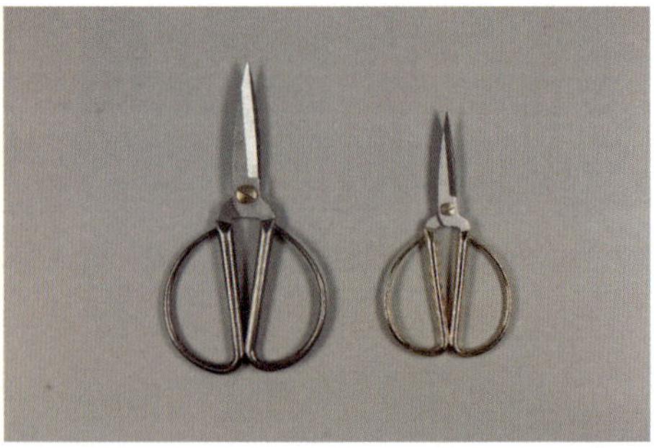

图2　现代不锈钢剪

① 郑静文（1930—2011），国家图书馆知名古籍修复师，经手并修复大量宋元珍贵善本古籍，从事古籍修复工作近40年。其人其事为组内代代师傅相传，下同。

三、喷　壶

喷水工具，古籍保护工作常用、必备工具。早期称为“喷水唧筒”。与之同时，有些老师傅也会用嘴含水喷，但需要反复练习才能够喷出均匀的水花，最常用此方式的是肖顺华[①]先生。同时期还采用过简易喷水设备，即利用2根吸管制作的工具。再后面出现了手动气压式喷壶，即药水喷壶。按压压柄增高壶内压力，使水位有高低而产生压力差，通过喷嘴使水喷出来，需要双手配合工作。

待到20世纪80年代左右，组内采购一批“三角”牌喷壶，壶体有铝制与塑料2种，塑料颜色为红、白相间，本是用作花艺喷水所用。其核心部件为金属材料，壶嘴可调节出水量大小，可单手操作。但老师傅们回忆起来均反映，其把手部位常因焊接不牢而松动，影响使用，水花也不够细腻均匀。再者，旧时壶嘴大多为铜制，时常因锈渍或水垢堵塞出水口，须时常修理。以上实物现均已不存。

当下所用的喷壶为金属或塑料瓶身，其头部主要由扳柄、1个小型液压泵、1根塑料吸管组成，它们复合成为一个小型高压系统，将瓶中盛装的纯净水通过喷头上的小孔以极细微的水粒喷射出去。因喷出的水花细腻成雾状，可保证纸张受水均匀，大大提高了修复精度（图3）。

图3　现代喷壶

① 肖顺华（1918—1996），我馆老一辈修复专家，曾担任修整组组长近30年，从事古籍修复工作近40年。技艺精湛，亦为我国古籍修复工作及古籍修复人才培养做出了重要贡献。

四、刀 具

传统用于古籍修复的刀具有竖刀、弯刀。前者通常用作裁切纸张、书叶，后者常用以裁割大幅、大批纸张（图4）。这些刀具也都是手工锻造，刃口需随用随磨，由修复师自行打磨。在古籍修复工作中，这些小型刀具的使用较为有限。20世纪70年代末到80年代初，组里有了半自动的裁纸机，也称作“裁书机刀”，可实现整册书或整沓纸张的裁切。由于是半自动设备，使用中仍有不便之处。1985年，组内采购了一台电动切纸机，精准度高，使用方便，提高了裁切速度与质量。

现如今用于裁纸的刀具已经以美工刀为主，刀片可更换，薄而锋利，自带折断线，刃尖磨损后可沿线折断，便可使用新的刀锋，方便使用，省去了磨刀的工序（图5）。而对于裁切批量纸张，也采购了大型电动切纸机，裁切效率更高。

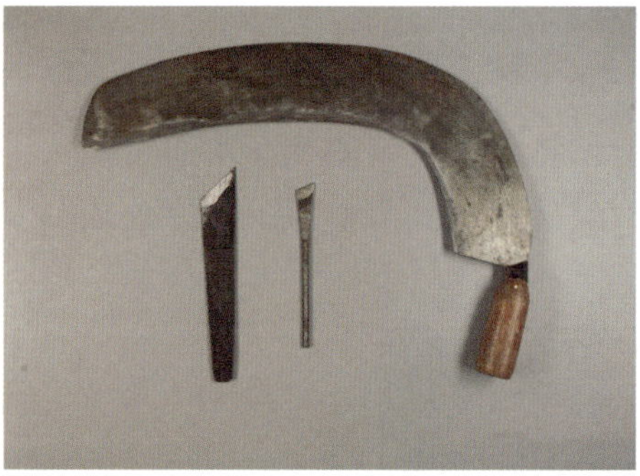
图4　传统竖刀、弯刀

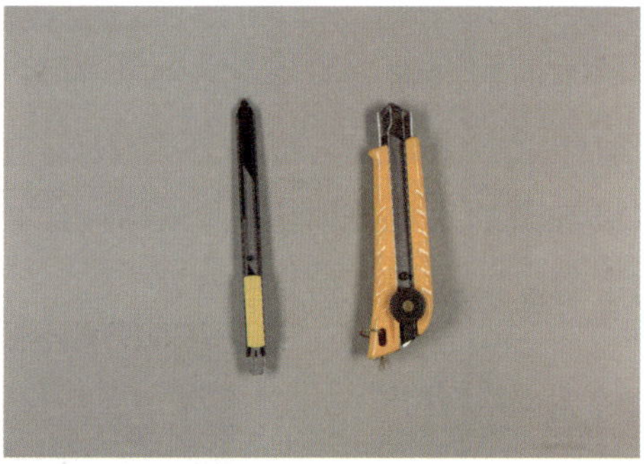
图5　现代美工刀

五、裁 板

传统的裁板以草花梨木或椴木制成，表面刨光。这种工具有它的弊端：走刀会在木板上留下刀痕，使用一段时间须再次刨平，否则会影响裁纸质量。后有三合板、五合板代用，当出现过多刀痕后可更换新板，较木裁板使用方便，但也增加了使用成本。

现代生产有聚氯乙烯（PVC）材质切割垫，双面可用，印有方格刻度，可擦洗。硬而带有柔韧性的表面，附着性强，不易滑动错位，刻、划刀痕均能“自愈”，可重复多次使用（图6）。在目前的古籍修复中，已完全替代了传统木质裁板。

图6 现代切割垫

六、裁 尺

用作配合刀具裁切纸张、书叶以及碰齐书口、配合铅砣压书口。传统为木质，楠木、杉木做芯，两侧镶竹条，有长、短多种规格（图7）。木尺美观、古朴，但也有一定弊端。因四季温湿度差异，木料会随之收缩变化，必然会影响到裁切精准度及书口垂直度。经过干燥处理或者使用旧木料，可在一定程度上减少变形风险，但同时制作成本也较高。

近年来，出现有轻量铝合金材质的专业裁尺，尺面设计有防护槽或挡板用来保护手指，防止裁切过程中刀片上跳。底部装防滑条，放置于纸面，起稳定作用，不易打滑（图8）。这种尺子不存在变形风险且经济耐用，现已基本替代传统木裁尺。

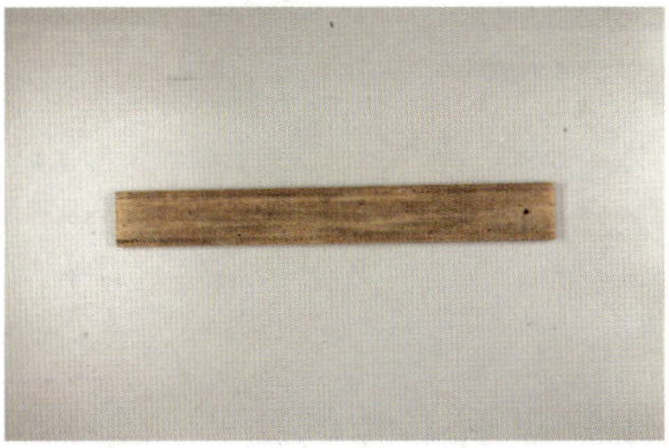

图7 传统木尺（郑静文所用）

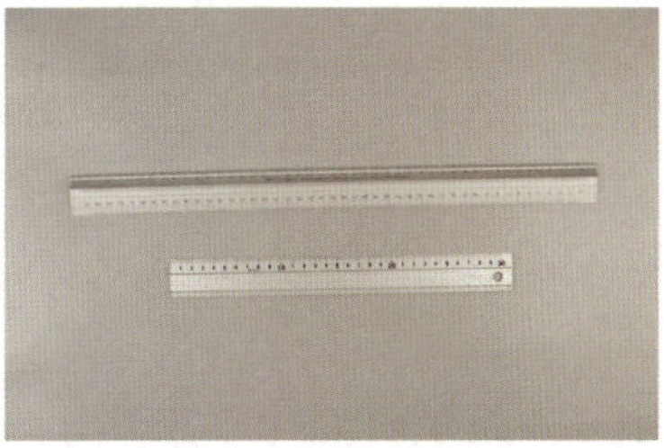

图8 现代裁尺

同时，我们也在寻找更加稳定的木料来制作木尺，在碰齐书口等环节，木尺仍不可或缺。最终找到曾作为房梁木使用的老楠木，历经数十年甚至百年，木料已经充分干燥并稳定，且楠木本身涨缩性小、硬度适中，是合适的木尺材料。在制作上配合老楠竹，以工字榫卯结构镶边，稳定耐用（图9）。

图9 新制老楠木尺

七、补书板

补书时用作铺垫书叶。传统补书板也称“葛板”，用几层草纸板黏合为板芯，四周用布、绫包边，两面糊白纸。葛板有其弊端：当表面白纸用脏后，须及时拆换，以新白纸糊面；由于不易看清补纸覆盖破损处的搭口宽度，修复人员往往需要时常拿起书叶迎光判断再放回去修补。这些因素想必也对修复效率有所影响。

现代补书板参考动漫拷贝板设计制作，称作“透光补书板”。面板材质为高透亚克力，其下设有LED灯条，打开时发出柔和光线，置书叶于上，可使修复师轻松看清破损处与补纸的搭口，大大提高了修复效率。因此成为目前修复组普遍采用的修复工具（图10）。

图10 透光补书板

八、压书板

传统用于古籍装订前压平工序，现也用作修复后书叶的压平。组内现存一块20世纪70年代左右的旧式压书板，松木材质，上下两面刨光，十分平整，两端封有木条并以铁钉固定，牢固耐用。尺寸为23.2厘米 × 32.6厘米（图11）。

图11 旧式压书板

现在所用压书板为高密度木质纤维板，其结构均匀、材质细密、性能稳定、耐冲击，易加工为各式尺寸，成本较低，因而取代了旧式压书板（图12）。

图12 高密度板制压书板

九、锥 子

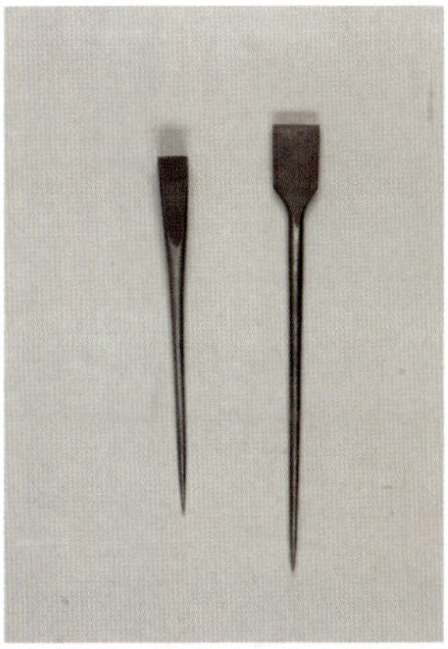

图13 旧锥子

用于下捻、订线之前打眼的工具。有2种式样：上头四方，下尖；上头扁方，下尖（图13）。传统式样是第一种。1976年，杜伟生老师参观某印刷厂，见到工人使用类似于第二种的锥子，只是长度明显短于修复所用锥子，且尖部为钝头。杜老师遂将二者结合，出现了第二种式样的锥子。扁头锥子最明显的优点是当书册较厚或纸张较硬时，可借用扁头进行旋拧将锥子拔出，较方头锥子省力。

如今，这2种锥子均有配备，并根据具体工作需要定制了不同粗细规格。在材质方面，早期的锥子均为铁质，现所用锥体材质选用经标准化热处理的精钢，具有较高的硬度、耐磨性及韧性，更加经久耐用。

十、镊 子

用作撕镊补纸、揭开书叶、挑拣纸面杂物等。老师傅们回忆说，过去使用镊子的频率没有当下高。组内现存一把老式镊子，其头部带有弧度，尾部三角形，中间带有活动卡扣，可根据使用者需要锁定镊头间距（图14）。但是其前端镊片较厚，闭合后夹取精度不高，握持手感紧，长时间使用手部会产生明显疲劳感。

20世纪90年代左右，组内采购了一批医用眼科专用镊，作为眼科显微手术用镊，其精度远高于非专业镊子。有弯头、直头、圆头几种规格，可根据修复需要及修复师个人习惯选择使用。

由于镊子在当下修复工作中的使用极其广泛，近年来经多种样品试用比对，挑选出一套精密镊子，其原本作用于精密电子部件、晶片电路片提取等精密操作。在古籍修复工作中，由于其材质兼备高硬度、高弹性，夹持精密度更高且手感良好，得到了组内新老修复师的肯定。为满足工作需要，也配备了弯尖型、细尖型、扁圆型三种规格（图15）。

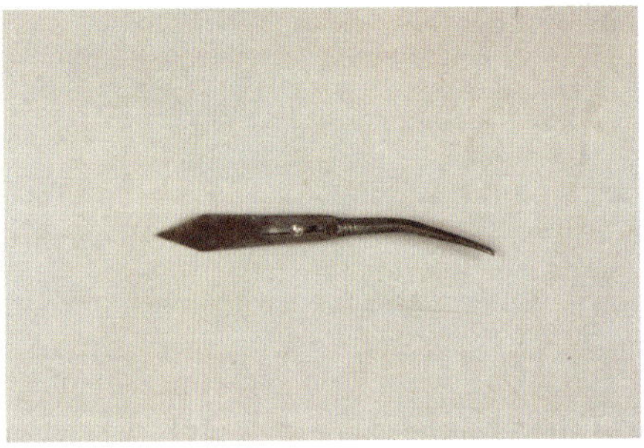

图14　组内老式镊子

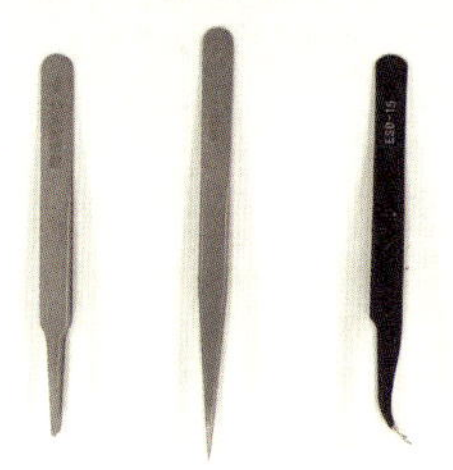

图15　从右至左：弯尖型、细尖型、扁圆形镊子

十一、铅砣

常用于古籍装订中打眼、钉书、扣皮等工序，起到固定书册不移位的作用。组里的旧铅砣现仍有部分老师傅在使用，其形貌为裸铅块，有些上带提梁（图16）。

组内还有一批包木铅块，铅块外包裹楠木。2000年左右，杜老师找到一家长期为我们馆装订书籍的印刷厂，他们留有大量活字，已经弃之不用。杜老师本想收购当作铅砣材料，老板竟爽快相赠，而且还帮忙熔成4—5斤不等的铅块。由于铅块没有进行打磨处理，需包裹。那一时期，正值善本库为敦煌遗书、《赵城金藏》制作书柜、书盒，合作方有一家专门制作硬木家具的厂商，工程结束剩下了一些楠木边角料，杜老师认为可作为包裹铅砣的材料，与老板提及此事，竟也得到慷慨相赠。做成的成品棱角磨圆，两侧设计有长条形凹槽，美观又实用，亦是杜老师设计的结果。之后又制作了一批实心不锈钢块，重量、大小不一，表面经磨光处理，同样棱角磨圆并带有长条形凹槽。

还有一种压平工具为砂袋。杜老师在1994年去日本考察时，看到日本修复师在修复过程中，将一定量的细小钢珠盛装在布包内，放置于修补过后的部位。这种工具的优点是利用钢珠的流动性及重量，可以完全贴紧原件及修补部位，起到及时固定、压平的作用。

近年采购了一批直径2毫米左右细小钢珠，批量灌入圆柱形布袋中，在修复工作中起到了很好的作用。

图16 旧铅坨（左为郑静文所用，右为王丽英[①]所用）

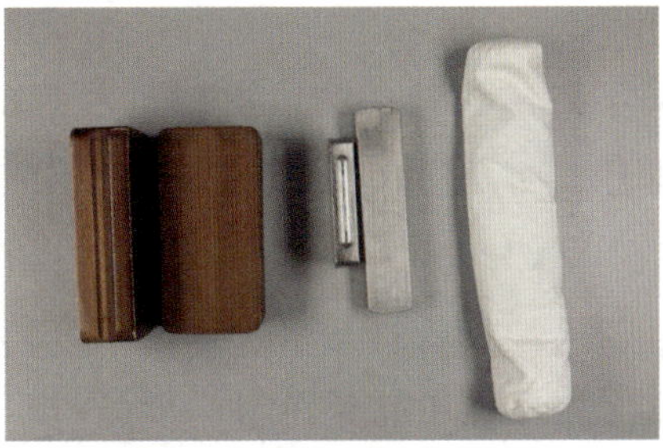

图17 从左至右：包楠木铅坨、不锈钢块、钢珠砂袋

十二、压平机

用于压平纸张、书叶、纸板等的专用设备，多配合压书板使用。因其旋紧后可给予纸张1000千克以上的可持续恒定重压，辅助整理成册的古籍、纸张在装订之前压平定型。

修复组内现有1台老式手动压平机，体积不大，样式古朴，据说已有百年历史（图18）。老师傅回忆说，在那个年代，组里的压平机很少，修复师常常需要排队甚至“抢占”。如今，组内的手动压平机基本可实现人手1台，修复师再不需要排队等待。样式有2种，一种上方为圆形旋转手柄，一种为直杆式手柄。后者样式参考了周叔弢先生家藏压平机式样制造。

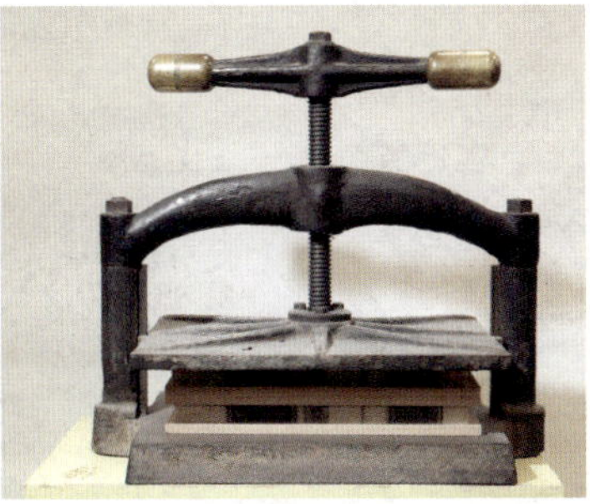

图18 组内现存最早的手动压平机

与此同时，还采购了电动压平机，按键操作，无需人力旋拧，重力也远大于手动压平机，一般用于压平纸张或纸板。

---

① 王丽英（1930—2022），师承古籍修复“国手”张士达先生，曾参与大量宋元珍贵古籍的修复工作，于国家图书馆从事古籍修复工作近30年。

十三、古籍修复便携工具包

近年来，随着一些重点修复项目的深入开展，国家图书馆高度重视并大力建设文献修复场所及文献保护实验室，引入大批新型修复设备。诸如电动裁纸刀、纸浆补书机、小型印刷机、可编程缝纫机、手工抄纸设备等，这些设备将原本需要大量手工操作且随机性较高的某些修复环节变得高效可靠，大大提升了修复工作效率，同时一定程度上也保证了修复质量。文献保护实验室的成立以及文保专业毕业生的引入，使得在修复用纸等主要修复材料的辨识环节，由高效准确的仪器检测代替传统的人为判断，极大程度上避免了主观因素带来的误差。

但是，本着安全至上、最小干预的修复原则，修复材料、工具的演变是渐进而慎重的，没有得到普遍认可或在实际使用中遭到质疑的，都将暂时搁置。投入使用的工具也需要经过反复试验、多方论证才最终确定。因此，有些修复工具并没有进行实质改换，例如启子、针锥、针、毛笔、排笔、棕刷、钉板、木棰、铁锤等工具，只在加工精度、材料质量上进行要求，原有样式不变。

2020年，文献修复组研发定制了一套“古籍修复便携工具包”，其中配备了22件常用必备工具（图19）。考虑到便携性，还专门为其设计了工具包，样式美观，可作为背包携带（图20）。2020年12月18日申请，2021年5月28日获得国家知识产权局外观设计专利证书（证书编号6594618，专利号：ZL202030781817.3）。

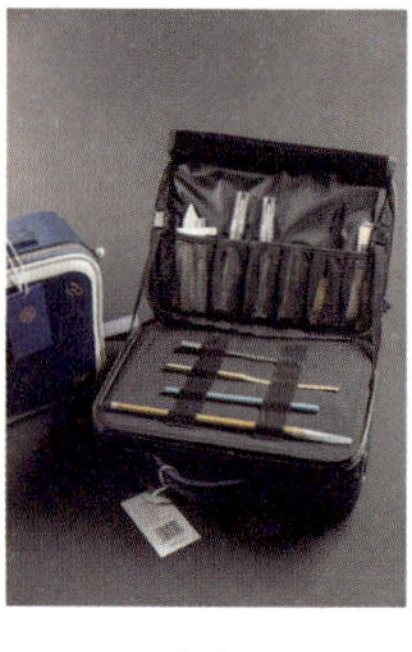

（a）

（b）

图19 包内工具

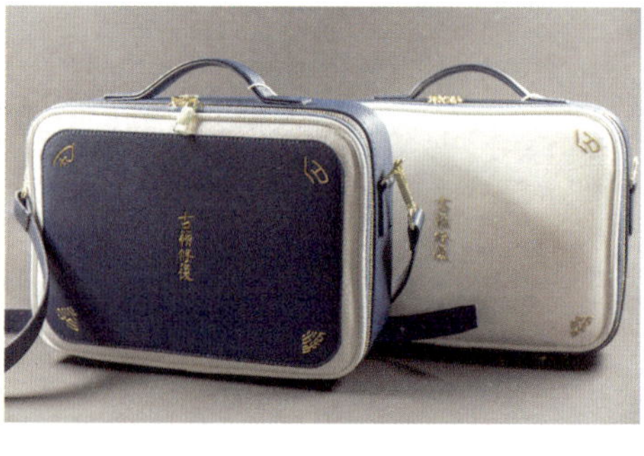

图20 两款工具包外观

这整套工具包从设计到生产，耗时1年多。修复组老师傅提出指导建议，青年修复师严格检选，经过数十次磨合，每一件工具都凝结了国图古籍修复师精益求精的追求，并切实符合当下的修复工作需求。在经典文化推广组的配合下，对工具包的材料选择、里外设计进行了广泛调研、反复修改，设计巧妙、美观实用的工具包保证了这些工具收纳更安全、随行更方便。

每当看到修复组那些老式修复工具，看到它们因曾经频繁使用留下的痕迹，仿佛看到老一辈修复师兢兢业业、恪尽职守，保护着一批又一批的珍贵古籍。如今，这集结成套的工具已经有业内同行、古籍修复爱好者采购并使用，同时得到了他们的广泛好评。相信它们也同样可以承载着不变的工匠精神，将古籍修复这一事业代代相承。

本文撰写过程中得到组内前辈专家们的大力支持。文中郑静文前辈所用工具由李英老师提供，王丽英前辈所用工具由边沙老师提供。特此感谢！

文献修复用纸的自制初探

□ 宋　晖　国家图书馆古籍馆
□ 王欣蕊　国家图书馆古籍馆

由于近年来文献修复使用新制修复用纸的比例逐渐增高，对修复用纸的需求也愈加具体化和多样化，目前的生产及采购模式已无法满足需求，因此我们进行了相关实验，以探索新方向。

一、试制修复用纸的基本情况

试制修复用纸的分类、特点、用途等如表1所示：

表1　试制修复用纸的基本情况

序号	种类	原料及配比	工艺特点	成纸种类	需调整工艺范围	制作难度	主要用途
1	纯皮纸	纯构皮、纯桑皮、纯檀皮	抄制使用竹帘，帘纹较稀疏，浇制使用布网	较少，4—5种，外观差别不大	原料、切断度、是否漂白、抄制/浇制、原料蒸煮及拣选程度等	湿强度高，制作相对简单	书叶、护叶等补纸，约占古籍文献总量20%
2	宣纸	青檀皮50%—90%，燎稻草10%—50%	抄制使用竹帘/大漆竹帘，帘纹范围较大	较少，与原料配比有关，外观差别较大	原料、配比、是否漂白、原料蒸煮及燎晒次数	难度随着草料含量增加而增大	古籍文献护叶补纸和缺失页补配；衬纸补纸及撤换；画芯补纸
3	竹纸	竹50%—100%，其他原料0—50%	抄制使用大漆竹帘，端帘，帘纹较细密	较多，外观差别大	很多，目前还不明确	难度与厚度、竹浆等短纤维含量有关	书叶、护叶等的补纸和缺失页补配，约占古籍文献总量60%以上
4	加工纸		染色、填涂加工	较多，外观差别大	加工过程的每一个步骤	某些步骤难度较大，缺少参考文献及数据	部分加工写经纸等文献

二、实验进度及结果

经过一段时间的尝试，目前已完成2种类型修复用纸的试抄制和分析对比工作。

（一）纯构皮修复用纸

首次试制选取了原料单一、工艺可控的纯构皮纸。

1.纸浆来源：产地东南亚、中国工厂加工的已打浆、漂白的湿纸浆。

2.纸药来源：与手工纸厂同款化学纸药。

3.纸浆加工处理：将纸浆进行清洗（2—3次）、切断（0.5—1厘米）、打浆（15—20分钟）。

4.后续工艺流程：兑浆—划槽—抄制—压榨（1—2吨）—扦纸—烘干（90—100℃）。

5.工具：使用木质三吊帘床，无漆竹帘（1.8厘米/12根），竹竿划槽，手动压力机压榨，玻璃面平板设备烘干。

主要工艺调整是增加洗浆力度，增加切断度和降低压榨压力。加强洗浆是为尽可能除去杂质等影响成纸效果的因素，接近流水洗浆的效果。增加切断度是为降低强度，以匹配文献用纸纤维断裂、强度降低的情况，切料长度根据文献用纸的纤维检测数据估算，今后再根据抄造、检测和使用情况，结合具体文献进行调整。降低压榨压力是为降低纸张密实度，由于使用液压装置，如今手工纸的压榨压力可达10—20吨，成纸过于紧密，甚至高于文献密度。而新纸的纤维强度高、长度长，相比纤维已老化断裂的文献纸张，其使纸张强度差别较大，因此采用了尽量低的压力看能否降低成纸强度。

其他步骤采用常规方式。

抄出成纸进行了外观、强度的评测，以及厚度、定量、紧度（密度）的测量，并请多位专家老师试用，结果如下：

表2　3种皮纸性质评测结果

种类	库存纸	自制纸	文献/旧纸
帘纹	清晰	不清晰	很不清晰
透光	很透	有点透	不太透
匀度	一般	较匀	较匀
脆性	清脆	绵软	绵软
密度	0.23—0.25 g/cm^3	0.18—0.20 g/cm^3	0.21—0.23 g/cm^3
纤维长度（具体待测）	较长	较短	较短

因为密度较低，可能在使用中变薄，因此接下来还是增加压力，适度提高密度，并在拣料环节细致化，使纸张在纤维层面（宽度柔软度等）上接近原件。

（二）宣纸修复用纸

1.纸浆来源：安徽泾县当地生产加工青檀皮（漂白）和燎稻草（漂白/本色）脱水纸浆。

2.纸药来源：化学纸药+猕猴桃汁液。

3.纸浆加工处理：将脱水纸浆再打浆（15—20分钟）。

4.后续工艺流程：兑浆—划槽—抄制—压榨（3—4吨）—扦纸—烘干（90—100℃）。

5.工具：使用木质三吊帘床，无漆竹帘（1.8厘米/12根），竹竿划槽，手动压力机压榨，玻璃面平板设备烘干。

主要工艺调整为压榨压力降低和使用本色燎草。其他步骤采用常规方式。另外一项试验目的为检验浆料配比和成纸配比的关系。

抄出成纸依然进行了外观、强度的评测，以及物理性质测量，结果如表3所示：

表3　3种宣纸性质评测结果

种类	库存纸	自制纸	文献/旧纸
帘纹	非常清晰	不太清晰	不太清晰
透光	很透	有些透	有些透
匀度	匀	较匀	较匀
杂质	少	多	较多
脆性	较脆	较绵软	较绵软
密度	0.23—0.25 g/cm^3	0.18—0.20 g/cm^3	0.21—0.23 g/cm^3
强度	一般	较高	较低

因为没有进行洗浆，杂细胞和可见杂质含量较高，同时也与未漂白和原料处理有关。另外成纸强度较高，可将皮料切断或降低皮/草比，但会提高抄造难度。

实验结果表明，浆槽中的纤维配比与成纸相差不大，可见细小纤维的影响可以忽略不计。由于本次实验准备不充分，没有检测到脱水纸浆重量比与纤维配比的关系，下次实验要补做这项工作。

三、实验难点与解决方案

目前存在的难点：

1.抄纸工作难度较大，短期难以在技术上获得较大提高。

2.工作量较大，可能会影响进度。

3.影响因素较多，实验周期长，不易控制。

目前的解决办法：

1.到各个手工纸厂有目的性、针对性的学习。抓大放小，以完成实验为目的，不以成纸率为目的。

2.采用分工合作的办法，忙时多人合作，确保不影响实验结果。

3.保证较强计划性、目的性及充分的准备工作，避免盲目上手，做到心中有数。

浅介文物领域常用和纸
——奈良国立博物馆和纸特展述要

□ 谢谨诚 国家图书馆古籍馆

手工和纸以楮、三桠、雁皮等植物的树皮纤维为主要原料，手工抄制而成。因其具有薄、韧、软等特点，成为日本文化遗产的主要载体之一。美国著名纸史学者亨特（D. Hunter）在其《日本、朝鲜、中国造纸游记》中，将日本纸称为东方最高级的手工纸。英国的纸史学者克莱普顿（R. H. Clapperton）也有类似的说法。[①]日本纸在世界上享有一定声誉，最终促使“和纸：日本手工和纸制造技艺”于2014年11月正式入选联合国教科文组织人类非物质文化遗产代表作名录。

为纪念入选名录，日本奈良国立博物馆联合国宝修理装潢师联盟、佛教美术学会等机构，于2015年初举办了特别展览，以“和纸——承载日本文化遗产的纸张”（和紙―文化財を支える日本の紙）为主题，介绍了多种和纸的制作工艺及其在文化遗产领域的用途、使用范例。本文以该展览图录资料为基础（图1），简要介绍常用于文化遗产领域及文物修复方面的和纸。[②]

图1 “和纸”特展图录

一、和纸的起源与发展

造纸术起源于我国，4世纪末至5世纪初经朝鲜半岛传入日本。7世纪的日本仿效隋唐政体，成立以律令制为基础的中央集权国家。因需要海量公文维持其制度，促使了日本造纸工艺的快速发展。

8世纪的奈良时代，日本开始了大规模的佛教写经活动，以正仓院文书及该时期所

---

① 转引自陈刚：《日本对传统造纸技术的保护及其启示》，《文化遗产》2012年第4期，第69页。

② 本文图片均引自奈良国立博物馆2015年展览的图录《“和纸——承载日本文化遗产的纸张”》（和紙－文化財を支える日本の紙），奈良国立博物馆编，2015年。

留实物来看，日本的造纸技术已达到了一定水平，可以满足各种书写需求，甚至得到唐人认可。[①]当时的和纸造纸法通常称为“溜漉法”（溜め漉き），特点是抄纸过程中不使用纸药，与欧美手工纸张所用方法比较相似。

8世纪末期到9世纪，出现了使用植物黏液（纸药）的“流漉法”（流し漉き）。原料也由麻纤维转变为楮、雁皮等韧皮纤维。

17世纪的江户时代，手工和纸发展至鼎盛时期。除了楮和雁皮，三桠也被大量用作造纸原料，技法是在纸浆中加入黄蜀葵和圆锥绣球等植物黏液，抄纸时有前后并左右摇动纸帘的“打浪”技法，逐渐形成了日本独特的“流漉法”抄纸工艺。

日本的手工造纸业在近代也受到了西方传入机械制造的“洋纸”冲击，一度急剧衰落，后来引起政府和民间的重视，自20世纪70年代起采取了一系列措施，有效地减缓了手工和纸消失的速度。

二、和纸抄制工艺

和纸制法虽因产地及种类不同而各具特色，但其基本工艺流程大致相同。明治初期至20世纪初，出现使用烧碱等化学药品处理原料、使用打浆机代替手工叩解、使用铁板蒸汽干燥代替木板日晒干燥法等改良工艺。但随着对造纸工艺的科学研究逐渐深入，传统工艺对和纸耐久性的有利影响得到重视，21世纪和纸制作工艺出现回归传统的迹象。本节以高知县立纸产业技术中心近年来的数次调查为依据，简要介绍有代表性的传统和纸抄制工艺。

（一）原料砍伐

和纸的代表性原料是楮（图2）、雁皮、三桠等灌木的韧皮纤维。以楮为例，砍伐后的木材使用高温蒸汽蒸煮，剥下表皮。

（二）皮料处理

将剥下的楮皮用菜刀一根根仔细地削去外侧黑皮，只留下内侧白皮（图3）。用流水浸泡1天左右，借用水力冲掉污物和水溶性杂质。

① 王菊华等：《中国古代造纸工程技术史》，山西教育出版社，2006年，第403—406页。

图2　楮皮原料

图3　处理后的白楮皮

（三）煮料

将草木灰或纯碱倒入桶内加水后，放入皮料加热烧煮（图4），使纤维软化分离，便于捶捣。

（四）拣料

从桶中取出皮料，以流水冲净，用手逐一拣出脏物和有色杂质（图5）。

图4　煮料

图5　拣料

（五）打浆

因楮皮纤维较长，直接做成浆料不便抄造，需进一步加工。奈良时期的古法使用“截”的方式，即用刀等利器将原料纤维截短，后发展为经过捶打使纤维分散帚化（图6）。

（六）划槽

将浆料倒入纸槽中，加入黄蜀葵或圆锥绣球等植物的黏液（纸药），用棍子或者木耙等工具充分搅拌均匀（图7）。

图6　打浆

图7　划槽

（七）抄纸

将竹子等材料编成的纸帘装到木框纸架上，捞取浆料后，前后左右摇动纸帘（图8），使浆料在帘上流动形成浪花，水滤下后，帘面上形成纸层。

（八）干燥

将抄出的湿纸堆叠放置一晚，充分压榨水分后，一张张揭开贴在木板上干燥，完成抄纸流程。有时也将抄好的纸张从纸帘上直接揭下贴到木板上干燥（图9）。

图8　抄纸

图9　干燥

三、文化遗产中常见的和纸种类

当代日本留存了大量以和纸为载体的文化遗产，这些用以承载文明的日本和纸大致可分为如下几类。[①]所配图片为所述和纸类别中较具代表性的文物。

（一）麻纸

以麻纤维为原料。将长纤维切至2毫米左右，打浆度高。经捶纸加工增强防渗墨效果，故成纸平滑且润墨性异常优良（图10）。

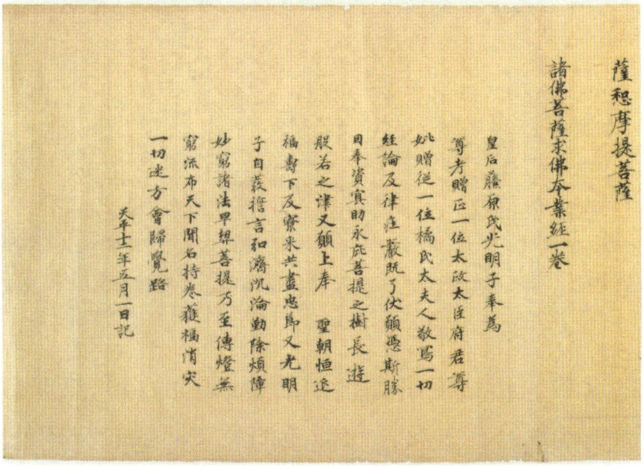

薩惒摩提菩薩
諸佛菩薩求佛本業經一卷
皇后藤原氏光明子奉為
尊考贈正一位太政太臣府君尊
妣贈從一位橘氏太夫人敬寫一切
經論及律莊嚴既了伏願憑斯勝
因奉資冥助永庇菩提之樹長遊
般若之津又願上奉　聖朝恒延
福壽下及寮采共盡忠節又光明
子自發誓言弘濟沈淪勤除煩障
妙窮諸法早契菩提乃至傳燈無
窮流布天下聞名持卷獲福消災
一切迷方會歸覺路
天平十二年五月一日記

图10 《诸佛菩萨求佛本业经》
（奈良国立博物馆藏纸本墨书，742年）

① ［日］京都造形艺术大学：《保存科学入门》，角川学艺出版（作者按：现角川集团），2008年，第60—73页。

（二）真弓纸（檀纸）

以卫矛的树皮为原料，纸面状如蚕茧，格外洁白。卫矛可作白檀香的代用香木，作为书写用纸原料时，也可制作香料纸（图11）。

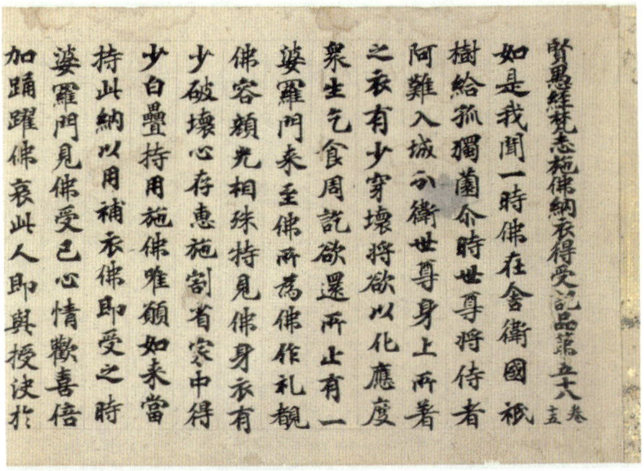
賢愚經梵志施佛納衣得受記品第五十八 卷十五
如是我聞一時佛在舍衛國祇
樹給孤獨薗尒時世尊將侍者
阿難入城分衛世尊身上所著
之衣有少穿壞將欲以化應度
衆生乞食周訖欲還所止有一
婆羅門來至佛所為佛作禮覲
佛容顏光相殊特見佛身衣有
少破壞心存惠施割省家中得
少白疊持用施佛唯願如來當
持此納以用補衣佛即受之時
婆羅門見佛受已心情歡喜倍
加踊躍佛哀此人即與授決於

图11 《贤愚经》卷第十五
（奈良东大寺藏纸本墨书，8世纪）

（三）楮皮纸

以桑科桑属落叶灌木为原料的纸张总称。将长约10毫米的韧皮纤维截断至5毫米以下，通过后期捶纸防止洇墨。楮皮纸是平滑且润墨性良好的上等写经用纸（图12）。

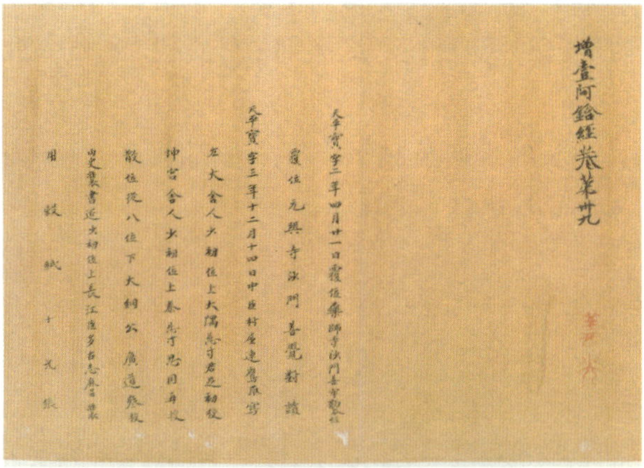
增壹阿鋡經卷第卅九

图12 《增一阿含经》卷第三十九
（奈良国立博物馆藏纸本墨书，759年）

（四）檀纸

平安时代以后的名称，指楮皮纸类别中质地厚实的白色纸张。上文所述真弓纸亦称之为“檀纸”，但为奈良时代纸张。自院政期起至镰仓时代用作公家、武家[①]的公文

① 公家（くげ），指天皇政权、朝臣、在朝廷供职的人。武家（ぶけ），指武士家族、武士门第，日本镰仓时代以后，幕府、将军家族及其下属大名等的总称。见［日］新村出编：《广辞苑》（第4版），岩波书店，1993年，第722、2234页。

用纸，润墨性良好（图13）。

（五）杉原纸

在第二次抄纸时加入米粉作为填料抄制而成。中世时用于武家公文和寺院抄经用纸。此类纸张充分发挥了楮纤维较长的特性，并加入了米粉，但有洇墨现象（图14）。

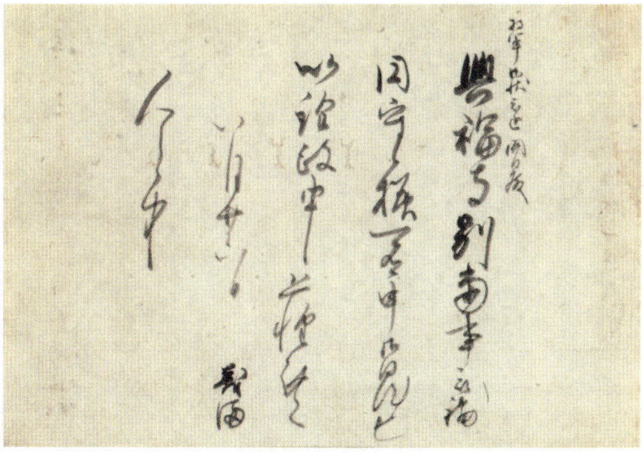

图13 足利义满书状案
（奈良国立博物馆藏纸本墨书，14世纪）

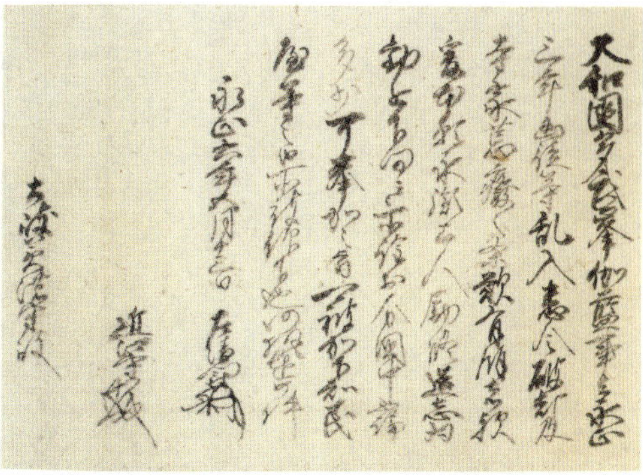

图14 室町幕府奉行人连署奉书
（奈良谈山神社藏纸本墨书，1509年）

（六）奉书纸

属于杉原纸类别，使用单一成分浆料并加入米粉抄制而成。书札用纸，自近世武家阶层中最上层的老中奉书①到市井民间均有使用（图15）。

（七）还魂纸

即再生纸，最大限度地利用了和纸可再生的特性。纸张附着加墨的柿油，因而呈淡墨色。这类纸张在显微镜下多呈蓝色，可以看到纤维上附着墨色（图16）。

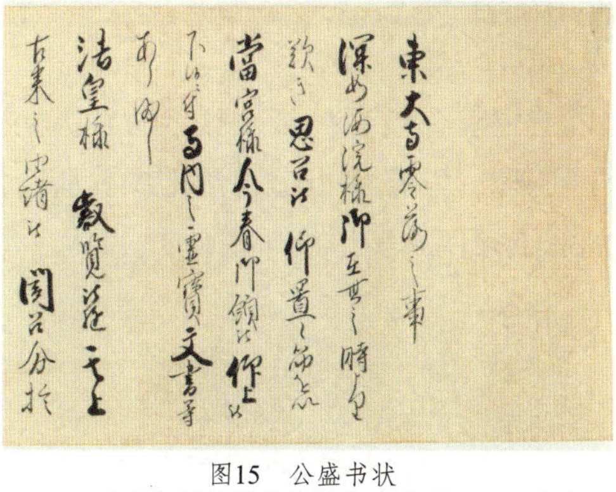

图15 公盛书状
（奈良国立博物馆藏纸本墨书，1715年）

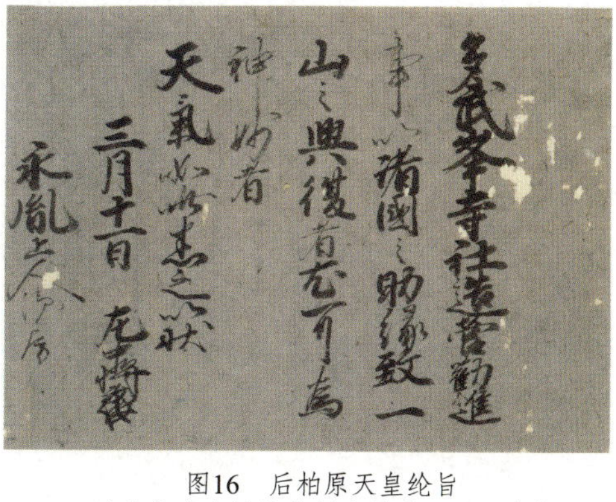

图16 后柏原天皇纶旨
（奈良谈山神社藏纸本墨书，1508年）

（八）雁皮纸（斐纸）

用瑞香科雁皮、三桠纤维抄制的纸张总称。纤维较短，仅3毫米左右，纸性紧密且具光泽，可作为古籍用纸和上等的写经纸（图17）。

---

① 老中（ろうじゅう），江户幕府的官名，直属于将军，总理幕府政务，主理朝廷、大名的事务。奉书（ほうしょ），侍臣、文书等秉承上意下达命令的文书。见《广辞苑》（第4版），第2731、2336页。

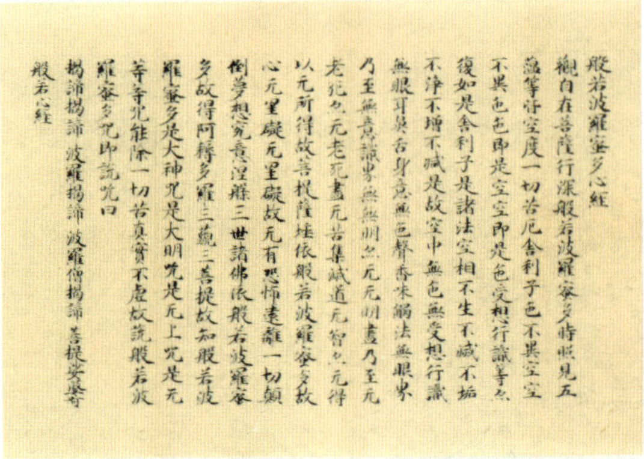
般若波羅蜜多心經
觀自在菩薩行深般若波羅蜜多時照見五
蘊等皆空度一切苦厄舍利子色不異空空
不異色色即是空空即是色受想行識亦
復如是舍利子是諸法空相不生不滅不垢
不淨不增不減是故空中無色無受想行識
無眼耳鼻舌身意無色聲香味觸法無眼界
乃至無意識界無無明亦无无明盡乃至无
老死亦无老死盡无苦集滅道无智亦无得
以无所得故菩提薩埵依般若波羅蜜多故
心无罣礙无罣礙故无有恐怖遠離一切顛
倒夢想究竟涅槃三世諸佛依般若波羅蜜
多故得阿耨多羅三藐三菩提故知般若波
羅蜜多是大神咒是大明咒是无上咒是无
等等咒能除一切苦真實不虛故說般若波
羅蜜多咒即說咒曰
揭諦揭諦 波羅揭諦 波羅僧揭諦 菩提娑婆訶
般若心經

图17 《般若波罗蜜多心经》
（京都海住山寺藏纸本墨书，13世纪）

四、用于文物保护修复的和纸

“和纸：日本手工纸技艺”于2014年12月入选联合国教科文组织人类非物质文化遗产代表作名录。入选名录的和纸技艺代表中的“石州半纸”“本美浓纸”“细川纸”皆可用作立轴和屏风托裱用纸，是日本文物保护修复中的常用材料。

（一）石州半纸（岛根县滨田市）

以楮为原料，用纯碱蒸煮，充分捶打捣烂，加入黄蜀葵黏液后抄纸，使用木板自然干燥。青绿色的嫩皮部分嵌在纤维排列结合的缝隙中，成纸表面细密。其强韧和耐久性在和纸中也尤为突出，常用于托裱屏风或隔扇（图18）。

（二）本美浓纸（岐阜县美浓市）

以那须楮为原料，用纯碱蒸煮，打浆后加入黄蜀葵黏液后抄纸。抄纸时在纵向荡帘的同时有大量横向荡帘动作。湿纸堆叠脱水、压榨，贴在木板上自然干燥。所产薄美浓纸尤为轻薄，且附着力强，通常日式立轴的命纸须用本美浓纸（图19）。

图18 石州半纸

图19 本美浓纸

（三）细川纸（琦玉县小川町、东秩父村）

以楮为原料，用纯碱蒸煮，打浆后加入黄蜀葵黏液后抄纸。使用纤维粗长并具光泽的群马楮，纸质十分强韧，多用作屏风和隔扇打底（图20）。

（四）吉野和纸

奈良是官办制纸业的发源地，奈良县吉野町国栖乡作为和纸著名产地，产有3种以楮为原料的著名手工纸，分别称作“美栖纸”“宇陀纸”“漆滤纸（吉野纸）”，均是文物修复工作中的重要材料。

1.美栖纸（奈良县吉野町）

用草木灰水蒸煮皮料，充分打浆后加入黄蜀葵黏液和蛤粉抄纸，湿纸从纸帘上揭下后直接贴在木板上干燥。日式立轴所用装饰材料多为锦、缎，故此画心背后托纸共有4层，美栖纸因质地柔软，是第二、三层命纸的主要用纸（图21）。[①]

图20 细川纸

图21 美栖纸

2.宇陀纸（奈良县吉野町）

以种植于吉野地区的楮为原料。用麻栎或栎树的草木灰加水蒸煮，打浆后加入圆锥绣球黏液和吉野陶土抄纸。纸张较厚且坚韧，具有附着力，用作日式立轴最外层的覆背纸（图22）。[②]

3.漆滤纸（奈良县吉野町）

亦名“吉野纸”，以楮为原料，用纯碱煮料，打浆后加入清水，使浆料更为柔软后再次打浆，放入蒙布的筐中借流水充分漂净。其间用底部有小孔的长柄勺一边搅拌，一边撇去混浊物。加入黄蜀葵黏液后抄纸，湿纸起纸后直接贴在木板上干燥。成纸极薄且附着力强，常用于过滤漆、染料和油等（图23）。

① ［日］东京艺术大学大学院日本画研究室：《日本画用语事典》，东京美术出版，2014年，第122—146页。

② ［日］东京艺术大学大学院日本画研究室：《日本画用语事典》，第122—146页。

图22　宇陀纸

图23　漆滤纸

五、结　语

日本和纸耐久性较好，是承载日本文明的重要载体，在世界范围内广受好评。欧美诸多机构在修复我国的纸质文物时也常使用和纸，国家图书馆常务副馆长、国家古籍保护中心副主任张志清在接受《瞭望》周刊采访时曾以大英博物馆使用和纸修复敦煌画卷为例，指出虽然修复完成时看似完美，但数年后画卷就会起皱。[①]究其原因，和纸原料普遍纤维较长、纤维素含量较高、成纸强度较大。[②]此外因抄制手法不同，即便帘纹等表面特征相同，其内部纤维排列也大相径庭，导致原件与补纸纸性、方向皆不相同，对修复效果造成诸多不利影响。因此，修复我国纸质文物时，对和纸的使用应当谨慎。

① 张志清：《为古籍"号脉治病"》，《瞭望周刊》，2017年2月2日，http://page.palmtrends.com/show.php?id=LmLmdwgldwM74（2021-8-11检索）。

② 陈刚：《日本和纸经历衰退期后平稳发展》，《中国文化报》2013年12月27日第8版。

仿染磁青纸

□ 杨 凡 国家图书馆古籍馆

一、磁青纸及其染色原理

磁青纸是我国古代出现的染色加工纸，它的一般特征是纸色呈蓝黑色，纸质坚韧。[①]这是一类比较贵重的纸，在宫廷中，一般在其上用金银泥书写佛经、文牒等，也用于书画的装裱，同时它也用于做卷轴的引首或包首，以及部分线装书的书皮。探究它的染色加工过程，会增进对我国古代纸张染色加工技术水平的了解。同时因为许多流传至今的文物中使用了磁青纸，所以尝试复原磁青纸能帮助我们更好地开展此类文物的修复工作。

磁青纸的最大特征是纸色为蓝黑色，所以首要任务就是染出这种蓝黑色。主要的染料是靛蓝，这是我国古代最重要的植物染料。靛蓝染料来自于蓝草，蓝草制作靛蓝染料的工艺原理是将蓝草中的前体物质转化为靛蓝（indigo）并伴有以靛玉红（indirubin）为主的若干副产物生成的反应。

蓝草中含有的前体物质有酯类（靛红烷）和苷类（吲哚苷），它们均为水溶性物质。浸泡发酵后，苷类前体物质在酶的作用下酶解生成吲哚酚（indoxyl），酯类前体物质在碱性条件下也生成吲哚酚。吲哚酚阴离子在氧气作用下形成吲哚酚自由基，吲哚酚自由基与吲哚酚缩合形成靛白，再在氧气作用下形成不溶物靛蓝。同时吲哚酚自由基也可能进一步氧化形成吲哚满二酮（靛红，isatin），与吲哚酚反应生成副产物靛玉红。[②]

这样制出的靛蓝是不溶物，无法和纤维紧密贴合，所以一般不直接用它染色，而是采取还原染色的方法。还原染色的方法是在碱性条件下，用还原剂将靛蓝还原为靛白。靛白可溶于水，能与织物纤维结合，之后在氧气中再被氧化为靛蓝。[③]

靛蓝还原染色所用还原剂，在现代工业中，常使用保险粉。而在传统的靛蓝染色工艺中，一般采用发酵还原的方式，即在靛蓝染缸中加入微生物及其所需养料，利用微生物发酵时产生的还原性物质将靛蓝还原为靛白。这种方法比较古老，而且流传至

---

① 刘仁庆：《论中国传统手抄加工纸的制法及其特色（一）》，《纸和造纸》2010年第6期，第69—72页。

② 杨明等：《“蓝”类植物中的前体物质转化为“靛”的机制探讨》，《中国中药杂志》2010年第7期，第928—931页。

③ 杨璧玲：《植物靛蓝染色传统工艺原理及应用现状》，《染整技术》2008年第3期，第13—15页。

今。常用的微生物来源是米酒，在米酒酿造过程中加入酒曲，中有根霉、曲霉、酵母菌等菌类。[①]常用的微生物养料来源有糖浆、麦麸等等。

这就是靛蓝染色的原理，我国古代多数时候是利用靛蓝给织物染色，而当靛蓝染色被用到纸张上时，不可能将纸张像织品那样直接泡进染缸里，更不可能揉搓清洗等，因为纸张在浸湿的状态下强度较低。所以对于如何用靛蓝染纸，还是有不同的说法，比如有些文章猜测是用刷染法上染等。[②]通过研究古代留存下来的磁青纸样品，可以研究磁青纸究竟是用怎样的染制方法制成的。

二、古代磁青纸原件外观细节及纤维、颜料检测

仿染磁青纸需要选择一种真正的古纸原件来进行研究和对比，它还需要能够进行取样检测。国家图书馆库房中藏有故宫府库所藏库磁青纸原件，正好符合这个要求。从原件外观上可以获得很多信息：磁青纸原件呈稍偏红的蓝黑色，厚而坚韧，可分层揭开，纸的蓝黑色部分边缘有清晰平直的水线，并有字样“西九槽”“西槽”“东五”等（图1、2）。

其上的字样和清晰平直的水线提示，这些磁青纸应当还是和染织物一样采用染槽浸染上色的方法染成。

对库磁青纸样品进行纤维检测，样品的质地为较纯的皮纸，即只能看到韧皮纤维（图3）。

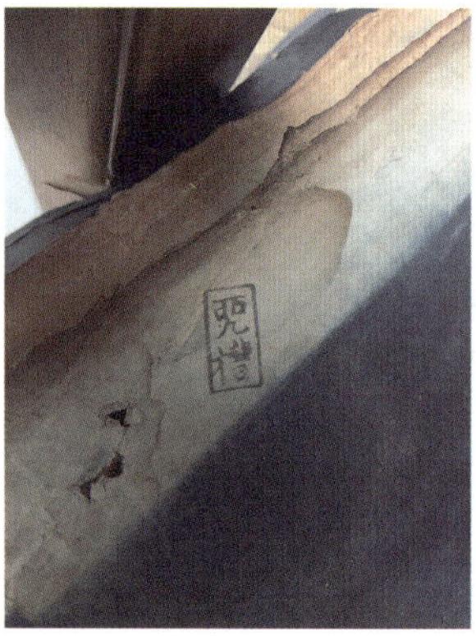

图1 “西九槽”

图2 “西槽”

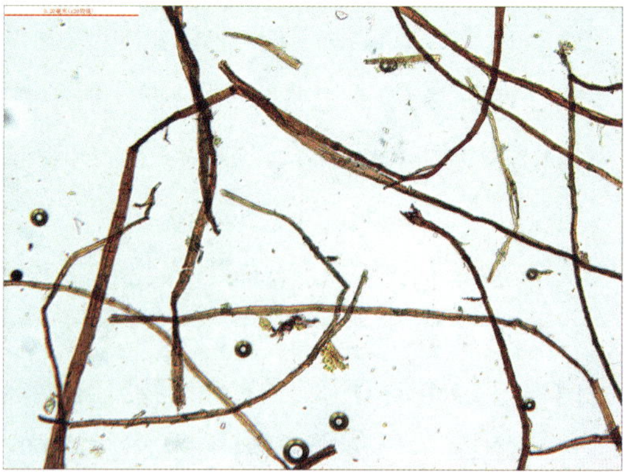

图3 纤维照片

用高效液相色谱-质谱联用法分析库磁青纸所用染料，确认了库磁青纸中主要发色成分就是靛蓝和靛玉红，即主要是靛蓝染料，而没有添加其他染料套染。

---

① 刘昆等：《布依族植物靛蓝传统染色工艺》，《针织工业》2018年第3期，第56—58页。

② 刘仁庆：《论磁青纸——兼羊脑笺——古纸研究之十七》，《纸和造纸》2012年第2期，第59—64页。

三、仿染磁青纸

获得库磁青纸的这些信息后，就可以试验仿染磁青纸。首先选择用于染色的基纸，因为库磁青纸原件的基纸几乎是纯皮纸，所以仿染磁青纸也尽量使用较纯的皮纸做染色的基纸。

为了不引入多余的化学试剂，尽量还原古代磁青纸染色方法，所以采用生物发酵还原的方法来还原靛蓝进行染色。靛蓝可以在实验室制备，也可以购买，只是需要确认是从蓝叶制备的天然靛蓝。选用米酒作为发酵微生物的来源：先将米酒与靛蓝泥染料拌在一起，加入清水，再加入碱和蔗糖糖浆等为微生物生长提供养料的辅料，等待这缸染料自行发酵。如果希望加快发酵速度，可以适当加温至40℃左右。

当一缸染液制好时，搅动液面，可以看到内部液体呈黄绿色或绿色。染纸与染布不同的一点，在于要保持纸张在染缸中的平整。将皮纸用夹子夹在一根竹片上，把皮纸垂直浸入染液，浸入2—3分钟再提出来。刚提出来时，皮纸呈黄绿色或蓝绿色，会在空气中慢慢氧化成蓝色。当需要颜色较深的纸时，就反复按照这个方法浸染，随着次数增多，纸的颜色就会加深。

在仿染磁青纸的过程当中，很多因素都会影响最终染出的颜色和染色效果。最初在从蓝草制备靛蓝的过程当中，改变不同的制备条件和方式，就会影响到靛蓝染料中主要成分靛蓝和副产物靛玉红的相对含量，从而使靛蓝染料的染色结果受到影响，所以选择染料本身是很重要的。而在靛蓝染料发酵还原染色的过程中，微生物的生长情况不同（可能包含微生物种类和微生物生长的繁盛程度等），也会影响到最终染出的颜色。

除了颜色，染色时的操作也会对很重要的色彩匀度造成影响。靛蓝泥染料是从蓝草枝叶的浸出液中沉淀制得的染料，里面不可避免会带有泥沙、碎枝叶等杂质，这些杂质在染色时会导致染花。可以在染色前先过滤靛蓝泥染料，使染料干净，染色效果更好。还原染色时也是同样，因为染液有还原性，与空气接触的最表面一层会被氧化，会有一层漂浮物。每当纸进入液面时，会被液面上这一层漂浮物弄脏，染色前应用木板或纸板将液面刮净。染过的纸可能带有浮色，可以用清水浸洗一遍洗去浮色，之后使用时就不易掉色，而且颜色干净。当然，纸张是脆弱的，清洗过程也需要小心。

试验选取的对比对象库磁青纸原件本身，是偏红的深蓝黑色，偏向于深蓝紫色。当将试验条件设为，选用靛玉红含量较高的靛蓝泥染料，在微生物生长旺盛的情况下多次浸染时，最终可以染出和库磁青纸原件的偏红的深蓝黑色非常接近的颜色的纸。在每次浸染之前都将染液表面刮干净，可以染出匀净程度与库磁青纸原件接近的纸。

但是本试验对于库磁青纸表面处理的技术和固色的方法还没有深入研究。在染色试验后，尝试用一种植物固色剂浸泡染色纸，做出的染色纸比起不加入固色剂时的色牢度要好一些，但依然不及库磁青纸原件，而后暂时没有进行更深入的研究。有些文献在考察现存靛蓝传统染色工艺时提到，在纺织品染色时，可以加入某种天然植物固色剂使颜色更牢固，[①]但是没有提到当换成纸张染色时是否也有效果。

用以上的方法就可以大致仿染出磁青纸了，可以应用在实际的工作中。而古籍修复工作中遇到的磁青纸颜色彼此之间会有微小的不同，如果想要根据实际工作的需要，每次按照实际需要的确切纸色，精细控制仿染出的磁青纸的色彩，那么还需要进行更细致的研究。如何能使染出的纸色牢度更好、更不易掉色，也依然是需要研究的课题。

① 刘昆等：《布依族植物靛蓝传统染色工艺》，第56—58页。

浅议胶矾水在书画保护中的应用

□ 张　铭　国家图书馆古籍馆

一、前　言

胶矾水在我国传统书画创作、装裱和修复中应用广泛，它既能提高纸张的力学性能和抗水性能，又能对字迹颜料起到固色作用。很多古籍中都有关于明矾与胶料配合使用的记载，如元代陶宗仪在《南村辍耕录》中写道："矾法，春秋胶矾停，夏月胶多矾少，冬天矾多胶少。"①清代王概等编纂的《芥子园画传》中记载："矾法：夏月每胶七钱，用矾三钱。冬月每胶一两，用矾三钱"，"凡上胶矾，必须分作三次，第一次须轻些，第二次饱满而清清上之。第三次则以极清为度"。②

二、胶矾水的成分

顾名思义，胶矾水就是明胶和明矾的水溶液。明胶为白色或淡黄色、透明至半透明、具有光泽的脆性薄片或颗粒粉末，能溶于热水，冷却后成凝胶状物，在干燥情况下能长期储存，而遇潮湿空气很容易受到细菌作用而变质。③人类使用胶的历史久远，我国远古时代就有黄帝煮胶的传说。胶作为绘画的媒介可以分为两大类：一类是植物胶，化学成分以半乳甘露聚糖等碳水化合物为主，广泛来源于植物的种子、黏液和树胶，常见的有桃胶、李胶、阿拉伯胶等。另一类是动物胶，化学成分主要是蛋白质，是由不同种类的氨基酸按照一定比例缩合而成，来源于不同动物的动物胶，其分子量、蛋白结构和氨基酸排序等参数各不相同，常见的有皮胶、骨胶和鱼鳔胶等。④胶矾水中使用的明胶主要以动物骨为原料熬制而成。⑤矾为明矾，又称白矾、钾矾、钾明矾，其化学成分为含有结晶水的硫酸钾和硫酸铝的复盐，一般

① 〔元〕陶宗仪：《南村辍耕录》卷八，《四部丛刊三编》影元本，第56叶。

② 〔清〕王概：《芥子园画传》卷一，康熙十八年（1679）刻本套印本，第20—21叶。

③ 唐杰斌、赵传山：《明胶及其改性物作为造纸增强剂的应用》，《黑龙江造纸》2008年第3期，第47—52页。

④ 何秋菊：《古书画施胶剂的作用机理及中性铝盐施胶沉淀剂的研发》，西北大学博士论文，2019年，第10—11页。

⑤ 张诺等：《书画修复中胶矾水利弊的探讨》，载中国文物保护技术协会编《中国文物保护技术协会第七次学术年会论文集》，科学出版社，2013年，第160—169页。

表示为$KAl(SO_4)_2 \cdot 12H_2O$或者$K_2SO_4 \cdot Al_2(SO_4)_3 \cdot 24H_2O$，是一种强酸弱碱盐。明矾很早就应用于传统书画装裱行业，在明代周嘉胄的《装潢志》中记载："糊用白芨、明矾，少加乳香、黄蜡，又用花椒、百部煎水投之。"[①]而在国外，明矾与松香配合主要用于机械造纸行业，在浆内施胶工艺中明矾水解后产生的Al^{3+}等铝盐具有高正电荷密度，使得带负电荷的松香和纸张纤维紧密结合起来，从而使抄造的纸张具有较好的耐水性。

三、胶矾水的用处

按照用途不同，胶矾水在书画中的应用可以分为以下三个方面：

（一）在绢、纸熟化中的应用

绢帛和纸张是古代书写和绘画的载体材料。早期的书画以绢帛等丝织品为载体，随着纸张的发明和普及，在六朝时开始使用麻纸、藤纸来画"白画"，到了唐朝时以纸作画逐渐成熟。不论是绢还是纸，为了提高其疏水性能，避免墨迹和颜料在书写绘画时出现洇散晕染的问题，古人们通常采用在绢纸表面刷涂施胶剂的方法对绢纸进行熟化，从而得到熟绢和熟纸。最开始使用的施胶剂是淀粉，之后是动物胶和植物胶，为了进一步优化施胶性能，又在胶中加入明矾，从而开启了胶矾水在绢纸熟化中的应用，并一直延续至今。[②]

（二）在书画创作中的应用

众所周知，传统书画主要以矿物质颜料作为绘画材料，如朱砂、雄黄、石青及白垩等。矿物质颜料具有容易获取、色彩鲜艳、不易变色等诸多优点，特别适合绘画创作，然而往往溶解性较差，在使用时需要与胶料进行调和，再用画笔转移到纸张上。国画在创作上特别注重颜色配合，讲究"分别主从、彩色相和"[③]，在上色晕染时要突出色彩的层次感，特别是重色，需要分层上色。为了避免每一层的色彩混合干扰，画家往往上两三次颜色后就刷上一层胶矾水，待胶矾水干燥后再继续绘画，古时"三矾九染"的说法就是由此而来。[④]胶矾水中的明矾具有聚合作用，可以保留纸浆中细小的填料、颜料、树脂及纤维，在书画绘制时起到固色作用。

（三）在书画装裱和修复中的应用

在书画装裱领域，为了便于操作以及获得更好的装帧效果，颜色鲜艳的画心在托

---

① 〔明〕周嘉胄等撰，马斯定点校：《装潢志（外三种）》，浙江人民美术出版社，2016年，第13页。

② 张诺等：《书画修复中胶矾水利弊的探讨》，第160—169页。

③ 于非闇：《中国画颜色的研究》，朝花美术出版公司，1955年，第44页。

④ 涂京红：《胶矾水在纸质文物中的"功"与"过"》，《兰台世界》2019年第3期，第32—35页。王莹：《在"三矾九染"和"积墨"中看中国画之韵》，辽宁师范大学硕士论文，2011年，第2页。

裱前可以使用胶矾水进行固色；册页、手卷中的画心和镶料可以用胶矾水熟化。[①]传承至今的书画文物上往往沾上多种污渍，在对其进行修复时，首先要进行清洗，由于胶料老化，已经失去黏性，导致颜料颗粒变得松散，容易脱落，因此在清洗之前需要在画心上刷涂胶矾水，起到加固画心的作用。而对于残缺糟朽、变色褪色的书画有时需要进行全色处理。全色包括接笔和补色，就是修复师使用笔墨颜料将书画中的缺损之处补充完整。由于补纸和托纸一般都是生纸，在这个过程中为了避免字迹颜料出现晕色、跑墨的现象，在全色前可先在绢纸背面刷上一层胶矾水，晾干后再进行全色。胶矾水的浓度需要根据书画的具体情况按需配制，明胶、明矾与水的配比要适宜，胶多则不易上色，矾多则容易析出漏底，水多则补色容易渗漏。[②]

四、胶矾水的作用机理

不管是在绢纸熟化、书画创作还是装裱修复中，胶矾水发挥作用的方式都离不开表面施胶作用。所谓表面施胶就是采用疏水性物质对纸张表面进行涂布处理。施胶剂吸附填充于纸张纤维孔隙间，在纸张表面形成的疏水膜可以调整纸张的多孔结构，降低了纤维毛细现象的发生。胶矾水中的明胶可以包覆纤维起到填充纤维孔隙的作用，防止炭黑粒子的进入。明矾中的离子能够起到絮沉和架桥的作用，助留墨迹，还能促使胶料均匀沉淀、包裹在带负电的颜料颗粒表面，填补颜料颗粒表面的孔隙，减少光散射现象，从而使颜料亮度增加，色彩鲜艳，对颜料起到加固的作用，延缓颜料的老化。[③]而且明矾能够改变明胶的蛋白质构象，促使蛋白胶料结构从有序转向无序，二级结构更加疏松，分子结构展开，使埋藏在内部的疏水性基团更多地暴露在蛋白质分子表面，提高蛋白质的表面疏水性，从而增加明胶的效果。[④]胶矾水就是通过以上多种作用相互配合，提高纸张的疏水性，并防水固色、防墨洇散。

五、胶矾水在书画保护中的研究进展

胶矾水在书画创作和保护中具有重要的作用，然而事物都具有两面性，越来越多的人意识到胶矾水同样具有较大的负面作用。早在清代沈宗骞编纂的《芥舟学画编》中就记载："作画家宜痛绝矾纸，矾纸作画，笔意涩滞，墨色浮薄，且不百年而碎裂

---

① 杨阳：《浅谈装裱修复对书画长久保存的作用与影响》，《美术教育研究》2016年第17期，第40页。

② 张诺等：《书画修复中胶矾水利弊的探讨》，第160—169页。

③ 樊鸿涛：《胶矾水在颜料老化色差修复中的应用作用分析》，《粘接》2020年第5期，第38—42页。

④ 何秋菊：《古书画施胶剂的作用机理及中性铝盐施胶沉淀剂的研发》，第44—45页。

无寸完。余蓄夏太常墨竹，是散金矾纸本，笔墨尚好，而纸本遍体破碎，不可装璜。惜哉！”[①]赵希利等人对西安博物馆馆藏10幅清代字画的酸度进行调研，发现其纸本画部分pH值介于4.3—5.4之间，酸化严重。[②]据国家图书馆对馆藏相关文献进行的酸性和保存状况调查，发现各时期的文献均存在不同程度的酸化现象，其中文献酸化最严重是民国时期的文献。[③]上述文献之所以出现酸化现象，其主要原因就是纸张中的明矾在水的作用下发生水解，生成胶体氢氧化铝和氢离子，氢离子会增加纸张的酸度。由于纸张的主要成分是纤维素，在酸性条件下纤维素容易发生降解反应，纸张酸度增加会造成纸张机械强度降低。目前业界内关于胶矾水在书画保护中作用的研究，主要集中在以下三个方面。

（一）关于胶矾水对纸张、颜料的影响机理研究

业内关于胶矾水作用机理的研究多集中在酸化纸张、固色颜料方面，如徐文娟研究了明矾对宣纸耐久性的影响，发现宣纸经过涂胶矾水处理后在初始阶段仍为碱性，并且强度有所上升，但是随着老化时间的延长，宣纸的pH值、抗张强度、耐折度等指标明显下降，且随着胶矾水浓度的增加，上述指标的下降程度更加明显。[④]时倩等人认为，短期来看胶矾水可明显增强宣纸的物理强度，起到对纸张的加固作用。随着老化时间的增长，胶矾水对宣纸耐折度等机械性能的损害十分明显。[⑤]王欢欢等人也证实了胶矾水将增加纸张的酸度，降低纸张的白度。[⑥]何秋菊等人发现在宣纸熟化过程中，明矾可以促进胶水凝聚固化，增加胶料弹性，协助墨滴助留。明矾用量越大，纸张老化后酸性越强、纸张越脆，严重威胁纸张的寿命。[⑦]许昆等人研究发现胶矾水会溶解纸张中的结晶纤维素和非结晶纤维素，能够将碳酸钙转换为硫酸钙，且随着胶矾水浓度增加，上述成分的变化更明显。[⑧]

（二）优化胶矾水的比例配方

这方面研究的主要思路是在尽量保持胶矾水有益性能的前提下，对胶矾水的负面效应进行改进。时倩等人认为，在书画修复过程中，应尽可能降低胶矾水中明矾的用

① 〔清〕沈宗骞著，虞晓白点校：《芥舟学画编》卷四，浙江人民美术出版社，2017年，第105页。

② 赵希利等：《馆藏清代古旧字画酸化调查研究》，《文博》2016年第4期，第88—91页。

③ 李景仁：《中国古籍文献的酸化与防酸化》，《中国图书馆学报》2002年第5期，第80—83页。

④ 徐文娟：《明矾对宣纸耐久性影响的研究》，《文物保护与考古科学》2008年第4期，第47—50页。

⑤ 时倩等：《胶矾水浓度对宣纸性能影响初探》，《中国国家博物馆馆刊》2013年第11期，第136—149页。

⑥ 王欢欢、王昌燧：《胶矾水对几种传统纸张性能的影响》，《中国文物科学研究》2014年第1期，第76—79页。

⑦ 何秋菊等：《胶矾水在熟化书画用宣纸中的应用机理探究》，《文物保护与考古科学》2017年第2期，第38—44页。

⑧ 许昆等：《胶矾水中明矾对宣纸中纤维素、碳酸钙和明胶的影响》，《光谱学与光谱分析》2018年第6期，第1829—1833页。

量，以不超过1.5 g/L为宜，明胶的浓度建议在5.0 g/L—10.0 g/L之间。[①]马婧婕等人研究了胶矾比例对纸张老化性能的影响，他们发现明胶和明矾比例为1∶1时，胶矾水对于老化纸张性能的影响相对较小，当明矾含量高于明胶时会导致纸张老化严重，当明矾含量低于明胶会造成纸质文物修复效果不理想。[②]王刚等人发现，胶矾水中明矾的用量与酸碱性、耐折度之间存在函数关系，需要对胶矾水中明矾用量的浓度和比例进行控制，否则容易导致宣纸酸性增强、纸张脆化，影响绘画作品的保存。[③]

（三）筛选其他新型材料对胶矾水进行替代

选用新型材料对胶矾水中的明矾进行替代，是解决胶矾水酸化绢纸问题的重要方向，如何秋菊等人筛选研究了6种沉淀剂（包括聚合氯化铝、聚合氯化铁、聚合硫酸铁、聚合硫酸铝、聚合硅酸铝）在宣纸施胶和颜料固色等方面的使用效果，他们发现聚合氯化铝能够与明胶产生键合，施胶处理后宣纸具有一定的疏水性，且纸张pH值大于7，经过老化处理后纸张的机械性能和色差变化较小，且对颜料固色效果较好，有可能对胶矾水中的明矾成分进行替代。[④]

六、结　论

胶矾水可以提高绢纸的耐水性，防止墨迹颜料洇化晕染，从古至今都是书画创作和装裱修复中重要的材料。与此同时，胶矾水造成纸张酸化的问题也引起了越来越多的注意。合理规范地使用胶矾水，在保留胶矾水优点的同时尽量避免产生纸张酸化问题以及寻求胶矾水的替代物，是目前业内重点研究方向。如何更好地继承和发扬传统工艺，既要肯定其价值，也要对其不科学之处合理改进，使得传统工艺更符合当今社会经济的发展要求，这些工作值得我们深入思考。

---

① 时倩等：《胶矾水浓度对宣纸性能影响初探》，第136—149页。

② 马婧婕等：《胶矾水中矾比例的变化对纸张老化的影响》，《中国文物科学研究》2018年第4期，第63—69页。

③ 王刚、彭静：《胶矾水对绘画用纸的性能影响研究——以宣纸为例》，《造纸科学与技术》2019年第5期，第66—70页。

④ 何秋菊等：《书画修复中可替代明矾的施胶沉淀剂筛选研究》，《文物保护与考古科学》2021年第2期，第41—51页。

浅谈书库结露

□ 闫智培　国家图书馆古籍馆

固体表面结露是生活中常见的自然现象。在工作过程中，我们发现温湿度控制良好的书库也可能出现结露现象。图书、字画表面结露容易引起纸页起皱；照片、胶片等多层资料还可能出现脱落、裂缝等损伤；书库内屋顶、墙体或设备表面结露后容易发霉，进而污染书库内的空气和图书资料，严重时会造成图书资料变色和加速老化。书库中为什么会出现结露现象？结露会对图书资料造成什么影响？又应该如何预防书库中出现结露现象呢？

一、常见书库结露原因

（一）书库结露原因概述

空气的容水能力与温度相关，温度越高，空气的容水能力越强。如果空气中的水蒸气含量不变，当温度降低到一定程度时，空气中的水蒸气达到饱和状态，即空气相对湿度为100%RH。在此情况下，若环境温度继续下降，则开始出现空气中水蒸气凝结析出的现象，即“结露”。产生结露现象的温度称为“露点温度”，简称为“露点”。图1是大气绝对湿度曲线图。如图1所示，25℃、60%RH的空气（A），要达到100%RH的相对湿度（B）需要降温到17℃（C）。即25℃、60%RH空气的露点温度为17℃。也就是说，25℃、60%RH的空气，如由于气候或其他原因，温度骤降至17℃以下或者接触到温度低于17℃的低温表面，就存在结露风险。因此，凡是能够引起书库温度骤降或者引起高温高湿空气接触温差较大低温表面的因素，都可能引起书库内发生结露现象。

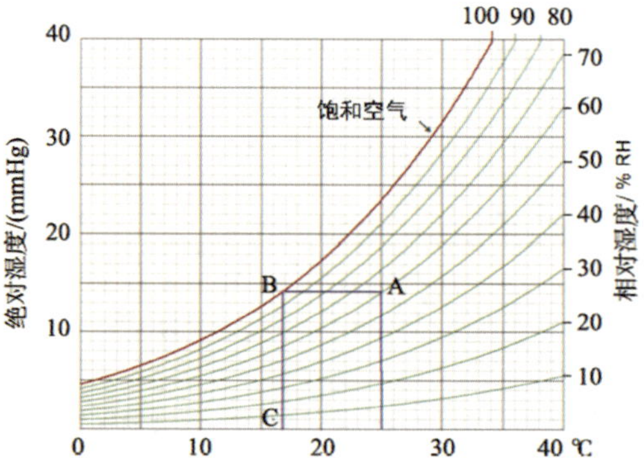

图1　大气温度、绝对湿度和相对湿度对照图

（二）常见书库结露起因

由上文可知，结露现象发生的2个必要条件是空气相对湿度高和温度骤降。书库结露原因大致分5类：

1.高湿库房温度骤降

相对湿度很高的库房温度骤降使得室温低于露点温度，库房内空气中多余的水蒸气可能在图书资料、书架、墙壁等表面结露。例如，如果夏季高温高湿地区书库的空调在夜间关闭，那么当空调重新开机时，室内相对湿度高且温度快速下降，若温度骤降至露点温度以下，书库内可能发生结露现象。

2.低温图书资料突然转移至高温高湿环境

例如，图书资料突然从低温保存库房转移至高温高湿的阅览室，或超低温杀虫的图书资料没有经过充分回温即返回室温环境，高温高湿空气接触到低温图书资料表面时，如果图书资料的温度低于该空气的露点温度，水蒸气可能在图书资料表面结露。

3.书库外围护结构内侧温度偏低

北方冬季自然环境温度多低至零下，室内温度一般保持在16—22℃。冬季室内外温差较大，当外墙、门窗、玻璃等外围护结构保温性能较差时，内侧的温度多低于室温。当内侧温度低于室内空气的露点温度时，可能发生结露现象。

4.室外空气温湿度高

回南天是华南地区特有的现象，一般出现在2、3月份。主要是冷空气走后，暖湿气流迅速进入，使气温回升，空气湿度加大。[①]回南天出现时，空气湿度接近饱和。书库内温度较室外低，书库内墙壁、家具和图书资料遇到暖湿气流后，可能出现墙面发霉发黑、油漆剥落、家具发霉和图书资料发霉等现象。

5.空调部件温度偏低

在夏热冬冷地区，春夏季的中央空调出风口易结露。此时室外空气湿度大，温度波动大，极易使室内中央空调出风口温度低于空气露点温度，引起中央空调出风口的边框、风管本体及支吊架等位置结露，在风口的边缘或管道底部滴水，造成天花漏水、墙面渗水等现象。[②]

二、结露对图书资料的危害

（一）图书资料表面结露

由于纸张吸水性强，图书资料表面结露后，水迅速被纸页吸收，因此图书资料

① 陈荣毅等：《夏热冬暖地区公共建筑低能耗技术研究与应用》，中国建筑工业出版社，2019年，第97页。

② 肖书博：《梅雨季节空调系统结露的原因及对策分析》，《建筑热能通风空调》2017年第36卷第7期，第56—58页。

表面结露不易被察觉，导致该问题尚未引起关注。但是在博物馆系统中，已经有人注意到藏品表面结露问题。2007年11月，在丹麦哥本哈根举行的“博物馆微环境”会议上，玛丽昂·梅克伦堡（Marion F. Mecklenburg）指出，当室外温度过低（如-10℃）时，古建筑的展厅内温湿度适宜（18—20℃、55%RH），挂在墙壁上展览的油画背面甚至会出现冷凝水。在室内空间相对湿度恒定在50%RH时，一年之中油画背后的微环境相对湿度波动范围在30%RH—100%RH。微环境的剧烈变化，导致部分油画发生如图2、图3所示的基底和颜料脱落、裂缝等损坏。[①]虽然图书资料表面结露不易察觉，但是书籍表面结露必然导致封面等结露位置的纸页吸收结露的水珠，含水量快速上升，含水量骤变容易引起纸页发生起皱等变形。而照片、胶片等多层资料，由于各层材料吸水时伸缩率存在差异，结露的危害可能更大。

图2　19世纪意大利油画颜料和基底完全从画布上脱落

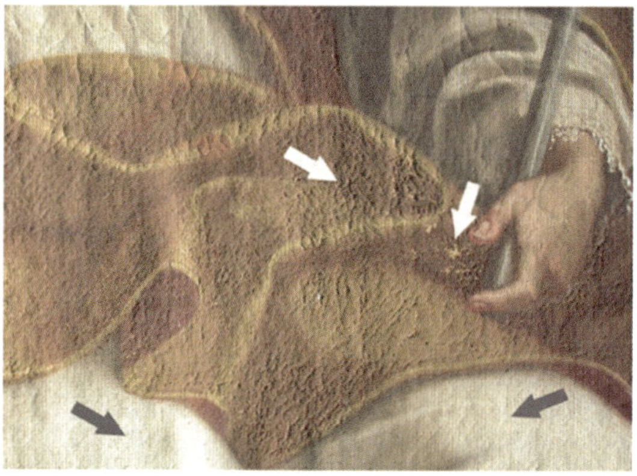

图3　被湿墙损坏的油画

（二）图书资料发霉变色，加速老化

墙壁、屋顶等室内建筑或空调部件结露，虽然不会直接危害图书资料安全，但是会引起墙面、屋顶等局部湿度过高，甚至产生滴水、渗水现象。墙壁等表面长期结露非常容易生霉，霉菌在室内传播会引起图书资料发霉，进而造成图书资料变色和加速老化。[②]

三、书库结露的控制与预防

表1是从图1得到的不同温湿度空气的露点温度表。

---

① Marion F. Mecklenburg Hirshhorn, "Micro climates and moisture induced damage to paintings," https://conservationphysics.org/mm/mecklenburg/mecklenburg.pdf（2021-5-28检索）。

② 白洁：《房屋冷桥、结露发霉长毛的原因分析》，《河南建材》2019年第1期，第228—232页。

表1　不同温湿度空气的露点温度表（℃）

相对湿度（%）	温度（℃）									
	2	4	6	8	10	12	14	16	18	20
40	−9.06	−7.44	−5.83	−4.22	−2.62	−1.03	0.6	2.42	4.22	6.03
50	−6.5	−4.85	−3.21	−1.57	0.03	1.9	3.76	5.61	7.46	9.3
60	−4.37	−2.7	−1.03	0.7	2.6	4.5	6.39	8.28	10.16	12.04
70	−2.55	−0.85	0.93	2.87	4.8	6.73	8.65	10.57	12.48	14.4
80	−0.95	0.85	2.82	4.78	6.74	8.69	10.64	12.59	14.53	16.47
90	0.51	2.51	4.5	6.49	8.47	10.44	12.42	14.39	16.36	18.33

从表1可以看出，相同温度的空气，湿度越低露点温度越低，即突然降温时较不易结露。以20℃空气为例，40%RH的空气露点为6.03℃，而90%RH的空气露点为18.33℃。这就意味着如果室内温度从20℃降至18℃以下，90%RH的空气就存在结露的风险，而只有温度降至6℃以下，40%RH的空气才存在结露风险。以表1中温度减去不同湿度空气对应的露点，得到不同温湿度空气结露所需的温差（即结露温差，见表2）。

表2　不同温湿度空气结露温差（℃）

相对湿度（%）	温度（℃）									
	2	4	6	8	10	12	14	16	18	20
40	11.06	11.44	11.83	12.22	12.62	13.03	13.4	13.58	13.78	13.97
50	8.5	8.85	9.21	9.57	9.97	10.1	10.24	10.39	10.54	10.7
60	6.37	6.7	7.03	7.3	7.4	7.5	7.61	7.72	7.84	7.96
70	4.55	4.85	5.07	5.13	5.2	5.27	5.35	5.43	5.52	5.6
80	2.95	3.15	3.18	3.22	3.26	3.31	3.36	3.41	3.47	3.53
90	1.49	1.49	1.5	1.51	1.53	1.56	1.58	1.61	1.64	1.67

从表2可以看出，90%RH空气结露温差均在1.5℃左右，之后随相对湿度下降，结露温差不断变大，40%RH空气结露温差达到11℃以上，相对湿度对结露温差具有决定性影响。相同湿度的空气，随温度升高，结露温差只有小幅上升。温度虽然对结露温差影响较小，但是温度直接影响空气的容水能力。因此，要防止书库内出现结露现象，需控制好书库的相对湿度，同时减少书库内温度波动。

（一）控制书库的相对湿度

1.室外空气相对湿度大

当室外空气相对湿度过大时，例如南方的回南天，以及夏热冬冷及夏热冬暖地区的夏季，应该采取措施将书库的相对湿度控制在60%RH以下。

对于可以采用自然通风的书库，需要紧闭门窗防潮，不过新风系统仍然需要开启。如果新风湿度过大，应考虑转换为最小新风量运行，如果最小新风量运行不能带走室内余热则自动转为制冷工况。当书库温度低于室外温度超过3℃，且湿度较大情况下，即使采用最小新风量，直接送风也可能遇到冷表面结露，这种情况应对新风进行独立除湿。[①]如果室内温度低，不需要空调制冷，也可以在推荐的保存温度范围内适当提高室温，减小室内空气的相对湿度。如果空调系统不能满足除湿要求，应增加除湿设备。

2.室外温湿度过低

北京、河北、山西等地冬季外部环境寒冷干燥，室外环境温湿度远低于书库内部。这种情况下，即使书库内温湿度维持在理想范围，如果外墙和门窗的保温性能不够好，墙壁和门窗内侧温度较低，一旦室内温暖湿润空气接触低温表面，就容易出现结露现象。因此，保温性能较差的书库，在冬季可适当降低室内相对湿度以防止结露现象发生。

（二）减少书库温度波动

1.维持书库及图书资料温度稳定性

有条件的书库应通过空调系统控制好书库温度，尽量保持书库内温度日较差不超过2℃。夏季书库宜提高送风温度，增大送风量，减小送风温差。如果空调系统在夜间停止运行，那么由于围护结构自身的蓄热能力和热惰性，会导致室内空气的温度和湿度在夜间缓慢升高。而当空调系统在次日初启动时，为避免发生结露，空调送风温度应缓慢降低，逐渐接近送风系统的设计状态点。

图书资料在温度差异大的环境间传递时最好设置过渡间，经过一定时间的温湿度平衡处理后再使用，尽量不要让图书资料在温湿度骤变的环境下使用。此外，使用书盒、函套等装具保护图书资料对于温度波动有一定的缓冲作用。

2.改善书库保温性能

良好的保温性能是维持书库温湿度稳定及避免书库内出现温差过大表面的根本措施，因此要减少书库温度波动，防止结露，必须做好书库保温工作。

（1）外墙

外墙加保温隔热层可以减小外界环境温度波动对书库温度的影响，但是复合保温墙体热湿传递也可能引发结露问题。不同气候类型地区应根据自身气候特征设计保温墙体结构。夏季高温高湿地区宜采用内保温墙体，冬季低温高湿地区宜采用外保温墙

---

① 陈荣毅等：《夏热冬暖地区公共建筑低能耗技术研究与应用》，第100页。

体。而在具有夏季高温高湿、冬季低温高湿的夏热冬冷地区，外保温复合墙体易在夏季结露，内保温复合墙体易在冬季结露，可加设空气层防结露。[①]

（2）门窗

选用多腔体门窗型材、多腔中空玻璃，阻隔玻璃余隙，安装门窗框时对墙体之间做密封保温处理，可以减少结露发生。[②]

（3）空调

①出风口

结露不严重时可以通过调节百叶风口边缘的叶片角度，增加出口处紊流和风口边缘部分诱导风以减少结露。如果结露严重，可选用较小传热系数的ABS塑料风口或木制风口代替普通铝合金风口，也可以在风口上喷一层憎水材料或在风口内边框及风口边端贴一层薄PE保温板，防止风口边端接受过多来自空调机组的冷量。

灰尘会加速水蒸气凝结，风口表面有灰尘时会导致结露概率变大，所以在日常维护工作中加强风口清理也是重要保障措施之一。[③]

②空调通风管道

要防止风管、水管保温层表面出现结露现象，需选用密度、厚度、导热系数、耐火等级满足需求的保温材料，根据防结露原则设计保温层厚度，并在管道保温层与支、吊架之间增加垫木进行隔热。[④]

四、小　结

以下因素常可能引起书库内发生结露：高湿库房内温度骤降；低温图书资料突然转移至高温高湿环境；书库外围护结构内侧温度偏低；室外空气温湿度高；空调部件温度偏低等能够引起书库温度骤降或者使书库内存在温差较大的低温表面。图书资料结露可能导致纸页变形。室内建筑或设备结露后容易发霉，从而可能引起图书资料发霉变色，加速老化。要避免书库结露，须降低书库内相对湿度，减小书库温度波动，做好外墙及门窗保温，库内空调部件采取防结露设计并采取相关保护措施。

---

① 邹凯凯、单贵苏：《高湿地区保温墙体防结露措施效果分析》，《建筑热能通风空调》2019年第3期，第10—14页。

② 孙文迁：《建筑门窗的防结露设计》，《中国建筑金属结构》2019年第12期，第45—49页。

③ 朱贻彤：《地铁车站通风空调系统结露、滴水现象分析及防治措施》，《中国新技术新产品》2019年第5期，第84—86页。

④ 肖书博：《梅雨季节空调系统结露的原因及对策分析》，第56—58页。

浅探雕版保护
——从嘉业藏书楼库房说起

□ 褚 均 浙江图书馆

印刷术被称为人类“文明之母”，批量印刷的文献是知识、技能、文化等文明得到广泛传播的客观基础，极大地推动了社会的进步。最早的印刷术——雕版印刷术是指利用经过雕刻的木质版材作为复制内容的中间载体，涂上墨，再反转印到纸上的一种印刷技术。雕版印刷最早出现在我国隋末唐初，风行于宋元，盛于明清，其间虽出现木活字、铜活字等多种活字印刷，但雕版始终居于优势。

今天我们可以看到宋元时期的古籍，却很少看到宋元时期的雕版，因为古籍相对雕版更易保存。首先，在材质上，古籍纸张经过处理能保存数百年，甚至上千年，而雕版为木质，容易腐朽变坏；其次，古籍相对体量小，容易搬运，而雕版则体量大，不易搬运，存放又占很大空间；最后，在数量上，古籍是批量印刷，通常有很多套，但雕版只有一套，具有唯一性。所以现在能留存下来的古籍显然比雕版多得多。

雕版印刷术和活字印刷术是古籍印制的技术基础，雕版保护是古籍保护的延伸。过去，我们往往很重视古籍的收藏、保护和修复，现在我们逐渐开始关注雕版保护，从选材、写样、校勘、雕刻到印刷、装订，完整地重现雕版技艺，使古籍保护工作更全面，也更深入。

嘉业藏书楼坐落于浙江省湖州市南浔区南浔镇，现为全国重点文物保护单位和浙江省爱国主义教育基地（图1、2）。书楼于1924年落成，原主人是刘承幹（1882—1963），字贞一，号翰怡，别署求恕居士、嘉业老人。南浔人。民国著名藏书家、刻书家（图3）。1951年11月，在时代潮流的感召下，刘承幹化私为公，慨然将嘉业藏书楼建筑本身及所有藏书和雕版捐献给浙江图书馆。

图1 嘉业藏书楼（俯瞰）

图2 书楼正门

刘承幹醉心藏书，也热衷刻书。嘉业堂刻书始于1913年，此后20年间，刘承幹耗资20多万元，刻书共计187种3001卷，包括《嘉业堂丛书》57种、《吴兴丛书》65种、《求恕斋丛书》33种、《留余草堂丛书》10种、《嘉业堂金石丛书》5种、单行本12种。1951年7月，浙江图书馆、嘉兴图书馆联合代管嘉业堂期间，对留存版片进行了清点，计39559片（两面刻计单面）。1965年，浙江图书馆将馆藏浙江官书局版片（包括浙江图书馆与之合并后刊刻的版片）97种86000余片，接收社会捐赠版片65种61000余片，运至嘉业藏书楼保存。2019年9月嘉业藏书楼修缮期间，经浙江图书馆地方文献部清点，共存雕版计196886片。后留下嘉业堂原存雕版计39173片外，其余版片运往浙江图书馆曙光路总馆，交由古籍部保存和管理。

图3 刘承幹

从2009年开始，浙江图书馆实施嘉业堂藏书雕版保护工程，主要内容是摸底调查，开展普查，确定雕版数量。对版片逐块登记，进行建档，包括：下架、清洁、清点、排序、摄像、印刷、著录、输入电脑、制作电子档和印刷印样制作文字档。普查结果显示，大部分雕版保存完好（图4），且印刷效果清晰，这也直接证明了嘉业藏书楼在雕版保存上所取得的成效。

图4 《景宋四史》雕版

嘉业藏书楼历经百年动荡，最多时仍能保存下19万余片雕版，实属不易。除了从周子美、施韵秋到毛春翔、吴藕汀，再到汤福章、郑兴宝几代人的薪火交接，完善的硬件设施和科学的整体布局也给雕版的保护奠定了扎实的基础。雕版保护最重要的就是防火、防潮、防虫三个方面，从最初的雕版库房设计施工到后期的加工改造，以及日常的维护保养，无不体现了嘉业藏书楼设计者、建设者和使用者对这三个方面的重视。

一、库房历史变迁

嘉业藏书楼从民国早期落成到进入大数据时代，历经百年，沧海桑田，雕版库房也经历了三次重大的变更。

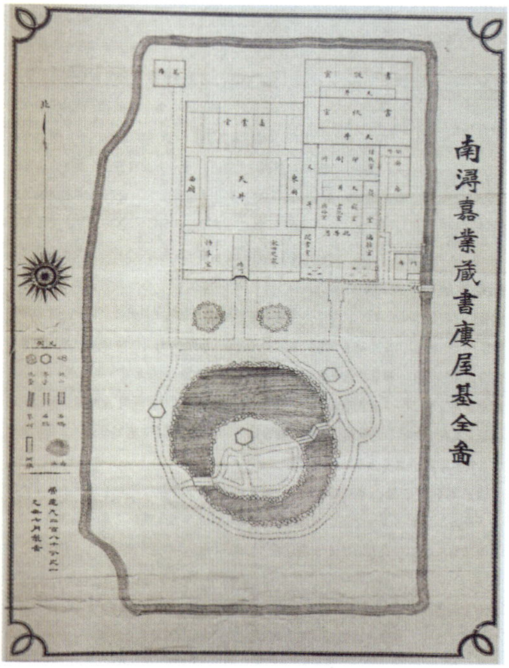

图5　南浔嘉业藏书楼屋基全图

（一）落成伊始

1924年嘉业藏书楼落成时就设有版片库房，位于书楼东北角，专以存放嘉业堂所藏雕版。充分利用水泥、玻璃等流行材料，配合木质结构，使用传统做法，建造了符合雕版存放要求的库房（图5）。

库房分前后2进，前进6开间，后进7开间，两进之间有边廊相通，中间有天井，南北开玻璃窗，保证光照。库房最大的特点是屋基中间架空，在四周和天井内设通气孔，地面铺设木地板，架空后的地面能保持库房的干燥。

这种做法吸取了当时传统藏书楼的建筑特点，又结合自身藏版要求，很好地储存和保护了雕版。

（二）被三野二院征用

1951年4至5月间，包括雕版库房的东侧4进平房被中国人民解放军三野卫生部第二野战医院（即后来的“九九医院”）征用，库房内原有实木楼板被统一拆除，并替换成水泥预制板。版片被移到露天堆放，略有破损，雕版架则已基本损坏。

1951年7月，毛春翔、朱炳华向浙江省立图书馆上报《整理嘉业堂藏书工作报告》，其中说道：“堂之左边原有翼屋20余间，在堂之围墙之外，现为三野二院借作医院，满住伤员同志……书版问题：嘉业堂所刻书版甚多，不知何时，由平房移至北楼下，堆积如山，如听其自然，必至霉烂。”随后，毛春翔、朱炳华会同省立嘉兴图书馆吴藕汀等联合代管嘉业藏书楼，即将版片移至书楼内，予以保护。

（三）收回扩建

1965年7月6日，浙江省军区后勤营防处向浙江图书馆移交九九医院借用的嘉业藏书楼东侧四进平房。浙江图书馆收回后将其全部开辟为版片库，用以存放浙江图书馆版片。

1992年，省政府下拨专项维修经费20万元，用于对4进平房落架大修。

（四）重新布局

2019年11月，经国家文物局批准，嘉业藏书楼整理修缮工程启动，至2020年底，雕版库房整体修缮基本完工，前进作为办公室、接待室和会议室，后进作为雕版库房，存放嘉业堂留存雕版。

二、建筑特点和意义

嘉业藏书楼共占地15162.6平方米，略呈长方形，南北长，东西短，四周有环河，宽5至7米不等，以“护楼河”替代围墙（图6）。河道的最大作用无疑就是防火，意在“以水克火”，也为了在火灾发生的时候可以就近取水灭火，这种建筑形式是古代人们消防意识的体现。

大体上，嘉业藏书楼可分成南北两半，南为园林，北为藏书楼、抗昔居与雕版库房。藏书楼东侧有平房4进，第一进为抗昔居，第二进为工房，第三、第四进为雕版库房。

雕版库房建筑总面积316平方米，位于藏书楼东北角，总体略呈长方形，中间有天井（图7、8）。与整体书楼不同的是，库房平面以河岸为基准略为倾斜。

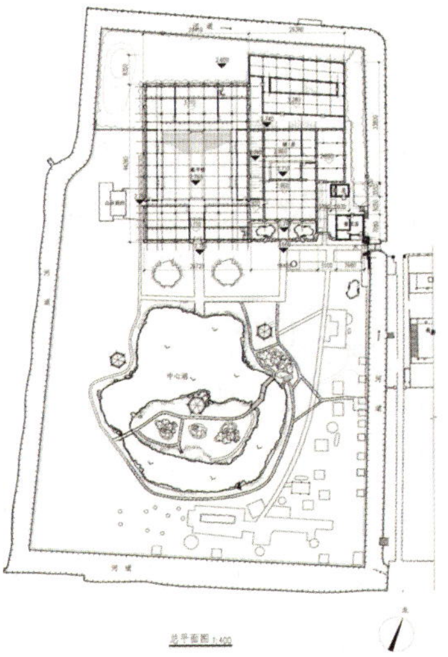

图6　嘉业藏书楼平面图

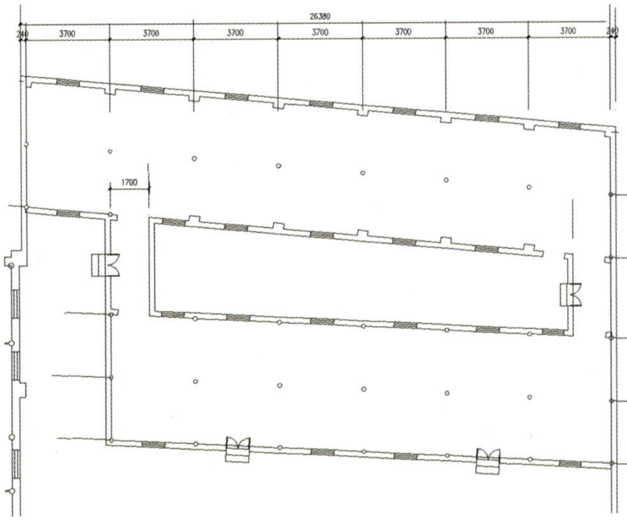

图7　雕版库房平面图

两进共设对开玻璃窗24扇，加上对开门4扇，极其通透的设计是为了通风，促进空气对流。西侧有门，保证干燥空气进入，而东侧山墙则无窗，避免了东侧潮湿空气进入。南北开窗能引入阳光，同时东西无窗也避免了雕版受到早晚阳光的暴晒。

库房分前后2进，前进6开间，通面阔22.5米，进深用三柱，通进深5.5米；前檐东起第二、第五间设对开门，其余各间及后檐设对开窗。后进7开间，西侧比前进多出一间，通面阔26.4米，进深用三柱（前后檐柱已改为砖砌方柱），通进深5.3米；前后檐各间均设对开窗。两进之间有边廊相通，中间天井深4米，两进均为抬梁式，硬山顶。东西山墙有透气孔，无窗。

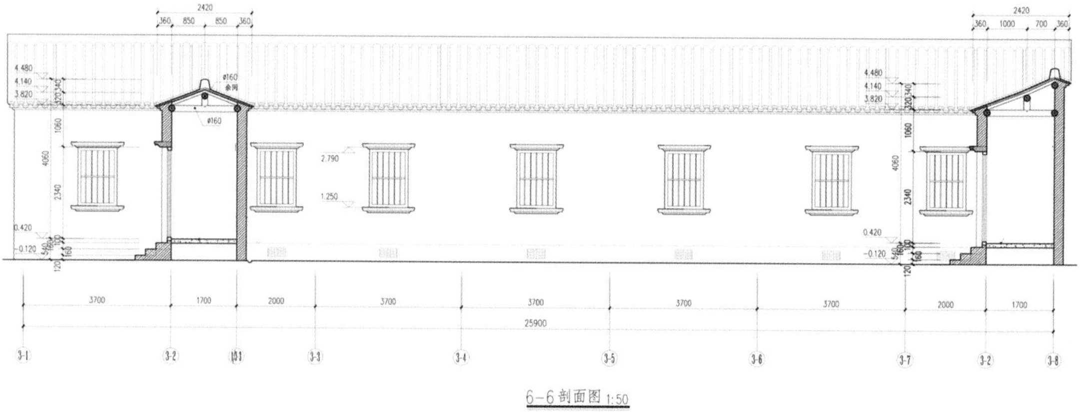

图8　雕版库房剖面图

屋基高约0.5米，中间架空，四周和天井内设通气孔共33个。通气孔极大程度地避免了地表潮气直接渗入库房。三野二院征用期间，库房内原有实木楼板被替换成水泥预制板，以便日常使用和维护。水泥预制板铺设时仍然沿袭原有架空的做法，并沿用至今。

南浔镇地处江南，气候湿润，每到6、7月的梅雨季节，书楼和抗昔居地面和墙壁返潮严重，但雕版库房仍能保持干燥，这也证明了雕版库房防潮措施的得当。

做好了通风防潮，雕版的虫蛀问题也就得到了最大程度的缓解。虫蛀问题主要来自天牛、白蚁和蛀虫。这三种害虫均喜欢潮湿的环境并具有很长的潜伏期，一旦遇到合适的环境就能快速生长和大量繁殖，破坏雕版。在此基础上，嘉业藏书楼存放雕版使用特制的雕版架，在防虫蛀方面更是起到了至关重要的作用。

三、雕版架

嘉业藏书楼的雕版架根据雕版的大小，所做的尺寸也有所不同，现使用的雕版架如图9所示：

图9 嘉业藏书楼雕版架

这批雕版架原为嘉业藏书楼原主人刘承幹定做，后因破坏甚多，由浙江图书馆仿制。大号的雕版架长、宽、高分别为77厘米、34厘米和57厘米，小号的雕版架长、宽、高分别为80厘米、26厘米和44厘米。大部分雕版架的尺寸都在此范围内，也有少部分特别巨大，其长、宽、高分别达到了114厘米、36厘米和70厘米，这部分架子主要用于存放某类特殊尺寸的雕版。

雕版架材质为较轻的松木，呈长方体框架结构，中间用竹条隔开，间隔约3厘米，有可拆卸档条，雕版能从两侧取放。共分上下两层，一般每层25片，两层共50片，取此整数一是易于计数，二是重量不至于太重，易于取放。但也有每层30、40、50片的，适用于小型雕版，或者个别做法。使用时，可单独取一架，存放时，又可将架子堆叠放置。雕版架上也会记录所存放雕版的书名、卷数等信息，方便查找。还有少量不规则雕版，如画版、异形版则置于雕版架上面空隙处。

这种框架结构非常通风，清洗或印刷后的雕版存放在架子里能尽快干燥。中间用竹签隔开后有了宽松的空间，使平时取放雕版非常方便，不至于磨损雕版。还有一个重要的好处就是隔绝虫害的传播，即使一块雕版发生了虫蛀，也不会直接扩散到邻近的雕版上。

图10　嘉业藏书楼雕版库房

雕版架下放置水泥底座，使雕版进一步远离地面，以隔绝潮气。可以说，正确使用雕版架来存放雕版，很大程度上解决了嘉业藏书楼雕版的保存难题，这也是前人留给后代的宝贵经验财富。

四、日常维护

在每年春季，也就是梅雨到来前，嘉业堂会彻底清理雕版库房屋顶瓦片间的枯叶，对屋面查漏补缺，防止渗漏。雨季期间雕版库房门窗关闭，隔绝潮气进入，同时利用晴天开窗通风，尽可能降低库房内湿度。

夏季气温较高，日照充分。经过了雨季的雕版吸收了空气中的水分而变软，此时被阳光照射的一面会变干膨胀，导致整体弯曲变形，甚至发生断裂，所以应采用遮挡、定时翻面等方法避免长时间暴晒。

秋冬季气候干燥，也要及时清理屋顶枯叶和枯枝，疏通下水。雕版进一步干燥膨胀，虽无断裂之虞，但因为是木质，最重要是要注意防火。嘉业藏书楼配备烟感报警器和灭火器，安保人员每天巡逻两次，确保消防安全。

除了库房的整体维护，单独的雕版也需要看护。定期使用软刷和吸尘器清理雕版表面的灰尘，清理过程中观察雕版状况，是否有虫，如出现虫害需要及时进行杀虫处理，并记录。

图11　记录雕版损坏信息

为尽可能去除虫害，嘉业藏书楼每2至3年，会进行一次熏蒸除虫。熏蒸过程为：

1.对库房建筑进行整体密封。

2.在密封的库房内分区、分点投放熏蒸药剂，熏蒸药剂选用硫酰氟。

3.密闭熏蒸3—5天，对密封空间内的所有有害生物进行彻底杀灭。

4.散气、检测、解除密封、清理现场、恢复原状、检查验收。

熏蒸除虫对雕版虫害具有重要意义，也体现了嘉业藏书楼在防治虫害方面的主动性和创新性。

五、结　语

近100年来，嘉业堂雕版能完好保存，得益于各方面因素的综合。特别是在库房的修建、改造和维护中，正确认识、理解雕版，让雕版和环境互相适应，不随意改变雕版所在环境。

日复一日，年复一年，这里的雕版也似乎有生命一般，跟着环境吸气、呼气，与自然和谐共存。随着新一轮的整体修缮完成，雕版库房更明亮、更整洁、更安全，但无论过去和现在，嘉业藏书楼都未曾中断雕版与自然的交互连接。自然界的生命之花生生不息，未来嘉业堂的雕版也将代代相传。

整理出版

清代乡试文献的集中展示
——《清代乡试文献集成》第一辑出版

□ 杜　萌　国家图书馆古籍馆

《清代乡试文献集成》是《中国科举文献集成》的一部分，此次出版的《清代乡试文献集成》第一辑，主体内容是国家图书馆收藏的乡试文献，共计368种。乡试文献包括官刻的乡试录、题名录，与民间自行编纂之同年录、同年谱、同年齿录、同闱录等。官刻乡试文献因为带有文书档案性质，所以一般没有著者，刊刻的年代多与乡试开设的时间一致或稍晚，具有较强的时效性。民间出版的乡试文献，有同科之人自行组织编纂的，也有以地方、家族为单位组织编纂的，其时效性相比官方乡试文献稍逊一等。

要想对乡试文献有一个全面的认识，首先要了解它背后规模庞大的科举制度。清代的科举考试分3级，乡试、会试、殿试。乡试是最初级的一环，也是最重要的一环，通过了乡试，成为举人，就拥有了做官的资格。因此，全国生员对于乡试都极为重视。乡试是全省范围内的考试，一省的生员要想参加乡试，首先要通过资格考试。资格考试有科考、录科、录遗、大收等途径。科考是针对各直省生员，录科针对的是国子监生员，录遗和大收等，则是针对错过了正常考试的生员，再提供一次补考的机会。

清代的科举是分省取士的，各省录取的人数有定额，因此参加考试的人数也有限制。清初，因为参加科举的人数还不多，大致上维持在1比30的比例，即30位生员中取1名举人，且管控并不严格。随着制度的不断完善和各地生员数量的增加，到乾隆九年（1744），在清初分省解额的基础上，又将各省划分为大、中、小三等。其中直隶、江南、浙江、江西、湖广、福建为大省，1名举人对应80名生员；广东、河南、山东、陕西、山西、四川为中省，1名举人对应60名生员；云南、广西、贵州为小省，1名举人对应50名生员。录取比例之低，甚至低于今日的公务员考试。

科举考试的竞争是激烈而残酷的，我们从《儒林外史》中多个举子的人生轨迹中就能有所体会。之所以要汲汲于科举，是因为在古代社会，这是底层人群向社会上层流动的主要途径。阶层的向上流动，既可以让举子本人从此免除赋役，也可获得尊崇的社会地位，进一步则可以施展政治抱负，成为达官显宦。

乡试制度的细节规定非常繁杂，大致的流程是这样的。乡试每3年一次，这一规定取自《周礼》“三年大比”之说，依照顺治皇帝的规定，“各直省乡试定于子、午、卯、酉年”，从乡试录的题名中我们也可以印证这一规律，如《清同治十二年癸酉科广西乡试题名录》《清同治九年庚午科浙江乡试题名录》。除了正科，还有加科和恩科。清代的乡试开始于顺治二年（1645），结束于光绪二十九年（1903），在长达259年的时间里，共举行了112次。其中正科84次、加科2次、恩科26次。加科主要出现在清初，因国家初定，人才不足，故需加科取士。恩科有万寿恩科，即遇皇帝或皇太后大寿，特旨开科；还有登极恩科，即新帝即位，加恩开科。清代恩科数量之多，为历代之最。

乡试一般在秋季举行，所以又被叫作秋闱、桂榜等。每隔3年，全省各县的生员都要向省城的贡院进发，一路浩浩荡荡。省城的贡院中，供生员奋笔疾书的号舍非常逼仄，不论白天黑夜皆无法直身，只能弯曲身体。除了号舍，贡院有一高楼，称“明远楼”，用以监督作弊等事。此外还有供考场工作人员，以及正副主考官和同考官阅卷与休息的场所。从考生入考场开始，到阅卷结束放榜，所有工作人员都不能离开贡院，防止考官与考生串通作弊。

乡试的考试分为3场，各场所考试题几经变化，至乾隆时形成定制：第一场，《四书》制义题三，五言八韵诗题一；第二场，《五经》制义题各一；第三场，策问五道。考完3场，生员们就可以离开贡院。接下来是阅卷。阅卷的程序是同考官先行批阅，并按一定比例将拟录取的试卷选出，贴条注明“荐”字，再由正副主考官决定最终的录取名单。录取工作结束之后，就迎来了令生员万分期待的放榜。放榜之日，榜单由兵丁护送至布政司署或巡抚署前张挂，派官兵看守，3日后收缴存库。

录取榜单公布之后，本次乡试就宣告结束了。接下来，各省还要完成的任务，就是编制题名录、乡试录，以呈御览，以备磨勘，并存部备查。

乡试题名录，有进呈御览本与送各衙门本。御览题名录，要在揭晓录取名单当天在贡院内缮写，随本进呈；送各衙门本，则在出贡院5日内，将监临、提调、监试、主考、各所等官之籍贯、姓名，3场题目，中式生员的年龄、姓名、名次，还有现任、候补、就职，议叙、捐纳等情节，一并注明。题名录的格式几经调整，至嘉庆九年（1804）著为定制，再无变动。

乡试录的内容更为丰富，包括中式生员姓名、年龄、籍贯、出身、所习某经；监临、提调等各职衔，主考、同考、弥封、对读，以至巡绰、供给等职衔；3场考试题目，前五名录取者3场考试文章；正副主考官撰写前后序。乡试录的格式与送呈制度亦在嘉庆九年成为定制。

官刻的题名录和乡试录有定制格式，民间自发刊刻的各类乡试文献则没有一定之规，内容和详细程度差别较大。其中数量较多的是“同年录”和“同年齿录”。这2种文献一般是由同年中式的举人自发组织编纂刊刻的。同年录内容较简略，主要是同年中举者的名录以及基本信息，按照名次排列。同年齿录按照举人年龄大小依次排列，内容相对丰富，包括举人的姓名、别号、生辰、籍贯，或附廪生或优贡生；本族谱系包括直系始祖或高曾祖妣至本生父母，同族尊长下至兄弟子侄及妻子儿女，祖宗三代兄弟之官阶、封典、著述，妻之父兄若有科名仕宦，也一并载录，部分齿录还注明举人居住地，以便于联络。

《清代乡试文献集成》第一辑收录的368种乡试文献，其排列顺序为先地域后时间。地域上依照《〔嘉庆〕大清一统志》各省顺序排列，各省内再按开科时间排列。各省乡试文献数量差异较大，数量多的省份集中在华北、江南，如顺天有55种，浙江48种，江南30种，数量少的省份主要是西北、西南，如甘肃有6种，贵州只4种。从时间上看，顺治朝共3种，康熙朝9种，雍正朝8种，乾隆朝24种，嘉庆朝23种，道光朝57种，咸丰朝24种，同治朝52种，光绪朝165种。清早期的顺治、康熙、雍正三朝收录20种，与清晚期各朝相对丰富的留存相比，更显得弥足珍贵。

总之，各类乡试文献中蕴藏着大量等待挖掘的资料，不论是研究科举制度本身，还是以此为基础进行人物家族世系、学术渊源、地方教育和风俗、人口与社会等研究，都可以从中找到有益的资料。在本书出版之前，现有的研究限于资料收集不易，主要偏重于个体的分析。《清代乡试文献集成》的出版，将大批文献一次性呈现在研究者眼前，相信对学界的研究一定会有所助益。

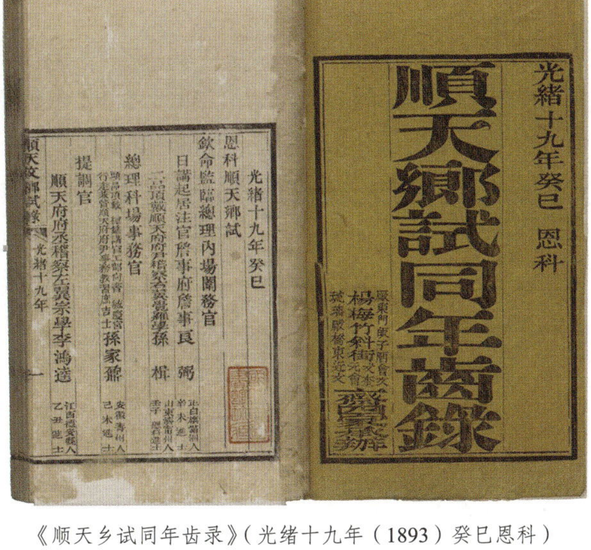

《顺天乡试同年齿录》（光绪十九年（1893）癸巳恩科）

国家图书馆藏黄河相关舆图文献综述

□ 翁莹芳 国家图书馆古籍馆

自春秋战国以来，黄河灾害频仍，决堤泛滥不断，至明清时期尤为严重。为了调查、研究及治理黄河，历代王朝积累了大量黄河相关文献资料。国家图书馆作为国家总书库，收藏有大量黄河相关历史文献。这些文献大致可以概括为两大类：一类是古籍，包括善本、普通古籍、地方志、民族语文文献等；一类是特藏，包括舆图、金石拓片等。舆图是其中特殊而重要的一类文献，数量众多。国图藏1949年前出版或制作的黄河相关舆图文献约有400种。

流传至今的黄河相关舆图，从制作方式来看，早期以刻石、拓片为主，在元明清时期以绘本和刻本为主，到了民国时期则以铅印本、石印本、油印本、晒蓝本等为主；从装帧形式来看，有卷轴装、经折装、册页装等，其中有不少长卷，例如明代的《河防一览图》，长达20米，是我国现存最长的黄河、运河工程图。在绘制年代、河段区域、内容类型等方面，国图藏1949年前出版或制作的黄河相关舆图也有鲜明的特征。

一、绘制年代

黄河作为地理要素在舆图上出现的年代很早。我国现存最早的石刻舆图之一《禹迹图》上关于黄河的刻画就已经相当准确、清晰，而现存最早的专门黄河图出现在元朝。

（一）元朝

我国现存最早的治河工程图说问世于元朝，即王喜的《治河图略》。至正四年（1344）五月，黄河在河南开封一带白茅堤、金堤决口，灾区百姓死者过半，朝廷因此下令访求治河方案。王喜曾任河工，极有可能在此时撰成《治河图略》一书。此书前半部分列禹、汉、宋、元各时代的黄河图及治河、河源之图共12幅，其中有目前已知最早的黄河河工图。每图均附图说，略述古今黄河水害与水利关系，陈述治理方案。不过，国图藏此书的最早版本是清嘉庆年间的刻本。

（二）明朝

明朝最著名的黄河舆图当属治河名臣潘季驯组织编绘的《河防一览图》。此图以黄河为主，并行绘出黄河与运河，所绘黄河起自发源地星宿海直至江苏云梯关入海，黄河两岸堤、坝、闸等防护工程标注醒目、标记详细。《河防一览图》是我国现存篇幅最长、最具代表性的古代黄河、运河工程图，对其后河渠图的绘制产生了深远影响，在黄、运河水利史及古代地图史上占有重要地位。比《河防一览图》更早的明代黄河舆图是刘天和编绘的《黄河图说》。此图绘出自陕西潼关至淮安府以东入海口之黄河河段，突出反映了嘉靖十四年（1535）黄河分三道入淮出海的情形。图上的图说详细记录了洪武二十四年（1391）至嘉靖十三年（1534）黄河5次流入运河的情况，总结了黄河河道变化无常的6大原因，并提出治黄意见等。此外，郑若曾撰《黄河图议》、吴山辑《治河通考》、南明时期郑大郁编订的《河防考》中均有黄河图。

（三）清朝

清朝是黄河舆图绘制的井喷期，国图藏黄河相关舆图绝大部分出自这个时期，总数接近400种，可谓数量众多、类型多样。长卷彩绘本舆图是其中的一大亮点，通常绘制精细，兼具实用价值和艺术价值。例如清中期《黄河水道全图》，细致描绘了自星宿海至云梯关入海的黄河，图幅长近6米；清中期《六省黄河工程埽坝情形图》描绘了起自上源阿尔坦河，流经甘肃、陕西、山西、河南、山东、江南六省入海的黄河，并且详细标出了黄河下游沿岸埽坝工程，图幅长近7米。随奏折河图则是清中后期黄河彩绘舆图中的一大重点。这些河图制式相对统一，绘制精细，贴有贴签，反映实时河事，通常随治河大臣或地方官员的奏议一同向上呈报，例如道光年间《委勘中河厅中牟下汛河势工程实在情形图》《中牟大工双合龙安澜图》《中牟县境内被水大概情形图》等。

（四）民国时期

民国时期的舆图注重科学实测，大多运用现代技术绘制而成，和之前的传统舆图相差甚大。舆图的绘制主体也发生较大变化，黄河水利委员会、经济委员会、建设厅、水利局等机构成为绘图主体，例如黄河水利委员会印制了《实测一万分一图》《实测五万分一图》，河北省建设厅测量处编制了《实测黄河两岸五万分一地形图》等。

二、河段区域

黄河源出青藏高原的巴颜喀拉山脉，呈“几”字形流经青海、四川、甘肃、宁夏、内蒙古、山西、陕西、河南、山东9个省区，最终流入渤海，干流全长约5464公里，流域面积79.5万平方公里（含内流区面积4.2万平方公里）。国图藏黄河相关舆图除了黄河全图、黄河源图，基本为中下游地图，主要涉及河南、山东、江苏3省。

（一）黄河全图

黄河全图指记录黄河自源头至入海口处全程的舆图。除了历代河徙图，国图相关藏品中仅有明清两代的黄河全图。在明朝相关舆图中，除了《河防一览图》是独立制作的单幅舆图，其余均为治河专著中的舆图，包括郑若曾撰《黄河图议》中的《黄河图》、郑大郁编订《黄河考》中的《黄河图考》。清代黄河全图较多，除去古籍中的舆图，尚有专图近10种，包括张鹏翮组织编绘的《黄河全图》，传统彩绘长卷《黄河图》《黄河发源归海全图》《黄河水道全图》《六省黄河埽坝情形图》等，以及《中国黄河经纬度里之图》这种传统与现代技术相结合的舆图。图上标注的黄河源头及入海口随时代变化，源头因勘察而变，入海口则因河徙而变。

（二）黄河源图

我国在唐朝就已经对黄河源头有了一定认识。至元清两朝，朝廷数次派员探查黄河源头，每次勘察完成后，均有相关河源图面世。例如，清乾隆四十七年（1782），为河南青龙冈堵口事，皇帝命乾清门侍卫阿弥达恭祭河源。阿弥达勘察完毕后，认定阿勒坦郭勒即河源，返回后绘制了《黄河源图》。国图藏有乾隆六十年（1795）刻本《黄河源图》。地图绘出星宿海西南阿勒坦郭勒及噶达素齐老山上的天池，即黄河之源，比清康熙四十三年（1704）拉锡考查之河源又有所进步。

（三）黄河中下游图

国图藏黄河中下游相关舆图主要涉及河南、江苏、山东3省。其中，河南省内黄河图有160余种，时间从清咸丰初年到民国时期；江苏省内黄河图有50余种，时间从清乾隆年间到民国时期；山东省内黄河图有110余种，时间从清光绪年间到民国时期。这些黄河图的内容大多涉及河势水情、堤防工程、水患情况及治理等，例如《河南黄河堤工图》《勘查豫省中河漫口黄水经过州县入淮归湖情形图》《桃北厅属萧家庄漫口拟请坝基引河情形图》《利津县被淹村庄图》等，但各省内容也各有侧重。江苏省境内黄河图年代相对较早，山东省境内图则年代相对较晚，这是因为黄河入海口在清咸丰五年（1855）发生了大变迁。南宋之后，黄河南流，夺淮入海，以江苏安东县、清河县一带为入海口。清咸丰五年，黄河在河南铜瓦厢一带决口后，开始以山东利津一带为入海口。江苏省境内黄河图较多绘出了黄河夺淮穿运的情形，山东省境内图则反映了张秋附近黄河穿运的情形。

此外，黄河中下游段的跨省舆图也不少。例如，明嘉靖时期刘天和编绘《黄河图说》描绘了自陕西潼关至江苏淮安府之黄河，清同治年间查筠绘《清代黄河河工图》记录了自陕西潼关至山东利津段黄河，清光绪年间《河南省至山东省黄河及山脉大道详细图》绘出河南武陟县黄沁交会处至山东境内的黄河河道，民国时期《山东及江苏黄河水灾图》绘出自山东董庄至江苏东海段黄河。

三、内容类型

国图藏黄河相关舆图主要包括河道图、河徙图、河患图、河防工程图、河工技术图等。

（一）河道图

河道图是以记录黄河河道为主的舆图。从黄河在全图所占比重来看，黄河河道图可以分为两类，一类是以黄河为局部的舆图，一类是以黄河为全部的舆图。在黄河作为局部出现的河道图中，黄河与大运河、淮河、长江等其他河流水系同时展现。例如《江淮河及南北运道全图》《长江黄河淮运形势全图》，重点描绘了长江、黄河、淮河及运河水系情况，反映了黄河、淮河、长江下游与运河之间的关联；《淮黄交汇入海图》详细绘出黄河、淮河交汇入海的情形。以黄河为全部的河道图又可分为两种，一种是黄河全图，一种是黄河局部图，后者主要是黄河中下游图，这两种河道图在上文已有论述。

（二）河徙图

河徙图是记录黄河河道迁徙的舆图，较多以历代河图的形式汇集成册。国图藏有不同年代的彩绘本《历代黄河移徙图》4种，每种一般收录现时总图1幅及从大禹时期至绘制时期的历代河图20余幅，再现历代黄河河道变迁情形。清代刘鹗的《历代黄河变迁图考》分《禹贡全河图考》《禹河龙门至于孟津图考》《禹河孟津至于大陆图考》《禹贡九河逆河图考》《周至西汉河道图考》《东汉以后河道图考》《唐至宋初河道图考》《宋二股河图考》《南河故道图考》《现今河道图考》等10幅，主述历代史籍中有关黄河流向、徙道之记载，以考证黄河历代迁徙情况。国图还藏有日本昭和十五年（1940）十二月香川正治编纂、小林德监修的《黄河河道变迁图》彩绘本及印本各一种。

（三）河患图

河患图是记录黄河河道漫溢、决口等灾后实况的舆图。本书收录的清代《光绪十三年陈州合属被水图》《陈州府淮宁县黄水冲淹集村并大溜经过地方舆图》《中牟县境内被水大概情形图》《开封府附近黄河漫溢情形图》《武定府利津县呈送秋禾被水村庄处所区图》等均描绘了各辖境内黄河泛滥淹没村镇的情形。从现存舆图来看，河患图以河南省境内最多，其次为山东。

（四）河防工程图

河防工程图是主述黄河堤防工程的舆图，国图所藏涉及堤、坝、埽、堡等工程的河图较多，且多为随奏折河图，有题名和贴签，同奏议一起向上递送，用于汇报某次具体治河工程。此类舆图有清嘉庆年间《丰汛六堡漫工添建坝基并挑浚引河情形图》、清道光二十二年（1842）《桃北厅属萧家庄漫口拟定坝基引河情形图》、清道光年间《中牟下汛九堡拟估引河情形图》、清光绪年间《下南河厅经管祥陈三汛堤工事宜图》《下北河厅属光绪二十八年分岁修埽砖土石各工河图》等。从国图藏相关舆图来看，目前有明确年代的舆图出自道光二十二年至二十三年（1842—1843）、光绪十九年至二十三年（1893—1897）、光绪二十八年至三十年（1902—1904）以及宣统元年（1909）。

（五）河工技术图

河工技术图指记载河工器具、工程技术等的图表，一般以图说形式汇集成册。这类图表出现较晚，从国图收藏情况来看，最早的图表出现在清乾隆时期。郭成功的《河工器具图》、完颜麟庆的《河工器具图说》、戚宗海的《疏河钯障图说》、谢上仁的《河工图说》以及光绪年间的《河口合龙图谱》、民国年间的《河工合龙做法图式》等都属于河工技术图。以《河工器具图说》为例，全书详述治河工程器具的名义、沿革、构造、使用，总计收录河工器具289种，是中国古代最系统、最完善的一部介绍清代河工器具的图集。

国图藏黄河相关舆图内容丰富、类型多样，在上述内容类型之外还有不少舆图，例如军事防务图、经济地图等。清同治四年（1865）《大河南北两岸舆地图》系清代河南地方军事机关派员勘查呈报之黄河两岸应添设炮位及防务图。抗日战争前夕绘制的《黄河沿岸物产集散图》则详细标注了抗日战争前黄河沿岸各省面积、人口，以及各州县物产统计数量及其输出、输入情况。这些黄河相关舆图文献的整理和研究对当前黄河的保护、治理乃至开发、利用，均有重要的参考价值。

《国家图书馆藏未刊稿丛书》前言

□ 刘玉才 北京大学中文系

中国国家图书馆（以下简称“国图”）以庋藏古籍善本宏富著称，其中宋元旧椠、珍稀印本，向为学界推重，颇获利用；相较之下，约占馆藏善本总量三分之一的写本类文献，利用程度还远远不够，堪称有待发掘的文献宝藏。

国图藏写本文献以著作抄本为主，兼及日记、书札、题跋、校语、文书档案等类文字形式，因多为唯一传本，故有别于刊印文献，具有独特的文物、艺术和文献价值。根据馆方专家调查①，馆藏宋元抄本即有15部，明抄本则多达1246部，其中170余部为内府所抄。如宋仁宗亲撰《洪范政鉴》仅此一部内府抄本秘藏宫内，从未刊刻传抄，弥足珍贵。明嘉靖间《永乐大典》抄本，世存亦以国图收藏最夥。许多早期抄本与原本成书年代接近，而原本或有亡佚残缺情形，抄本遂具有无可替代的校勘与辑佚价值。国图所藏明清抄本中，著名学者、藏家抄本占有相当比例，许多是影抄宋元旧本和珍稀本，仅毛晋汲古阁影抄本即有近80部。在5000余部清抄本中，还包括有卢文弨、鲍廷博、吴骞、翁方纲、陈鳣、黄丕烈、焦循、管庭芬、杨守敬等名家手稿本。著作类稿抄本之外，国图还藏有明清以至民国150余家日记稿抄本，三四百种书札文献，数千款金石题跋，以及数量不菲的图卷题咏、批校文字、文书档案等类写本文献。上述写本文献，除了部分著作抄本，大多未经刊行，均可归为未刊稿之列。

写本文献往往具有孤本性质，加之多数未经整理，字迹辨识不易，阅览亦不方便，这都成为限制其发掘利用的重要原因。有鉴于此，我们组织国家图书馆古籍馆与北京大学中文系合作的学术团队，在对馆藏写本文献全面调查的基础上，首先选择具有重要学术价值、读者利用不便的未刊文献，予以整理刊布。并在国家社科基金申请设立“国家图书馆藏未刊稿整理研究”重大课题，以保证整理研究工作的实施。经过课题组同人的共同努力，陆续完成部分阶段性成果，今拟分作日记、书札、金石题跋、手卷题赞、中法汉学研究所、著作诸编，依次予以刊布。

《日记编》整理收录颜懋价、叶钧、张廷济、何绍基、赵宗建、黄彭年、江标7位清人未刊稿本日记。其中如黄彭年、江标，不仅参与过重大政治活动，在学术领域亦有较高成就，属于政学兼通的重要历史人物。黄彭年《黄陶楼日记》、江标《笘誃日记》，所载均长达数十年，可称一生行迹的详尽记录，涉及朝章典故、交游见闻、

① 陈红彦：《国家图书馆藏抄本述略》，《国家图书馆学刊》2016年第4期，第90—93页。

日常读书生活等，内容极其丰富。《颜懋价日记》、叶钧《壶中日记》、《张廷济日记》、何绍基《东洲草堂日记》虽然记述时间不长，但是内容各有所长，据之不仅可以考察日记主人的生平交游，还可丰富清代学术史的场景。晚清藏书家赵宗建的《旧山楼日记》《非昔居士日记》《庚子非昔日记》，内容跨越清同治元年（1862）至光绪二十一年（1895）共30多年的时间，记录了赵氏的日常生活、藏书收购及与众多友人交游情形，还有对围剿太平军的见闻记述，颇能反映江南地方士人的生活与眼界。

《书札编》从馆藏各类书札文献中选取黄彭年、赵宗建、张荫桓、袁昶、王懿荣、吴重憙、缪荃孙、叶德辉等10余家往还书札，予以整理刊布。所涉人物都是晚清民国间重要官员和学术文化名流，书札内容丰富，且未经前人揭示，具有无可替代的文献价值。如《黄子寿先生遗札》收录清光绪年间黄彭年在江苏布政使任内与按察使朱之榛之间往来信件67通，涉及漕运与海运之流弊、来苏流民之安置、正谊书院并藏书楼之筹建等诸多政务。黄彭年著述宏富，但大多未经刊布，本课题同时整理其日记、书札，预期将会推动对黄氏的深入研究。《赵宗建友朋书札》收录赵宗建光绪年间所撰诗歌、随笔、抄经、墓志铭、祝寿帖及其友人李芝绶、季锡畴的书札共140余件，不仅内容丰富，还可与《日记编》所收赵氏3种日记互相参照，促进对这位重要藏书家的全面研究。《袁昶友朋书札》收录刘履芬、丁丙、冯煦、孙诒让、杨守敬、沈曾植、戴望、张謇、李文田、孙衣言、张鸣珂、张之洞、陆润庠、王颂蔚、王懿荣、翁同龢等人信札200余通，袁昶亲自整理粘贴为12巨册，涉及历史人物众多，堪称是晚清学者的群体资料。《王懿荣往还书札》收录王懿荣与师友、亲属往还书札数百通，基本可以反映其后半生的主要经历与交游关系。王懿荣光绪年间授翰林院编修，三任国子监祭酒，博览书史，精于鉴藏，与当世金石学者来往密切。书札所涉人物包括潘祖荫、陈介祺、缪荃孙、吴大澂、盛昱、汪鸣銮、孙汝梅、黄绍箕、吴重憙诸名流，以及女儿、女婿等家人。书札内容多为讨论金石碑拓释读、古籍收藏、科举学问，以及时务政治、为人处世、家务琐事，据之可以考察同光时期精英士大夫鉴藏金石之风尚，以及业余生活趣味的丰富细节。《艺风堂同人尺牍》是晚清著名学者缪荃孙的友朋书札稿本集，收录恽祖翼、缪朝荃、刘炳照、吴庆坻、陈庆年等人致缪荃孙书札100余通。书札的撰写时间多在光绪时期，内容比较广泛，除了家常琐事，还涉及刻书、诗词交往、方志编纂等方面，是研究缪荃孙学术交游、晚清政治与文化教育的重要资料。《郎园手札》是著名学者叶德辉1910年至1920年间致日人松崎鹤雄的书信集，涉及研治经学、小学等多方面内容，可称现代中日学术交流史的重要文献。

《书札编》收录书札出自名家之手，书法用笺考究，文献价值之外，兼具有艺术观赏价值，故采取录文整理与选择影印结合的方式予以刊布。此外，我们还特邀白谦慎、薛龙春先生精选馆藏10余种名家尺牍，制作法书字帖，集为《尺牍法书选刊》，以飨书法爱好者。

国图收藏金石拓本丰富，题跋数量众多。如宋元合璧拓本《广政石经》即有名家题跋、批校100余款，宋拓《嘉祐石经》亦有吴昌硕、丁晏、叶昌炽、沈曾植、罗振玉、陈宝琛、杨守敬、曹元忠、缪荃孙、柯劭忞等多人题跋和批校。《金石题跋编》甄选馆藏金石题跋五六十种，以拓本为单位，撰写提要，著录题名、拓本、装帧、行款、书体、责任者、递藏源流等项信息，并对题跋文字进行辑录整理，可为金石证史、拓本源流研究、金石学者交游提供全新的资料。

《手卷题赞编》率先刊布长16余米的《明渤海孙氏积善堂题赞手卷》，该手卷是河北沧州孙楷第家族世守之宝，汇集明代前期朝廷重臣、翰苑侍从、书法名家43人的题赞墨迹，为明代文化史、文学史、书法史研究的重要实物与文献。诸家题赞，书法风格各异，可称难得的艺术珍品。其中如明代第一大和尚姚广孝的题赞，可能是其唯一的传世手迹；而明初贤相“三杨”（杨士奇、杨荣、杨溥）和书法大家“二沈”（沈粲、沈度）的墨迹传世甚罕，手卷所存，可谓吉光片羽，弥足珍贵。此次刊布改卷装为经折装，采用原版影印与题赞释文相结合的整理方式，前半部分展示手卷原貌，后半部分为题赞释文、印章释读及题跋者小传，既能满足学术界对此珍贵文献的研究需求，又可据之勾勒明初京师文化圈的面貌。

中法汉学研究所是法国中法教育基金委员会于1941年在北京资助成立的汉学研究机构，设有民俗学组、语言历史组、通检组、图书馆、法文研究班等部门，开展文献搜集整理和研究、翻译工作。该研究所于1953年撤离中国时，申请出关的部分图书资料被中国政府征购或没收，辗转存藏于国家图书馆。《中法汉学研究所编》对其中曾毅公《五十年来之甲骨学》、陆翔《敦煌学著述考》、傅惜华《汉代画像全集三编》、徐宗元《古今本竹书纪年合校》、柯昌泗《汉晋石刻略录》、罗常培《蒙古字韵跋》、魏建功《完全本王仁昫刊谬补缺切韵初次的讨论》等未刊论著稿本以及神祃相关资料，进行整理研究，以求揭示这批珍贵稿本资料的学术价值，丰富敦煌学、甲骨学、民俗学等专题学术史，为深入了解中法汉学研究所的学术活动，探究现代汉学研究史，提供文献帮助。

著作稿抄本在国图馆藏写本文献中数量居多，但是近年有些已经影印出版，加之阅览方便，已渐为学界所关注，因此未列为本课题重点对象。不过考虑到有些著作稿抄本学术价值很高，甚至关涉重要学术论争，有必要予以刊布揭示，更便利学界研究，我们选择方迈、王鸣盛、周广业、孔广栻、吴骞、王念孙、王引之、姚文田、李锐、李文田等清代学者稿抄本予以影印，并分别撰写研究解题。其中如李锐《周易注疏校勘记》残稿，是阮元主持纂修《十三经注疏校勘记》的重要文献见证，有助于厘清当年校勘工作的缘起与修订过程。《经义述闻》涉及王念孙、王引之父子著作权的争议，是清学研究界关注的热门问题。为便于展开深入研究，我们将国图馆藏《经义述闻》初刻、二刻、三刻所据稿本及《校书录》稿本合并影印，同时附录中国科学院图书馆所藏二刻试印本。其余诸家稿抄本，亦精彩纷呈，各有可观。

以上未刊文献，虽然形式有别，但是日记、书札、题跋及著作稿抄本内容多有关联，甚至可以相互印证，子课题实际都是总课题的有机组成部分。我们希望通过对这批未刊文献的发掘整理，为学界提供第一手的资料，以推动明清以至近现代学术史研究的深入。在整理过程中，根据文献样式的不同，我们分别采取释读、校点、辑录、影印以及撰写解题、小传等整理研究形式，以期最大限度地发挥未刊文献的功用。因为未刊文献的随意书写特性，文字辨识、内容整理难度很高，整理成果想必仍有不少讹误，期待学界同人不吝指正。此项整理研究工作得到国家图书馆古籍馆、北京大学中文系的大力支持，浙江大学文化遗产研究院白谦慎、薛龙春教授在文字释读方面给予无私的帮助，谨表衷心感谢。

金石文献的整理和出版
——图书馆员工的工作与科研

□ 卢芳玉 国家图书馆古籍馆

被誉为我国“四大发明”之一的印刷术，为世界文明做出了杰出贡献，早于印刷术出现的传拓技艺也是我国的重要发明之一。传拓作为印刷和摄影等技术不可取代的一种传统技艺，一直沿用至今，为我们保留下无数珍贵资料，传世最早有明确纪年的拓本是出土于敦煌藏经洞的唐太宗李世民撰文并行书的唐拓《温泉铭》，原石早佚，文献和帝王的书法艺术赖拓本流传至今。金石拓本是中国特有的纸质文献，是中国古代文明的载体之一，也是国家图书馆的重要藏品类型之一，截至2020年底，国家图书馆金石藏品总量16万余种33万余件，其中金石拓片有12万余种27万余件。近年来每年都有数量不等的新出土石刻拓片入藏，源源不断地为广大读者和学界提供最新鲜、最可靠的金石文献，是国内外收藏金石拓片最多的公藏单位。一直以来，国家图书馆对馆藏拓本网络公布，无偿提供到馆阅览、远程阅览以及各种渠道的咨询等服务，加之展览、出版，以多种方式、方法服务大众，使其成为国家图书馆服务读者的一个特色藏品，这一切服务都建立在对馆藏拓本的编目和整理的基础之上。

保存文献、编制目录，为广大学者提供专业的服务，使他们在浩如烟海的文献中快速高效地找到所需要资料，乃图书馆员工的分内职责。章学诚所言“辨章学术，考镜源流”，古人一向重视，《十七史商榷》卷一中，王鸣盛说：“目录学者，学中第一要紧事，必从此问途，方可得其门而入。”治金石学亦当自目录始，金石学作为中国古代传统学问，其目录亦受人重视，目前存世最早的金石学著作是北宋欧阳修《集古录》、赵明诚的《金石录》，莫不是目录类著作，这两部书中著录的原刻甚至原拓已经亡佚。古物沦毁，十之八九，正如陆增祥所说：“金有时毁，石有时泐，赖墨本以传之；墨本聚散何常，存亡赖著录以传之。”早期的金石目录类著作让后人了解当时的收藏和价值观，偶尔也会为后人的收藏提供可靠的依据，很多金石文献亦赖目录以存，故自北宋金石学兴起以来，对金石拓本的著录绵延不绝。国立北平图书馆（国家图书馆前身）馆员杨殿珣先生所编《石刻题跋索引》，就是一座这样的桥梁，自民国出版以来，引导了无数人识碑、读碑，从而深入研究石刻。

一、《小蓬莱阁金石目》的整理与出版

笔者受前辈恩惠良多，自入职国家图书馆以来，以收尽天下金石拓片为理想，编

目之余，有余力则编辑、整理金石目录，已经整理了陈介祺《簠斋藏砖目》、柯昌泗《汉晋石刻略录》、谢国桢《续貂集》，根据馆藏拓本整理了《国家图书馆藏四川石刻目录》《广西壮族自治区石刻拓片目录》等各地石刻目录。其中黄易《小蓬莱阁金石目》，以其为清代著名金石学家黄易的未刊藏品目录而最受学界瞩目（图1）。

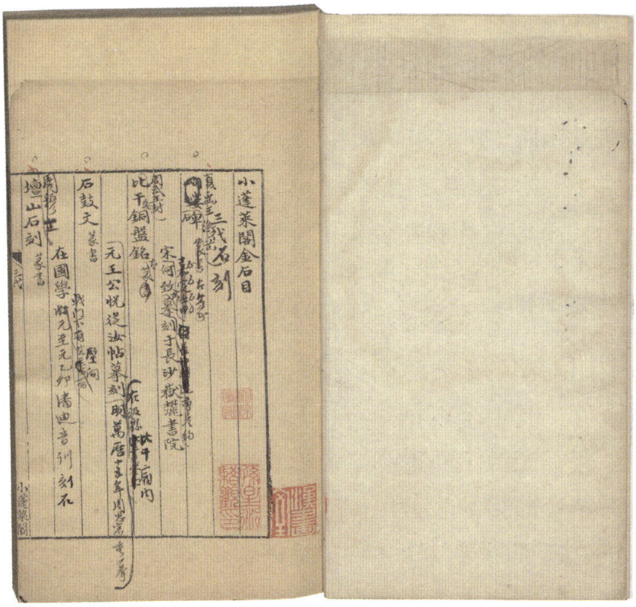

图1　黄易《小蓬莱阁金石目》

黄易（1744—1802），字大易，号小松，又号秋盦，仁和（今属浙江杭州市）人。清代著名学者、书法篆刻家、“西泠四家”之一。黄易出身于造船、河防世家，其七世祖黄汝亨及六世祖黄茂梧皆善造船，其父黄树谷有《河防私议》传世，且博通金石，以篆隶名家。黄易“幼承家学，精究河防事宜”，不幸8岁而孤，15岁即随长兄游幕楚北。21岁，其兄被贬，黄易迫于生计，在固安开馆授徒以养寡母，29岁作幕郑制锦，以诗筒画笔与簿书迭进，不废风雅，有声幕府。4年后郑氏循例为其捐官，33岁补山左主簿，此后“自商邱迁阳谷，擢武城丞，东平州判，调筑豫工……由卫粮调捕河，权下南同知，乾隆五十年升任兰仪，次年调运河”。黄易为人诚信，为官鞠躬尽瘁，所任皆有政声。嘉庆七年（1802）二月二十三日感寒湿疾，卒于山东运河同知护理运河道任上，享年59岁。黄易工书，隶书技法娴熟，古雅可观；治印为丁敬高弟，有出蓝之誉，是浙派代表人物，其“小心落墨，大胆奏刀”一语，可为刻印三昧；擅山水，作品冷逸幽隽，以淡墨简笔写取神韵，名重一时。一生酷嗜访碑寻古，尤其是任职济宁时发现了山东嘉祥武氏祠，用接近现代考古学的科学方法发掘与就地原样保护，影响直至今日。翁方纲为撰写《重立武氏祠石记》，张伯英《法帖提要》中说：“任城，今济宁也。乾隆间黄小松官东河，遂居济宁，一时文士受其渐染，多有金石之好，故济宁虽僻地，恒有石墨善本。”他还在兖州、泰安、曲阜等地广泛调查金石碑刻。嘉庆元年（1796）九十月间，曾携拓工在河南开封、郑州、洛阳、卫辉及嵩山等地进行了一次访碑旅行，历时月余，得碑400余种，使很多古刻第一次进入学者的视野。黄易撰写《嵩洛访碑日记》《岱岩访古日记》等著作，又绘《嵩洛访碑图》和《岱岳访碑图》各24幅，其访碑传统亦延续至今。其金石学和书法成就得到时人和后人的称誉。黄易藏拓3000余种，多有佳本及前人未见之碑，每得佳本，多留下钤印、题跋等痕迹，是当时重要藏家之一。

国家图书馆收藏善本古籍中，写本类文献约占三分之一，以历代学者著作的稿、抄本为主，尤以明清学者未刊著作最为珍贵，其中《小蓬莱阁金石目》是黄易的金石拓本收藏目录，分《金目》和《石目》两部分，《金目》（馆藏号 16724）是稿本，1 册，61 叶 121 面，首题“小蓬莱阁金石目”，半叶 9 行，满行 24 字，黑口，四周单边，乌丝栏，单鱼尾，鱼尾下方书年代，书口下方书页码。外签题“三代至宋元金文目”，下钤“小松所得金石”白文方印，右边题“黄小松司马藏”。首页钤“宝汉堂”朱文长方印、“树镛之印”白文方印、“汉画室”白文方印，末页钤“韵初所得金石文字”白文方印。有清同治五年（1866）七月十六日沈树镛和民国十七年（1928）三月二十六日刘公鲁两段题跋。此书首题“小蓬莱阁金石目”，实际仅著录三代至宋金元时代金文，共 328 种，是黄小松所藏金文拓本目录，所收历代金文品目如下：三代 98 种、汉 127 种、魏 2 种、晋 4 种、北魏 2 种、北齐 2 种、隋 4 种、唐 38 种、后唐 1 种、后晋 1 种、后周 1 种、吴越 2 种、后吴 1 种、南汉 1 种、南唐 1 种、宋 14 种、金 8 种、元 21 种。《金目》以时间为序，前后著录体例一致，每一条目首行顶格书题名，题名下以小字说明各个部分的书体；次行低 3 字作释文，释文短者全录，过长者或节录起首数字，或简单说明年月、题名等重要信息；然后说明此本为何氏拓本，此器今藏何处以及拓本来源等信息；个别条目作者后加按语，极个别者有待补的空格。此目中铭文释文皆避清讳，如铜镜铭文中多“朱鸟玄武”“朱雀玄武”之类，黄小松皆录作“朱鸟元武”“朱雀元武”；另有与今日规范繁体字不同之写法，有些字小松直接写作简体，例如“器蓋”之“蓋”，小松皆写作“盖”。

稿本《石目》（馆藏号9270），1册，凡71叶139面，半叶9行，行21字，白口，四周单边，版心鱼尾下写朝代，下方刻“小蓬莱阁”印记。签题：“小蓬莱阁金石目。丙午二月上浣汇录于兰阳之快台。”首页钤“汉画室”白文方印、“孙星衍借观印”朱文长方印，末页钤“汉画室”印。尾隶书题“丙午六月四日孙星衍借观于中州节署”。是黄小松藏石刻拓片目录，亦以时间为序著录三代至唐石刻共536种。其中三代6种、秦4种、汉65种，钩摹汉碑8种、魏8种、吴4种、晋2种、前秦2种、梁5种、后魏28种、北齐15种、后周1种、隋19种、唐369种。《石目》亦每一条目顶格书题名，题名下小字说明各部分书体；次行低4字用“年号+年份”方式注明时间，仅到某年，不著日月；下空1格注撰书人及附属题名题记等，题名题记方式用“朝代+年号+年份或干支+责任人+责任方式”的方法，并注明原碑所在地或藏家、来源等；此本每一条目上有墨圈，部分条目又朱笔加点。

《小蓬莱阁金石目》的著录非常专业，钱大昕《小蓬莱阁金石文字》序曰：“海内研精金石文字与予先后定交者，盖廿余家，而嗜之笃、而鉴之精，则首推钱唐黄君秋盦。秋盦博极群书元元本本，于吉金乐石尤寝食依之。虽簿书络绎，车马殆烦，偶有小暇，启囊橐而亲摩挲焉。每遇古搨秘本，解衣付质库易之，自谓千驷万乘无以尚也。”对黄易在金石学上的勤奋用心和所取得成就给予了充分肯定。可惜黄易不喜著述，无心汇集文稿，即便诗词，亦往往“兴到偶成，旋即弃去，并未汇成一册，以故存者绝少”。黄氏金石题跋很多，国家图书馆藏黄易题跋，笔者与冀亚平老师整理了《国家图书馆藏拓中的黄易题跋述略》，此外还有分布于各个公私藏家拓本上的题跋。黄氏题跋的辑录，此前仅见其女黄润（字芳六）辑录黄易遗稿，分诗草、词草和题跋三部分，黄润曾孙李汝谦整理出版，即后来收入《续修四库全书》集部的《秋盦遗稿》，收录题跋26款，除古籍善本和绘画等跋，最多的就是金石题跋，有15款之多。作为金石大家，黄易留下的著作不多，有《小蓬莱阁诗草》《小蓬莱阁词草》《小蓬莱剩稿》《黄易丁巳随录手稿》《小蓬莱阁印谱》《小蓬莱阁印存》《秋影庵主印谱》《嵩洛访碑日记》《岱岩访古日记》《秋盦遗稿》《小蓬莱阁金石文字》《小蓬莱阁金石目》《黄小松辑释吉金拓本》《丰润古鼎考》《嵩洛访碑图》《岱麓访碑图》及《修武梁祠堂纪略》《武梁祠画像三跋》等传世。以上著作仍不能全面表现黄易在金石学上的成就，搜集和整理其已刊未刊稿，是近年来学界的一个热点。《小蓬莱阁金石目》的整理和出版，是对黄易金石学成果的一大补充（图2），对清代金石学和当代收藏皆有裨益，也会给研究黄易的学者提供更加丰富的资料，是有益学林的一件好事，也希望借此目录的整理起到抛砖引玉的作用，带动更多图书馆在基础业务工作的前提下，编辑和整理出更多更好的目录来服务大众。

图2 《小蓬莱阁金石目》

二、《中国国家图书馆善本碑帖综录》的整理与出版

国家图书馆金石拓片藏品中最受瞩目的是善本碑帖，包括宋元旧拓、初拓精品、稀见拓本、各类小件器皿的集拓等，馆藏善拓类藏品总计700余种；另有思适斋主人顾

广圻、五百经幢馆主人叶昌炽、饮冰室主人梁启超、四当斋主章钰和铁如意斋主缪继珊5位名家的碑帖专藏，总计6732种11201件；此外尚有端方、陆和九、周希丁、李根源等未建立专藏的名家旧藏拓本，皆有一定数量；法帖和金文拓本中，初拓、名家旧拓也有一定数量的收藏；以上共同构成了国家图书馆的善本碑帖，具有很高的文物价值。善本碑帖除拓本本身年代较早，最有价值的是历代学者、收藏家和鉴赏家书写在拓本上的题跋。据统计，馆藏各类拓本中有题跋者凡800余人3000余款，这些题跋或注明石刻所在地、责任者及原刻和翻刻沿革，或详述古刻的访求、发现及拓本来源，或考订版本优劣，或正经补史，或考辨真伪，或品味书法，或评论文章，皆为具孤本性质的一手资料，具有不可替代的文献价值。

对馆藏善本碑帖的题跋进行整理出版，金石组前贤们一直都在做，已经出版的有王敏先生整理的《北京图书馆藏善拓题跋辑录》、冀亚平与贾双喜等整理的《梁启超题跋墨迹书法集》以及冀亚平辑录的《国家图书馆章钰藏拓题跋集录》。《北京图书馆藏善拓题跋辑录》1990年4月由文物出版社出版，收善本碑帖135种，手书上版，只有题跋文字，没有图版；《梁启超题跋墨迹书法集》1995年3月由荣宝斋出版社出版，收录馆藏梁启超碑帖题跋124种、图版128幅，并附梁氏旧藏碑帖目录；《国家图书馆章钰藏拓题跋集录》2008年11月由国家图书馆出版社出版，收录2124件章钰旧藏拓本题跋题签、194幅图版，并附章钰旧藏拓本目录。以上各书自出版之日起即受到广泛好评，第一种时代较早，一直没有再版，后两种皆单人题跋辑录，不能完全满足人们的需求，整理和公布馆藏金石拓本题跋，已经成了摆在眼前的任务。

“中国善本碑帖综录系列”项目正是在这个时代背景下适时启动，这是上海书画出版社2010年开始与国内各大金石拓本公藏机构合作整理的一个重大项目，该项目旨在以各馆藏机构为单位，整理和出版该馆善本碑帖，让学界了解国内善本碑帖的总体收藏情况，是善本碑帖专题著录性工具书。项目启动后，国家图书馆就开始了以冀亚平老师为主的选目工作。该书最初的选择标准是有题跋之善本碑帖，故初选拟做品种目录，即每种碑帖选择一件馆藏最佳本，所以将馆藏同一碑帖的不同拓本反复排比，最后确定一个版本。最初选目工作完成之后，确定了89种，在每种拓本的首尾两开、考据字所在页和所有题签、题跋文字页夹条拍照，按照原碑的刊刻年代分别由我和袁玉红、谢辉根据拓本影像释录、标点题跋文字，撰写提要；完成释录再打印出来，由冀亚平和我分别进行校对，将校对意见写在纸本上；释录者根据校对纸本对自己释录部分进行修改，修改稿打印出来再进行第二次校对，释录者第二次修改，如此反复校对三遍；2012年冀亚平老师退休，到2015年还进行过一次完整的校对工作；后续应出版社的要求，陆续增加了一部分有题跋的副本和无题跋的善本，此后的所有校对和增补、修改说明文字工作由我完成。

本书的文字部分主要包括两方面的内容，一方面是客观著录，包括题名、说明文字。题名采用碑刻编目规范题名，括注“藏家 + 版本 + 索书号”。每种碑帖前都有说明，包括两部分。一是介绍碑帖原刻信息，包括碑刻的俗称、别名，存佚情况，刻立时间，原刻地点和现存地点，责任者，以及碑刻行款、后人附刻等。其中刻立时间包括朝代、年号、纪年（用阿拉伯数字括注公元纪年）、月、日以及立、刻、葬等具体信息；地点包括刻立石地点和现藏地点，无可考者阙如，用现行行政区划说明，包括省（直辖市、自治区）、市（区、县）和碑刻所在具体地点（如某寺、某博物馆）三个层级；责任者包括撰文者、书写者（含书丹者、篆额、题盖及书体形式）和镌刻者；只著录墓志行款，用阿拉伯数字“××行，行××字”表示。一是拓本的信息，包括尺寸、数量、年代（用“×拓本”或“×字未损本”等方式说明）、类型、装潢形式、收藏沿革等信息，同时著录拓本的类型、数量、装潢形式等信息，割裱本说明行款和开数；拓本尺寸只计算着墨部分，先竖后横，以高、宽加阿拉伯数字加“厘米”表示；拓本收藏沿革的说明包括收藏人、题签、题跋、观款、绘图、钤印等。说明文字的撰写除客观著录，还有对馆藏版本的主观判断，基本以前辈们所确定版本年代为主，编者据历代著录核对版本，参考张彦生《善本碑帖录》、张伯英《法帖提要》、容庚《丛帖目》、马子云和施安昌《碑帖鉴定》、王壮弘《增补校碑随笔》、仲威《中国碑刻鉴别图典》以及《中国书法全集》《法帖全集》等著作进行具体说明。另一方面是题跋释录。这部分是工作的重点，也是难点，一是数量巨大，二是题跋者笔迹各体皆备，辨认草书、大篆和识别不规范字迹是最大的难点，每次校对都有大量的修改。有几通题跋，好几位同事在不同时间都做过释读，个别字也曾经向草书名家请教，依旧无法解决所有的问题，最后只能阙如以待后贤。即使经历了编者的多次校改和编辑的如炬法眼，也无法保证没有错误。因为本书只做题跋的释录，而篆隶古碑的释文和图版都不收；题跋释文使用标准繁体字，专有名词可酌用异体字，文字以照录原稿为原则，输入法中无法显示的碑别字用图片方式粘贴到文档中。为避免文中书名号过多，跋文中碑帖名称和书名简称一律不使用书名号。

《中国国家图书馆善本碑帖综录》的编纂按藏品分为碑刻和法帖两类，全书收善本碑帖 135 种，包括碑刻 99 种、法帖 36 种，皆以刊刻时间为序。全书分上下两册，包括碑刻卷、法帖卷和题跋释文卷三大部分。前两卷包括提要和图版，题跋释文卷对所有题跋进行了释读和现代标点。《中国国家图书馆善本碑帖综录》是“十三五国家重点图书出版规划项目”和“国家出版基金项目”，历经 10 年的整理，终于于 2020 年年底出版，使读者得以了解国内外收藏拓本最多的国家图书馆的善本碑帖收藏情况，同时对梳理中国国家图书馆馆藏善本碑帖具有重要意义，这是国家图书馆首次对馆藏善本碑帖的系统性公布，包括高清图版约 2000 张。该书体例严谨、表述规范、信息全面、内容权威，能够将题跋和拓本海量书影公诸众人，以飨读者，助力善本碑帖的研究。书虽成于众手，但由我最终汇校。自知浅陋，尚望方家不吝赐教，以补缺憾。

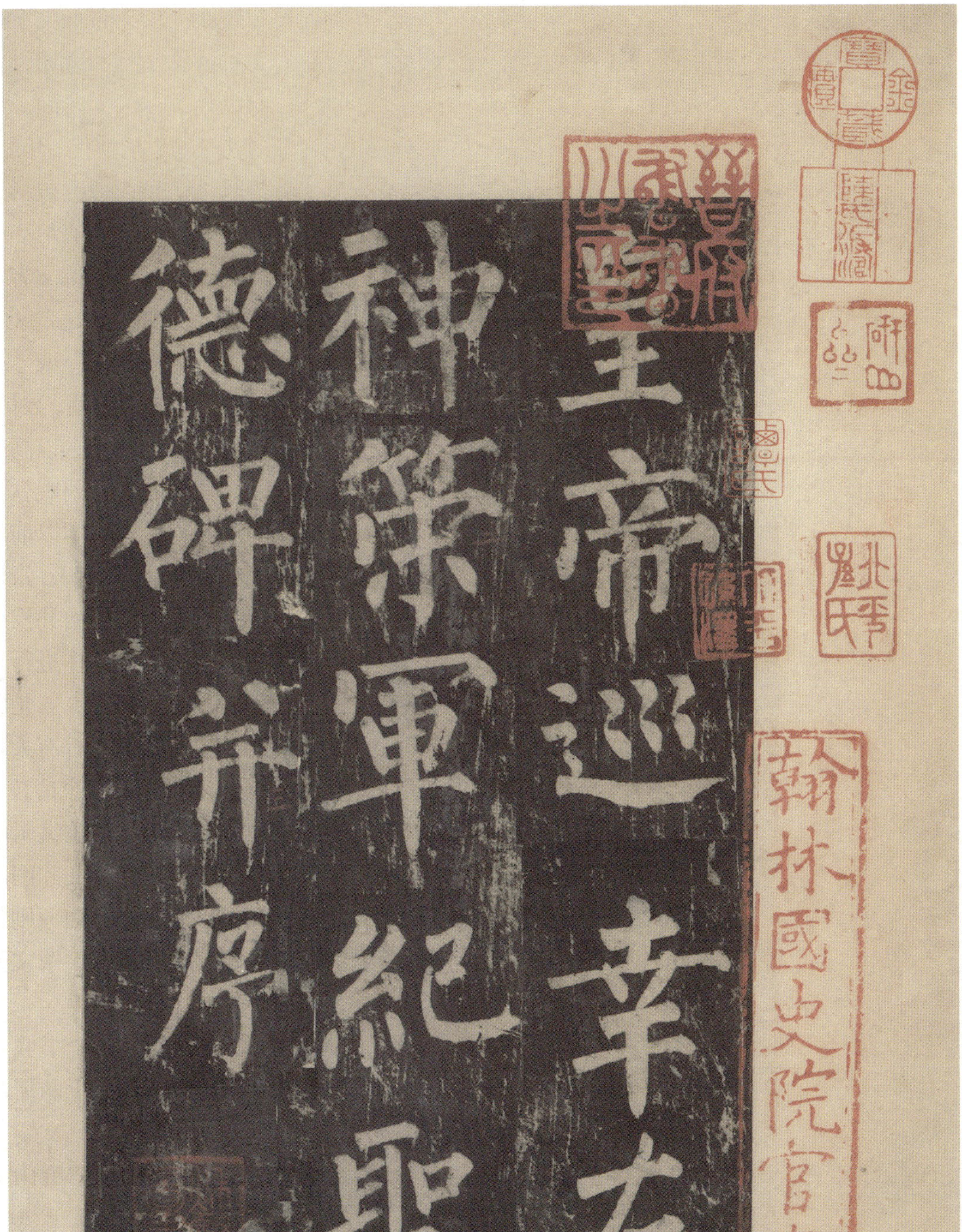

图3 《神策军碑》(一)

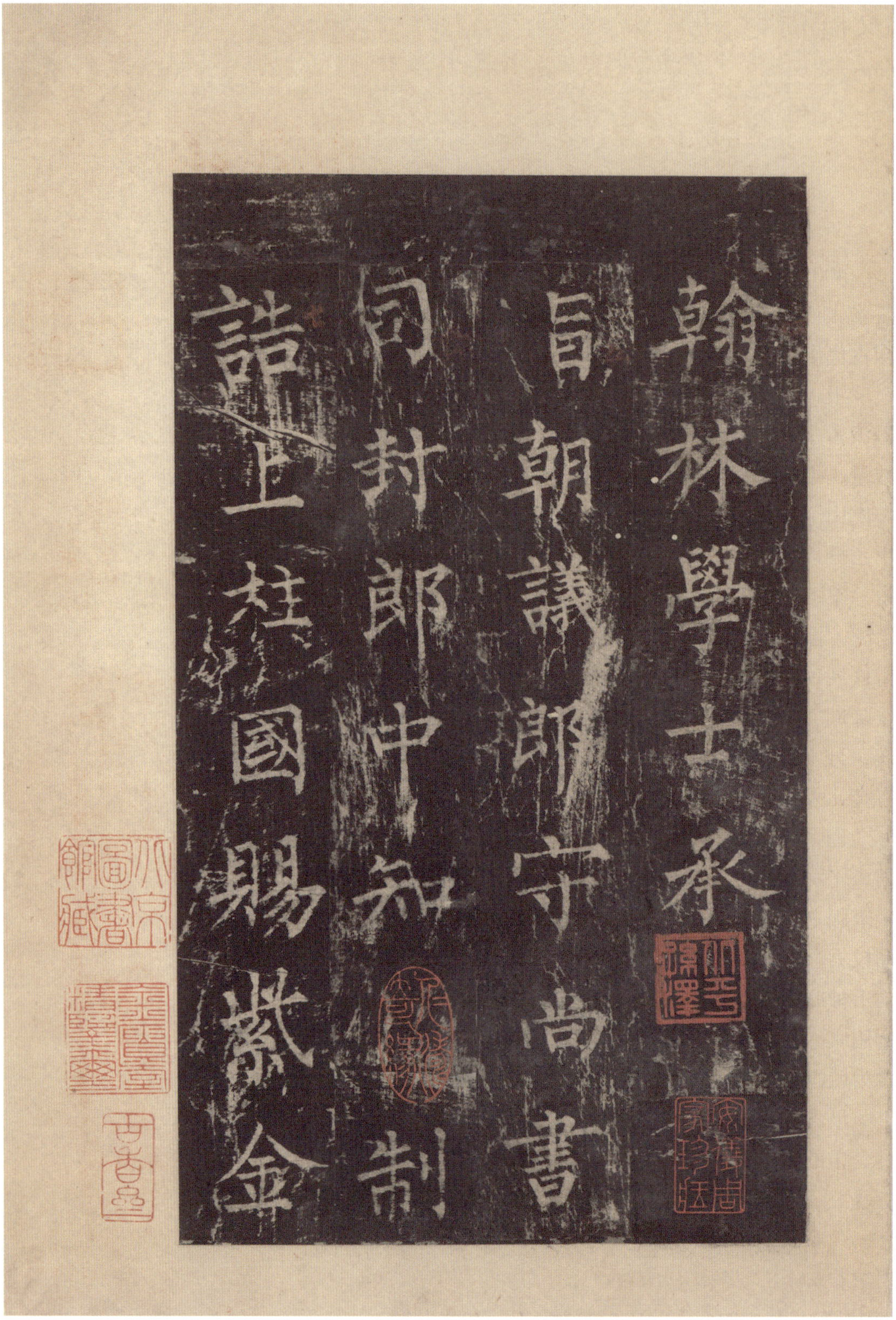

图4 《神策军碑》(二)

汲古得修绠　开怀畅远襟
——国家图书馆藏汲古阁抄本概说

□　陈红彦　国家图书馆古籍馆

400年前的毛氏汲古阁，为常熟的藏书楼和刻书机构，因雕版印书质量高、珍藏秘笈量大质优、精校与影宋元本多闻名享誉当时，亦因文化传播的功绩名垂后世，在中国古代出版史和藏书史上有着显著的地位。

汲古阁主人毛晋（1599—1659），原名凤苞，字子久，后改字子晋，号潜在，别号汲古主人。常熟人。毛晋酷爱藏书，钟爱宋本，一遇宋本便不惜重金购置。藏书的数量，据清叶德辉《书林清话》记载，有七八千部，8.4万余册。王咸曾应毛晋之托作《虞山毛氏汲古阁图》，图上题："子晋社主结藏书阁于隐湖之滨，颜曰汲古。次以甲乙分以四库，非宋元绣梓不在列焉。牙签玉题，风至则琅琅有声也。予寓读湖斋遂盈一纪，所得于翻阅者迨半。"

"汲古"之名，据与毛晋同时的赵士春考证，出自唐韩愈《秋怀》诗中的"汲古得修绠，开怀畅远襟"，汲古阁中广聚宋元旧刻与名家抄稿本及明代善本，据毛晋好友陈瑚（1613—1675）《为毛潜在隐居乞言小传》描述："其制上下三楹，始于子讫亥，分十二架，中藏四库及释道两藏，皆南北宋内府所遗，纸理缜滑，墨光腾剡。又有金元人本，多好事家所未见。"

毛晋因藏书而刻书，以广流传，其刻书规模相当大，据记载："汲古阁后有楼九间，多藏书板，楼下两廊及前后，俱为刻书匠所居。"毛晋刻书多用宋刻本作底本，许多宋版书因翻刻而保存下来。毛晋注重校勘，不仅自己校勘，而且延请著名学者到汲古阁校书。汲古阁精刻精印之书，向为版本学家、藏书家所津津乐道。十三经、十七史、六十种曲等成为后世最为通行的读本，影响深远。因毛晋影刻之宋元本，之后若干年其所用底本又多有散亡，所以毛晋实际保存下来的许多是宋元本的原貌，加之精刻精印，素为后世研习版本、收藏古籍者所重。据统计，汲古阁刻书数量超过900种。

汲古阁刻书外，最受后世藏家和学者看重的是汲古阁抄本，习称"毛抄"，特别是其中的影宋、影元、影明抄本最为珍贵，因保留原本面貌被称为"下真迹一等"，备受藏家和学术界重视。毛晋及其子侄、僮仆均擅长抄书。据统计，汲古阁抄书580种，国家图书馆古籍馆樊长远据已公布目录统计，现存世毛抄本共有180余部，国家图书馆有80余部。第一至五批《国家珍贵古籍名录图录》等辑录毛抄本共161种，附毛抄本配补成帙的宋元本11种。抄稿本又是毛晋藏书的一大特色。汲古阁藏抄本，据统计或在260种左右，目前可知存世约100种。

国家图书馆古籍馆和北京大学出版社共同遴选出国家图书馆藏毛抄本和汲古阁旧藏抄本，共84部，其中影抄本22部，汇编成48册《国家图书馆藏汲古阁钞本丛书》，已经出版。

其中所收汲古阁旧藏明抄本刘禹锡的文集《刘宾客文集》。四库馆臣评价刘禹锡："其古文则恣肆博辩于昌黎柳州之外，自为轨辙……其诗则含蓄不足而精锐有余，气骨亦在元白之上。可与杜牧相颉颃而诗尤矫出。"刘禹锡对宋诗影响颇大，刘克庄《后村诗话》乃称其诗多感慨，偶有闲婉之风。刘禹锡的诗文在中国诗歌史乃至文学史上有重要的地位。

《刘宾客文集》最早见录于陈振孙《直斋书录解题》，原本四十卷，宋初佚其十卷，后礼部学士宋次道裒其遗诗407篇、杂文22篇为外集。明曾有刊本为杂文二十卷，诗十卷，独外集世罕流传，藏书家珍为秘籍。后纂修《四库全书》时，扬州所进为毛晋汲古阁所藏抄本，《四库全书总目提要》称其"纸墨精好，犹从宋刻影写，谨合为一编，著之于录，用还其卷目之旧焉"。此明抄本校者不一，据《双鉴楼善本书目》，此书先经毛晋据宋本校订，后经藏园先生傅增湘校订。后为汲古阁、傅增湘等名家递藏。

明嘉靖四十三年（1564）钱穀抄《南唐书》十八卷，为陆游所著。陆游一生勤于笔耕，著述颇丰，诗词文成就颇高。其诗语言平易晓畅、爱国热情饱满，对后世影响深远；其词采众家之长，以慷慨雄浑之作为佳，宋人刘克庄谓其词"激昂慷慨者，稼轩不能过"；其文兼善众体，构思奇巧，文笔精纯。此书前有元赵世延所撰《南唐书序》，正文前三卷为南唐三主本纪，后十五卷为列传；卷末附嘉靖二十九年（1550）王穀祥跋、钱穀跋；后为戚光所撰《南唐书音释》。陈振孙《直斋书录解题》称此书"采获诸书，颇有史法"，毛晋赞"陆独遒迈，得史迁家法"，四库馆臣亦称其"简核有法"，且他本"均不及陆游重修之本"。

此书自撰成至今，历代皆有刻印、传抄，惜宋元本早佚。钱氏抄本为现存最早版本。

所收《虞山毛氏汲古阁图》为王咸所绘。原画纵28.9厘米，横41.4厘米。绢本，设色。明崇祯十五年（1642）绘。轴纵264厘米，横70.5厘米，纸本。清钱大昕题额，画四周有朱照廉、何元锡、段玉裁、陈廷庆、吴凌云、善（一说华）冠、王人作、唐仲冕、陈鸿寿、李福、李锐、邵琭、魏樱、黄丕烈、钮树玉、瞿中溶、袁廷梼、夏文焘、顾广圻、孙衡、顾莼、戈襄、胡观、钱大昭、汤文隽、钱绎、钱侗、邢澍、潘孝曾、潘睎曾、陈文述、徐渭仁、韩崇、杨文荪、何士祁、李盛铎等清代、民国时期文人雅士题诗（图1）。

图1 《虞山毛氏汲古阁图》

王咸（1591—？），字与公，号拙庵。长洲（今属江苏苏州市）人，毛晋之友，擅画山水，有沈石田（周）画意。此画上王咸题曰："壬午秋，子晋出鹅溪素绢，命予作图，因绘此以赠，并系一诗，聊补点染之未备云尔。"诗曰："杰阁閟深树，不许凡庸跻。藏书比石室，一一函绡绨。甲乙列四库，古香溢标题。居恒每共登，鱼亥相雠稽。推窗眄绿野，瓜畴接粳畦。百城真自雄，丙夜吹青藜。为君写其照，东壁光应齐。"

王咸诗画，从内容到用韵，对后来众人的题诗都有明显影响。王咸所画背景为隐湖，画面上山石嵯峨，中有楼阁，室中插架颇盈。画成后150余年，瞿中溶购得此画。瞿得此画后，欣喜万分，命人重装，并遍请当时名流为之题跋。从钱大昕题"虞山毛氏汲古阁图"起，后经30余人陆续题跋。瞿中溶后，此画辗转为徐渭仁收藏。徐渭仁得到此画后，亦请文友题诗，故在众人题跋的最下端，不仅有徐渭仁的题诗，还有韩崇、杨文荪的题诗。徐渭仁之后，此画曾为著名藏书家李盛铎收藏，后转入银行家许汉卿手中，许氏在1938年请人重装。

钱大昕"虞山毛氏汲古阁图"题名旁，有"祁阳陈澄中藏书记"一印。陈澄中（1894—1978），名清华，字澄中，喜藏书，尤嗜好宋元善本，其藏书量大质精，与周叔弢并称"南陈北周"。1949年前后，陈氏携珍籍离沪赴港，1956年、1965年两次因生计出售藏书，在周恩来总理的亲自关怀下，其珍籍均由国家购得，拨国家图书馆庋藏，《虞山毛氏汲古阁图》为其中之一。

见多识广的黄丕烈在题诗中叹道："积书大小酉，杳渺无由跻。汲古富藏弆，囊盛多绿绨。高阁嗟已废，云烟仰榱题。幸有此图画，门径犹可稽。宾主互赏析，讲习如分畦。遗卷偶逸获，照读思然藜。至今藏书者，谁能与之齐？"汲古阁刻书与藏书的地位，为历代学者和藏书家特别珍视此画的原因之一，而名人的手迹使得画卷更显珍贵。

丛书中还有一种《班马字类补遗》五卷，为宋娄机撰，宋李曾伯补遗。清初毛氏汲古阁影宋抄本（图2）。

娄机（1133—1212），字彦发，浙江嘉兴人。《宋史》有传。著有《班马字类》二卷、《汉隶字源》六卷、《广干禄字书》五卷等。李曾伯（1198—1265），字长孺，号可斋。覃怀（今属河南焦作市）人。《宋史》有传。

《班马字类》因当时《汉书》多假借，古文又时用偏旁，音释各异，而班固之书多写司马迁之旧，便取《史记正义》《索隐》《集韵》等书订正古字，以求音义便利读者。李曾伯的《补遗》则是对《班马字类》的查遗补缺。

《汲古阁珍藏秘本书目》无《班马字类补遗》之目，不知其据以影抄之宋本详情。但对其摹写之精，后世无异词。书曾藏涵芬楼，张元济《涵芬楼烬余书录》将其定为毛扆手笔，并称："《爱日精庐藏书志》云：'传本绝稀，藏书家几无有知其名者。'况此为精钞名校乎，是可宝已。"

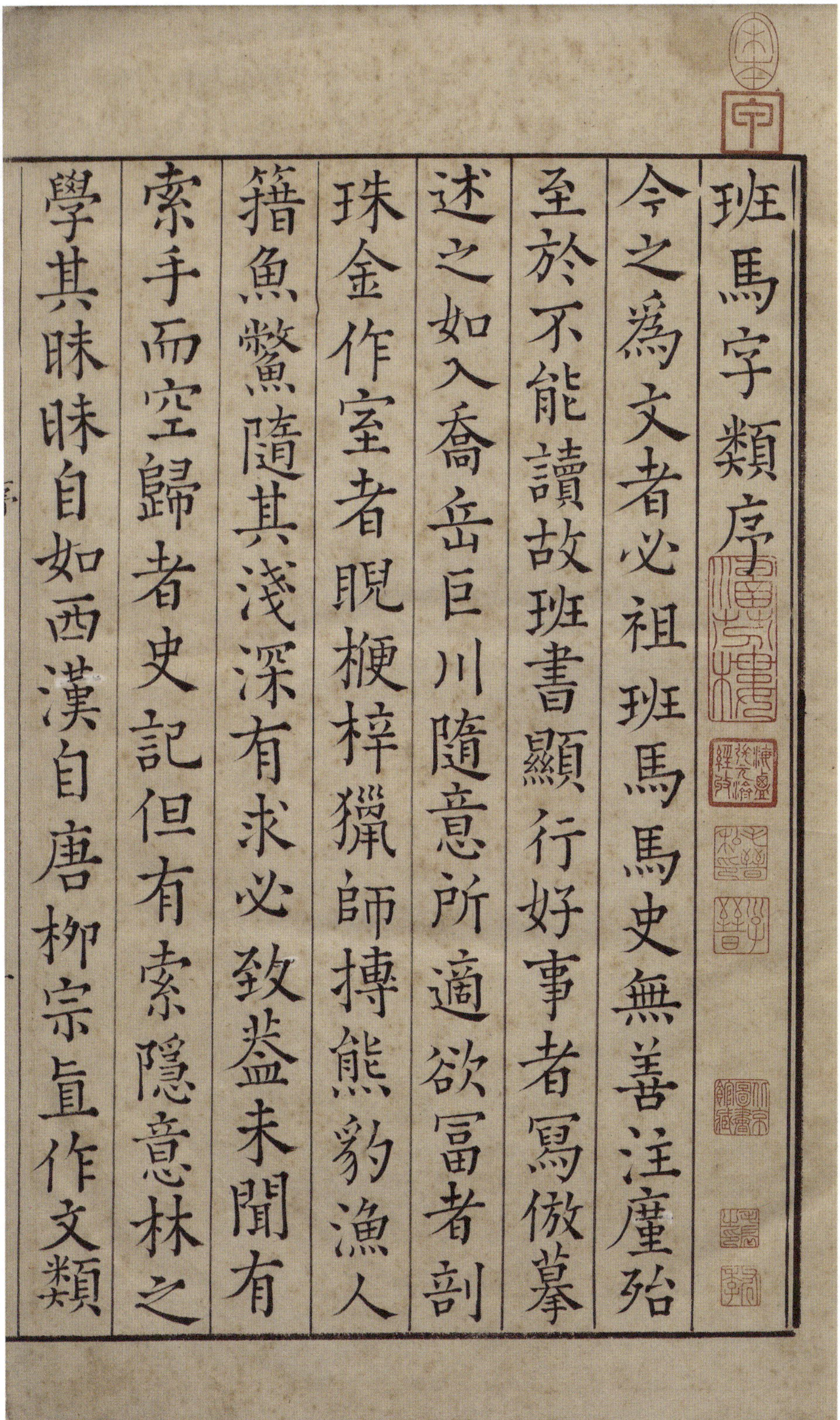
班馬字類序
今之爲文者必祖班馬馬史無善注寖殆
至於不能讀故班書顯行好事者寫倣摹
述之如入喬岳巨川隨意所適欲富者剖
珠金作室者覗梗梓獵師搏熊豹漁人
簎魚鱉隨其淺深有求必致葢未聞有
索手而空歸者史記但有索隱意林之
學其昧昧自如西漢自唐柳宗直作文類

图2　毛氏汲古阁影宋抄本《班马字类补遗》

丛书中还收有《绝妙好词》七卷，为宋周密辑。清初毛氏汲古阁抄本（图3）。朱祖谋跋。

周密（1232—1298）生平撰述甚多，《绝妙好词》为周密晚年所辑南宋人词集，始于张孝祥，终于仇远，大体按时代先后排列，凡收录131家381首作品。清初朱彝尊评曰："虽未全醇，然中多俊语，方诸《草堂》所录，雅俗殊分。"（《书绝妙好词后》）厉鹗则推为"词家之准的"（《绝妙好词笺》）。

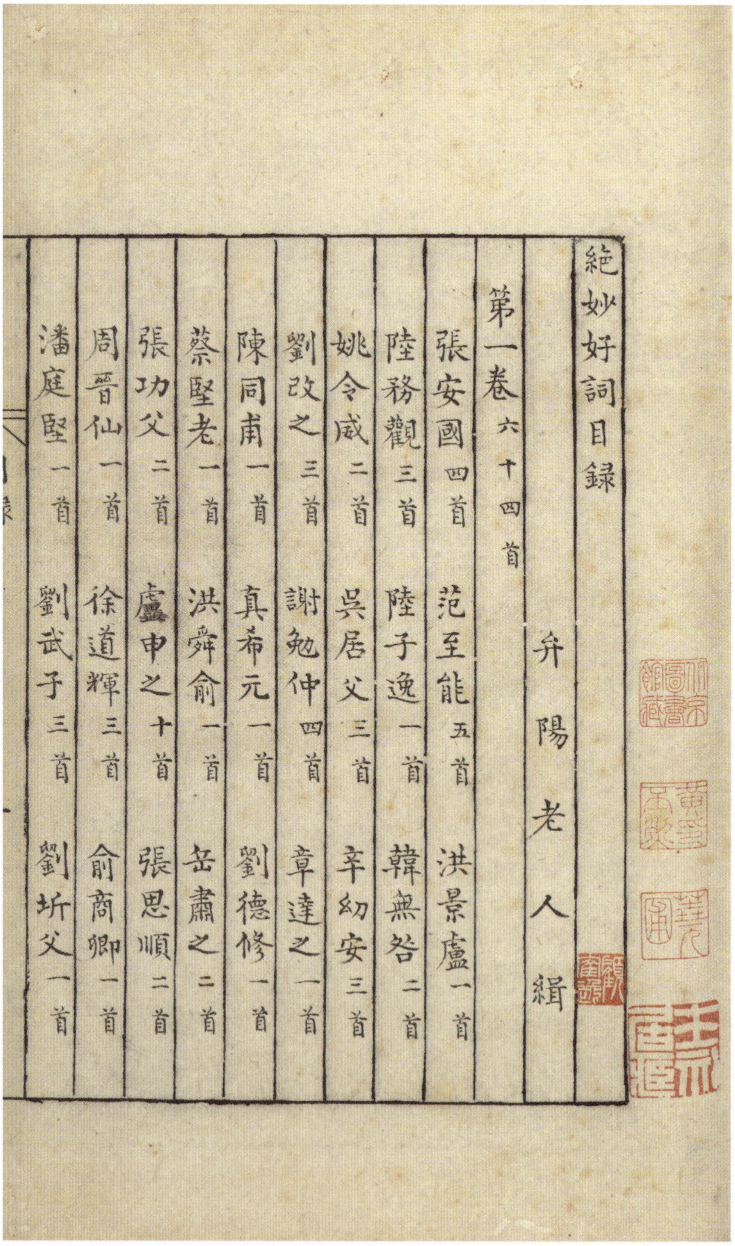
絶妙好詞目録
弁陽老人緝
第一卷六十四首
張安國四首 范至能五首 洪景盧一首
陸務觀三首 陸子逸一首 韓無咎二首
姚令威二首 吳居父三首 辛幼安三首
劉改之三首 謝勉仲四首 章達之一首
陳同甫一首 真希元一首 劉德修一首
蔡堅老一首 洪舜俞一首 岳肅之二首
張功父二首 盧申之十首 張思順二首
周晉仙一首 徐道輝三首 俞商卿一首
潘庭堅一首 劉武子三首 劉圻父一首

图3 《绝妙好词》目录

是书编于宋末元初，当时已称罕见，曾经刊刻，但流传稀少。元明两代一度湮没无闻，清初始见记载。《读书敏求记》卷四著录钱曾述古堂藏抄本《弁阳老人绝妙词选》七卷，云："弁阳老人选此词，总目后又有目录，卷中词人大半予所未晓者。其选录精允，清言秀句，层见叠出，诚词家之南董也。此本又经前辈细勘批阅，姓氏下皆朱标其出处里第，展玩之，心目了然。"康熙二十三年（1684），钱曾族婿柯煜将述古堂藏本过录1部，于次年刊行，是为小幔亭本，此书始有刻本流传。其后清吟堂、小瓶庐诸刻本皆用柯氏书版改头换面印行。此抄本在传世《绝妙好词》中时代为最早。

丛书中还有清初毛氏汲古阁影宋抄本《汉上易传》十一卷，宋朱震撰，附《汉上先生履历》一卷。

朱震（1072—1138），字子发，世称汉上先生，北宋徽宗政和（1111—1118）间进士。南宋高宗时，官至翰林学士兼资善堂翊善。与胡安国、赵鼎等同学交好，并受其荐，进讲经筵。政治思想继承二程传统，崇复三代，反对新法。哲学思想则相沿两汉，以象数学为宗。《宋史》有传。

朱震经学深醇，他认为东汉前，易学保持象数学原貌，三国以降，王弼、钟会则扫汉儒之说，杂以庄、老，专尚文辞，使"天人之道"分割，故作《汉上易传》正之。表现出其对宋代易学的传承授受了如指掌，故以程颐《易传》为宗，和会邵雍、张载之论，并博采汉至北宋诸儒易说，而成《汉上易传》十一卷，旨在于使久被分割的"天人之道"离而复合。

《四库全书》所收此书，有朱氏《进书表》。《郡斋读书志》《直斋书录解题》《宋史·艺文志》均有著录。

此书有宋刻本行世，为半叶10行，行21字，白口，左右双边。藏国家图书馆，然仅存卷三至十一。此汲古阁影宋抄本，行款与现存宋版同，卷帙无缺。影写极精，经汲古阁、韩泰华、袁寒云、张元济等递藏后入藏国家图书馆。王国维在《传书堂藏书志》中称此书："精雅绝伦，三百年来未经名人收藏，诚罕觏之秘籍矣。"从版本价值讲可谓"下宋本一等"，文献独全，研究价值高，非常珍贵。

再如明末毛氏汲古阁抄唐李中撰《碧云集》三卷，李中（生卒年不详），字有中，江西九江人，郡望陇西。唐末第进士，仕南唐，为新淦、淦阳、吉水三县令，终水部郎中。《唐才子传》有传。

李中自编诗集《碧云集》，收诗300多篇，多为酬唱之作。曾有宋元刻本流传。黄丕烈曾藏宋临安府陈宅书籍铺刻《碧云集》三卷；毛氏汲古阁刻《唐人八家诗》之《碧云集》三卷，以元本为底本；清康熙四十一年（1702）席氏琴川书屋刻《唐人百家诗》之《碧云集》三卷，序称以宋本为底本。然毛刻、席刻所据底本，今皆未见流传。

此明末毛氏汲古阁据元本抄录并经毛晋手校，书首、书末副叶各有黄丕烈跋1则，黄丕烈云："此毛氏抄本，又为子晋手校。卷中朱笔校字、跋中墨笔增字皆其手迹也。"此本曾为清黄丕烈、顾锡麒、赵宗建收藏。民国间为陈清华收得，钤"祁阳陈澄中藏书记"。2004年入藏国家图书馆。

上述种种，包含着珍贵古籍的传承脉络，也是鲜活的古籍中的故事。我们希望这部书能为学界提供更多的珍贵文献资料，也为古书收藏者提供参考资料，更为读者对毛抄本和毛藏抄本进行研究及写本学研究提供新资料。希望此书出版起到的作用，恰如汲古阁得名的"汲古得修绠，开怀畅远襟"。

千里江山　万里图卷
——《中国国家图书馆藏山川名胜舆图集成》的出版

□　任昳霏　国家图书馆古籍馆

形象画法是中国古代绘制地图最常见的方法。以形象画法绘制的地图，见山画山，见水画水，城池、村落散布在山水之间，颇具艺术气息。与实测地图相比，形象画法的地图起源时间更早，表现地形地貌更直观，因此成为中国古代地图的主流。西晋年间，制图学家裴秀总结了以往制图经验，提出地图绘制的基本理论——“制图六体”。在此基础上，计里画方的画法逐渐在传统地图中流传下来。计里画方地图比形象画法地图更为精确，但图上地理要素的标绘采用抽象的符号来表示，缺少了山水意境的表达。形象画法比实测画法更容易实现山水意境，于是，在传统制图理论形成之后的漫长岁月里，形象画法仍然是传统地图最常用的绘图方法。传统形象画法的地图大都以水系为脉络。历史上，如果河流水系发生变化，山脉就成为地图绘制中除水系之外最重要的参照。无论是城池村落的分布，还是道路走向、区划分界，都以水系、山脉为地理参照物。正因为山与水在传统地图中如此重要，所以流传至今的大部分政区图、综合地理图中，山水几乎成为标配。与此同时，以山水为主题的古代地图，还形成了一个专门的地图类别——山川地图。

国家图书馆是国内古旧舆图的主要收藏单位，保存了大量的明清山川名胜地图。2021年4月，国家图书馆与上海师范大学联合整理编著的大型地图图录《中国国家图书馆藏山川名胜舆图集成》（全十卷），由上海书画出版社正式出版。这部图书是国家社科基金重大项目“中国国家图书馆藏山川名胜舆图整理与研究”的阶段性成果，汇集国家图书馆山川名胜地图74种100多幅（册）。本次出版成书的山川名胜地图，大都首次以全貌公之于众。全书按照主题分卷编纂，分为川图卷、山图卷和名胜卷。其中，川图卷包括长江、黄河、运河、湖泊及其他川图5类；山图卷包括五岳、佛教名山、道教名山和其他山岳4类；名胜卷包括皇家园林、私家园林及其他名胜古迹3类。在分类的基础上，地图排序以绘制年代先后为依据。每幅地图均附有相应的文字介绍，说明地图版本信息、绘图背景等基本情况。

《中国国家图书馆藏山川名胜舆图集成》通过图文对照的展示形式，将地图的基本信息一一考证，把地图置于当时绘图的历史背景之中去考察，试图为读者查阅地图提供有价值的参考。然而，由于地图保留下来的线索有限，并不是每幅地图的版本信息和历史背景都能准确判断出来。因此，此次大规模地全面展现山川地图的全貌，旨在为学术界提供一手的直观的地图资料，供更多的学者共享。由于山川地图在发展过程中受到传统山水画的影响，除特定的地理要素，山川名胜地图同山水画一样，具有强烈的人文性。文人雅士流连在名山大川之中，自然与人文因素相结合，形成了图中有诗、图中有画、图中有意的特点。山川名胜地图直观地展现了名山大川的人文意境，也保存了特定时代背景下的历史事件和地图思想。由于传统手绘地图涉及地域广大，绘制极为不易，流传至今的古代地图，基本上都属于明清时期。此次出版的山川名胜地图，时间跨度上起金代，下至民国。在单幅地图考证清晰的情况下，全书按时间先后排序，还可以展示不同类别地图的源流谱系和发展脉络。此外，《中国国家图书馆藏山川名胜舆图集成》将山川地图与相关文字记载相对应，有关地图版本流传和历史背景才能更加形象立体地展现出来。

《中国国家图书馆藏山川名胜舆图集成》所选地图具有丰富性、系统性和珍贵性的特点，代表古代山川名胜地图的绘图水平。以山川名胜为主题的大型地图集公开出版，填补了古旧专题舆图出版研究的空白，也为中国历史地理学、地图学等学科理论建设奠定了资料基础。当我们试图解读地图、了解地图背后的历史时，经常发现，无论是以山川河流为主题的山川地图，还是以传统形象画法绘制的其他门类地图，都涉及历史、地理、考古、艺术等多学科的知识内容。很难想象，笔画千里，山河意境洋洋洒洒地布满幅面，我们却对地图本身知之甚少。因此，有关山川地图的多学科交叉研究势在必行。《中国国家图书馆藏山川名胜舆图集成》展示的地图全貌，是古地图多学科交叉研究的基础资料。

国家图书馆作为此次出版山川地图的收藏单位，负责整理、考证版本、数字化等基础工作。为此，图书馆人每天沉浸在故纸堆中，重复做着考证地图版本、编制书目数据、整理地图书库、更换地图装具等工作。山川地图基本是采用传统形象画法绘制而成，大都缺少最基本的版本信息。这为图书馆的地图整理工作带来极大困难，也无法为读者提供有效的资料获取信息。经过几个月的考证，书中涉及的大部分地图，著录信息都逐渐清晰。由于国家图书馆藏古旧地图数量庞大，针对每幅地图的考证工作仍然十分艰巨。今天，开放的图书馆将曾经秘不示人的古旧地图陆续展示出来，供更多的人观览研究。读者与文献的距离拉近了，需求也提高了。作为负责地图整理研究的图书馆人，我们希望当读者看到这部《中国国家图书馆藏山川名胜舆图集成》时，会获得一些有价值的线索，让更多的人更有兴趣关注和了解古代地图。这就是我们工作的意义，我们将为此继续努力。

从佉卢字到满文
——《国家图书馆藏民族文字古籍丛书》出版

□ 萨仁高娃 国家图书馆古籍馆

中国是统一的多民族国家，各民族共同创造了灿烂辉煌的多元一体文化，极大丰富了祖国文化遗产宝库。作为记录和传承民族传统文化的重要载体，民族文字古籍是中华文化遗产宝库中的瑰宝，具有重要的文物、文献、文字价值，值得我们去保护、传承、弘扬。

110余年来，国家图书馆的古籍特藏建设始终坚持我国各民族文化交流交融、多元一体的特点，这在馆藏结构上得到了充分体现。从甲骨到近现代名家手稿的近300万册件宏富古籍特藏中，涵盖各种民族文字古籍达35000余册件。早在1909年，清政府筹建京师图书馆时，将内阁大库40余箱满文典籍拨交图书馆，后来殖边学堂又赠送了四五箱满蒙文图书，从此开启了我馆收藏民族文字图书的先河。1929年秋，我馆不惜重金购入一批西夏文献，成为国内收藏西夏文文献最多的机构。1932年，设立满蒙藏文编目室，加强了少数民族语文文献的收集整理工作。抗日战争期间，马学良、万斯年先生收集了数量颇丰、价值极高的东巴文、哥巴文、彝文等西南文献。20世纪30至50年代，在于道泉、彭色丹喇嘛和李德启先生的努力下，我馆先后采集了大量的藏文、满文和蒙古文文献，约占我馆民族文字古籍的三分之二。近年，我馆又征集了多部藏文、蒙古文、彝文古籍；分六批购藏的西域文献中，其中佉卢文、于阗文、粟特文文献，填补了我馆收藏空白。2015年，我馆在西夏文专家的大力支持下，购得一批西夏文献，内容丰富，形态繁多，甚至部分文献为首次发现，极具文献、文物价值。2020年，经社会捐赠，入藏明丽江版藏文《甘珠尔》一函、清北京版藏文《甘珠尔》一函、铜版藏文《般若波罗蜜多八千颂》一函，馆藏少数民族文字古籍藏量不断丰富，质量不断提升。国务院颁布的第一至五批《国家珍贵古籍名录》中，我馆藏民族文字古籍共入选128部，占所入选少数民族文字古籍的12%。

馆藏少数民族文字古籍文种丰富，早至公元3世纪的佉卢文，晚至清代的满文，以及其间先后使用的焉耆-龟兹文、于阗文、粟特文、藏文、突厥文、回鹘文、契丹文、女真文、西夏文、蒙古文、八思巴文、察合台文、彝文、傣文、东巴文、水文等，几乎包括了历史上曾用过或现在仍使用的民族文字，全方位反映现存民族文字古籍概貌。

党和国家历来重视少数民族古籍传承，持续开展我国的少数民族古籍整理工作。

2019年7月16日，习近平总书记在内蒙古大学图书馆蒙古文古籍展览室考察时，强调要加强对蒙古文古籍的搜集、整理、保护，挖掘弘扬蕴含其中的民族团结进步思想内涵，激励各族人民共同团结奋斗、共同繁荣发展。这充分体现了党中央对少数民族文字古籍工作的高度重视，对少数民族文字古籍工作者是巨大的鼓舞和有力鞭策。2019年9月27日，习近平总书记在全国民族团结进步表彰大会上发表重要讲话，强调“我们灿烂的文化是各民族共同创造的。中华文化是各民族文化的集大成”，充分肯定“中华文化之所以如此精彩纷呈、博大精深，就在于它兼收并蓄的包容特性”。2020年10月，国家图书馆古籍馆整理编纂、北京大学出版社出版的《国家图书馆藏民族文字古籍丛书》，即是我们对民族文字古籍的整理与保护的重大成果。

全书从馆藏民族文字古籍中精心挑选各文种古籍珍本24部，涉及文种分别是佉卢字、焉耆-龟兹文、于阗文、粟特文、突厥文、藏文、回鹘文、西夏文、察合台文、契丹文、女真文、蒙古文、彝文、满文、东巴哥巴文、傣文、水文以及多文种合璧，其中蒙古文含回鹘式蒙古文、八思巴字、托忒蒙古文和近代蒙古文。多文种文献作为单文种收入时，为保证文献完整性，其余几种对照文种内容亦收入。每册次第及文种排序，以文字产生早晚为时间轴排序，但木简、木牍、拓片以及叶数较少的古籍，难以形成一册者，集中合于一册中；能够单独成册者，均独立成册，全书凡8册，以下简要介绍。

第一册为佉卢字木牍《元孟八年土地买卖楔印契约》、焉耆-龟兹文木牍《酒账》、于阗文8世纪写本《对治十五鬼护身符》、粟特文《封签》、唐宪宗元和九年（814）所刻《九姓回鹘毗伽可汗碑》拓片（汉文、粟特文、突厥文合璧）、明永乐九年（1411）刻藏文《圣妙吉祥真实名经》、回鹘文10世纪写本《大唐大慈恩寺三藏法师传》十卷（图1）、西夏文元活字印本《大方广佛华严经》八十卷、辽乾统元年（1101）刻契丹文《辽道宗耶律洪基哀册》拓片、金大安二年（1210）刻女真文《奥屯良弼饯饮题名跋》拓片。

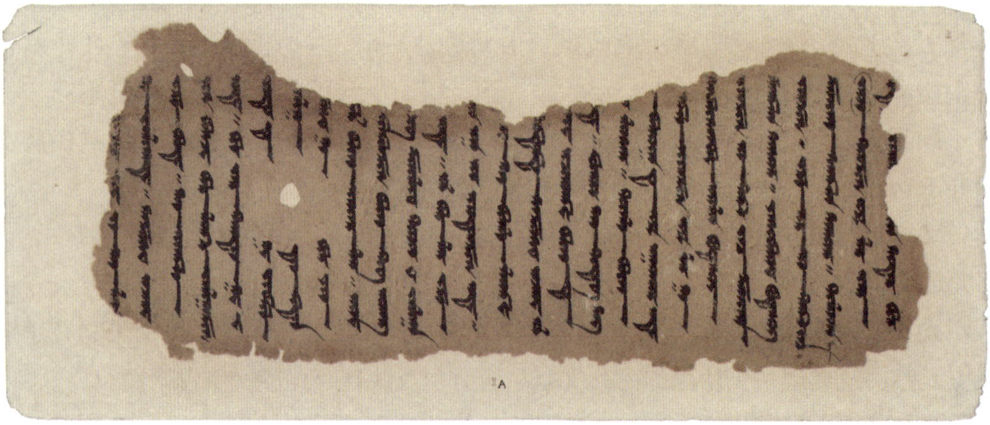

图1 回鹘文10世纪写本《大唐大慈恩寺三藏法师传》

第二册为明抄本回鹘式蒙古文《高昌馆课》。

第三册为清抄本八思巴文《译语》、元至元十三年（1276）刻八思巴文《安西王令旨碑》拓片、清乾隆二十年（1755）刻托忒蒙古文《平定准噶尔勒铭伊犁碑》拓片。

第四册为蒙古文清泥金写本《金光明最胜王经》（图2）。

图2　蒙古文清泥金写本《金光明最胜王经》

第五册为察合台文17世纪抄本《纳瓦依诗集》。

第六册为彝文明抄本《六部经书》、东巴文《创世经》、傣文贝叶经、水文《历法》、多文种合璧《优恤土尔扈特部众记碑》拓片和《圣妙吉祥真实名经》。

第七、八册为清顺治十二年（1655）刻本满文《御制资政要览》。

每部文献，均附简明提要，内容为文种介绍和该文献说明。为显示图片的完整性和清晰度，凡梵夹装书籍的图片，均横排，占据满页，与其说明文方向不尽一致。大幅拓片，附整图和切割图，切割图下以数字标注其顺序。

全书以高清图像展示现存少数民族文字珍贵古籍概貌。所选珍籍有木牍、贝叶经、拓片、磁青纸泥金写经等多种载体，卷轴装、梵夹装、经折装、线装等多种装帧形式，有信札、传记、诗集、纪事、历法、大小乘佛教经典等丰富内容，反映现存民族文字古籍各种形态，彰显祖国优秀传统文化的多元一体的文化特征和魅力。该书的出版，为学界提供珍贵资料的同时，通过经典可领会各民族灿烂厚重的文化积淀，祖国文化宝库的丰富多彩，亦可感受各民族团结融合的和谐氛围，对于保护民族文化遗产、传承民族文化基因、坚定民族文化自信具有重要意义。

数字化与复制

双向赋能：也谈国家图书馆古籍特藏文献的普及推广

□ 赵大莹 国家图书馆古籍馆

古籍特藏文献，是图书馆馆藏建设的重要特色，尤其以善本文献为代表的珍贵藏品，显示了一个民族文化的文脉传承。国家图书馆富藏珍贵古籍特藏295万余册件，多年来一直致力于用整理编目、保存修复、阅览展览、影印出版、数字化等不同的方式和渠道，传承与揭示馆藏古籍特藏文献资源。

2006年，国家图书馆发布了“全国古籍善本导航”系统，为古籍从业者和研究者提供古籍目录与馆藏的导航信息。2007年，国家图书馆开辟了“华夏记忆”频道，在馆网提供数字化的古籍特藏资源，发布古籍特藏文献的整理、研究、展览等成果，为古籍爱好者、从业者和研究者提供服务。2008年，国家图书馆加入了世界数字图书馆项目（World Digital Library，简称WDL），将古籍特藏文献以汉语等多语言向世界范围的公众用户推广。本文以语言文字主题资源为线索，回顾“华夏记忆”与世界数字图书馆项目的建设和发布情况，并结合新媒体技术发展，分析如何依托古籍数字化资源进行文创设计，以专业知识与最新科技双向赋能，助力古籍特藏文献的普及推广的实际效果与思考。

一、“华夏记忆”频道古籍特藏资源

“华夏记忆”的建设构想，2006年以前即已开始。笔者有幸参加了2006年善本部数字化小组关于此项目建设的部分讨论，如以“文津书院”为名建设主题网站，将各类馆藏古籍特藏文献汇聚一堂，提供藏品目录、资源库与数据库、展览讲座、业界通讯等信息，结合新的数字化技术，推进与用户互动的有效方式。最终，这个项

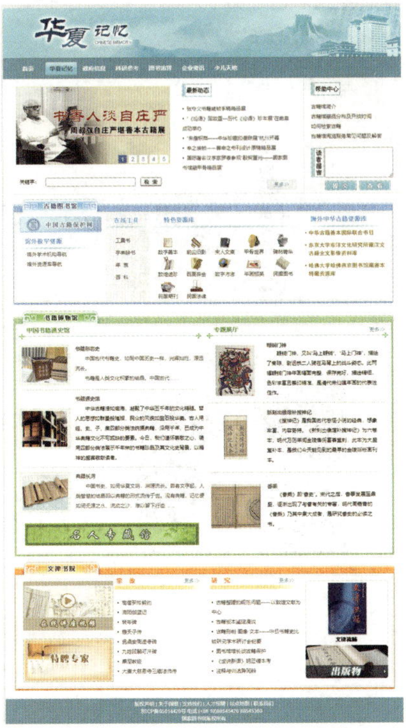

图1 “华夏记忆”频道首页

目选定“华夏记忆”为名，当时希望可以持续开展建设，以对标美国国会图书馆开展的“美国记忆”项目。

2007年，“华夏记忆”频道以二级页面的形式在国家图书馆网站发布。该页面有4大板块资源，包括新闻与互动、古籍图书馆、书籍博物馆、文津书院等（图1）。

新闻与互动板块在页面最上方，介绍以国家图书馆藏品为主的各类活动消息，还有为读者使用古籍特藏资源设置的“帮助中心”与留言板。

古籍图书馆板块，则以导航形式来介绍以古籍特藏为特色的馆外学术机构和各类资源库，提供工具书、字典辞书、年表、百科等在线工具。该板块还发布了国家图书馆古籍特藏数字化资源的专题资源库，包括“甲骨世界”“敦煌遗珍”“西夏碎金”“碑帖菁华”“数字善本”“数字方志”“宋人文集”等，既有书目数据库，也有全文影像资源库。对2006—2009年陆续启动建设的海外中华古籍特藏文献数字形式回归的数据，也分别以专题资源库的形式加以发布，包括：“中华古籍善本国际联合书目”，提供目录与卷端书影；“东京大学东洋文化研究所藏汉文古籍全文影像资料库”，提供以齐如山旧藏为主的古籍全文影像；“哈佛大学哈佛燕京图书馆藏善本特藏资源库”，提供古籍全文影像。

书籍博物馆板块，以书籍形态史、书籍通史馆、名人专藏馆与专题展厅三个部分提供不同的资源。书籍形态史，以线上展览的形式，介绍古代中国书籍史的发展轨迹，包括传统中国书籍的产生历史，从甲骨文与金石文献开始的早期书籍到春秋时期大量出现的正规书籍，其使用的不同文字、制作材料、页面版式、制作工艺，以及影响书籍制作进程和变革的重大事件等，不同书籍装帧的制作方式使用的材料和方法，呈现出的不同风格和特点，通过代表性精品，揭示这些书籍装帧形式之间的相互关系和演变规律。

书籍形态史中有专门内容介绍文字的产生与演变，从岩画到甲骨文、玉石器铭文，以及石刻文献的熹平石经和正始石经等。以实物与讲解结合的形式，介绍中国语言文字产生和演变的情况（图2）。

图2 书籍形态史栏目内的“文字的产生与演变”内容

专题展厅下则有三大栏目。第一个是最新展览，滚动推送已经举办的或正在举办的古籍特藏主题展览，包括周叔弢旧藏古籍善本主题展“书香人淡自庄严”“《永乐大典》特展”“敦煌旧影——晚清民国敦煌历史照片展”“朱痕集萃——中华珍藏印谱展”“蓝靛金箔——中国画·桑皮纸绘画作品展”等。每个展览的全部展板内容，都可以点开浏览（图3）。《永乐大典》特展中，专门介绍其“用韵以统字，用字以系事”的编纂方式，即以《洪武正韵》为纲，分列单字，每个单字下注有音韵训释，先注字音、释义，再列该字楷、篆、隶、草各类书体，最后分类汇辑各书中与该字有关的天文、地理、人事、名物以及诗词典故、杂艺等各项记载。每个单字的注释、引文中的书名、作者都用红字写出，醒目易读。用户能够借一个展板、一叶书影，一目了然，进而再去更有效率地利用《永乐大典》的文字与内容资源（图4）。

其他的在线展览，则可以在“编辑特选”部分找到（图5）。目前发布的展览包括“丝路文化互动与融摄的印记”“粟特人在中国”等27个专题展。其中，“册府琳琅·根脉相承——中华典籍与非物质文化遗产特展”中，展示了中华传统的“百工技艺”，包括“四大发明”中的造纸术，印刷术在内的笔、墨、纸、砚的形成与发展，特别是在典籍中的记载和图解，例如王祯《农书》里的“活字板韵轮图”、宋应星《天工开物》中的造纸方法插图，还展示了云南纳西族、新疆维吾尔族等的区域造纸特色。在金石篆刻技艺部分，介绍了以印章、印谱等为载体的技艺传承，特别展示了文字演变与书法艺术的形成过程，可以让用户借此领略中华文字与书法艺术的魅力。

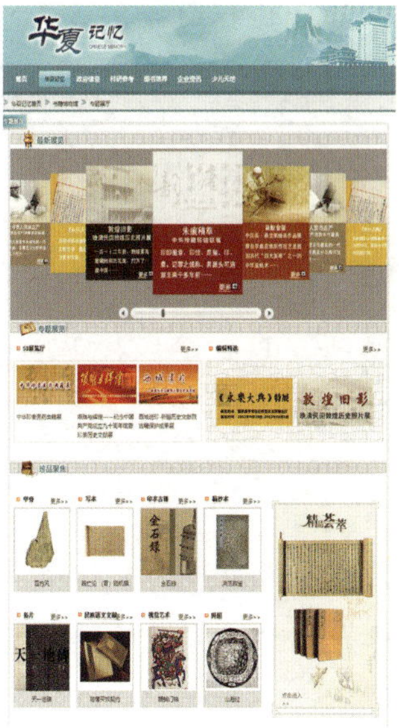

图3 专题展厅首页

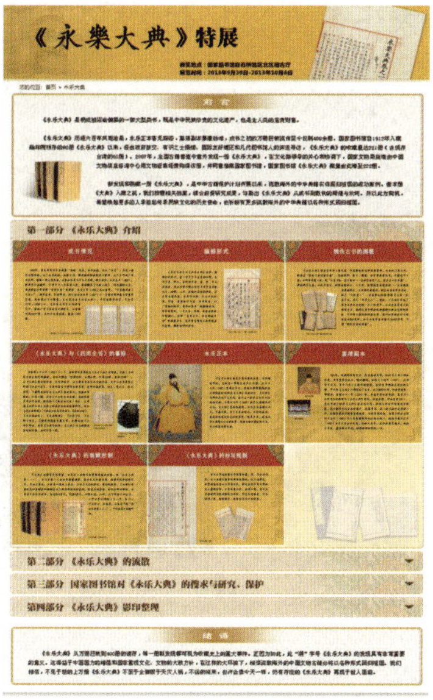

图4 《永乐大典》特展

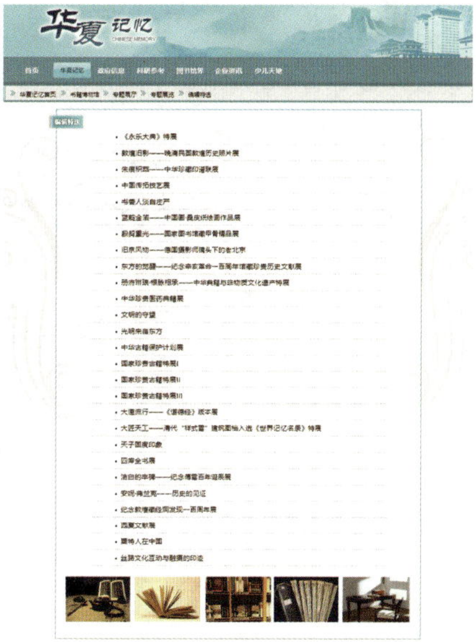

图5 编辑精选展览列表

5D展厅，发布了以三维立体展厅形式制作的展览资源7个，包括：（1）已入选第二批《国家珍贵古籍名录》中的4478种古籍中的300余种书影，展示了全国99家古籍收藏单位的珍贵文献；（2）“百年守望——国家图书馆特藏精品展”，为百年馆庆而隆重推出的纪念展览；（3）“百年记忆——国家图书馆馆史展”；（4）“从样式雷图档到数字圆明园展”，以数字形式复原“数字圆明园”的一期成果——九州清晏景区；（5）“西域遗珍——新疆历史文献暨古籍保护成果展”，展示多样化民族文献的独特性、包容性与共生发展；（6）“艰难与辉煌——纪念中国共产党成立九十周年馆藏珍贵历史文献展”，以馆藏近代名家手稿文献与新善本文献，展示了党的90年奋斗历程；（7）“中华珍贵医药典籍展”，将中华传统医药学（包含少数民族医药学）有关的馆藏古籍与特藏文献进行了展示，展现中华传统医药学的独特理论体系、显著的临床疗效、丰富的养生保健与防病治病方法。展品中包括入选《世界珍贵档案名录》的《黄帝内经》与《本草纲目》。5D展厅访问是免费的，但需要安装5D展览播放所需要的插件。

珍品聚焦，发布单品文献介绍的flash动画资源，其用户群主要是古籍爱好者，或者是中学以上对古籍特藏文献有兴趣的用户。发布的动画资源包括甲骨、写本、印本古籍、稿抄本、舆图、拓片、民族语文文献与视觉艺术几大类，每类下有一个或多个文献资源。在已发布的55种印本古籍中，有《龙龛手鉴》《英吉利国译语》《集古文韵》《说文解字》等4种语言文字类资源。已发布的民族语文文献资源里，有《希伯来字波斯语书信》1件。珍品聚焦栏目下，还有“精品荟萃”，同样是以flash动画的形式展示敦煌遗书、司马光手稿、《永乐大典》、《四库全书》、金石拓片与民族语文文献的部分经典资源（图6）。

图6 “精品荟萃”栏目

值得说明的是，珍品聚焦发布的资源中大部分藏品与发布在世界数字图书馆平台上的品种一致，但对资源的加工深度与展示方式并不相同。珍品聚焦，并不满足于单张图像的简单浏览，而是对文献资源进行更多的挖掘，以动画的形式介绍文献的形成过程、内容与影响。一些文献形成过程中的人、事、物的细节，也会在动画中呈现，激发用户的兴趣。当然，随着信息技术的进步，目前flash文件已经逐渐显得落后。在未来手机、平板等多终端用户日益增加的情况下，有必要对现有资源进行升级改造，这类普及型的文献资源，可以采用包括H5在内的多种新形式重新制作发布，以适应当下及一定时段内的用户需求。

第三个板块是文津书院，包括4个栏目。第一个栏目是专家讲座，包括特聘专家名录和在线讲座视频，可分别点击后浏览。在线讲座部分，可以按最新讲座、内容与专题进行分类浏览或在线观看。其中关于语言文字解读主题的有聂鸿音先生的《契丹小字的解读》和吴元丰先生的《满文与满文古籍文献》2场讲座。[①]第二个栏目是文献介绍与研究，包括掌故与研究。掌故大多数是图书馆古籍从业同仁撰写的小文章，包括“文津话旧”“藏品春秋”“沧海遗珠”几个子栏目。“藏品春秋”子栏目内《中古语言的化石——国家图书馆藏焉耆-龟兹语文献》《希伯来字波斯语书信》等关于语言

① 讲座收看网址：http://www.nlc.cn/newhxjy/wjsy/jzsp/nr/yywz/。

文字主题文献的介绍。所有文章可以按藏品类型和年代进行分类浏览。研究方面，包括古籍工作、古籍研究、古籍数字化、专著推荐几个子栏目。[①]

二、世界数字图书馆

世界数字图书馆（WDL）是由美国国会图书馆发起，在众多参与的国家和机构的共同协作下，由联合国教科文组织支持，建设的一个多语种世界历史文化遗产与知识的数字化资源库。WDL以免费的形式，在互联网上提供多语种的世界各地区各民族历史文化的经典原作，旨在促进国际文化之间的相互理解，永久保存人类优秀文化资源，对教育者、学者和公众提供服务。WDL的网址是http://www.wdl.org/，中文网址是http://www.wdl.org/zh/。目前已经发布193个国家和地区的19147种原始文献。在不同语言界面显示上，一些特选条目推送的资源有所不同，但统计数字和重点推荐的内容则一致（图7）。

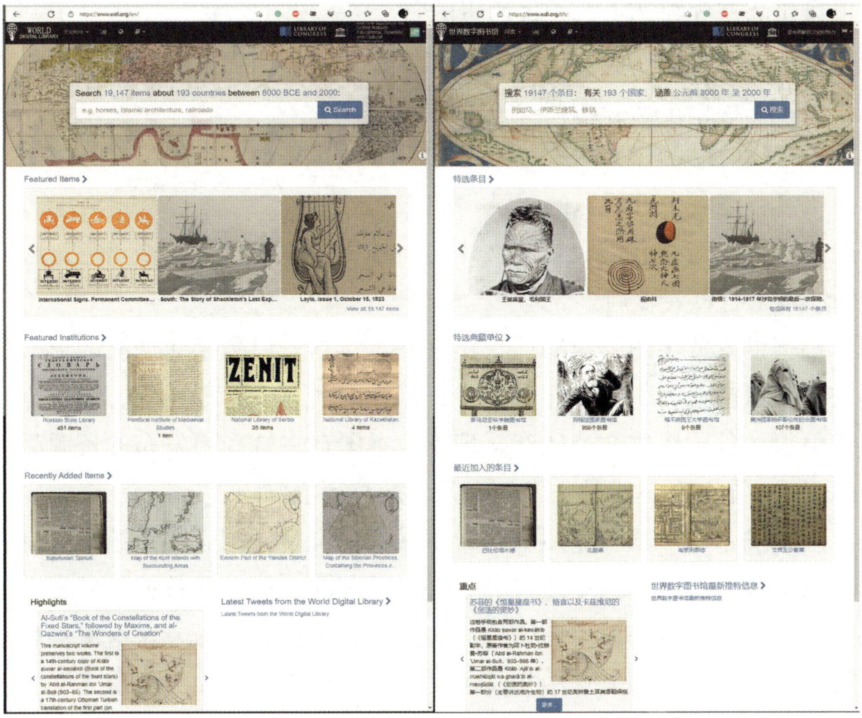

图7　世界数字图书馆网站首页（左为英文、右为中文）

世界数字馆的倡议源自2006年12月联合国教科文组织在美国国会图书馆组织召开的世界各国的专家组成员会议，目的是帮助部分发展中国家，以现代数字化技术手段

① 掌故栏目访问网址：http://www.nlc.cn/newhxjy/wjsy/zg/，研究栏目访问网址：http://www.nlc.cn/newhxjy/wjsy/yj/。

展示他们的历史文化宝藏，从而吸引更多用户，特别是年轻用户。2009年4月，世界数字图书馆网站正式开通服务。网站发布的资源包括手稿、珍本书籍、地图、乐谱、录音、电影、版画、照片、建筑图等类型，并分为哲学与心理学、宗教、社会科学、语言、自然科学与数学、应用技术、艺术/美术与装饰艺术、文学、历史与地理等专题，可以按类型、专题进行条目的浏览。在检索方面，可以通过关键词对地点、专题、典藏单位等检索，例如以“中国国家图书馆”作为关键词检索典藏单位，则可以发现有211个条目发布（图8）。

图8　WDL 网站典藏单位与发布条目示意图

作为项目第一批参加的成员馆，中国国家图书馆项目团队首先甄选了20种最珍贵的藏品，建议优先加工发布。在磨合过程中，因为选目、发布语言、预览审核等问题，与美国国会图书馆的项目负责人进行了多次讨论与争论。作为亲历者，笔者也有很深的感触。这几个问题都颇为关键，对于我们在本国文化的向外传播中要扮演什么角色，起到何种作用，如何保证效果有重要影响。

首先，根据世界数字图书馆的项目建设宗旨，它是以数字化产品的形式保存全人类最重要的文化遗产。在实际工作过程中，因为中西方视角的差异，导致资源建设选目常常发生争议。各国优秀文化遗产，理应由本国自主选择要发布的资源品种及其发布优先级，这是一个文化输出的主导权问题，是必须争取的。

其次，网站发布的中国国家图书馆的馆藏资源，中国国家图书馆需要有发布内容与发布语言的审核权。由于网站建设目标是多语言同步展示元数据、导航文本和网站内容，因此所有资源信息都要以母语、英文的双文本提交，由专家组审核后，再以英文为媒介语言翻译成阿拉伯文、中文、法文、葡萄牙文、俄文和西班牙文后发布。这个过程中最关键的是元数据的标注、翻译、审校问题。如果直译出来，往往会造成各种奇怪的错误，特别是专业术语出错，更会贻笑大方。例如“升平署”，曾被翻译成“和平办事处”。在项目开始的前3年，在没有建立标准化专业术语对照体系的前提下，以英文为中介进行机器翻译，频频出现类似问题。每次我们都是在网站发布后才能够发现各种问题，再逐字逐句地审校、标注，再反馈给美国方面，不断催促修改。

经过几年里的艰难沟通，最终美国方面同意中国国家图书馆对本馆资源的英文译文、回译后的中文进行审校后，才可在网站发布。虽然目前网站资源的中文描述仍有不尽如人意之处，但已经消除了基本的专业术语错误问题，一定程度上争取了国际交流中的中文描述话语权。

第三，文献资源的发布形式，如何才能更好地吸引用户？世界数字图书馆希望吸引年轻用户，在设计发布形式的时候，包括文献图片的内容浏览（png格式发布书影预览）和pdf格式的下载，提供资源介绍的音频（mp3格式）以照顾阅读障碍用户。这些方式展示内容，对从业者和研究者来说，可以接受，但缺乏普及推广的生动性，事实上对吸引年轻用户的作用有限。

第四，项目的可持续性问题。虽然有联合国教科文组织协助，但其实项目元数据和对象数据的采集经费都是成员馆自己负责，美国国会图书馆只负责平台维护和协调成员馆的交付数据发布问题，因此项目如何维持稳定、持续的发展，如何随着技术的进步而继续优化，已发布的数据如何长期保存，都是值得提前考虑的问题。然而，这个问题的解决方案，并不明确。2019年底，我们接到美国国会图书馆的通知，因为没有后续经费，项目不再继续开展。所幸我们自建数据的原始文件都在馆内提交了长期保存，才避免数据丢失的问题。所以可持续性项目，只有靠自己才能实现。

三、从产品布局到策略分析

从2007年“华夏记忆”频道开通，到2008年世界数字图书馆平台发布第一批资源，至今已有10余年的光景。无论是国内用户还是国际用户，在新技术的影响下，在使用习惯、需求方面都发生了重大的变化。以手机、平板终端为工具，配合多样化的笔记或编辑工具，来进行阅读或收听各类资源，往往成为用户的首选方式。现阶段，多平台、多渠道、多样化资源的便捷获取，精细化的运营方式，才能稳定既有用户并增加新用户。换言之，为用户准确画像，提供更精准的服务，依赖于不同平台的有效运行和管理，以产品为依托，分析用户从发现资源、开始互动到深度使用的情况，才能更好地实现宣传推广的目的。

对古籍特藏类藏品来说，这个工作更为不易。这些藏品在整个图书馆收藏的总量中只占小部分，例如中国国家图书馆的古籍特藏文献总量在整个馆藏量中只占8%[①]。古籍特藏类的研究一向被认为是小众和高冷的行业。所以这些藏品的宣传推广，目标

---

① 数据来源于中国国家图书馆发布的数据统计表《馆藏实体资源一览（截至2020年12月）》，网址：http://www.nlc.cn/dsb_zyyfw/wdtsg/dzzn/dsb_gtzy/（2021-10-12检索）。

用户一向是爱好者、从业者和研究者。2016年，自文化部号召图书馆业界开展文创产品开发，推广馆藏精品文献以来，国家图书馆作为第一批试点单位，在很多方面进行了尝试。古籍馆成立文创小组项目团队，立足既有数字化的馆藏资源进行创意设计，在新浪微博、微信公众号、豆瓣等多个渠道推送古籍特藏资源的多样化产品。在5年多的时间里，通过创意传播、产品开发、品牌定位与升级等方面，团队成员都加深了对古籍特藏类经典文献宣传普及工作的认识。我们不禁要重新思考，对于这类资源的整理、制作与发布、宣传，除了考虑“我们能做什么”“我们应做什么”的同时，是否要同时关注“用户需要什么”“如何引导和管理用户”呢？

首要面临的问题便是，基于已有“华夏记忆”和世界数字图书馆等平台资源，如何设定我们的用户目标？例如，我们的定位如果是一般用户，对古籍一知半解，有一点兴趣却不十分明白，那么如何将古籍特藏文献的研究成果，结合用户的兴趣点或当下的热点进行创意设计，使之愿意关注并深入下去？

我们可以用文字主题藏品的宣传推广来举个例子。2016年，国家图书馆古籍馆接收了财通证券股份有限公司通过中国古籍保护协会捐赠的赞助经费，用于新入藏的一批西夏文献中的残破卷子修复工作。西夏，对一般大众来说，本就是一个很神秘的存在；西夏文字，更是看似汉字，实不认识。国家图书馆在“华夏记忆”频道发布的“西夏碎金”资源库里有原件浏览和研究论著索引，但是普通用户往往无从下手。为此，文创小组由曹菁菁、朱默迪牵头，设计了西夏文字的帆布包，以年轻时尚的方式让西夏文字变得触手可及。从数字资源衍生出来的西夏包文创产品，在中国图书馆学会年会上做专门的产品发布，由主创团队讲解西夏与西夏文字的历史文化，受到了用户的好评。在2017年的北京国际书展（BIBF）上，一位参观者竟然为这个文创产品感动落泪，她一直抓着设计师的手说，她通过几个文字知道了更多的历史和文化知识，感觉特别有收获。这么多文化精品，要是都能普及给普通大众，是非常有意义的事！还有一位参观者是创业人士，见到西夏文字帆布包后大受启发，与古籍馆洽谈合作，将“读”字的西夏文开发成他们的会员纪念产品，独具特色且非常受会员和用户的好评。他的团队还带着新设计的西夏文创意产品登上了北京市电视台组织的文创产品节目。这样，西夏文字慢慢地吸引了更多人的关注，结合传统的展览与讲座方式，对这个特藏文献的宣传也起到了更好的作用。可以说，这个文创产品的定位，满足了用户对具有“神秘性”的西夏文献的深入了解和“独特性”衍生品的需求。

其次，结合现有技术，如何对既有资源进行更好的升级？比如用户定位、产品视觉、产品矩阵建设等。国家图书馆在新媒体服务方面，开发了掌上国图、互联网电视等服务形式，暂时还没有针对古籍特藏类文献的宣传推广进行升级调整。然而这也是技术发展和用户需求变化的未来趋势。

依然可以用两个例子来说明这个情况。2021年初，因为新冠疫情影响，全国人民响应国家号召，原地过年。在春节休假期间，为增加“年味儿”，提升幸福感，增加各自的用户量或平台流量，各个媒体、文博机构、文化公司等都在拼命做方案。国家图书馆与阅文集团合作，以历代书法家的手书“福”字为元素，依托馆藏文献精品，做成“福”字手机壁纸，在阅文集团旗下的起点中文网、腾讯阅读等app内推送给读者，送出了最具仪式感的新春祝福。2021年2月11日推出，截至2月22日，微博平台的阅读量已达1100万，话题量8306.8万，讨论量3.4万，媒体深度报道18篇。这些数据反映出这个产品受到了青年人的认可和喜爱。通过年轻人爱玩的“梗”，将《淳化阁帖·司州帖》中王羲之的手书福字，设计为“王的福”，既是英语谐音wonderful（极好的），又是王姓书家的墨迹，且为“书圣”作品，堪称“福中之王”。此外还有颜真卿、赵孟頫的作品，以及康熙、乾隆御笔，每个福字的字形均来源有据、版本上乘。新创作的设计，守正创新，不改原典味道。“王的福”设计外观，是传统四眼线装书特征，《四库全书》宫廷抄手写的“福”字，页面版式保留八行笺的感觉。国家图书馆与阅文集团联合宣传助力，在用户中产生了良好的裂变效应，活动关注度和流量都大为提升，实现了从文字到书法艺术的有效宣传推广。

图9　活动海报

如果说与阅文集团合作是为以手机阅读为主的用户群增加“趣味性”的汉语文字与书法艺术推广，那么接下来的另一个案例则是通过手机终端的技术更新提供更好的古籍阅读体验。

在世界读书日期间，国家图书馆与华为终端合作举办“智慧，穿阅千年”古籍阅读与古籍修复推广直播活动（图9）。活动的宗旨是吸引追求手机新产品的用户关注古籍阅读，助力古籍进入公众阅读，让今人了解古人的日常，连接穿越千年的华夏智慧。某款手机是一款折叠屏手机，刚好可以带给用户最接近实体翻书的阅读体验。高清扫描及加工后的古籍，在这个折叠屏上能够清晰完成的呈现，可以让用户近距离欣赏宋刻本《荀子》、元刻本《梦溪笔谈》，以及明刻本《天工开物》与《丸经》等记载古代文化、科技、运动休闲等日常生活内容的古籍珍本，感受到珍本古籍和当代科技之间穿越千年的相遇。在指尖触碰、指间翻阅过程中，用户能够体验到绵延不绝的中华文字所承载的国家与民族的文化基因。

其实“华夏记忆”的“掌故”栏目中，已经有文章介绍过古代的体育游戏的专著——《丸经》。但pdf格式纯文字的简要介绍，对于带有翻阅体验的“新鲜感”而言，则有些失色了。通过直播讲解与嘉宾领读，到用户亲身翻阅体验，阅读古籍的文字变得鲜活而有趣。这次直播活动在国家图书馆官方微博、国家图书馆微信视频号、华为终端官方微博、华为终端抖音号、腾讯视频、斗鱼等多个平台推出，其中微博直播播放量达346万余人次，腾讯视频在线观看量近121万人次，全平台直播观看量累计突破1000万人次。可以说，这个活动实现了“开屏有益、阅读赋能”的宗旨，拉进了传统古籍与新兴科技的距离。对于古籍特藏资源产品在非接触服务等领域的新发展、数字图书馆向智慧图书馆的转型，以及更加多元化应用场景和更大规模的受众引导来说，都是一次勇敢的尝试。

第三，细化用户群体，不能忽视音频服务。建设“耳朵里的古籍馆”，同样是古籍馆文创小组的努力目标之一。讲国家图书馆的四大专藏，讲《说文解字》等专业文献的同时，团队还与蜻蜓FM合作，推出了《伴随一生的古诗词》项目。该节目以人民教育出版社的中小学课本为基础，选择部分古诗文制作成系列音频产品。通过亲子互动、名家讲读等方式，将古诗词中的文字美、语言美、音韵美、意境美，呈现给广大用户。第一期节目共10集，节目上线一周后，播放量达4.8万次，登上蜻蜓新品节目排行榜前5名。优秀传统文化与汉语普通话的宣传推广，凭借这些音频节目，在更广泛的受众群体中得以实现。因此，充分挖掘既有资源，做更好的产品布局策略分析，并结合用户需求细化产品矩阵，持续完善古籍宣传的内容生态，才能够在创新服务方面更进一步。

以上，笔者以亲历的几个数字化项目和文创产品为例，对建设国家图书馆的古籍特藏资源数字化与文创产品的过程中涉及的用户定位、品牌打造与产品升级等几个方面引发的思考略加总结，若有不妥，敬请方家不吝赐正。

敦煌遗书数字化流程概述

□ 刘 婷 国家图书馆古籍馆

国际敦煌项目（The International Dunhuang Project，简称IDP）是旨在使敦煌及丝绸之路东段其他考古遗址出土的写本、绘画、纺织品等文物文献的信息和图像能在互联网上自由地获取，并通过教育与研究项目鼓励使用者利用这些资源的国际合作项目。[①]项目由大英图书馆发起，其他收藏机构以合作机构的方式参与，将所藏藏品以数字图像的方式通过IDP网站发布出来。中国国家图书馆于2001年3月加入国际敦煌项目，同年底成立数字化工作室，开展对馆藏敦煌遗书数字化的工作。IDP数字化工作室的基本工作主要分为两大部分，文献拍摄和图像处理、发布。

一、敦煌遗书的拍摄

（一）拍照的设备

IDP项目拍照使用的是玛米亚（Mamiya）数码相机，照明设备为三基色柔光灯。[②]玛米亚相机为中画幅相机，搭载了飞思数码后背，成像更加细致清晰；而三基色柔光灯的光线柔和、色彩还原率高，尤其是灯管的表面温度低，属于冷光源，非常适合古籍文献的拍摄。

（二）拍摄写卷的定名

IDP项目发布的敦煌写卷正反两面都会拍摄，一般按内容会分为三种：写卷的正面名称为R1，背面名称为VB，还有一些写卷的背面也有文字，这些有字的部分单拍，定名为V1。

（三）拍照后的文件转换

拍摄完成后的图像需要用相应软件进行处理，IDP项目使用的是丹麦的飞思数码后背公司开发的CAPTURE ONE软件。CAPTURE ONE功能强大，可以对数码相机拍摄出来的图像进行RAW图像格式的转换。通过CAPTURE ONE会把拍摄完的原始图像转换成两种存储大小的数据：第一种8bit图像数据，分辨率为300dpi，图像大小为15MB左右，这就是后续需要进行图像处理的数据；第二种是16bit图像数据，分辨

① 国际敦煌项目中文官网：http://idp.nlc.cn。

② 乌心怡：《古籍拓片及舆图数字摄影解析》，《图书馆学刊》2014年第8期，第116—118页。

率也是300dpi，每幅图像大小为480MB左右。需要转换的是写卷正面和背面有字部分的单拍，另外是背面无字部分的图像数据，也是8bit，分辨率300dpi，每幅图像大小为240MB左右。除8bit、15MB大小的图像数据，其他数据后续不做任何处理，直接用于永久保存。[①]

二、敦煌遗书的图像处理

（一）图像处理的硬件和软件

IDP工作室使用的图像处理硬件设备是苹果电脑和Wacom数位板。IDP项目进行的20年间，硬件设备历经几次更新换代，现在的版本为苹果iMac21.5英寸一体机和Wacom的Intuos5数位板。Wacom第五代（PTH-650）新推出的有支持直觉式输入的多指触控功能和快捷功能等，有效地提高了工作效率，使用起来也更为便捷。

软件使用的是Adobe Photoshop，简称“PS”，Photoshop的版本有很多，最早的Photoshop版本为1—8，2003年PS8更名为“Adobe Photoshop CS”，直到2013年又推出了Photoshop CC，取代了Adobe CS系列的最后一个版本Photoshop CS6。目前的最新版本为Adobe Photoshop 2021。Photoshop作为一款图像处理软件，功能强大，使用方式智能多样，便于应用，IDP的所有图像处理过程都是运用该软件完成的。

（二）图像处理的流程

1.单拍图像处理

单拍的图像处理主要是抠图，Photoshop的抠图方式有很多，这里主要用的是两种方法，Photoshop3之前可以使用“抽出”，Photoshop3之后取消了“抽出”，则可以使用“边缘调整”。

（1）方法一

①图像抽出：首先，打开需要处理的图像，选择“滤镜”下拉栏的“抽出”选项，进入“抽出”界面，勾选“智能高光显示”，然后将图像放大，选择“边缘高光器工具”，使用高光器工具沿写卷边缘描画。过程中一旦出现错误，可用“橡皮擦工具”进行修改。描画完整后，选择“填充工具”，在需要保留的图像上点按，这时选取的内容就会变为紫色，然后可按“确定”取出图像并退出此界面。

---

① 乌心怡：《国家图书馆敦煌文献数字化概述》，《山东图书馆学刊》2011年第4期，第88—89页。

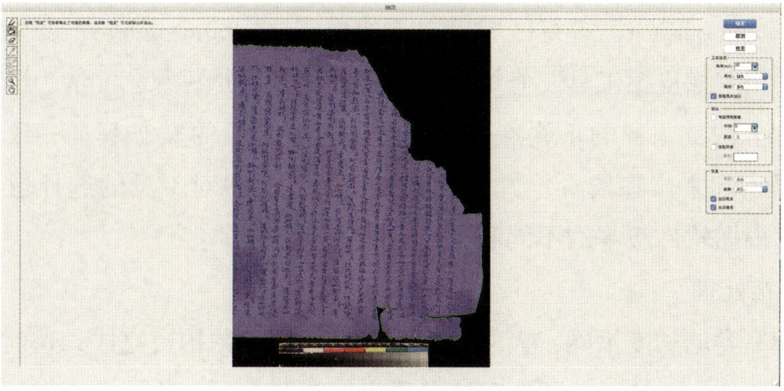

图1　图像抽出界面

②设立背景图层：在已有的“图层0”的基础上创建一个新图层“图层1”，并将“图层1”下拉至“图层0”下方，并使用“command+delete”快捷键将图层颜色设为黑色，成为单拍图像的背景。

③图像修整：将图像适量放大，使用“橡皮擦工具”对图像的边缘进行修饰，去掉多余的部分（此处应注意一定是在“图层0”上进行修整）。

④添加标尺及存储图像：将标尺拖拽至图像下方黑色背景处，左右上下移动至合适位置，最后将图像保存。至此，单拍图像的制作处理便全部完成了。

（2）方法二

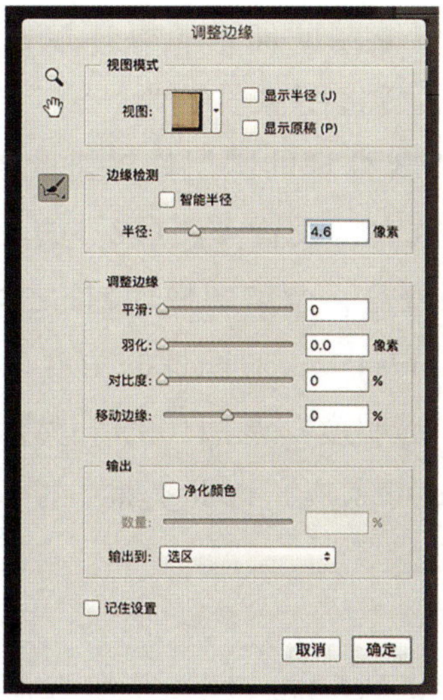

图2　调整边缘界面

①打开图像，选取需要保留的内容（可以使用“套索”或者“矩形工具”），点击“属性面板”右侧的“调整边缘”，打开“边缘调整”窗口后，用“画笔工具”或“橡皮擦工具”调整需要抠图的区域，其间可适当增大“边缘半径”，完成后点击“确定”。

②“command+shfit+i”进行区域反选，使用“command+delete”变为黑色背景，再放大图像，并用“橡皮擦工具”修饰边缘部分，最后添加标尺。

方法一和方法二主要的不同点就是抠图部分，之后的操作基本一致。方法一更为细致，具体操作起来步骤较少；方法二更加智能，其中对工具的选择也更具多样性。图像处理时可根据软件版本的不同和工作习惯进行选择。

2.图像拼接处理

由于敦煌写卷的长度不同，大多数写卷无法仅用单拍拍摄完成，这时就需要对拍摄完的写卷进行拼接。拼接后的图像存储名称为“ST”。而一些写卷比较长，拍摄的拍数过多，无法拼接为一个完整的长图，则可制作多个拼接图，一般情况下10—15拍制作为一个拼接图，另存为ST1、ST2、ST3……以此类推，直至整个写卷全部拼接完成。[①]

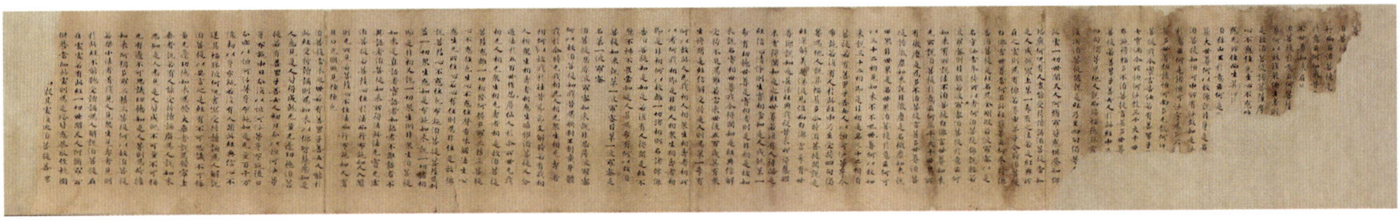

图3 敦煌写卷连接图

（1）图像拼接

用Photoshop软件打开第一拍，点击“图像”下拉选项“画布大小”，点击“定位”右边第二个箭头，并将图像宽度加长（具体数值可根据写卷长度不同进行调整），把背景设置为黑色，然后将图像另存为“ST”，这是英文单词Stitched（拼接）的缩写。将下一拍图像需要处理的图层拖拽进此图像中，后来的图像在工具栏中会成为“图层2”，将图像放大，设置“图层2”的不透明度为60%左右，找到2拍之间的重复处，用“图层2”覆盖，调整图像使2拍之间边缘、文字对齐。此处可使用“自由变换”命令（command+t），对图像的角度、方向等进行缩放，使2拍的上下边缘重合处对齐，再把“不透明度”调回100%，然后用“橡皮擦工具”将2拍之间的连接痕迹擦去，图像拼接就可完成。以此类推，之后的每一拍都同样处理，直至这一拼接图完成。

（2）图像色差调整

由于受拍照时的环境等因素的影响，同一写卷前后内容也可能出现色差，这就需要对图像的颜色进行调整，尤其在进行图像缀合时，图像色差的调整可以使整个连接图看起来更加和谐统一。点击需要处理的图层，选择“图像”→“调整”→“曲线”（或者快捷键“command+m”），弹出“曲线”界面，界面中的“通道”有RGB、

① 乌心怡：《国家图书馆敦煌文献数字化图像梳理技术探要》，《图书馆学刊》2011年第4期，第118—121页。

红、绿、蓝几个可调整内容，对应下方的线条。根据图像的色差，先选择“通道”中要调整的内容，然后滑动下方的线条，直至颜色调整完毕，点击“确定”。

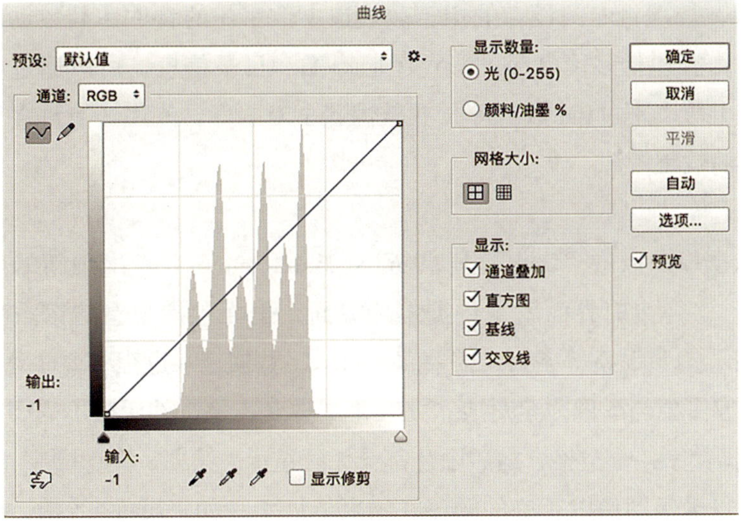

图4 “曲线”界面截屏

3.图像批处理

处理后的图像为TIF格式，容量为30MB左右，这样的图像仍然过大，不能直接上传到数据库，否则会造成网站打开速度变慢等问题，因此需要将图像转换成JPG格式。如果一步一步进行操作的话，大量的重复动作会造成时间和精力的双重浪费，这时就可以采取批处理的方法。这里需要录制两个“批处理”，一个是“合层”，即将一个图像的几个图层合为一个，另一个是JPG格式转换。录制好后一定要先“合层”后再转换JPG格式，这个顺序不能错。批处理结束后，图像处理工作就完成了，之后才能进行图像的上传工作。

三、敦煌遗书的图像发布

（一）拍照前检索写卷清单，确保不会重复拍摄

由于一些工作项目的需要，以及应学者要求优先数字化某些写卷，我们开展敦煌遗书数字化的顺序并非完全严格按照编号进行，可能会出现某些编号靠后的写卷提前拍摄的情况。[①]这就要求在拍摄开始前对准备拍摄的写卷进行检索，确保其之前并未拍摄并在平台发布，以免重复拍摄，造成工作失误。

① 刘波、乌心怡：《中国国家图书馆参与国际敦煌项目（IDP）二十年回顾》，载国家图书馆古籍馆编《文津流觞》第一辑，2021年，广西师范大学出版社，第278—289页。

（二）处理后的文献发布

文献的发布过程大体上分为两部分：4D数据上传和FTP图像上传。

4D是国际敦煌项目专门设计的用于敦煌遗书数字化的软件，其数据库是最早的复合型数据库，内容包括多国藏品的彩色图版影像和目录信息，可以通过对文献信息的录入进行数据上传。不过IDP数据库并非敦煌遗书专题库，库中还有许多中亚地区相关古代历史遗存的数字资源。[①]

1.4D数据上传

登录4D数据库，点击“Data”→“Image Management”，出现新的界面，点击界面上的“add”，弹出的界面就是数据上传界面，里面包括写卷的馆藏号、尺寸、数据顺序、类型、拍照设备等条目，需要逐一录入。数据录入过程中要注意的有几点：第一，录入的内容需要与图像完全对应，尤其是文件名，除文件后缀不需要录入，其他必须完全相同，即使多一个空格，最后图片都会无法显示；第二，图像顺序“Image Order”要计算清楚，以确保图像以正确的顺序在网页上展示，如正反面各9拍，正面第一拍的顺序号应为9，背面第一拍的顺序号应为18，连接图的顺序号统一为999；第三，每一拍上传时一定要点取“Manipulation Completed”，否则录入完成后图像只在4D软件上显示，IDP网站则无法显示图片，连接图则要同时点取“Stitched”。

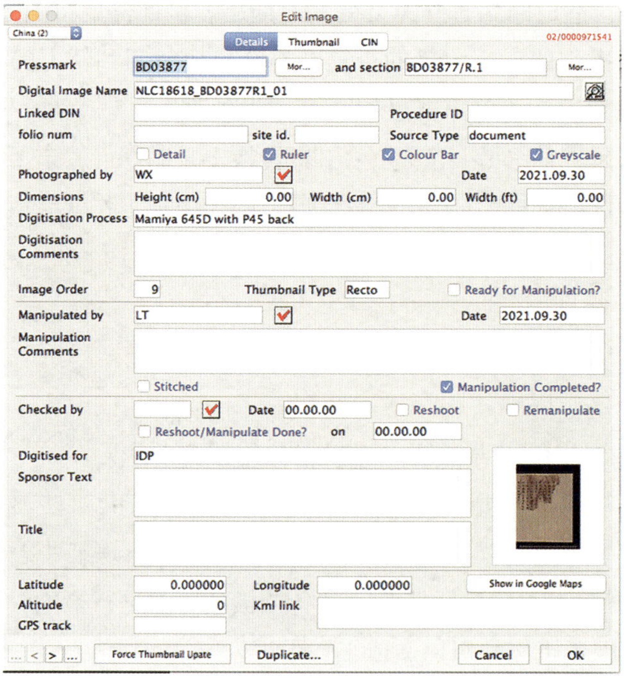

图5　4D 数据上传截图

① 韩春平：《敦煌遗书数字化演进史》，《中国社会科学报》2017年6月28日第7版。

2.FTP图像上传

IDP项目使用FTP向服务器传送图像数据，配合4D软件在数据库中发布写卷图像。FTP是用于在网络上进行文件传输的标准协议，IDP对FTP上传工具没有硬性规定，一般可以进行相关文件传输的软件都是可以的。登录FTP的工具后，将已经批处理好的图像直接拖入即可。

还有一个正确显示图片的小技巧，那就是一定要先进行4D数据上传，然后再用FTP上传图像。刚上传完成时是不显示图像的，此时需要再次登录4D，点开上传的数据条目，逐一点击条目界面左下角的向右浏览的箭头，全部点击后方可显示正确图片。如果先进行FTP上传，那么就会导致写卷的第一拍和第二拍都显示第一拍的图像，后面的第三拍显示第二拍的图像，之后所有图像显示的都是上一拍的内容，需要把每一拍刷新一遍。

（三）文献上传后的质检

文献上传后需要登录IDP网站，在检索栏输入编号，然后点开图像逐一检查，如果某一拍无法显示，就需要对照4D录入的数据和FTP上传的图像进行检查，看是否有错误。

四、图像拍摄处理过程中可能出现的问题

图像的拍摄和处理是个步骤繁杂的过程，Photoshop等软件的操作是相对基础的工作技巧，其难点在于日复一日地面对相似的图片的枯燥过程和巨大的待完成的工作量，这就需要工作人员细致耐心地对待，仔细做好每一个步骤。相对于研究人员对于文献内容的关注，摄影师和图像处理工程师更多地会关注文献本身的破损程度、写卷长度、拍摄内容和原件的颜色差异等，这些都决定着数字化工作的效率。当然其中的疏漏也不可避免，一般来说，可能出现的问题有几点：拍摄时编号容易混淆，敦煌遗书数量巨大，仅中国国家图书馆藏敦煌遗书就有16000多号，相近的编号，比如BD03428、BD03482、BD03824、BD03842等，在拍照时输入需要格外仔细，绝对不能出错，避免有同一编号错误挂接2件写卷的情况；图像处理和发布时，要注意图像色差的调整、文献上传后的质检，尤其是4D数据库的录入过程中填写写卷编号、类型和顺序，一定要准确无误。

相对于图像处理，IDP对于摄影师的要求显然要更严格，图像处理主要接触到的是以像素构成的数字图像，并不直接面对敦煌遗书，处理过程中出现错误的话可以直接在相关软件上进行修改。而拍摄一旦出现错误，则需要将原件重新取出进行补拍，这

对于文献保护是很不利的。因此，摄影师在拍照时要格外注意，避免出现曝光过度、对焦不清甚至漏拍等情况。

五、IDP数字化的意义

数字化其实就是将已知的各种实物信息转化成为二进制的信息代码的过程，文献的数字化，就是将已知的传统介质的各种文献资料用计算机技术转化成数字化的信息，通过互联网等平台可以供学者和普通民众研究阅览，实现资源共享。

同时，数字化相比其他的传统媒介的修改成本要低很多。以敦煌遗书为例，一些已经出版的关于敦煌遗书的目录资料等，一旦出现编写或者印刷错误，或者定稿时并未认定清楚的写卷，随着后续研究的深入可能被重新认识或定名。出现这样的情况，纸质等传统媒介修改十分不易，数字化的模式则显然要方便很多，一般情况下只需要在后台软件上进行修改即可。除了每个写卷上传时的质检，IDP每经过一段时间就会对已经发布的内容进行一次整理和检查，以便能及时改正错误。

国际敦煌项目通过IDP网站将海量的敦煌遗书资源免费提供给需要的人，截至2021年10月，IDP网站已经发布的图像数据超过54万幅，其中中国国家图书馆发布已超过20.8万幅，共5400多件。敦煌遗书数字化既方便了读者的浏览查阅，加快了学者对敦煌研究的进程，又有效地保护了敦煌遗书，避免了可能的二次损害。

《山海经》OCR 勘误中的异体字现象举隅

□ 张 烁 国家图书馆古籍馆

在《山海经》知识库建设项目中，古籍原本与OCR识别本的对照勘误是十分基础、不可或缺的工作。应用OCR技术，古籍原本的扫描版图片可以实现数字形式的转换，古籍中的文字可从一张张图片中走出来，变为一个个独立的可编码、可编辑、可移动、可复制的符号，从而供进一步语义标引、知识挖掘等。经过不断发展，OCR技术已实现相对较高的准确率。尽管瑕不掩瑜，但为了最大程度地呈现古籍原本的真实样貌，避免因OCR识别失误而带来的古籍原本样貌丧失，也为了保证语义标引和知识挖掘的准确性，古籍馆经典文化推广组《山海经》知识库建设项目组对《山海经》OCR识别本与古籍原本进行了逐一对照勘误。

《山海经》OCR识别本与古籍原本对照勘误，最重要的目标是找到OCR识别错误或识别失败的用例并确定行款定位，给出修改意见。但是，在这一过程中，不可避免地会遇到难以明确的情况，而异体字的存在则是导致这些情况出现的重要原因之一。尉迟治平指出，纸本古籍数字化为电子古籍，从计算机技术的角度看，异体系统的完全重现是不可能的。[①]这就意味着，使用异体字的纸本古籍，数字化为电子古籍之后，会出现种种不同现象。在《山海经》OCR勘误过程中，我们找到的异体字数据有1528条，本文将对在其中所发现的四类主要现象进行说明，它们分别是：异体字现象的不均衡性、“已/巳”识别问题、语义同一性问题和异体字对的多次关联。

一、《山海经》OCR识别中异体字现象的不均衡性

汉语语言学界对异体字的界定相对比较一致：音义相同而字形不同的汉字。[②]然而，在讨论异体字的具体范围时，学界看法不一，大致存在狭义和广义两种界定。狭义异体字音义完全相同，仅形体不同，可以在任何情况下相互替代，比如王力、李国

---

① 尉迟治平：《电子古籍的异体字处理研究——以电子〈广韵〉为例》，《语言研究》2007年第3期，第118—122页。

② 参见王力：《古代汉语》，中华书局，2022年，第172—174页。裘锡圭：《文字学概要》，商务印书馆，2021年，第273—279页。高更生：《谈异体字整理》，《语文建设》1991年第10期，第22—27页。李国英：《异体字的定义与类型》，《北京师范大学学报》（社会科学版）2007年第3期，第46—50页。

英等人就持这一看法；[1]广义异体字则包括了狭义异体字，此外还着眼于功能，将只有部分用法相同的字也归为异体字，比如郑林曦、裘锡圭、《第一批异体字整理表》等的观点。[2]不过，值得注意的是，广义异体字内部事实上又有分歧，分歧点在于通假字、分化字是否属于异体字。我们在《山海经》OCR识别本勘误过程中，对待异体字虽采取广义观点，但并未将通假字、分化字算作异体字，只包括音义完全相同的和某义项上音义完全相同的两种情况。

《山海经》OCR识别本勘误中异体字所带来的识别不一致，并不属于识别错误或识别失败，它是由OCR识别所用字库收录的繁体字与古籍原本所用字之间的关联问题所导致的。以通行繁体字[3]为维度进行考察，OCR识别本与古籍原本理论上存在四种异体字的使用情况：

（1）古籍原本使用非通行繁体字，OCR使用通行繁体字。

（2）古籍原本使用通行繁体字，OCR使用非通行繁体字。

（3）古籍原本和OCR均使用非通行繁体字。

（4）古籍原本和OCR均使用通行繁体字。

其中，第（4）种情况属于OCR识别没有问题的一类，也不会对后续检索产生影响，故无需任何处理。第（2）种情况的例子极少，这是因为通行繁体字对于OCR来说较易识别。第（1）种和第（3）种是拟进行后续异体字统一的主要材料来源，但是这两种情况的数量并不均衡，第（1）种现象虽存在一些，但与第（3）种相比相对较少。下面请分别看第（1）种和第（3）种情况的例子。

第（1）种情况如下图1中的和“蟹”，前者为古籍原本所使用的字，后者为OCR识别后的结果。其中，“蟹”为通行繁体字，即OCR将非通行繁体字识别为了通行繁体字。

又如下图2中与“垂”，前者为古籍原本所使用的非通行繁体字，后者为OCR识别后的结果，同时也为通行繁体字。

① 参见王力：《古代汉语》，第172—174页。李国英：《异体字的定义与类型》，第46—50页。

② 参见郑林曦：《精简汉字字数的理论和实践》，中国社会科学出版社，1981年，第65—68页。中华人民共和国文化部和中国文字改革委员会编制：《第一批异体字整理表》，1955年。裘锡圭：《文字学概要》，第273—279页。高更生：《谈异体字整理》，第22—27页。

③ 通行繁体字的判断参考《古汉语常用字字典》《简化字繁体字异体字对照手册》等。

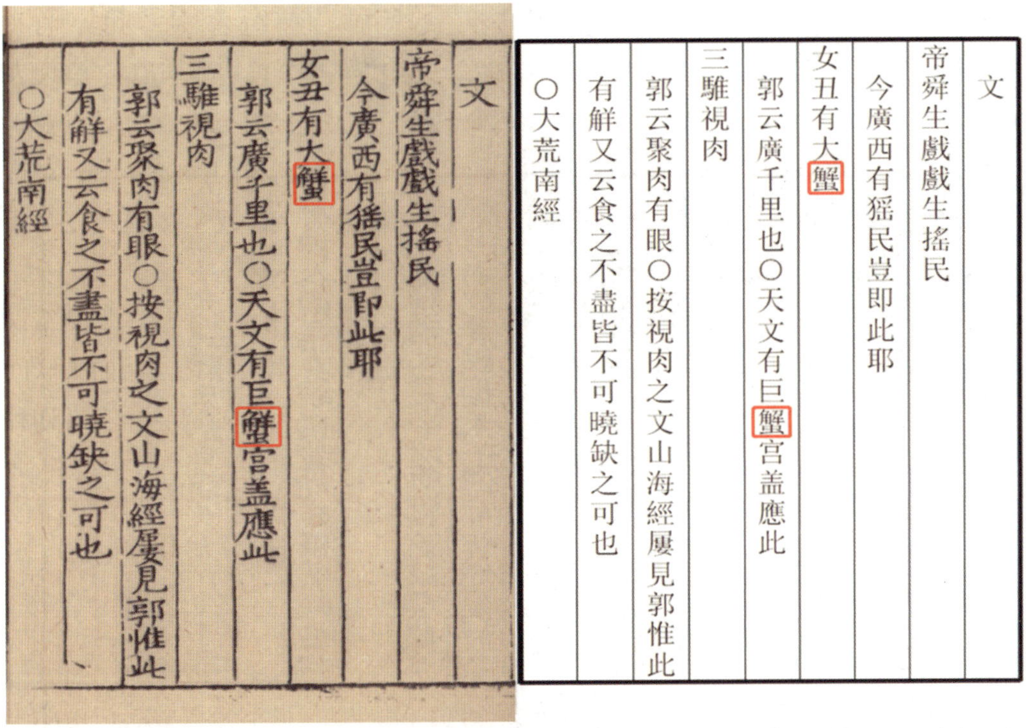

图1 《山海经补注》一卷（〔明〕杨慎撰，明刻《杨升庵杂著》十四种本）古籍原本与OCR识别对照图

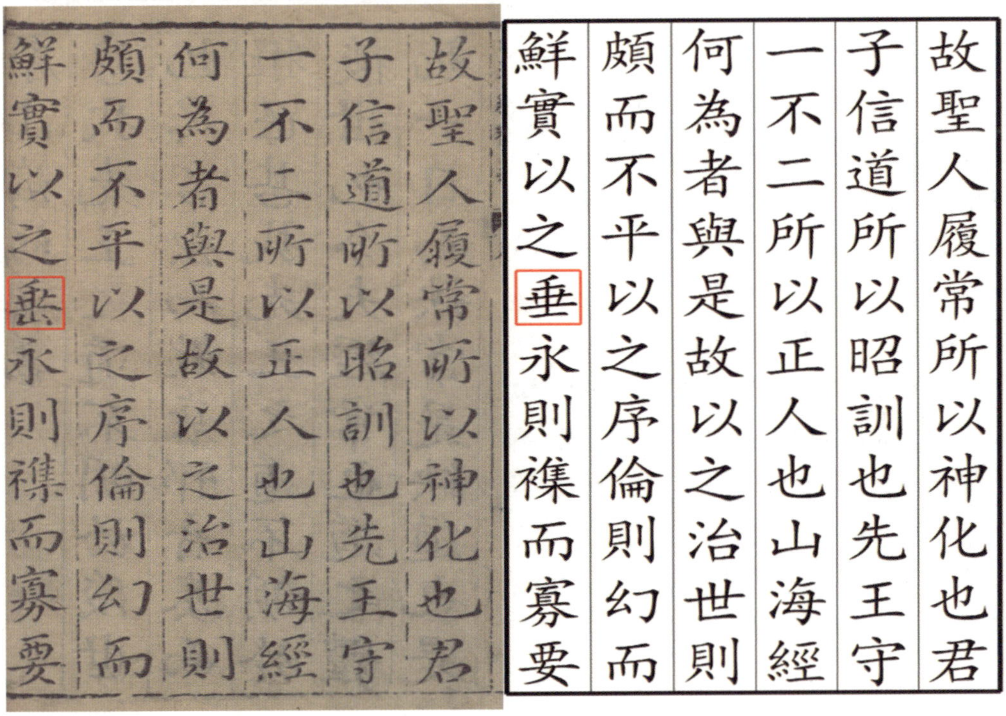

图2 《山海经释义》十八卷（〔晋〕郭璞传，明万历刻清修本）古籍原本与OCR识别对照图

第（3）种情况，例如“戓”和“或”，“靣”和“面”，“埜”和“野”，“栁”和“柳”，等等。这一情况中，古籍原本和OCR识别本都使用前者，但通行繁体字则为后者，具体如图3所示。

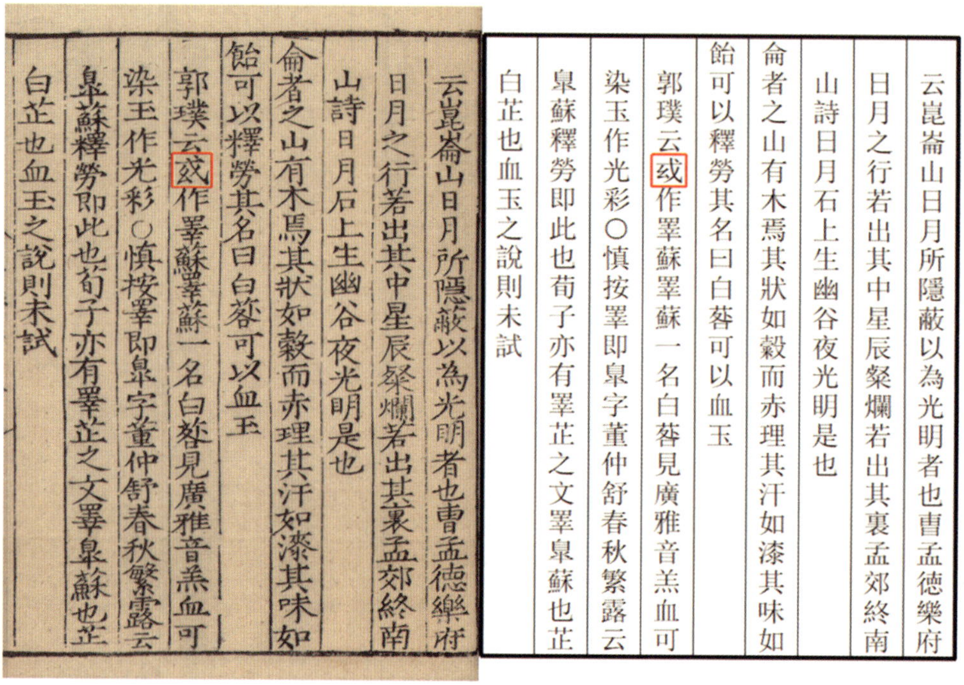
云崑崙山日月所隱蔽以為光明者也曹孟德樂府
日月之行若出其中星辰粲爛若出其裏孟郊終南
山詩日月石上生幽谷夜光明是也
俞者之山有木焉其狀如穀而赤理其汗如漆其味如
飴可以釋勞其名曰白䓘可以血玉
郭璞云戓作睪蘇睪蘇一名白䓘見廣雅音羔血可
染玉作光彩○慎按睪即皐字董仲舒春秋繁露云
皐蘇釋勞即此也荀子亦有睪芷之文睪皐蘇也芷
白芷也血玉之說則未試

图3 《山海经补注》一卷（〔明〕杨慎撰，明刻《杨升庵杂著》十四种本）古籍原本与OCR识别对照图

图3中标红的“戓”为“或”的异体字，尽管“或”为通行繁体字，但OCR识别本并未如前述第（1）种情况将其直接识别为通行繁体字，而是仍然识别为异体字“戓”。这种情况存在与第（1）种混合出现的情况，一定程度上也证明这类情况是需要搜集的。

上述两种识别结果的不同，说明了OCR识别所用字库的局限性，也反映了人工校勘的重要作用。对于计算机自然语言处理来说，这种局限性是不可避免的，也具有两面性。从尽最大可能呈现古籍原本的样貌来说，第（3）种识别结果更优。第（1）种情况下，OCR直接用字库中的通行繁体字关联并替换非通行繁体字，影响了古籍原貌的呈现。然而，从应用OCR结果以实现后续开放检索、语义标引、知识提取、知识挖掘、知识关联的角度来说，第（1）种识别结果更优，这是因为现行输入法的繁体字库以通行繁体字为主，面向用户的知识库开放检索和知识使用，主要以通行繁体字为切入。第（1）种情况将非通行繁体识别为通行繁体，方便了后续开放检索、知识提取、挖掘和关联。人工勘误的过程中，尽可能收集这两种情况，均记录于异体字表，并将非通行繁体字和通行繁体字区分开来，待后续进行异体字统一、检索关联使用，可以尽可能地保证知识库用户的检索、使用体验。

二、巳/已的识别问题

《山海经》OCR勘误异体字搜集过程中，存在一些模棱两可的情况，一个比较特殊的现象是“巳”和“已”的识别问题。《山海经》古籍原本中出现了较多“巳”字形的，根据文义实为“已”（主要包括“已经”义和“停止”义）。这种情况可以有两种解释。第一，它算不算古籍原本本身的错误？如果是，为呈现古籍原貌，那OCR仍识别为“巳”的就不用作处理，识别为“已”的为识别错误，但为了后续用户检索方便，仍需建立“巳”和“已”间的关联。但是，有趣的是，“巳”这个字形在发展过程中可能存在与“已”异体的情况，这便为我们提供了第二种解释。但是，它们究竟可不可以作异体字统一处理，仍是需要探讨的。《繁简字异体字正体字举例对照辨析手册》《简化字繁体字异体字辨析手册》和《简化字繁体字异体字对照速查手册》中，均未收录“巳”和“已”两者异体的情况。[①]参考《古汉语常用字字典》，也可以发现，二者的释义中并没有直接的异体对应，且二者不具有语义同一性，[②]但是，在线“汉典”却显示，二者存在异体关联。[③]进一步考察《汉语大字典》，我们发现，“巳”确实存在与“已”的异体关系。

《汉语大字典》在“巳”这一字形下标注两个读音，一为“sì”，一为“yǐ”，亦即其有两个同音词。在“yǐ”这一读音下，释义为：同“已”。[④]由此，我们初步判断，“已”和“巳”存在异体关系，但它们间的异体关系可能并不是十分明确的，故上述较为常用的字典以及异体字辨析工具书并未收录这一情况。对于这一问题，我们均记录下来，通过进一步考察来进行选择。

在“巳/已”的识别中，存在古籍原本与OCR识别本对应或不对应的情况。具体可总结为下表1。需注意的是，此情况仅仅针对语义为“已”的现象，不涉及“巳”表其他语义或字形相似的“己”（“自己”的“己”）相关识别现象中的问题。

---

① 祝鸿熹主编：《繁简字异体字正体字举例对照辨析手册》，西泠印社，2004年。胡双宝编：《简化字繁体字异体字辨析手册》，北京大学出版社，1996年。汉语大字典编纂处编：《简化字繁体字异体字对照速查手册》，四川辞书出版社，2017年。

② 王力、岑麒祥、林焘等编：《古汉语常用字字典》（第5版），商务印书馆，2019年，第390页、483页。

③ 汉典，https://www.zdic.net/（2023-1-13检索）。由于《山海经》古籍原本与OCR识别本对照勘误中的异体字现象较多，在记录勘误时，通过纸本字典对异体字进行一一查阅并不现实，因此，在线汉典可作为提供初步参考的线索。

④ 汉语大字典编辑委员会编：《汉语大字典》，湖北辞书出版社、四川辞书出版社，1995年，第414页。

表1 “巳/已”在古籍原本和OCR识别本中的情况

古籍原本	OCR识别本	标记方式	示例出处
巳	巳	标记（待后续异体关联考察）	《山海经广注》十八卷，〔晋〕郭璞注，清康熙刻本第一至三册；《山海经》十八卷，〔晋〕郭璞传，明刻《增定古今逸史》本第一册；《山海经补注》一卷，〔明〕杨慎撰，清乾隆间绵州李调元刻《函海》本第一册。
巳	已	标记（待后续异体关联考察）	《山海经补注》一卷，〔明〕杨慎撰，明刻《杨升庵杂著》十四种本第一册；《山海经补注》一卷，〔明〕杨慎撰，清乾隆刻《艺海珠尘》本第一册；《山海经补注》一卷，〔明〕杨慎撰，清嘉庆南汇吴省兰听彝堂刻《艺海珠尘》本第一册；《山海经》十八卷，〔晋〕郭璞传，明刻《增定古今逸史》本第一册。
已	已	标记（待对照参考）	《山海经广注》十八卷，〔晋〕郭璞注，清康熙刻本第三册；《山海经补注》一卷，〔明〕杨慎撰，明刻《杨升庵杂著》十四种本第一册；《山海经补注》一卷，〔明〕杨慎撰，清乾隆间绵州李调元刻《函海》本第一册；《山海经补注》一卷，〔明〕杨慎撰，清光绪八年（1882）《总纂升庵合集》本第一册。

可以发现，在满足语义同一性（即语义为“已”）的基础上，古籍原本中的“巳”，可被识别为“巳”，可被识别为“已”，古籍原本中的“已”则都被OCR识别为“已”。比如，在《山海经补注》的清乾隆间绵州李调元刻《函海》本第一册古籍原本中，“巳”均被OCR识别为“巳”，而在明刻《杨升庵杂著》十四种本第一册中，“巳”则均被OCR识别为“已”，分别如下图4和图5所示。

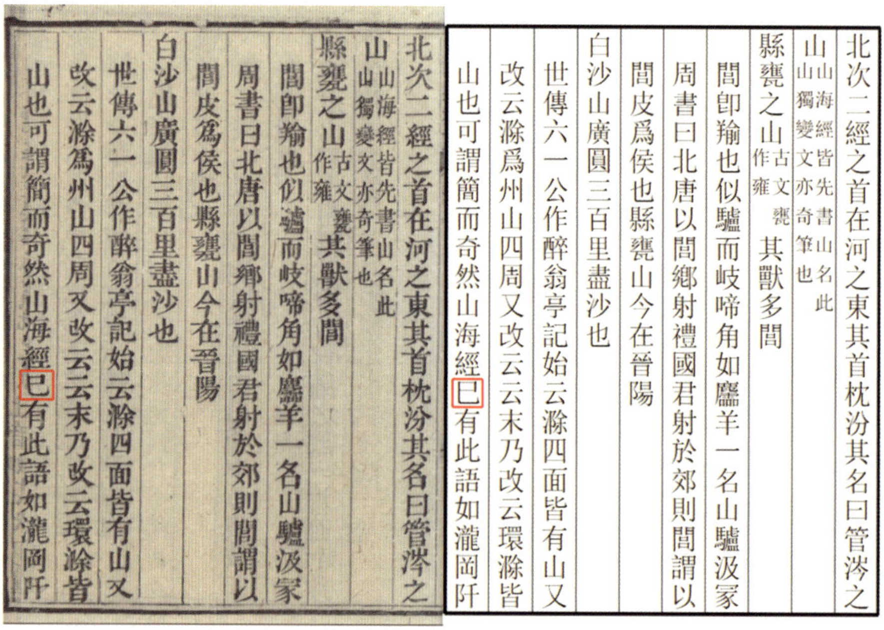

图4 〔明〕杨慎撰《山海经补注》一卷，清乾隆间绵州李调元刻《函海》本“巳”古籍原本与OCR识别本对照

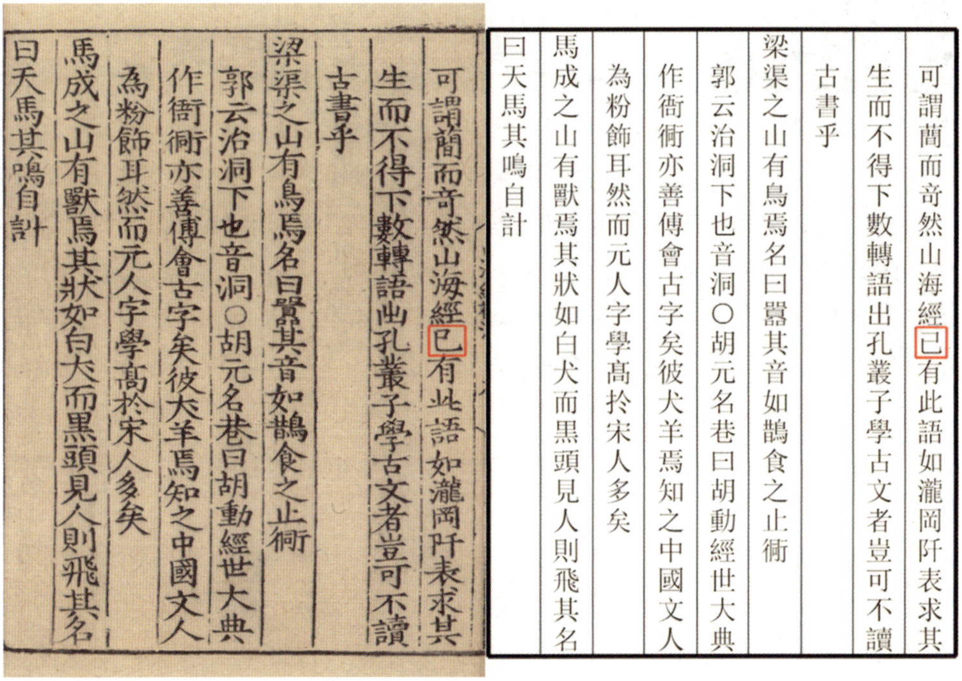
可謂蕑而奇然山海經已有此語如瀧岡阡表求其
生而不得下數轉語出孔叢子學古文者豈可不讀
古書乎
梁渠之山有鳥焉名曰囂其音如鵲食之止衕
郭云治洞下也音洞○胡元名巷曰胡動經世大典
作衕衕亦善傳會古字矣彼犬羊焉知之中國文人
為粉飾耳然而元人字學高於宋人多矣
馬成之山有獸焉其狀如白犬而黑頭見人則飛其名
曰天馬其鳴自計

图5 〔明〕杨慎撰《山海经补注》一卷，明刻《杨升庵杂著》十四种本“巳”古籍原本与OCR识别本对照

根据语义，图4和图5古籍原本中标红的应为“已”，二者均使用字形“巳”，不同的是，在OCR识别本中，图4被识别为“巳”，图5则被识别为“已”。

此外，还存在同一古籍原本中“巳”“已”共现的情况。这种情况下，“巳”被识别为“巳”或“已”，“已”被识别为“已”，比如在明刻《杨升庵杂著》十四种本《山海经补注》第一册中，“巳/已”相关识别问题中有7/8为“巳”识别为了“已”，1/8为“已”识别为“已”；在清康熙刻本《山海经广注》十八卷第三册中，则有37/39为“巳”仍识别为“巳”，2/39为“巳”识别为“已”；在明刻增定古今逸史本《山海经》十八卷第一册中，有20/21为“巳”仍识别为“巳”，1/21为“巳”识别为“已”。

从上述考察中，我们可得出三条线索。第一，勘误过程中所发现的大量用“巳”代“已”的情况，说明这一现象并不是偶发的刻印错误，而是可以证明“巳”这一字形确实曾经用来承担“已”的相关语义，这证明了《汉语大字典》所反映的“巳”与“已”的异体关系。第二，同一古籍原本中，出现了“巳”“已”并存的情况（在满足语义同一性的条件下），这在很大程度上为二者存在异体现象提供了佐证。第三，我们发现，古籍原本中的“巳”字形，尤其是与“已”在同一书册或版本共存的时候，出现了写法上的变化，主要表现为第三画起笔处与第一画起笔处开始呈现脱离趋势，或/且第三画起笔处出现顿笔加重，请看下面的例子：

（《山海经广注》，清康熙刻本第三册）

（《山海经补注》，明刻《杨升庵杂著》十四种本第一册）

在这两种古籍原本中，语义为“已”（主要为“已经”义或“停止”义）时，使用的字形并不全是“已”，上述清康熙刻本《山海经广注》的例子中，第二个字形“巳”的第三笔起笔处与第一笔起笔处脱离较大，OCR已可直接识别为“已”。在明刻《杨升庵杂著》十四种本《山海经补注》的例子中，从第一个字形到第四个字形，甚至可以看到从“巳”到“已”字形的逐渐过渡。其中，第一个字形为“巳”无疑；第二个字形中的“巳”第三笔起笔处开始呈现与第一笔起笔处的脱离趋势；第三个字形中，第三笔起笔顿笔加重，脱离加大；第四个字形中的这一情况更加明显。这两处例子都反映了“巳”与“已”字形上的过渡性。字形的过渡性也是二者存在异体关系的证据。

综上，我们可确立“巳”和“已”的异体关系。由此一来，就不用对满足上述语义同一性的“巳/已”OCR识别问题进行逐条标注，后续将“巳”和“已”进行异体字的检索关联，便既可以实现用户检索功能的顺利使用，保证语义标引、知识挖掘、知识关联、知识呈现的顺畅，又可以保留《山海经》古籍原本的样貌。这一问题的解决从《山海经》古籍原本与OCR识别本的对照勘误出发，在原本异体字关系不很明确的情况下，通过逐条标注得出的证据，进一步证明其异体字关系，然后再将结论转换，从而服务于具体的知识库建设。这一过程也说明《山海经》知识库建设从实践中不断思考、论证、总结，从而得出具体经验。

三、语义同一性问题

在上述“已/巳”识别中，语义同一性是基础条件。在异体字的判断过程中，语义同一性也是需要经常考虑的问题。那么什么是语义同一性呢？请看下面的例子。我们所找到的异体字字对，大部分满足语义同一性标准，比如，“寶”的异体字之一为“寳”，其中，通行繁体为“寶”。非通行繁体“寳”的释义只有一个义项，即同“寶”。[1]与之情况不同的如“凌”和其异体字“淩”。在《汉语大字典》中，“淩”有12个义项，其中义项3、义项6至10与“凌”构成异体关系，简列如下：

1.古水名。

2.古县名。

3.乘。也作“凌”。

① 汉语大字典编辑委员会编：《汉语大字典》，第402页。

4.奔驰；急行。

5.经历。

6.跨越；升登。也作“凌”。

7.侵犯；欺侮。也作“凌”。

8.冒着。也作“凌”。

9.用同“凌（lìng）”。积冰。

10.战慄。也作“凌”。

11.衰落。

12.姓。①

可以发现，只有在第三个义项、第六至第十个义项上，“凌”才与“凌”构成异体字的关系，此时，“凌”这一字形才能通过异体关联“凌”的语义。此外，“凌”还有自己独立的语义，即上面的义项1、2、4、5、11、12。

上述例子中，“寶”和“寳”的异体字关联满足语义同一性标准，判断标准为非通行繁体字仅有一个与通行繁体字产生异体关联的义项。而“凌”和“凌”的异体字关联则不满足语义同一性标准，判断标准为非通行繁体有不止一个义项，其仅在某一或某几个义项上与某一通行繁体字产生异体关联。除了这些义项，还有其他义项承担独立语义。也正是如此，我们会发现，满足语义同一性标准的异体字对经语言演变后，最后往往只留有一个字形，并进一步依此进行简体化；不满足语义同一性标准的异体字对，后续的演变往往更加复杂，由于独立语义的存在，或会保留某字形，或会出现语义缩小、转移等现象。有关汉字语义、字形的演变此处暂不继续讨论。

再看一个《山海经》OCR勘误中出现的不满足语义同一性标准的例子：厓和崖/涯/睚。

有意思的是，据考察，“厓”分别关联三个不同的异体字：

1.同“崖”，山边；2.同“涯”，水边；3.同“睚”，眼角。

对于“厓”来说，其无论跟哪个字形进行异体字关联，都无法满足语义同一性标准。

上述现象汉语学界也有过不少探讨，学界或称之为“部分异体字”②，或称之为“包孕异体字”“交叉异体字”③，或直接称之为“义项部分相同的异体字”④，这些理论探讨也为《山海经》知识库建设提供了依据。在《山海经》古籍原本与OCR识别

① 汉语大字典编辑委员会编：《汉语大字典》，第689页。

② 裘锡圭：《文字学概要》，第273—276页。

③ 高更生：《谈异体字整理》，第22—27页。

④ 卜师霞：《异体字整理的原则与方法》，《云南师范大学学报》（哲学社会科学版）2010年第6期，第12—16页。

本的对照勘误过程中，收集异体字是为后续检索进行异体字关联准备基础数据。在异体字关联的过程中，若忽略语义同一性的问题，可能会导致两个问题，一是关联错误，二是关联失败。关联错误可能发生在“淩”及类似的情况下，这一问题不是指关联不上，而是指虽然关联上，但是若原文语义非异体字相关语义，可能会误导读者，致使理解错误。关联失败则可能发生在“厓”及类似情况下，不考虑多义性，只进行单一义项的关联，原文中若出现未关联的异体情况，则无法实现异体关联。异体字关联非语义同一性所带来的上述问题，需在后续进行异体字统一、关联和检索中更具体的技术处理，从而最大程度地服务用户界面检索、进一步知识挖掘等知识库建设的实施。

四、异体字对的多次关联

在收集到的1528条异体字数据中，还存在另一种现象，我们称之为“异体字对的多次关联”。具体情况为，某字与其某一异体字相比，其作为繁体字相对更通行，但同时它又有自己的通行繁体字，它原本关联的异体字并不与通行繁体字直接发生异体联系。单单查阅字典很难发现这一现象，但这一现象在古籍OCR勘误中比较明显，值得关注。在一般情况下，我们会以关联的最终字形作为最通行的繁体字，而忽视其中的次级关联。此次《山海经》古籍原本和OCR识别本对照勘误使我们意识到，异体字的关联中可能存在多次关联，即可能存在次级关联。比如：

“⿱若虫”的异体关联字为“蠚”，而“蠚”其实并不是最终的通行繁体字形，因为“蠚”仍有它自己的通行繁体字形“蜇”。但是，“⿱若虫”并不能直接关联到“蜇”字，需通过先关联到“蠚”，再通过“蠚”关联到“蜇”。

“⿰龺鳥”的异体关联字为“鶾”，“鶾”最终的通行繁体字形是“翰”，“⿰龺鳥”与“翰”同样不能直接关联，需借助“⿰龺鳥”和“鶾”的联系实现。

异体字多次关联的过程反映了汉字字形的特殊性，由于汉语是表意文字而非表音文字，在汉字字形得以统一规范之前，同一汉字的记录方式可能因地域、刻印方式，甚至个人习惯的不同而存在差异，这带来了汉字丰富的异体现象，其中不乏多次关联这种特殊现象。多次关联的异体现象也往往与讹字、本字、多义等问题错综纠缠，是一个比较复杂的现象。从《山海经》古籍原本与OCR识别本对照勘误过程中收集到的异体字对所反映的情况看，这一现象确实存在且值得关注。针对这一现象，我们建议在异体字关联过程中建立完整的关联链条，不仅追溯至最终的通行繁体，也保留次级关联，同时建立两端字形的联系，以免关联链断裂导致检索失败。

五、结　语

《山海经》古籍原本与OCR识别本对照勘误中的异体字现象是丰富且复杂的，以上粗略举出了相对较为突出的四种情况：异体字现象的不均衡性、“已/巳”的识别问题、语义同一性问题和异体字对的多次关联。这些现象从对照勘误实践出发，参考汉语研究相关理论和现象，在验证理论、现象的同时，也对其实现了丰富和补充。比如，“已/巳”识别问题的发现和解决，为二者的异体关系提供了证据，异体字对的多次关联问题关注到了单单从字典中较难发现的情况等。这些问题的解决最终又是为了更好地服务于《山海经》知识库建设实践，体现了“从实践中来、到实践中去 ”的思路。《山海经》古籍原本与OCR识别本对照勘误是一项需要十足耐心和细心的工作，在勘误的基础上，数量可观的异体字字对数据是《山海经》知识库建设相关产品后续开发极其重要的基础材料，上述相关现象的发现、讨论、总结和应用也期为同类古籍数字化、知识库建设工作提供参考。

《文津流觞》征稿启事

《文津流觞》原为国家图书馆古籍馆主办的内部刊物，自2021年起改为集刊，由广西师范大学出版社公开出版。改刊后的《文津流觞》将继承原有风格，追求学术性与普及性的统一，以鲜活、生动的文字报道古籍工作所思所感、馆藏文献掌故、古籍研究最新成果、古籍界的旧事新闻，以及对前辈专家的追思与怀念等，致力于让书写在古籍里的文字活起来，推进中华优秀传统文化的创造性转化、创新性发展。《文津流觞》现设有“文献天地”“保护修复”“文献采访”“工作纪实”等固定栏目，另会不定期地开设专栏。

敬祈广大古籍工作者、研究者及爱好者垂注并赐稿。

一、稿件要求

稿件须为原创。来稿请使用规范简体字，篇幅一般在4000字以内，图文并茂。注释采用脚注格式。文章的插图要求提供分辨率为300dpi以上的tif或jpg格式图片，单张图片大小1MB以上，并标注图片来源。

二、投稿事宜

1. 请将稿件发送至邮箱，邮件主题注明“《文津流觞》投稿”字样。所有来稿请提供作者基本信息，包括姓名、工作单位、职称或职务、联系地址、邮政编码、电子邮箱、电话号码。

2. 来稿采用双向匿名外审制度，编辑部一般在收到来稿后三个月内回复处理意见。如需撤稿，请及时告知编辑部。超过三个月无答复，作者可转投他刊。

3. 本刊不向作者收取审稿费、版面费等任何费用。来稿一经刊用，即按本刊标准支付稿酬，另寄赠样刊1册。

三、联系方式

联系人：林老师　赵老师

电　话：010-88545453　010-88545493

邮　箱：wenjls@163.com

地　址：北京市海淀区中关村南大街33号国家图书馆《文津流觞》编辑部

邮　编：100081